JN300401

東洋史研究叢刊之七十五

中国古代刑制史の研究

宮宅潔 著

京都大学学術出版会

目次

序言　1

第一章　張家山漢簡「二年律令」解題……11

一、出土状況とテキスト　11

二、「二年律令」の復原と問題点　13

三、抄写の背景　17

四、「二年」とは　20

五、地方官衙における法令の受容と整理　23

六、各条文の成立年代と派生する問題　26

七、二つの財産刑をめぐって　29

第二章　秦漢刑罰体系形成史試論――腐刑と戍辺刑――……39

はじめに　39

一、腐刑　41

（一）強姦罪に対する腐刑　41

（二）最も重い肉刑としての腐刑　46

（三）腐刑の廃止と復活　48

（四）刑罰体系の整序と腐刑の位置づけ　52

二、戍辺刑　55

（一）秦漢律中の戍辺　55　（二）戍辺刑の様相　58
おわりに　65
附　記　75

第三章　労役刑体系の構造と変遷……………………77
はじめに　77
一、労役刑の刑期をめぐって　80
（一）有期系説の展開　80　（二）有期刑説の検討　85
二、無期労役刑体系の構造　96
（一）鬼薪白粲の位置　97　（二）労役刑の役務内容　102　（三）刑徒の「標識」――刑具・服装・肉刑――　110　（四）刑徒の配置とその就労形態　120　（五）刑徒の家族等への処遇　126
三、秦～漢初の縁坐制度　138
（一）「収」――没収制度――　138　（二）「二年律令」に見える縁坐制度　140　（三）縁坐制度の改革　143　（四）縁坐制の「復活」をめぐって　148　（五）肉刑の廃止と文帝改制の意味　149
おわりに　158

第四章　恩赦と労役刑――特に「復作」について――……………………189
はじめに――問題の所在　189
一、恩赦の歴史的展開　190

二、復作とは　194
三、復作と弛刑　202
四、無期刑時代の「復作」　208
五、恩赦の機能と労役刑　211
おわりに　216

第五章　「司空」小考——秦漢時代における刑徒管理の一斑——……223
はじめに　223
一、司空の起源　226
二、秦～漢初の司空——出土文字史料より見た——　232
（一）配置　232　（二）職掌　235　（三）刑徒労働の管理　238
三、司空と「獄計」——前漢後半期——　245
四、獄をめぐって　251
（一）「獄」とは　251　（二）郡県における獄の配置　252　（三）中都官獄の配置　254
五、司空と獄　263
（一）獄司空　263　（二）司空の稀薄化　266
結びにかえて　269

第六章　「劾」をめぐって――中国古代訴訟制度の展開――……283
はじめに　283
一、「劾」の意味とその機能　286
二、「劾」の歴史　295
おわりに　301
附論　漢初の二十等爵制――制度史的考証――……309
はじめに――爵と刑罰をめぐる研究史――　309
一、爵後と「不為後者」　315
二、疾死と死事　317
三、女性による襲爵　321
四、爵後と戸後　322
五、小爵と傅籍　324
六、有爵者の特権とその変遷　326
七、帝賜と爵位　330
八、民爵の継承　336
おわりに　338

結　語　347

引用文献一覧　363

あとがき　377

索引（逆頁）　391

英文要旨　411

序言

近年における中国古代法制史研究の活況は、言うまでもなく睡虎地秦簡発見以来の、出土法制史料の増加に因る。殆ど知られることのなかった秦の法制について詳細な知識が得られたことにより、秦制、とりわけ刑罰制度をめぐる論考が数多く発表され、喧しい論争も繰り広げられた。その後、龍崗秦簡に続いて、二〇〇一年の終わりに張家山漢簡が公表されると、出土史料による法制史研究に一層弾みがつく。行政関連の法規が中心であった睡虎地秦律に対し、張家山漢簡「二年律令」には盗律・賊律といった刑法規定、さらに総則たる具律が含まれ、刑罰制度の構造や処罰原理をより包括的に議論することが可能となった。加えて、睡虎地秦簡とはおそらく四〇年以上の時代差を持ち、属す朝代を異にする規定が現れたことで、両者を比較し、諸制度の変容を追う糸口も得られた。「漢承秦制」という画一的な歴史像には、すでに多くの点で修正が加えられている。

しかしながら、出土史料から得られた知見を通時的な制度の変遷の中に位置づける作業には、たとえ出土史料同士の比較であっても様々な困難が付きまとう。例えば睡虎地と張家山との間には、夫による妻への殴打をめぐって科罰に違いが見られ、睡虎地では妻が粗暴であっても、これを殴打し傷を与えた場合には科罰の対象となった（法律答問79）のに対し、二年律令では刃物によって傷つけたのでなければ無罪とされる（二年律令32）。単純に考えれば、これは秦から漢初にかけての夫権の伸張を示していることになろう。だが親族関係の原理が高々四〇年ほどの間で大きく変化したのかという懸念も残る。実のところ、睡虎地「法律答問」に見えるこの科罰は、妻への傷害を如何に裁くのかという問いに対する一つの解答に過ぎない。法律答問の解答部分には、明文規定はないものの先例として蓄積されている処断、さらには律文と矛盾するにも拘わらず、実際には行われていた慣例が挙げられることもあり(1)、妻への傷害に対する科罰が未だ律文に明記されていなかった、あるいは規定上は異なる科罰が用意されていた可能性すら排除できない。少なくとも法律答問と二年律令の相違を、「法律条文の改訂」という公的な法思想の変化とは見なせまい。

一口に出土法制史料といっても、それぞれが独自の性格や書写の背景を持っており、それらを均質なものとして扱うことはできない。ましてやそれを『史記』『漢書』をはじめとした伝世史料と比較するなら、著述の目的や関心の所在をまったく異にする両者の間には、単なる記述の繁簡を越えた深い溝がある。

だが現時点で出土法制史料の年代は統一秦より漢初に到る時期に限られ、出土地も長江中流の旧南郡管轄下に集中する。こうした状況の下では、制度の外形的な変遷を跡づける作業においても、前後の時代に関しては典籍史料の関連部分や後世の注釈家による解説に頼る他ない。出土史料が時に、典籍史料に見える制度史関連記事が如何に不正確であったかを証明するにも拘わらず、さりとて他に依拠し得る手がかりがないというのが、中国古代制度史研究の抱えるジレンマとなっている。

もちろん利用する史料を吟味することによって、こうした矛盾は最小限に抑えられる。さらに関連する諸制度全体の変遷を追い、相互の因果関係を探ってゆくことにより、立論の信頼性をある程度担保することもできよう。加えて必要とされるのは、出土史料の外に手がかりを求めるのではなく、その内部に変化の方向性を見出してゆく試み、あるいは制度設計そのものに変遷の痕跡を探ってゆくことである。こうした作業を経てこそ、典籍史料をも活用した制度史的考察が可能となろう。本書はかかる問題意識の下、特に刑罰制度の詳細を出土文字史料から復原し、それを傜役制度や身分制度の一部としても捉えることにより、総体として制度の変遷を跡づけてゆこうとするものである。

制度の変遷を追う場合、そもそも出土法制史料自体が時代的重層性を帯びていることも忘れてはなるまい。例えば、本書を支える重要な基礎史料である張家山漢簡「二年律令」も、各条文の成立年代に時代差がある。多くの論者がこれを呂后二年(前一八六)に編纂された法典と理解するものの、編纂の年を法典に冠するという発想は漢初には認められない。地方官衙に保管されていた法文集に定期的に新規定が追加され、更新されていたことを念頭におくなら、これは某二年の段階で官府に蓄積されていた法文の集積であると言ったほうがよい。従って、その中に新旧の規定が相互に矛盾を抱えたまま混在していた、あるいは死文が含まれていた可能性すら考えられる。第一章では「二年律令」の素性と性格をこうした立場から論じ、この史料に対する筆者なりの理解とその論拠、およびそこから派生する問題を指摘しておく。続く第二章で、刑罰体系の形成史を模索する際にも、「二年律令」に収められた法律条文が年代的な重層性を帯びているという理解が、議論の前提となっている。

第二章では腐刑・戍辺刑という男性にしか科し得ない刑罰の位置づけを手がかりに、刑罰体系構築への足取りを追う。二つの刑罰のうち、男性器切除の刑である腐刑はとりわけ特殊な性格を持ち、強姦罪への刑罰として、いわば反映刑的に使用される一方で、複数種の肉刑のうち、最も重い刑としても位置づけられる。これは上古からの制裁習慣が成文化された一方で、法文中の複数の肉刑が整序される過程で、やがて腐刑に最も重い肉刑としての位置が与えられたものと考えられる。体系的な刑罰制度の構築とは、それぞれ独自の歴史と個性とを持ち、多元的に存在していた個々の刑罰が、いくつかの不整合を孕みつつ直線的な刑罰体系に一元化されていく過程であったといえる。秦～前漢初期の段階では、かかる不整合がなおも解決されておらず、それが制度変遷の痕跡として刑罰体系の中に潜んでいた。制度発展の全体的な傾向に対するこうした理解は、第三章で無期労役刑の体系を分析する際の基本的な立場とも共鳴し合う。

第三章は本書の核となる部分であり、ここでその解明を目指すのは、秦漢労役刑制度の構造と変遷、およびその背景である。

睡虎地秦簡の公表後、秦には存在しないとされてきた隷臣妾刑がそこに数多く現れることは研究者の関心を惹きつけ、それが隷属身分に由来すると考えられることから、この刑には刑期が設けられていなかったであろうこと、そしてそれ以外の労役刑にも刑期が無かったことが指摘されるに到った。こうした理解に立つなら、「有年而免」の句を含む文帝十三年（前一六七）の肉刑廃止の詔は、あらゆる労役刑に刑期を設定する指示でもあったことになり、ここに無期から有期へという、労役刑制度史の大きな潮流が確かめられることになった。これは制度の構造自体に目を凝らした結果得られた、秦漢法制史研究の最も重要な成果の一つといってよい。

この無期刑説の立場からは、無期労役刑の軽重は労役強度という単一の基準によって決定していると考えられてきた。だが本書はそうした見方を離れ、各労役刑が複数の要素によって区別され、段階づけられていたことを明らかにする。複数の基準によって定められていた相対的な上下関係は、文帝十三年の刑制改革を経て、刑期という単一の基準に沿った直線的な等級へと移行してゆくことになる。

こうした変化を生んだ要因として、本書は国家的な労働力編成の展開に着目する。戦国期には庶民を直接把握し、軍事行動への動員も含めて、その人的資源を有効に活用する試みが推進された。広大な版図を持つことになった統一秦、および漢王朝においても、辺境防備を中心とした労働力の需要に対し、如何に効率的に人員を配置するかが焦眉の課題であったに違いない。もちろんこれまでも、秦の労役刑制度が統一国家を維持するための労働力として功利的に活用されたことが指摘されてきたが、労役刑制度の変容を労働需要の見地から理解しようとする意識は稀薄であった。本書は刑期の全面的な導入を刑徒労働の効率化と捉え、それが新たな辺境防備策を構築するための、模索の一部であったことを指摘する。

第三章で触れられるいくつかの論点は、それに続く二つの章でさらに詳しく、あるいは角度を変えつつ論じられることになる。その一つは無期刑徒の地位に関わる問題で、第四章ではこの点が「復作」と呼ばれる地位の解明を通じて検討される。

復作という語の意味をめぐっては、歴代の注釈家により異なった解釈がなされてきたが、典籍・出土史料中の用例からして、赦令を受けて刑徒の地位から脱したにも拘わらず、残余の労役期間は服役し続けねばならない元労役刑徒を指すものと考えられる。無期刑が存在した時代にも復作という地位は存在し、労役刑徒にとって恩赦は必ずしもその地位からの完全な解放を意味しなかった。復作は刑徒ではないものの、民とも区別され、いわば中間的な立場に置かれており、これは解放された奴婢が直ちに「庶人」とされず、一旦「私属」にされたのと共通する。ここに無期刑徒の、王朝の奴婢としての性格が読み取れ、同時にあらゆる労役刑の有期化は、そうした性格を払拭し、恩赦をより功利的に活用するための試みであったことが知られる。

第三章から派生するもう一つの観点は、刑徒の処遇や彼らが置かれていた環境への問題関心である。各労役刑の軽重を決定する重要な要素は、刑徒の家族・財産への取り扱いや、刑徒身分が子孫に継承されるか否かといった諸条件であったことが第三章で明らかにされるが、秦漢時代における刑徒管理のあり方やその変遷にはよく分からない部分も多い。第五章では「司空」という官職を手がかりにしてこの点に考察を加える。結論として、刑徒管理の仕組みは徭役労働管理の一部として動いていたが、それが次第に特殊なものとして扱われるようになる傾向にあったことが知られる。この点は、文帝による刑制改革が国家的労働力再編の一環でもあったという第三章の指摘と呼応するものでもある。

第五章では「獄」に関わる諸問題が同時に取り扱われるが、裁判手続きにおいて、獄での取調は被疑者の罪状自認を目指して詰問、時には拷問を用いて進められるものであり、供述者の申し立てを記録するだけの手続きとは意味合いを異にする〔籾山二〇〇六、第三章〕。私見では、この獄における取調の端緒となったのが「劾」であり、これは捜査や取調の結果をふまえて行われる、官による告発と定義できる。第六章では劾の意味するところについて分析し、如上の定義を引き出した論拠を示した上で、それが睡虎地秦簡の中に初見すること、すなわち戦国末期に至って登場する意味を、古代訴訟制度の展開の中から見出そうとする。

最後に附論として、「二年律令」から知られる爵制の制度的外観を整理した論考を加えておく。第三章で論じられるとおり、無期労役刑の一つである鬼薪白粲は城旦舂相当の罪を犯した高位者に科せられる刑罰であり、一般人には適用されない点で他の労役刑とは性格を異にする。そしてここでいう「高位者」とは「葆子」身分、および上造以上の爵を持つ者であった。

西嶋定生氏の爵制論以来、秦漢時代の爵が果たした機能や、そこに込められた意味については少なからぬ議論が繰り返されてきた。爵位に刑罰を減免する機能があること、そして西嶋氏がそれを爵の本質的機能から生ずるもので、有爵者に認められる第一義的な特権ではないと論じたことも、論争の対象となってきた。新出史料の増加を経て、現時点で西嶋爵制論は再検討すべき点を多分に含むものとなっている。附論では「二年律令」が語る秦漢時代の爵制について検討し、まずはその制度的外貌を復原することに意を注ぐ。さらにその結論が従来の爵制研究に及ぼす影響について、筆者なりの展望を示しておく。

本書で用いる出土文字史料の釈文、訳注、およびその略称は以下のとおりである。

張家山漢簡

張家山二四七号漢墓竹簡整理小組『張家山漢墓竹簡〔二四七号墓〕』（文物出版社、二〇〇一）　略称：『張家山』

張家山二四七号漢墓竹簡整理小組『張家山漢墓竹簡〔二四七号墓〕』（釈文修訂正本）（文物出版社、二〇〇六）　略称：『修訂本』

武漢大学簡帛研究中心・荊州博物館・早稲田大学長江流域文化研究所『二年律令與奏讞書』（上海古籍出版社、二〇〇七）　略称：『二年律令』

冨谷至編『江陵張家山247号漢墓出土漢律令の研究』訳注篇（朋友書店、二〇〇六）　略称：『張家山訳注』

専修大学『二年律令』研究会「張家山漢簡『二年律令』訳注（一～一二）」（『専修史学』第三五～四六号、二〇〇三～二〇〇九）　略称：専大訳注

睡虎地秦簡

睡虎地秦墓竹簡整理小組『睡虎地秦墓竹簡』（文物出版社、一九九〇）　略称：『睡虎地』

睡虎地秦簡の釈文・簡番号は右掲書のそれに従い、「語書」「秦律十八種」「效律」「秦律雑抄」「法律答問」「封診式」「為吏之道」という各標題と、それぞれのまとまりのなかでの通し番号を振った。

Hulsewé, Anthony F.P.: *Remnants of Ch'in Law*. (Leiden: Brill, 1985).　略称：*RCL*

龍崗秦簡

中国文物研究所・湖北省文物考古研究所『龍崗秦簡』（中華書局、二〇〇一）

龍崗秦簡の図版・釈文には劉信芳・梁柱編著『雲夢龍崗秦簡』（科学出版社、一九九七）も有るが、右掲書は赤外線写真を用いて行われた再整理の産物であり、信頼性が高い。本書での引用においては、右掲書の整理番号を附した。

里耶秦簡

湖南省文物考古研究所『里耶発掘報告』（岳麓書社、二〇〇六）

尹湾漢簡

連雲港市博物館・中国社会科学院簡帛研究中心・東海県博物館・中国文物研究所『尹湾漢墓簡牘』（中華書局、一九九七）

居延漢簡

謝桂華・李均明・朱国炤『居延漢簡釈文合校』（文物出版社、一九八七）

甘粛省文物考古研究所・甘粛省博物館・中国文物研究所・中国社会科学院歴史研究所『居延新簡　甲渠候官与第四燧』（文物出版社、一九九〇）

居延旧簡については、右掲書の簡番号のみ挙げ、出土地等は省略した。居延新簡は簡番号（EPT～、EPF～、等）を挙げた。

敦煌漢簡

甘粛省文物考古研究所『敦煌漢簡釈文』（甘粛人民出版社、一九九一）

引用に際しては右掲書の簡番号を挙げ、原簡番号やスタイン編号は省略した。

懸泉置漢簡

甘粛省文物考古研究所「敦煌懸泉漢簡釈文選」（『文物』二〇〇〇年第五期）　略称：『釈文選』

胡平生・張徳芳『敦煌懸泉漢簡釈粋』（上海古籍出版社、二〇〇一）　略称：『釈粋』

引用に際しては『釈粋』の釈文に拠りつつも、『釈文選』の釈文、および簡の形状に関わる知見を適宜参照した。簡番号は釈粋に示されている原簡番号をまず挙げ、次いで同書が便宜的に与えた編号を「粋～」というかたちで附記した。

簡牘史料引用の際に利用した記号については、以下のとおりである。

⧄→断簡　→右欠、左欠　回→封泥匣

□→一字不明　…→字跡・字数不明　囲み線→不鮮明な文字の、暫定的な釈字

■→簡端の塗りつぶし　●→圏点

（　）→仮借字の読替　〈　〉→誤字の訂正　【　】→脱字・脱文の補訂

引用に際して、簡牘史料中の重文符号（〓）は、原則として同じ文字を繰り返すかたちにすでに改めた。また数本の簡から構成される史料は、文章を続けて引用し、必要な場合に限り、一本の簡に書かれている内容を明示した。ただし居延漢簡をはじめとした辺境出土簡については、簡の元の体裁が分かるように釈文を配置した。字跡の不明ではなく、史料の引用を省略した場合には、三点リーダーに（前略）（後略）などを添えて、区別してある。

なお最後に、以下の本文中では、先学に対して敬語表現を用いていないこと、申し添えておく。

注

（1）　法律答問38～39、66、142など。

第一章　張家山漢簡「二年律令」解題

一、出土状況とテキスト

張家山漢墓群は湖北省江陵県の西北約一・五キロメートルに位置する。これら漢墓のうち五つの墓、すなわち二四七・二四九・二五八号墓、および三二七・三三六号墓から簡牘が出土した。前三者については一九八三年一二月〜八四年一月に発掘され、八五年に概述が出た(1)。後二者は一九八五年秋〜八八年初の発掘で、概述の発表は九二年である(2)。二四七号墓と三三六号墓からは法律関係の文書が出土したが、他墓の出土簡は日書ないしは暦譜で、文書や書籍の類は見られない。

二四七号墓は竪穴の土坑墓であり、一槨一棺で頭箱を持っている。槨室の大きさは三・二九×一・四〇×一・一五メートルである。竹簡は他の副葬品とともに頭箱内から発見された。

竹簡は二カ所に分けて置かれていた。一群は頭箱内の、西側の郭室の板に接した底の方に置かれていて、郭内に流れ込んだ泥や副葬品の漆木器に圧迫され、出土したときには泥の中に散乱し、多くが損なわれていた。もう一群は南側の板に近い底の部分にあり、陶漆器や泥がそれを覆っていた。こちらの竹簡群は竹笥に収められており、遣策に「□嚢一　書一笥」（第三四簡）とあるのがそれに当たると考えられる。竹笥内の竹簡は竪方向に置かれ、周囲には泥が堆積していた。表層の竹簡は多くがすでに損なわれていたが、下層の竹簡は保存状態が良く、竹簡が巻を分けて入れられた後、水がしみ込み、竹簡が浮き漂ってバラバラになったものと推測されている。

個々の竹簡の出土位置については、『張家山』の巻末に「竹簡出土位置示意図」が附されている。この中には遣策の出土位置が示されず、それは他所から出土したとの但し書きがあるので、遣策は竹笥の外に別に置かれ、頭箱内西側から出土した竹簡群がそれに当たると思しい。

出土した暦譜には墓主が恵帝元年（前一九四）六月に「病免」したと書かれており、さらには法律関係の竹簡が大量に出土したことから、墓主は司法に携わった官吏、ないしは法律に精通した学者であろうと推測されている。(3) 竹簡以外の副葬品には、筆、硯、算木、木車模型が含まれ、(4) 墓主が一定の識字能力や算術の知識を備え、且つ車に乗る資格を有していたことを示唆している。(5) また木彫りの鳥の附いた杖が棺内から発見されており、これが「王杖」「鳩杖」であるとすれば、(6) 墓主は少なくとも七〇歳を過ぎてから他界したことになる。(7)

だが墓主の姓名や官職をより具体的に示す手がかりは発見されておらず、その点、被葬者の名前や官歴まではっきりしている睡虎地秦墓とは相違する。墓室や副葬品の型式においては、張家山からさほど遠からぬところにある鳳凰山前漢墓と共通する点が多く、そのなかでも鳳凰山一〇号墓は、槨室のサイズや副葬品の種類・数において二四七号墓とほぼ同規模の墓である。鳳凰山一〇号墓の主は五大夫の爵を持つ「張偃」なる人物で、里正を務めていた。二四七号墓の被葬者の地位については、こうした例を一つの目安とする他ない。

『張家山』に収められた竹簡は総計一二三六枚で、それに若干の残片が含まれる。内訳は暦譜…一八簡、「二年律令」…五二六簡、「奏讞書」…二二八簡、「脈書」…六六簡、「算数書」…一九〇簡、「蓋廬」…五五簡、「引書」…一一二簡、遣策…四一簡、である。暦譜と遣策が書かれた簡は長さ約二三センチメートル、つまり漢の一尺で、他は三〇センチメートル弱から三四センチメートル程度の簡が用いられていた。これらのうち、「脈書」「引書」「奏讞書」「算数書」については先行して『文物』誌上に順次釈文が発表され、二〇〇一年の『張家山』刊行に到って、すべての簡牘の釈文と図版が知られるところとなった。

その後、二〇〇六年に釈文のみを収めた『修訂本』が出版され、原簡と図版とを再び対照させたうえで、修訂の加えられた釈文が示された。また二〇〇七年には「二年律令」と「奏讞書」の赤外線写真(一四本の未発表簡を含む)、及びそれに依拠して作成された釈文・注釈が発表された(『二年律令』)。ここでは同時に、簡の綴合にも若干の変更が加えられている。これら以外に、例えば『張家山訳注』も『張家山』の図版に依拠して独自の釈文を行っている。利用に当たっては、『二年律令』の図版(ただし欠損している箇所も見られるので、『張家山』との比較は欠かせない)を基礎にしつつ、各種釈文を参照する必要がある。

二、「二年律令」の復原と問題点

竹笥から出土した竹簡はA~Iの九群にわけて出土番号がふられた。A群は無文字簡で、以下「二年律令」はC・F群、「奏讞書」はE群、「脈書」はD群、「算数書」はH群、「蓋廬」はG群、そして「引書」はI群出土の竹簡から成る。ただし「奏讞書」にはI群の竹簡も含まれるなど、近接する群の間で若干の出入りがあり、「二年律令」にもI群の簡や残簡がいくつか紛れ込んでいる。「二年律令」のみが二つの竹簡群から構成されるが、『張家山』に附された「竹簡出土位置示意図」（以下「示意図」）を見ると、C・F群は互いに隣りあっており、緩やかに巻かれていた一つの冊書が、圧力をうけて二箇所に分かれたように見えないこともない。

出土した竹簡が如何にして釈文のように配列されたのか、その作業の原則や詳細については一切語られない。配列復原について詳しい説明があるのは「算数書」のみである。それによると整理の方針は、

①出土状況を勘案して、できるだけ竹簡の元の位置を復原する。
②全体の最初の簡と最後の簡を確定する。
③同一の算数問題内において、竹簡をどう配置すれば筋が通るか検討する。そのうえで出土位置に基づいて各算題を配置する。
④すっかり元の位置から移動してしまった算題は、出土位置近くの、あるいは類似する算題のそばに挿入する。
⑤破損した竹簡は、内容が類似する算題の後ろに配置する。

という手順に従うものであった(8)。

「二年律令」の第一簡（F14）は、F群の最も外側に並ぶ簡の一つで、裏面に「二年律令」という書題が記されている。その簡からはじまってF群の外側、さらにはC群の外側に並んでいる簡には、賊律の範疇に収められていたもの、あるいは内容からして賊律に属していたであろうものが多く、それらがほぼ時計回りに並んでいる。書写面を内側にして巻かれたのであろうから、示意図は竹簡の小口を下端の側から見たものであり(9)、書題の記された先頭簡から、中心に向かって巻かれていたものと推測される。

そこで『張家山』では、賊律とおぼしい簡がまず冒頭に配置され、54簡（C18）の「■賊律」で一区切りがつけられる。いわゆる「九章律」の順序、すなわち「盗・賊・網（囚）・捕・雑・具・興・厩・戸」はここでは無視されており、これ以降の配列においても同様である。睡虎地秦簡「法律答問」のように、条文の内容のみに従い、それを分類する形で配列されたのであれば、配列の基準としてまずは九章律の篇次が意識されたであろうが、それに従っていないことは、まずは出土位置が重視されたことを示す。その点、「二年律令」の配列復原も、「算数書」と同様の方針に従ったことを窺わせる。

だが配列順（整理番号）と出土番号の対照表（『張家山』附録一「竹簡整理号与出土号対照表」）を見れば直ちに気が付くとおり、出土位置の離れた竹簡が前後に配列されることも多い。これは内容を勘案して配列を調節した結果であろう。こうした配列は、いわば推測に基づいたものであり、その「推測」に首をかしげることも間々ある。例えば38簡（F137）。

賊殺傷父母、牧殺父母、歐〈毆〉詈父母、父母告子不孝、其妻子爲收者、皆錮、令毋得以爵償、免除及贖。

この簡は、冒頭の「賊殺傷」云々にひきずられて賊律とみなされ、その一条文として配列されたに違いない。だがF137は181簡（F143）「■収律」をはじめ、収律に属する竹簡の近くで出土した。内容的にもこれを収律とみて何の問題もない。

同様の疑念は、配列のあちこちに感じられる。いくつか例を挙げよう。

雑律には「越邑里・官市院垣」、「博戯」、および不当な金銭貸与や姦に関する条文が配列されているが、これは『晋書』刑法志の、雑律は「軽狡」「越城」「博戯」「借仮不廉」「淫侈」「踰制」に関する条文から構成されたという記事に依拠したものに相違ない[10]。ただしそれらの出土位置に目を向けるなら、姦にかかわる条文はC群から、その他はF群から、という具合に一様ではない。雑律という、いかなる条文が収められていたのか推測しにくい一篇は、『晋書』刑法志に基づいて復原されたといってよい。

また均輸律として配列されている簡は標題簡も含めて三本しかないが、225簡（C79）と227簡（C257）の間に、内容の殆ど分からない226簡（F25）が挿入されているのも、その理由が理解しがたい。

こうした問題とは別に、残欠のため、あるいは余りにも短文であるために、どの簡に接続するのか分からない―逆に言えば、どの簡にでも接続し得る―簡が、出土位置の離れた簡に付加して釈されており、なぜそうした配列が可能なのか、想像もつかない例に出くわすこともある。

条文ごとに律名が附記されていた睡虎池秦簡「秦律十八種」とは違い、「二年律令」ではそれぞれの条文が何れの律目に分類されていたのかは、秩律や津関令のように独特の内容・形式を持つ条文を除けば、出土位置や内容から推測せざるを得ない。それ故に、上に指摘したとおり、典籍史料の記述に依拠した、あるいは根拠の不確かな比定がそこに含まれることは否めない[11]。整理小組の配列・分類は、あくまで一つの案として扱われねばなるまい。

また二八種の律目の配置順にも問題がある。賊律を先頭に、盗律、具律がそれに続くというあたりは、出土位置からしてほぼ間違いなかろうが、律目の前後関係が出土位置からは決めかねる部分も当然のようにあり、とりわけ津関令は出土位置と明らかに矛盾する場所に配置されている。津関令は『張家山』釈文ではすべての律の後に、すなわち二八種の最後の項目として配置されているが、示意図を眺めると、その出土位置は巻子の中層あたりに集中している。復原に際して、律条文が並ぶ途中に令条文が割り込む不体裁が嫌われたのであろうが、出土位置に拠るならば、元の巻子は「…律条文→津関令条文→律条文…」と編綴されていた可能性が高い[12]。

出土位置と配列順の関係に目を凝らしてゆくと、様々な疑問に行き当たる。そもそも対照表自体に誤りが見られ、一つの出土番号が複数の竹簡に付されていることもある。将来の改訂が望まれる。

三、抄写の背景

バラバラになった冊書を元の姿に近づけてゆく作業は、各条文の内容を正確に理解するうえで、もちろん欠かすことができない。だが出土位置や内容を手がかりに完璧な復原を目指したとしても、一方でその冊書自体がそもそも錯簡を含んでいた可能性も排除できない。冊書が「…律条文↓津關令条文↓律条文…」という、不体裁ともいえる順序で編綴されていたことも、その一例に挙げられよう。同様の現象が「奏讞書」にも認められる。

「奏讞書」は全部で二二の裁判記録から成り[13]、その殆どがE群の簡であるものの、若干I群の簡も含まれている。E群は渦巻き状に簡が排列された姿で出土しており、「奏讞書」との書題が背面に記された228簡（E1）はその外縁に位置する。『張家山』の配列では、中心付近から時計回りに簡が並ぶことになっており、「奏讞書」は先頭簡を軸にして巻かれたもので、示意図はその簡端を下から写していることになる。

「二年律令」の配列復原と同じく、「奏讞書」のそれも出土位置に拠りつつ、内容をも勘案してなされているものの、出来上がった復原案と出土位置との齟齬は「二年律令」ほど顕著ではない。ただし「奏讞書」の配列復原において注目されるのは、すでに指摘されている［森谷二〇〇四］とおり、基本的に時計回りに読み進めてゆけるにもかかわらず、一部に反時計回りに簡を繋いでゆかねば読めない箇所（案例⑰の115～119簡、同120～123簡）が含まれることである。このことは、この部分だけ簡が上下逆に、ないしは裏表逆に編綴されていた可能性を示唆する。おそらく編綴に際しては、まず数本ずつの簡を繋いだまとまりがいくつか作成され、それらがさらに綴合されるという、二段階の手順を踏んだのであろう。該当の箇所は、その第二段階の編綴に際して誤って綴合されたものと推測される。

後述するとおり、邢義田は「二年律令」が明器であり、遺族が副葬のために作成させたものである可能性を指摘している［邢二〇〇三a］。「奏讞書」が抱えている錯簡は、それが墓主の死後、倉卒の間に作られたことに因るのかもしれない。だがそうではなく、「奏讞書」がこの錯簡を元から含んでいたのだとすれば、果たして墓主は生前どれほどこの冊書に目を通していたのか、疑わしくなる。一方の「二年律令」にも、極めてはっきりした誤写が見られる。

> …（前略）…租・質・戸賦・園池入錢（429）、縣道官勿敢擅用、三月壹上見金、錢數二千石官、二千石官上丞相・御史。不幸流、或能産拯一人、購金二兩。拯死者、購一兩。…（後略）…（430）（二年律令429〜430）

> …租・抵当・戸賦・園池の入銭は、県道官は勝手に用いてはならず、三ヶ月に一度現在の金・銭の数量を二千石官に上申し、二千石官は丞相・御史に上申する。不幸にして流されたとき、生きながら一人を救出できたならば、賞金二両を与える。死者を引きあげれば、賞金一両を与える。

429簡より430簡の途中までは、地方で徴収した財物の管理に関わる規定であるが、「不幸流」以下は水難者や難破船についての規定となる。おそらく筆写の手本となった原本に錯簡があり、それに気づかぬまま抄写した結果であろう。

「二年律令」には複数種の字体が認められる。さらに「■盗律　鄭炊書」（81簡）として見える人名が書写人の名を記したものであるなら、このことも複数の人間が筆写に当たったことを示していよう。従って抄写者は墓主自身であったとは限らず、錯誤がある事実によって墓主の法律知識を疑問視するのは早計であるかもしれない。

それにしても、「二年律令」「奏讞書」に見えるこれらの錯誤は、墓主が生前これらに何度も目を通し、専門知識に拠って校訂を加えていたわけではないことを示している。このことは「二年律令」のテキストとしての信頼性にも関わってくる。

「二年律令」の抄写、及び副葬の背景をめぐっては、墓主の生前の職掌との関連が想定されてきたが、正確にいえば墓主は恵帝元年（前一九四）に官を退いているので、呂后元年（前一八七）以降に成立した条文を含む「二年律令」は、墓主が在官時に利用したものと同じではない。病免後も復帰を希望し、新たに制定された条文を抄録していた〔邢義田二〇〇三a、三頁〕、あるいは墓主は法律に関心を寄せる「学者」であり〔張家山漢墓竹簡整理小組一九八五、一五頁〕、「二年律令」は実務のマニュアルではなく法律研究の対象であった、等の説明が現れる所以である。その一方で「二年律令」を墓主生前の業務や素養から完全に切り離し、これは法律の持つ強制力が冥界でも威嚇の力を持つことを期待して副葬されたのであって、いわば一種の魔除けとして置かれたに過ぎないとする見方すら存在する〔冨谷二〇〇五〕。

これら解釈の当否については、更なる法律文書副葬事例の増加を待たねば一概に論ずることはできないので、ここでは深く立ち入らない。また、たとえ「二年律令」が明器、あるいは辟邪として副葬されたのだとしても、テキスト自体の信頼性、すなわちそこに収められた各条文の信憑性や、それらがもともと中央において制定された法令であること自体が根本から揺らぐわけではない。条文の内容そのものは尊重されるべきであり、その利用価値は高い。だが明器や辟邪である可能性の指摘は、この史料を活用して漢代における法令集の形式やその存在形態一般を論ずることに、一定の留保を迫ることになろう。

多くの論者が「二年律令」なる呼称を漢代に編纂され、頒布された「法典」の呼称と考え、そこに見える律令の篇目も中央において定められたものとし、そうした前提の下で典籍史料に見える蕭何の「律九章」との関連性などが論じられている。だが明器や辟邪として作成されたものが、どこまで正確に「法典」の形式を留めているのか、疑問なしとしない。少なくとも「二年律令」の性格を論じ、さらにそれを史料として活用するに当たっては、これを当時存在した「法典」の、完成度の高い写本として扱うことは慎まねばなるまい。こうした評価は、「二年律令」というこの冊書の書題を如何に解釈するのかという問題とも関わってくる。

四、「二年」とは

「二年律令」の発見以来、『張家山』に附された整理小組の注釈をはじめ、多くの論者が「二年」とは呂后二年のことであると推測してきた。その最も大きな論拠は、具律に配列された左の条文、

呂宣王内孫・外孫・内耳孫玄孫、諸侯王子・内孫耳孫、徹侯子・内孫有罪、如上造・上造妻以上。（二年律令85）

呂宣王の内孫・外孫・内耳孫・内玄孫と諸侯王の子・内孫・内耳孫、および徹侯の子・内孫が罪を犯したときは、上造や上造の妻以上と同じように扱う。

である。「呂宣王」とは呂后元年に呂后の父に与えられた尊号であるから、この法令集の書写年代はこの年以降、という理屈になる。また二四七号墓の暦譜は高祖五年（前二〇二）に始まり、呂后二年に終わっている。恵帝元年六月の病免の後、さほど隔たらぬ時期に墓主が他界したのだとすれば、「二年」とは呂后二年でしかあり得ない。陳耀鈞・閻頻両氏の論文は、これらに加えて左記の事実を指摘し、呂后二年説を補強している〔陳・閻一九

八五」。

①景帝の諱（啓）を避けない。
②肉刑が多数見られ、従って文帝十三年の肉刑廃止以前のものである。
③銭の盗鋳が禁じられており、従って文帝五年に盗鋳銭令が除かれる以前のものである。
④連坐規定が見え、従って文帝元年の収帑法廃止以前のものである。

これら論拠のうち避諱について附言しておくと、「二年律令」の中では景帝はおろか恵帝（盈）・呂后（雉）・文帝（恒）の諱も避けられていないので、この点から二年律令の成立、ないしは書写年代を呂后期とすることはできない。

一方、高祖二年説を唱える論者もいる。(14) これらの論者は、高祖二年（前二〇五）に蕭何が関中において「法令約束を為った」という記事(15)を蕭何による律令の編纂とみなし、蕭何の法令がその後も遵守されたことも念頭に置いて、高祖二年説の論拠とする。この見方に立てば、「二年律令」中の明らかに高祖二年より後に制定された条文は、編纂の年を冠して呼称されていた「法典」に、後に追補されたものであることになる。

これらの、「二年」の比定をめぐる代表的な二説(16)は、呂后二年説が各条文の成立年代から「二年」が何時なのか探ろうとする立場、高祖二年説は画期となる年をもって法典の呼称が定められたとする見方、と言い換えられようが、何れの説にも問題がある。

呂后二年説が孕む問題は、各条文の成立年代を突き止めてゆくことが必ずしも「二年」の比定に繋がるわけではないという懸念である。各条文の成立年代は、この法文集が抄写された時期の目安とはなるが、それが継続的に、一定の時間をかけて条文を集積して出来上がったものだとすれば、条文の成立年代は抄写年代の上限を示すのみで、それを特定の年に絞りこむことはできない。また成立・抄写年代が明らかになったところで、それが直ちに法令集の呼称と結びつくわけではない。

例えば楊振紅は、高祖の晩年から呂后期に到る時期に詔令を加工して作成されたとおぼしい律条文が「二年律令」中に含まれることを指摘し、呂后二年に大規模な法律修訂事業が行われたとした上で、そのことから「二年律令」は法令集（「当時行用法律的匯編」）ではなく、呂后二年に編纂された法典であると論じている［楊二〇〇五］。だが数条の律文が制定、ないしは編集されたからといって、その時期における全面的な法律修訂事業を想定することはできないし、そうした事業が行われたことを示唆する記事も典籍史料には見あたらない(17)。

そして何よりも、「二年」を法文集編纂の年と考えること自体が一つの仮説にすぎず、それを支える傍証は今のところ存在しない。漢代、制定の年を冠した法文集の称謂はまったく見られず、法令、あるいは法令集の呼称を制定の年と結びつける発想は漢代において稀薄であり、後代になってようやく現れるものと考えられる［冨谷二〇〇五］。

これと同じ理由から、高祖二年説にも従うことはできない。李力は、帝政時代に私人が法令を作ることは固く禁じられていたことから、法律の名称も個人が勝手に決めたものではないはずだと論ずる［李二〇〇六、一五四頁］が、法文そのものの制定云々とその呼称の決定とは次元を分けて考えるべきであろう。法令集に対して何らかの便宜的な通称がつけられることは、十分に考えられる。

そもそも漢代における法令の存在形態をめぐっては、近年様々な新見解が提示されており、国家的に編纂された、固定した「法典」の存在に懐疑の目が向けられ(18)、蕭何が「律九章」を編んだことも疑問視されている(19)。典籍史料を離れ、「二年律令」があくまで一個人の墓から出土したものであるという事実から歩を進めるなら、これは墓主が職務遂行のために、あるいは自らの関心に従って法令を抽出し、私的に作成した法文集であったかもしれないし、また「二年律令」という呼称も公的なものではなく、あくまで便宜的に墓主が名づけたものである可能性がある［冨谷二〇〇五］。「二年」とは何かを探るには、地方官府において法令が如何なるかたちで集積され、整理・管理されていたのかという点に、まず目を向けるべきだろう。

五、地方官衙における法令の受容と整理

睡虎地秦簡や龍崗秦簡では専ら「邦」字が用いられ、「国」字が見えなかったのに対して、「二年律令」ではすべて「国」が使用されており、劉邦の諱を避けようとする意図がはっきり現れている。秦律に見える「臣妾」「貲~甲」といった語句も、「二年律令」では「奴婢」「罰金~両」という言い方に改められている[20]。こうした避諱や用語の書き換えが、劉邦即位後にいずれかの場所で集中的に行われ、そのうえで法文集が頒布されたこと、それが少なくとも南郡に持ち込まれた可能性は、確かに想定しておいたほうがよい。けれどもその中には、恵帝以下の諱を避けない条文、すなわち高祖期に制定・書写され、その用字を踏襲しているのであろう条文が含まれる一方で、明らかに呂后以降に制定された、相対的に新しい規定も見られる。そうした条文は如何にして法文集に追加されたのか。

秦から漢初にかけての法令頒布のあり方については、十分な手がかりがないものの、修正・追加がなされた法文集が定期的に、まとまったかたちで頒布された形跡はなく、むしろそれは各官府において随時、かつ独自になされていた可能性が認められる。次の二つの睡虎地秦簡には注目してよかろう。

縣各告都官在其縣者、寫其官之用律　内史雜（秦律十八種186）

県は各おのその県内に所在する都官に通知して、その官の用律を書写させる。　内史雑

県より通知をうけた都官[21]は県衙に赴いて「用律」を書写したのであろう。ここで律（あるいは律文集）は、各官府に向かって頒布されてはおらず、それを必要とする側が然るべき官府に赴いて書写している。その際に書写されたのも必要な律文のみであろう。こうして各官府が持つ法令集に条文が追加されていったのならば、先帝の時代に書写された条文は、今上皇帝の諱を避けないまま、各官衙が保持する法文集の中に留まることになる。

右のごとき律の追加・更新が、一年周期で行われたことを示唆する条文もある。

歳讎辟律於御史。　尉雜（秦律十八種199）

『睡虎地』はこの条文を、「毎年（廷尉は）御史のところに行って刑律を照合せねばならない」と解釈し、かつこの手続きは条文の改竄を防ぐために行われたとする。しかしフルスウェが指摘するとおり、右条の意味する所は確とせず、他にも解釈の余地がある［*RCL*, pp.90～91］。また毎年「讎」が行われたのも、改竄防止のためとは限らず、これもフルスウェが言及するとおり、『商君書』定分篇の「一歳ごとに法令を受く[22]」を念頭に置いて理解する道もある。『商君書』の文自体、解釈しにくい一句であるが、それが年に一度、法令が更新されたことを意味するのなら、秦律十八種199の「讎」も、改刪の有無を検査するのではなく、年に一度、御史の法官に赴き、自らの持つ法文集と御史府のそれとを照合し、新たに制定された条文を追加したことと見なせまいか。『睡虎地』の解釈に従って尉を廷尉、御史を中央のそれと考えれば、こうした律の更新は悠長に過ぎ、あり得ない様に映るが、「尉」、「御史」の解釈にも依然検討の余地が残っており[23]、右の仮説も一概には捨て切れない。

時代は降り、かつ律令ではなく「五曹詔書」と呼ばれる規定についての逸話であるが、それが郷亭の壁に書いて掲示され、一年に一度「補正」を加える形で官衙に備えられていたことも知られている。[24]

光武中興以來、五曹詔書題郷亭壁、歳輔〈補〉正、多有闕謬。永建中、兗州刺史過翔箋撰巻別、改着板上。一勞而九〈久〉逸。(『太平御覧』巻五九三引『風俗通』)

光武中興以来、五曹詔書は郷亭の壁に題し、歳ごとに補正すれば、多く闕謬有り。永建中、兗州刺史過翔 巻別に箋撰し、改めて板上に着く。一労にして久逸たり。

年に一度、新たな規定を書写するかたちで地方官府の律文集が更新されていたとすれば、なぜ「二年律令」という呼称が用いられたのかも、「法典制定の年」という発想を離れて別に解釈できる。また各官府が保管する法文集に新条文が適宜加えられていったのだとすれば、呂后期の新律と、恵帝の諱を避けない、高祖期の用字を踏襲する律文[25]とがその中に同居している理由も、無理なく説明し得る。むしろ、この両者が入り混じっていることが、こうした更新法がとられていたことの証左となる。

筆者は先に、令典が中央の主導によって編纂・頒布されたのではなく、各官府に蓄積されていた詔勅を、それぞれが独自に分類・整理することによってひとまず形成された可能性を指摘した［宮宅一九九五］。律についても同様に、中央が「法典」全体を一括して編纂し、そのたびに頒行したことを疑うものである。[26]

地方官衙において、法令集が年次ごとに新しい条文を追加するかたちで更新されており、その某二年―呂后以降に制定された条文を含むことと、暦譜が呂后二年に終わることを考慮すれば、おそらく呂后二年―にとりまとめられた諸条文が「二年律令」だとすれば、それを史料として使用する際には、そこに収められた条文の時代的な重層性と、そこから派生する問題に注意を払う必要が出てこよう。

六、各条文の成立年代と派生する問題

二年律令には成立年代の異なる様々な法令が収められる。戦国秦の武王二年（前三〇九）に発せられた「為田律」が些か形を変えつつも二年律令に収められていることは周知の事実であるし、睡虎池秦律と共通する内容を持った律文も散見する。例えば、

縣道官敢擅壞更官府寺舍者、罰金四兩、以其費負之。（二年律令410）
…（前略）…縣毋敢擅壞更公舍官府及廷、其有欲壞更殹（也）、必讞之。…（後略）…（秦律十八種　徭律121～122）

入頃芻稾、頃入芻三石。上郡地惡、頃入二石、稾皆二石。…（後略）…（二年律令240）
入頃芻稾、以其受田之數、無豤（墾）不豤（墾）、頃入芻三石、稾二石。…（後略）…（秦律十八種　田律8～9）

などである。まったく同内容、同趣旨の条文ではないが、秦律に起源を持つものとみてよかろう。[27]

一方、比較的新しい条文を探すなら、新成・霊州・圜陰など恵帝時に新設された県名が見える秩律の諸条がまず挙げられる。[28]またすでに触れたとおり、「呂宣王」の号が見える具律（85簡）は呂后元年以降の制定であろうし、「魯王」について記された津関令の条文（520簡など。520簡には「廿二」という通し番号がふられている）も、呂

后時期に制定されたものである。[29] 津関令に収められた、原詔勅の形式をとどめた諸条文には通し番号とおぼしいものが振られており、その順序で配列された釈文を眺めていると、「廿二」条以降「相国」が姿を消し、代わりに「丞相」が現れる。通し番号が時代順に振られたもので、こうした呼称の変化が恵帝時の改称[30]を反映しているのだとすれば、「廿二」条以降は確実に恵帝期の詔勅ということになる。

一つの法文集に成立年代の異なる諸条文が収められるのは、ある意味では当然のことであるが、地方における法令集の形成過程に鑑みるなら、このことは別の意味を帯びる。すなわち、そこに死文となった条文も含まれていた可能性が生ずるのである。

「二年律令」が某二年に、中央において集約的に制定・頒布されたものであれば、その時点において有効な条文のみがそこに収められていることになる。けれども、それが前節で推測したやり方で形成されたのだとすれば、それは某二年の時点で官府に蓄積されていた律令条文集であって、そのすべてが有効な条文とは限らない。無効になった条文は毎年の更新の際に削除されたとも考え得るが、「讎」するという行為が死文の削除をも含んでいたのかは定かではない。都官は県から通知をうけ「用律を写」したのならば、律は追加される一方であったとも受け取れ、少なくとも無効になった律を取り除く用意がそこには窺えない。恵帝以下の諱を記した条文が「二年律令」に見られる事実は、条文の更新・削除が徹底的なものではなかったことを示している。

これはただ単に、地方官衙における法律条文管理の不備を示すものではない。例えば恵帝四年（前一九一）になって「挟書律」（始皇帝の命じた、焚書にかかわる律）がようやく除かれているのは、中央においても政策の変化と法律条文の無効化が必ずしも連動していなかったことを示唆する。滋賀秀三は、律篇・令篇に収められなかった詔勅が、その後も依然として効力を持ち続けたことに注意を喚起し、「編纂の素材となった原文書（詔勅など―筆者注）を〝検討済み無効〟として整理して行く性質の編纂は、漢代には行われることがなかった」とし、漢代における法文の急激な増加も、こうした編纂法に原因があるとする［滋賀二〇〇三、四二頁］。あくまで詔勅と、それを法源とする律令との関係に焦点を絞った指摘であるが、漢代にしばしば問題となる法文の煩雑さが、その整理法の不備に起因することを示唆するものであり、傾聴に値する。

「二年律令」に無効となった条文が含まれ得ることは、すでに邢義田による指摘がある。氏が死文である可能性を疑うのは以下の条文である。

以城邑亭障反降諸侯、及守乘城亭障、諸侯人來攻盜、不堅守而棄去之若降之、及謀反者、皆要（腰）斬。其父母、妻子、同產、無少長皆棄市。其坐謀反者、能偏（編）捕、若先告吏、皆除坐者罪。（二年律令1～2）

城邑や亭障ごと裏切って諸侯に投降した者、及び城・亭障で防備にあたっていたのに、諸侯国の人間がやってきて略奪を働いたとき、堅守せずして城・亭障を放棄したり、もしくは投降した者、及び謀反した者は、いずれも腰斬。その父母・妻子・同産（同父兄弟）は、年齢に関わりなくいずれも棄市。謀反の罪に問われる者が、相当な数の者を捕らえたり、もしくは先に官吏に告発したら、いずれも罪を免除する。

これは謀反者をいわゆる三族刑に処すことを規定したものであるが、『漢書』高后紀では呂后元年に三族刑は廃止されたことになっており(31)、この法令集を呂后二年のものと見る通説と矛盾する。この点をめぐって様々な説明を試みるなかで、先に紹介した「明器説」が示され、遺族が新旧の条文を手当たり次第に選択した結果、すでに無効となった条文が収められた可能性が指摘される［邢義田二〇〇三a、三～四頁］。氏の所説は、死文が含まれることになる背景については筆者と理解を異にするものの、「二年律令」には体系的、全面的な編集の手が加わっておらず、それ故に条文相互の時代差から来るズレや、年代的な矛盾が含まれると見る点では、この法令集写本に対するイメージを共有しているといってよい。

本書の中で、筆者はこうした「二年律令」像を常に念頭において論を進めており、この史料を完備した法典の抄本とする立場からすれば、一見奇異に映る部分があるかもしれない。まず一例を挙げて、筆者の立場を明確にしておきたい。

七、二つの財産刑をめぐって

睡虎地秦律や二年律令には、貲刑ないしは罰金刑と、贖刑という二系統の財産刑が見られる。前者は純然たる財産刑であり、贖刑の方はあくまで何らかの刑罰（正刑）に服す代わりに、一定額の財物を納めてそれを贖う代替刑（閏刑）である。だが睡虎地秦簡の時代には、贖刑が何らかの正刑を前提とすることなく、一個の独立した財産刑として科せられるようになっていた(32)。二年律令には、各種贖刑とその金額を明記した条文（119簡）が見え、贖刑には贖死（二斤八両）―贖城旦舂（一斤八両）―贖斬（一斤四両）―贖黥（一斤）―贖耐（十二両）―贖遷（八両）の六等級があり、それぞれ括弧内に記した重量の黄金を納めさせるものであったことが知られたが、これに加えて、贖刑が単なる財産刑と化していることを明らかに示す例も現れた。例えば次の条文。

毆兄姉及親父母之同産、耐爲隷臣妾。其奊詢詈之、贖黥。（二年律令41）

兄・姉、及び実の父母の同産を殴ったときは、耐して隷臣妾とする。侮辱・悪罵したときは、贖黥。

ここで近親を侮辱・悪罵した者が「贖黥」とされているのは、本来ならば黥刑とされるべきところ、何らかの事情を酌んで贖刑が当てられているのではあるまい。殴打した場合よりも数段階軽い刑として黄金一斤を差し出す

刑罰が選択されたと見るのが自然であり、事実同じ犯罪行為に対する後代の規定には、

賊律、毆親父母及同産、耐爲司寇・作如司寇。其奊訽詈之、罰金一斤。（懸泉簡Ⅱ0115③：421　枠6　「及」は「之」の誤記か（『張家山訳注』三一頁））

賊律、実の父母の同産を殴ったときは、耐して司寇・作如司寇とする。侮辱・悪罵したときは、罰金一斤。

とあり、処罰は「罰金一斤」とされている。「贖黥」は黥刑の代替刑という本来の性格から切り離され、罰金一斤とまったく同じ意味に使われていたといえよう。(33) 懸泉置漢簡は同時に、純然たる罰金刑としての「贖～」刑を「罰金～」と書き改める作業が、何れかの時点において行われたことを示している。(34)

そこで問題となるのは、二年律令の中でなぜ正刑としての財産刑が一方で「贖～」と、他方で「罰金～」と記されるのか、という疑問である。二年律令中の罰金刑は罰金四両、二両、一両の三種が殆どであり、より軽微な財産刑として罰金刑が設けられ、高額なもの（金八両（贖遷）以上）については贖刑名が罰金額を示すものとして借用されているようにも映るが、「罰金八両」「罰金一斤」も僅かながら存在している。特に次の例では、

市販匿不自占租、坐所匿租臧（贓）爲盗、沒入其所販賣及賈錢縣官、奪之列。列長・伍人弗告、罰金各一斤。嗇夫・吏主者弗得、罰金各二兩。…（後略）…（二年律令260～261）

物を売った際に隠匿して租を自己申告しなければ、租を隠匿して不正に財物を得たかどで盗とし、商品及び売上金を国家に没収し、市の店舗を接収する。列長や伍人が告さなかったならば、それぞれ罰金一斤。嗇夫や担当官吏が逮捕しなかったならば、それぞれ罰金二両。

と、具体的な犯罪行為に対して「贖黥」（金一斤相当）ではなく「罰金一斤」が用いられている。

黄金一斤を課す正刑としての財産刑が、一方では贖黥、他方では罰金一斤という呼称で表現されている不可解な現象は、財産刑制度の変遷、および二年律令中の諸条文の時代的な重層性を前提にすれば、説明することができよう。すなわち正刑として用いられる財産刑の体系は、

秦　…贖死――……………――贖黥―贖耐　／貲二甲―貲一甲／貲二盾―貲一盾

漢1…贖死―贖城旦舂―贖斬―贖黥―贖耐―贖遷／罰金四両―二両―一両
　　（二斤八両）（一斤八両）（一斤四両）（一斤）（十二両）（八両）

漢2…罰金　二斤―一斤―八両―四両―二両―一両―半両

という具合に、当初は正刑として高額な罰金を科す場合には各段階の贖刑名が借用されていたもの[35]（秦～漢1）が、やがて「罰金～」に統一される（漢2）方向へと変遷しており、二年律令には「漢1」時期に成立した条文と「漢2」時期に書かれたものとが併存しているという見方である。

誤解のないよう申し添えれば、右に挙げたのは正刑として財物を差し出すことが求められる場合、それが如何に呼ばれていたのかを整理したものであって、代替刑としての贖刑は一方に存在し続ける。正刑としての財産刑の呼称が「罰金～」に統一され、各等級の贖刑名が借用されなくなって以降は、贖刑は再び純然たる代替刑として使用されるようになったといえる。

さて、右の推論を強固に裏づける証左は今のところ存在しない。だが先に挙げた、「罰金一斤」が見える二年律令260～261簡の規定が、より新しい時期に制定された条文とおぼしいことは指摘しておいてよかろう。

260～261簡は258～259簡とともに『張家山』では「□市律」に配属される。もちろんこれは整理小組の配列案であるが、出土位置は互いに近接し（258～261簡の出土番号は順にF152、F151、F153、F169）、いずれも商行為と関連する内容を持つ。具体的には、258～259簡は反物の規格を定めた条文である。

販賣繒布幅不盈二尺二寸者、沒入之。能捕告者、以畀之。……（後略）……

布帛を販売する際に、幅が二尺二寸に満たない場合は、それを没収する。捕えたり告した場合は、それを与える。……

ここに見える規格は、秦代のそれとは相違する。(36)

布袤八尺、福（幅）廣二尺五寸。布悪、其廣袤不如式者、不行。金布（秦律十八種66）

布の長さは八尺、幅は二尺五寸とする。品質の劣るものや、長さ・幅が規定のとおりでないものは、流通させてはならない。

二尺五寸から二尺二寸へ規格が改められたのが何時のことなのかは定かでないが、少なくとも幅二尺二寸を規格とする258〜259簡は漢成立後の諸制度の改定を経て定められた、比較的新しい規定であり、それと近接して出土した類似の条文、260〜261簡も同様であるかと疑われる。

正刑として黄金一斤を納めさせることを「贖黥」と記すのはより古い、逆に「罰金一斤」とするのはより新しい条文であり、両者が「二年律令」中に混在しているとの説明は、この冊書を集約的に、矛盾なく整備された法典の、正確な写しとする立場からは容認されるものではあるまい。だがこの史料をあくまでそうした法典と捉えるのならば、後に「罰金一斤」と書き換えられる贖黥刑と罰金一斤刑がその中に併存することに対して、別の説明が求められることになる。少なくとも筆者には、それに対する他の合理的な解釈が思いつかない。「二年律令」の諸条文に時代的な重層性があり、且つ成立・抄写年代の差から来る齟齬が必ずしも解消されていないと考えれば、議論を隘路に押し込むことが避けられるのではないか。こうした認識の下に、次章以下の議論は組み立てられている。

注

（1）荊州地区博物館一九八五、張家山漢墓竹簡整理小組一九八五。

（2）荊州地区博物館一九九二。この簡報は墓の編号を一二七、一三六と発表したが、これはそれぞれ三二七、三三六の誤りである。李学勤一九九三はこの誤りを訂正する。

（3）荊州地区博物館一九八五は「二年律令」を呂后二年のものとした上で、恵帝元年に墓主が病免していることから、この法令集は墓主の職務とは直接は関係しなかったと推測し、「学者」説を提示している。

（4）遣策にも、それぞれ「筆一有管」「研一有子」「算嚢一」「軺車一乗馬一」として記載されている。

（5）二年律令には「諸吏乗車以上及宦皇帝者」（237簡）、「都官之稗官及馬苑有乗車者、秩各百六十石、有秩毋乗車者、各百廿石。」（470簡）といった表現が見え、「乗車」の有無が官秩の高下とも対応した一種の資格であることが窺える。「乗車」が持つ、社会階層上の意味について論じたものには大櫛二〇〇三がある。

（6）遣策には「髤（漆）丈（杖）二」（第五簡）と記されるのみで、杖が埋葬されたことは知られるものの、それが「王杖」「鳩杖」であるか否かは明記されない。

（7）大夫以上年七十、不更七十一、簪裹七十二、上造七十三、公士七十四、公卒、士五（伍）七十五、皆受仗（杖）。（二年律令355）

王杖に木鳩が取り付けられ、「鳩杖」とも呼ばれたことは、『論衡』謝短篇に

七十賜王杖、何起。著鳩於杖末、不著爵、何杖。苟以鳩爲善、不賜鳩而賜鳩杖、何説。

として見える。

（8）彭浩二〇〇一、二頁。
（9）「算数書」も同様に、下端側から見たかたちで示意図に載ることは、張家山漢簡『算数書』研究会二〇〇六、一二〜一三頁参照。
（10）其軽狡・越城・博戯・借假不廉・淫侈・踰制以爲雜律一篇。（『晋書』刑法志）
（11）あくまで出土位置を重視して簡の配列を再検討したものとしては王偉二〇〇六が挙げられる。
（12）王偉二〇〇六は律篇の順序も再検討し、津関令が律篇の途中に現れることを指摘すると同時に、それ以外の律篇についても大幅に順序を入れ替えた案（賊→具→盗→囚／…／史→秩→賜→津関令／戸→田・金布→…）を示している。
（13）「奏讞書」の性格については宮宅一九九八、三五〜三九頁参照。
（14）張建国一九九六、陳蘇鎮二〇〇四、李力二〇〇六など。
（15）漢二年、漢王與諸侯撃楚、何守關中、侍太子、治櫟陽。爲法令約束、立宗廟社稷宮室縣邑、輒奏上、可、許以從事。即不及奏上、輒以便宜施行、上來以聞。（『史記』蕭相国世家）
（16）他に、恵帝二年とする論者もいる。李力二〇〇六が「二年」をめぐる所説を網羅的に紹介している。
（17）王偉二〇〇七も、①呂后二年に大規模な修訂があったとの記事が史籍に見えない、②詔を編集・加工して分類するという作業は、全面的に行われたものではなく、個々の条文ごとに行われたのかもしれない、③津関令が途中に挟まれる体例は「法典」らしくない、といった点をあげて楊説に反駁する。③については墓主による抄写の段階で生じた不体裁である可能性も高いので、必ずしも首肯できないが、他の指摘は当を得ている。
（18）その嚆矢となったのが冨谷二〇〇〇である。冨谷論文は、「法典」と呼ぶにふさわしい法令集が漢代には存在しなかったことを論じ、いわゆる「令典」として存在が想定されてきたものは詔勅のファイルに過ぎず、令の呼称・令典の篇名とされる称謂（養老令・功令等々）も、すべて便宜的な通称であり、固有の法令名ではないとする。続いて現れた陶安二〇〇〇は「令典」のみならず、九章律の存在をも疑問視する。蕭何が「律九章」を作ったと伝承されてはいるものの、実際に「律九章」の語が初見するのは『漢書』刑法志で、『史記』には蕭何が「律」を作った、としか記されていない。九章律は蕭何の作ではなく、後漢の初めから『漢書』成立の時代までに形成されたもので、実際に九章律を作り上げたのは、前漢末から後漢にかけての学者たちであった、というのが氏の推論である。滋賀二〇〇三（第一章「法典編纂の歴史」、三五〜四一頁）も蕭何による九章律作成に懐疑的な立場をとる。その論拠は①「二年律令」に多くの律名が見え、その中には九章律に含まれる律名が存在する一方で、それらが特別に扱われていた形跡がない、②九章律が『史記』の正文には見えず、『漢書』に初見する、の二点である。その上で氏は、『論衡』謝短篇の「法律之家」に注目し、こうした学者集団の中で「経書」として作成されたのが九章律である、とする。令については、「令という名の編纂物」があったことは肯定しつつも、その具体的な姿については明言を避けている。

(19) 陶安二〇〇〇、李振宏二〇〇五など。

(20) 「奴婢」が漢律に到って採用された法制用語であることは、夙に堀敏一が指摘する［堀一九八七、一〇六頁］。

(21) 都官とは中央官府および地方におけるその出先機関を指す［高村二〇〇八、第三部第一章］。

(22) 法令皆副。置一副天子之殿中、爲法令爲禁室、有鋌鑰爲禁而以封之、内藏法令。一副禁室中、封以禁印。有擅發禁室印、及入禁室視禁法令、及禁剟一字以上、罪皆死不赦。一歳受法令以禁令。（『商君書』定分篇　諸本は「以禁令」を闕文とするが、蔣礼鴻『商君書錐指』に従い補った。）

(23) フルスウェは「尉」が廷尉とは限らず、「都尉」「国尉」などの職である可能性を指摘し、「御史」も中央の御史大夫ではなく、監御史であるかもしれないとする［*RCL*, p.90］。楊寛一九八二は、『戦国策』韓策三に「安邑之御史」が見えることなどから、戦国の魏や韓では県令の下にも「御史」が置かれ、秘書兼監察官として機能していたと主張する。

(24) 「五曹詔書」は『後漢書』応劭伝や『晋書』刑法志に、応劭が律令章句などとともに『漢儀』編纂の材料にしたものとして見え、内田一九六四は「五曹は尚書の五曹で、…五曹詔書とは、尚書の官を通じ宣布された詔書を集めたものと思われる」とする。

(25) 地方官府の役人が自発的に諱を代字に書き換えることは、まずなかったのであろう。確かに、二年律令には「盈」字（恵帝劉盈の諱）が頻見するものの、居延漢簡や上孫家塞簡に見える後代の法文では「満」字が専ら用いられており、法文の用字法に変化があったことは明らかである。ただし、新皇帝の即位とともに避諱が即座に徹底され、かつそれが公文書に限らず、あらゆる次元での書写に及んだものとは考えにくく、長い時間的な幅をおいて用字が改まったものと思われる。

例えば睡虎地秦墓の主である「喜」なる人物は、秦王政の三年に官吏となっており、彼の墓から出土した数々の竹簡も、秦王政、のちの始皇帝の時代に書写されたものと思しい。けれどもそこにはいくつかの「政」「正」字が見えており、法文もその例外ではない（秦律十八種13）。睡虎地秦律に見える「里典」という職名は、従来「里正」なる職名が避諱のために改められたものとされてきたが、それは誤りで、「里」や「田」に正・典と呼ばれる役職が置かれていたことが、二年律令より知られるところになっている（『張家山訳注』一三一～一三二頁）。対象を法文や公文書に限らなければ、居延・敦煌簡にも「盈」字が見えており、民間において帝諱が意図して避けられていた様には見えない。

現在、我々が目睹する出土文字史料の書き手は、多くが地方官府の小吏層に属する者であろうが、帝諱を避けるべし、という発想は彼らの念頭にはなく、結果として諱字が見えなくなっているのは、彼らが複写した元の文書がより上級の機関において書写されたもので、そこにおいて諱が避けられていたのか、さもなければ諱字を避けるべく新たに創られた用字法が書写年代までに定着していた、という理由に因るものであろう。

(26) 森谷二〇〇四は、二年律令の「秩律」を分析し、そこに見える県名・官職名が県の新設や秩禄の変更に応じて適宜挿入され、現在我々が目睹している姿になったこと、またその追加のされ方は様々で、一定の原則に沿って厳格になされたわけではないことを想定する。

(27) 「二年律令」中の戦国秦から継承された条文については、山田二〇〇二がいくつかの可能性を指摘する。

(28) 『漢書』地理志によると新成県（河南郡）・霊州県（北地郡）は恵帝四年（前一九一）、圜陰県（西河郡）は五年（前一九〇）に新設された。

(29) 高后元年、魯元太后薨。後六年、宣平侯（張）敖復薨。呂太后立敖子偃爲魯王。（『漢書』張耳伝）

魯國。故秦薛郡、高后元年爲魯國、屬豫州。（『漢書』地理志）

初置魯國。（『史記』漢興以来諸侯王年表　恵帝七年条）

(30) 高帝即位、置一丞相、十一年更名相國、緑綬。孝惠・高后置左右丞相、…（『漢書』百官公卿表上　同下の表では恵帝六年に相国に代えて左右丞相が置かれている）

(31) （高后）元年春正月、詔曰、前日孝惠皇帝言欲除三族辠・妖言令、議未決而崩、今除之。

(32) 角谷一九九六、および冨谷一九九八（六九～七四頁）。ただしいずれも、贖刑が正刑として科せられている犯罪について、「贖刑」がわざわざ用いられている背景（例えば鍵をこじ開けただけで盗みは働いておらず、贓額を基準にした量刑が不可能な犯罪である、など）を明らかにしようとする姿勢をとっており、贖刑が一定額の財産刑を指す語として借用され、いわば記号化しているとは考えていない。

(33) 前注で述べたとおり、贖刑が正刑として用いられたことを主張する論者も、それが単なる財産刑として用いられたとは考えていない。例えば秦律の、

匿敖童、及占痒（癃）不審、典・老贖耐、●百姓不當老、至老時不用請、敢爲酢（詐）偽者、貲二甲、典・老弗告、貲各一甲、伍人、戸一盾、皆䙴（遷）之。●傅律（秦律雑抄32〜33）

は、未成年者や身体障害者の不正確な申告に際し、その監督者たる典・老に対して「贖耐」を科している。続く条文も戸籍登録の際の不正に関するものだが、こちらでは典・老や伍人が貲刑とされており、なぜ前者は贖刑となるのか、説明が難しい。冨谷一九九八は「申告すべき本人」が未成年や身体障害者であるが故に、主たる被刑者への科罰から一等を減じるという処理ができず、贖耐という別次元の刑が量定されたとするが、未成年や身障者を隠して申告しなかった「本人」とは、その者が属する戸の戸主とも考えられよう。こうした秦律中の事例も、贖刑名が単なる財産刑として、すなわち罰金の額を示す記号として用いられているものではないか。

(34) 水間二〇〇七bはこうした変化が文帝十三年の刑制改革において生じたものと推測する［七二頁］。

(35) なぜ「贖」が持つ本来の字義が無視され、それが財物額を示す記号としても用いられるようになるのか、その理由は定かでないが、「貲三甲」「貲四甲」といった刑罰を新設するよりも、贖刑名を借用する方が好まれたと、ひとまず考えておきたい。

(36) 二四七号墓から出土した「算数書」も「繒幅廣廿二寸、袤十寸、賈廿三錢。…（算数書61）」として反物の幅を二尺二寸とする。

第二章　秦漢刑罰体系形成史試論——腐刑と戍辺刑——

はじめに

睡虎地秦律、張家山漢律令の出土によって、秦より漢初に到るまでの刑罰体系はその詳細が知られるようになった。だが前後の時代に目を移すと、利用可能な史料はなおも限られ、刑罰制度の通時的な展開は具体的には把握されていない。本章は、出土史料から知られる刑罰体系そのものの中に制度変遷の痕跡を見出し、その形成過程の一端を捉えようとするものである。行論の切り口として、ここでは性差による刑罰の相違に着目する。

無期労役刑（労役刑の刑期については次章参照）のうち、例えば最も重い城旦舂刑は、男性に科せられる「城旦」刑と女性への「舂」刑、その二つが並べられた呼称であり、厳密にいえば男女で刑名を異にしていた。また特定の刑罰は女性には加えられず、代替刑が用いられた。

…（前略）…女子當磔若要（腰）斬者、棄市。當斬爲城旦者黥爲舂、當贖斬者贖黥、當耐者贖耐。（二年律令88〜89）

女子で磔刑もしくは腰斬刑に相当する者は、棄市とする。斬趾して城旦とするのに相当する者は黥舂とし、贖斬に相当する者は贖黥とし、耐刑に相当する者は贖耐とする。

死刑については磔刑と腰斬刑が、肉刑（身体毀損刑）にあっては斬趾（足切り）刑が女性には用いられず、それぞれ棄市刑（死刑）・黥（いれずみ）刑に換刑された。女性への斬趾刑は存在しないが故に、贖斬までもが贖黥に換えられている。この他に、例えば司寇・候という二種の無期労役刑も、女性には科されなかった［藤井二〇〇六］。

加えて、女性には科し得ない刑罰も成文法中に、法定刑として存在した。腐刑と戍辺刑がそれに当たる。[1]腐刑は男性器を切除する刑罰であり、典籍史料では「宮」刑と呼ばれるのが一般であるが、出土史料には「府（腐）」として現れる。[2]一方の戍辺刑は、期限付きで辺境防備に当てられるもので、後述のとおり女性は戍辺に動員されない建前であったから、この刑も女性には科されなかったはずである。

腐刑や戍辺刑といった刑罰の存在は、少なくとも一部の刑罰が男性のみを対象として形成されたことを示唆している。そもそも成文法とそこに規定された刑罰自体が、当初から万人を科罰対象としていたわけではなく、ごく早い段階においては、例えば特定集団内の男性成員のみを対象とし、女性への科罰はその父や夫の手に委ねられていた可能性も考えられよう。[3]こうした見方に立つなら、いくつかの刑罰から女性が除外される現象も、単なる女性への優遇策としてではなく、それらの刑罰が特に男性のみと結びつけられてきた、何らかの歴史的経緯や刑罰観の存在を想定しつつ解釈されねばなるまい。

刑と性差をめぐる問題は、刑罰及び成文法の起源やその形成とも関わりを持ち、興味深い論点を数多く含んでいるものの、この問題を直接論じるのは暫く措く。ここでは先ず睡虎地・張家山の法制史料において、明らかに女性には科し得ない刑罰、すなわち腐刑と戍辺刑の両者が如何に扱われているのかに注目したい。行論の中で明らかにされるとおり、これら出土史料の時代である前三世紀後半～前二世紀前半にも、両刑に言及する規定の中には、女性にもこれら刑罰を強いかねない、従って代替刑の設定が必要となるはずの条項が含まれる。こうした一種の不整合は、法定刑が普遍化し体系化されるなかで、被刑者として男性のみを想定していた旧来の刑罰観が、解消されることなく残存したが故の歪みとして捉えるべきではあるまいか。科罰対象の普遍化とそれへの対応、という全体的な潮流が出土法律史料中に認められることを示した上で、最後に今一度、特定の刑罰が女性に適用されない問題に立ち返ることとする。

一、腐刑

（一）強姦罪に対する腐刑

中国における腐刑の起源は定かでない。甲骨文に見える「（剢、椓）」字を去勢の、ひいては腐刑の意に解す向きもあり、例えば趙佩馨は、

庚辰卜、王、朕剢羌、不死。（甲骨文合集525）

とあるのを、羌人に「宮刑」を加えて後宮を守らせたことを示すものとする［趙佩馨一九六二］。だがこの字が

去勢を意味するとしても、それは何らかの、特定の犯罪行為に対して加えられている刑罰とはいえまい。羌が動物と共に殺されることもあり[4]、こうした「処理」が一方で儀礼的な側面を備えていたことも明らかである。白川静の、「獣を去勢することは、犠牲として用いるときの一種の清めの方法である[5]」という言葉にも耳を傾けるなら、ここで去勢が加えられている理由も、むしろ供犠の一環として説明されるべきであり、無条件にこうした処理を刑罰、あるいは制裁と見なすのは早計であろう。

春秋時代に下ると、『春秋左氏伝』昭公五年には「若し吾れ韓起を以て閽と為し、羊舌肸を以て司宮と為さば、以て晋を辱しむるに足らん」とあり、去勢が対象者に侮辱を与える制裁手段の一つとして現れる。だがそれはあくまで、個別の事例に対して多分に恣意を交えつつ選択された制裁手段であって、何らかの慣習や成文法規を前提とし、特定の行為が去勢—腐刑—と結びつけられていたわけではない。腐刑が特定の犯罪行為とはっきり結びつけられるかたちで成文法中に初見するのは、「二年律令」まで下る。

強與人奸者、府（腐）以爲宮隷臣。（二年律令193）
人を強姦する者は、腐刑を加えてから宮隷臣とする。

未開社会においては性的なタブーを犯した男に性器への毀損が加えられることがあり[6]、中国においても、例えば『尚書大伝』の「男女の義を以て交わらざる者、その刑宮」をはじめとして、そうした制裁慣習の存在を窺わせる言説が見られる。成文法中に現れる「腐刑」は、こうした慣習が明文化されるかたちで、まずは登場したものと考えられる[7]。

ただし腐刑をめぐる典籍史料の言説には留意すべき点がある。『尚書大伝』はあらゆる男女の性犯罪者に「宮刑」が科せられたと言い、女性をもその中に含むと共に、「宮刑」とされる犯罪行為を強姦罪に限定しない。だが、現今のところ腐刑の対象となる具体的な行為として法文中に見えるのは、上に挙げた強姦罪のみである。[8]二年律令には他にも姦淫罪関連の規定が見えるが、科罰は必ずしも腐刑ではなく、例えば人妻との和姦は完城旦舂に（192簡）、兄弟の妻などとの姦淫は黥城旦舂に相当する（195簡）。腐刑を姦淫罪一般への科罰とする言説は、少なくとも漢初の法規定と完全には合致しない。腐刑の対象となるのが姦淫罪一般ではなく、強姦罪に限られたのは、男性のみが犯し得る罪と男性のみに科し得る刑罰とが強く結びつけられた結果であろう。秦漢の姦淫罪を論じた下倉渉も、腐刑を強姦罪専用の刑としている[9]〔下倉二〇〇五〕。

『尚書大伝』のもう一つの問題、つまり男女の性犯罪を一括りにし、その科罰を「宮」とする点については、右の二年律令条文に見える「腐以為宮隷臣」の意味を改めて考えることから検討を始めよう。

『書』呂刑では「宮辟」「宮罰」が五刑の一つとして、諸々の肉刑と列挙されており、従って宮刑とは第一に肉刑の呼称である、と一般には理解されている。『礼記』文王世子の鄭注「宮・割・臏（膝蓋骨切除）・墨（いれずみ）・劓（鼻そぎ）・刖（足切り）、皆以刀鋸刺割人體也」も、「宮」そのものを肉刑の称謂とする。だが「腐以為宮隷臣」の「腐」と「宮」、両者がいずれも去勢刑の称謂だとすれば、そこでは同じことが文字を変えて繰り返されていることになり、不自然さが残る。

宮隷臣という刑罰名は他に用例がないものの、類似の称謂に「牢隷臣」があり、「牢」とはその刑徒が使役された場所を指している。[10]「宮」もこれと同様に、隷臣として配属され、役務に当たった場所を示すのであろう。始皇帝陵出土の陶俑・陶器には「宮」「宮水」といった陶文が見え〔袁仲一一九八七〕、これら副葬品の作成主体・場所が「宮」であったことが分かる。二年律令にも「宮司空」なる官職名が現れる（462簡）。[11]『漢書』百官表には「宮」を冠した官名は見あたらないものの、前漢中・後期の史料としては、江蘇省邗江胡場五号漢墓出土簡〔揚州博物館等一九八二〕に廣陵王国の「宮司空」が登場し、獄囚の管理に当たっている。[12]

二年律令によると、腐刑とされる者はまず「内官」に移された。

…有罪當府（腐）者、移内官、内官府（腐）之。(119)

…腐刑に相当する罪を犯した者は、内官に移送され、内官はこれを腐刑に処す。

内官は漢初には少府に属した（『漢書』百官表）。百官表は内官の職掌に言及しないが、『漢書』文帝紀注に引かれた漢秩禄令に「姫、並びに内官なり。秩は比二千石、位は婕妤の下に次ぎ、八子の上に在り」とあり、後宮の女官も「内官」と呼ばれ、それらを統べたのが百官表に見える「内官長丞」なのであろう。さらに律暦志では「度」、すなわち長さを掌る官署とされ、廷尉がそれを監督している。(13) また未央宮骨簽には「六年内官第卌一」といった刻文が見え、(14) 同時に内官は隆慮公主の子、昭平君が罪により繋獄された場所でもあった。(15) 要するに内官とは宮中の女官・宦官を取り仕切る官署であり、それらを使役する作事官府、あるいは武器作成工房としての顔を持ち、労働力の一部として刑徒も管理していた。少府の、そして後には宗正の属官とされる一方で、律暦志においては廷尉との職掌上の繋がりが示唆されるのも、刑徒管理、さらにそれに附随して未決囚の収容を分掌していたためであろう。(16)

宦官を監督する作事官府、という内官の機能は、腐刑の徒が配置され、陶器作成の場でもあった「宮」のそれと一致する。「宮」とは内官が管轄する宮廷の内側を指し、「宮隷臣」とはそこで隷臣としての役務に服すことを言うのであろう。(17) 思うに、中央では「宮」を冠した官名が消え、かえって王国において「宮司空」が残っているのは、漢初には中央にも存在した「宮某」なる官府の機能が、宮廷組織の拡大に伴って少府系統の官署に分担・継承されていったためであろうが、この点は推測の域を出ない。

腐刑とされた者はその後、無期の労役刑に服した［滋賀二〇〇三、五四〇頁］。労役刑に刑期が導入された後においても同様であったろう。例えば李延年は黄門所属の狗監で就労し[18]、張賀は掖庭令、許広漢は宦者丞とされた[19]。特別な身分や才能を備えていた者は「刑徒」とは呼びえぬ地位を獲得しており、中書令とされた司馬遷などはその最たる者である。だが大半の被刑者は李延年のように、後宮において使役されたのであろう。

「宮」が第一義的に労役の場を指すとすれば、宮刑とは正確には「宮において役務に服す刑」であり、『白虎通』五刑の「宮者、女子淫、執置宮中、不得出也」とか、『尚書刑徳放』(『太平御覧』巻六四八刑法部所引)の「宮者、女子淫乱、執置宮中、不得出。割者、丈夫淫、割其勢也已」といった解釈がむしろ原義に沿ったものといえる。狭義の「宮」刑は肉刑そのものを指す語ではなかったものの、腐刑が受刑後の宮中における就役を不可分の要素として含んでいたために、「宮刑」の語が肉刑の一つである去勢刑をも意味するようになったのであろう。

前述した、宮刑を第一に肉刑の呼称と見なす立場からは、『書』呂刑の伝「宮、淫刑也。男子割勢、女子幽閉」に見える「幽閉」刑も、実は女性器を毀つ刑であるとする解釈も生まれた[20]。確かに明清以降にはこうした所説が現れるものの[21]、秦漢時代の史料の中では「幽閉」の語が「監禁」以外の意味で用いられている例を検出できない。「宮刑」の原義が上述のとおりであるなら、「幽閉」を無理に肉刑と解釈する必然性はない。

もちろん「幽閉」を肉刑の一種と見なそうとする背後には、姦淫罪を犯した女子に肉刑が加えられなければ、男女の間で刑の不均衡が生じるという理屈がある。だがその前に再考すべきは、「宮、淫刑也」「男女不以義交者、其刑宮」として、姦淫罪を犯した男女への科罰を一括りにする書伝や尚書大伝の妥当性である。すでに指摘したとおり腐刑が姦淫罪一般ではなく、強姦罪に限って適用されていたとすれば、女性が腐刑に相当する罪を犯す事態を想定すること自体、実は不必要、且つ不正確であったことになる。

ただし二年律令においても、強姦罪を犯す以外に、もう一つ腐刑が適用されることになる場合があった。それは同一人が肉刑に相当する罪を繰り返し犯した場合である。

（二）最も重い肉刑としての腐刑

有罪當黥、故黥者劓之、故劓者斬左止（趾）、斬左止（趾）者斬右止（趾）、斬右止（趾）者府（腐）之。…（二年律令88）

黥刑に相当する罪を犯した者が、すでに黥刑を加えられている場合は、劓刑とする。すでに劓刑とされている場合は斬左趾刑とし、すでに斬左趾刑とされている場合は斬右趾刑とし、すでに斬右趾刑とされている場合は腐刑とする。…

すでに黥刑を施された者が、さらに黥刑に当たる罪を繰り返したならば、劓↓斬左趾↓斬右趾、と肉刑が累加されてゆき、最後には腐刑が用意されていた。この条文で腐刑は最も重い肉刑と位置づけられ、理屈からいえば、女性も罪を重ねたらこの刑に該当することになってしまう。この場合は女性に対する何らかの代替措置が必要になろう。

現今のところ、代替措置に関する規定は見あたらない。だが少なくともそれは書伝が唱えるところの幽閉（監禁）刑ではあるまい。右の規定で腐刑に該当する女性はすでに黥刑に処され、従って同時に無期労役刑にも服しているはずである。それを重ねて監禁したところで意味はない。

右の条文に立ち返ると、この規定をめぐっては留意すべき点がいくつかある。第一に、数種類の肉刑のうち、黥刑以外の肉刑が初犯の者に適用されることは殆どなかった。睡虎地秦律、張家山漢律令において劓刑（劓黥以為城旦）が直ちに適用されるのは、「害盜・別徼」が五人未満の集団で盜みを働き、贓額が六六〇銭以上であった場合（法律答問1～2）のみである。斬左趾は、同じく「害盗・別徼」が五人以上で盗みを働いた場合（斬左趾黥城旦、同前）、人を強略して妻にした者とその幇助者（二年律令194）、長城を不法に乗り越えた場合（二年律令488）、の三例。またこの刑は、故意に不当な死刑判決を下した官吏にも適用された（二年律令93）。そして斬右趾に到っては、特定の犯罪への適用を規定した条文がなく、被肉刑者が犯罪を繰り返した場合にのみ生じるものであった。従ってこれら肉刑は、法定刑として存在してはいたものの、直ちにそれが適用される犯罪は極めて少なく、むしろ黥刑より重く、死刑より軽い刑罰が必要となった場合に備えて、特別に準備されていた側面が強い。

　第二に、斬趾刑も女性には適用されず、黥刑に換えられることになっていた（二年律令88～89、前掲）。ただし再犯によって女性が斬趾刑に相当する場合は、彼女にはすでに黥刑が加えられており、ここでも何らかの代替刑が必要になる。一体如何なる措置が取られたのか、これについても現有の法律条文中には規定が見あたらない。

　第三に、右の条文では確かに腐刑が最も重い肉刑とされているものの、二年律令においてはそれとは異なる位置づけが腐刑に与えられることもある。

〼鬼薪白粲及府（腐）罪耐爲隷臣妾、耐爲隷臣妾罪（二年律令128）

…鬼薪白粲、及び腐刑は耐隷臣妾とし、耐隷臣妾は…

これは自首などにより刑が一等減じられる場合、具体的にはどの刑が適用されたのかを規定した条文の一部である。ここで腐刑は鬼薪白粲と並んで現れ、それが一等減じられたならば、他の肉刑や城旦刑を飛び越して、耐隷臣妾とされている。[22] 肉刑の最高刑という位置づけでは、必ずしもない。同様のことは次の条文からも窺える。

罪人完城旦・鬼薪以上、及坐奸府（腐）者、皆收其妻、子、財、田宅。…（二年律令174）

完城旦・鬼薪以上の刑に当たる者、及び姦淫罪で腐刑とされる者は、いずれもその妻子・財産・田宅を没収する。…

ここでは男性への刑罰が特に列記されており、「完城旦・鬼薪以上」として括られる一群の刑罰には例えば黥城旦なども含まれたのであろうが、そうした範疇には属さないものとして、腐刑は別に挙げられている。こうした現象は、腐刑を肉刑の最高刑とする認識が法文において一貫していなかったことを示している。

以上三点から推測するに、最も重い肉刑という腐刑の位置づけは、当初から腐刑に与えられていたものではあるまい。黥刑より重く、死刑より軽い刑罰が必要とされる場合にいくつかの肉刑が段階を追って適用されるようになり、その段階づけのなかで、強姦罪に適用されるものとして、いわば独立して存在していた腐刑が、他の肉刑と比較され、最も重い肉刑として位置づけられたという経緯が想定される。第二、第三の問題点は、こうした新たな動きに二年律令という前漢最初期の法文集自体が十分に対応できておらず、新旧の位置づけが整理されないまま混在していたことを示唆している。女性が犯罪を繰り返して斬趾刑や腐刑に相当した場合の措置も、例えば笞刑や財産刑による代替が想像される一方で、それに対応する措置が未だ法文に明記されていなかった可能性すら排除できない。

(三) 腐刑の廃止と復活

前節で指摘した不整合が、如何にして解消されたのかは定かでない。いずれにせよ腐刑自体が文帝の治世に至って一時廃止された。

孝文皇帝臨天下、…除宮刑、出美人、重絶人之世也。(『漢書』景帝紀)

孝文皇帝　天下に臨み、…宮刑を除き、美人を出だすは、人の世を絶つを重《はば》かればなり。

この改制が文帝の治世中、何時行われたのかは明記されない。『史記』孝文本紀や『漢書』刑法志の肉刑廃止のくだりには「今法有肉刑三」とあり、注釈家はこれを黥・劓・斬趾の三種とし、腐刑はこのとき廃止されなかったとする。[23] ここからも腐刑の特殊な位置が窺える。右の『漢書』景帝紀では、腐刑の廃止が「出美人」と対になって現れ、腐刑の廃止は他の肉刑とは動機をも異にし、女性も含めて、宮中に配属されている人員の削減・解放という観点から、むしろ捉えるべきである可能性も残る。

このときの腐刑廃止は、ある面では徹底された。懸泉置出土簡には、

彊與人奸者、及諸有告劾言辭訟、治者與奸、皆髡以爲城旦。其以故枉法及吏奸駕罪一等。□□…（懸泉置Ⅱ0112①B：54　粋7の注三所引）

強姦した者、および告劾をうけ係争中であるときに、取り調べる者がこれと姦淫したならば、いずれも髡城旦とする。そのために法を枉げたり、吏でありながら姦淫したならば、罪を一等加重する。…

とあり、強姦罪への科罰は腐刑から髡城旦刑へと改められた。沈家本『歴代刑法分考』は「漢の宮刑　尽くは淫を以てせず」と総括する（巻六「宮」）が、管見のかぎり、姦淫罪に属すであろう行為に対して、文帝以降に腐刑が適用された例は一つとして見あたらない。

一方、ある面では腐刑は早々に復活する。

死罪欲腐者、許之。（『漢書』景帝紀）

（景帝中四年（前一四六））死罪の腐を欲する者は、これを許す。

ここで腐刑は死刑の代替刑として復活し、以後著名な司馬遷の例を始め、いくつかの事例で腐刑が適用されている。

ただし景帝の詔以降は、望みさえすれば常に死刑が腐刑に換えられるようになったのではない。例えば張安世の兄、張賀が衛太子に連座して誅されるべきところ、特に腐刑で済まされたのは、安世が賀のために上書したことに因る。(24)景帝中四年の記事は、それに先行する「徒の陽陵に作する者を赦す」という処置とも関連する、一時的な恩赦の一環であり、且つそれを「欲した」者に限って換刑が許されたという以上、すべての死刑囚が自動的に腐刑に当てられたわけではない。広範に、かつ自動的に死刑を腐刑に換える措置は後漢光武帝期までは現れず、従ってそれ以前には、女性が腐刑に該当する場合を想定する必要性は依然として大きくなかった。

さらに留意すべきは、腐刑が死刑より「一等軽い」刑罰とは認識されていなかったことである。前漢において死刑が一等減じられる場合、通常は髡鉗城旦舂刑が用いられる。(25)死刑が腐刑に換えられる場合、それが死刑を「一等減じた」ものだと表現された事例は、前・後漢を通じて見られない。

二年律令において死刑より一等軽い刑は黥城旦舂である（127簡）。文帝の肉刑廃止によってこの刑は髡鉗城旦舂に置き換えられた。髡鉗城旦舂、すなわち髻を切り、枷をはめられたうえでの五年間の労役刑が死刑より一等軽いものとされるのは、肉刑廃止以前の序列を継承した結果である。これにより死刑とそれ以下の刑との間に大きな隔たりが生じた。死刑か、さもなければ五年間の労役刑か、という極端な二者択一を調整しようとする試みが繰り返され、漢代、及び魏の明帝の時や、晋の武帝・東晋の元帝期に行われた肉刑復活の議論(26)もその延長線上にある。

前漢時代には、景帝の時にこうした調整が試みられた。すなわち景帝元年（前一五六）と中六年（前一四四）に行われた笞刑の軽減である。(27)笞刑は肉刑廃止以前の劓刑や斬趾刑が置き換えられたもので、それらの肉刑が具体的な犯罪への刑としてではなく、累犯者への刑を加重するものとして設置されていた面があることは、既述したとおりである。笞刑により死に至る者が多すぎる故に行われたという笞刑の軽減は、文帝十三年以降、労役刑と死刑との間に唯一置かれていた加重要素を、有効に機能させようとした措置と理解できる。景帝中四年における腐刑の復活も、これと同じ文脈の中で捉えるべきであろう。

やがて後漢に到ると、恩赦により死刑が一括して腐刑に換えられるようになる。

冬十月癸酉、詔死罪繋囚皆一切募下蠶室、其女子宮。（『後漢書』光武帝紀下）

（建武二十八年（五二）冬十月癸酉、詔して死罪の繋囚は皆な一切募りて蚕室に下し、其の女子は宮とす。）

同様の措置が明帝（永平八）・章帝（建初七、元和元、章和元）・和帝（永元八）の時にも行われ、明帝期以降は、死刑囚の罪一等を減じて辺境防備に送り、大逆不道により「殊死」に当たる特別な死刑囚は「下蚕室」、すなわち腐刑とされ、女子であれば「宮」とする形式に落ち着く(28)。

こうして、少なからぬ死刑囚が自動的に腐刑に換刑される事態が生じたものの、女性に対する扱いは別に規定された。ここに来て、男性ならば腐刑に該当するとき、女性を如何に扱うべきかがはっきりと意識され、そのための代替措置が明言された。腐刑とされた男性が、元の姿を生涯取り戻せない以上、「宮」において終身の労役に就いたのと同様に、女性もまた、身体は毀損されないものの、終身そこに隔離され労役に就けられたのであろう。すべての労役刑がすでに有期化していた後漢においては、終身隔離することによって女性にも相応の刑を用意し得たといえよう。

（四）刑罰体系の整序と腐刑の位置づけ

腐刑は元来、強姦罪への科罰として行われていたものの、やがてそこに二つの変化が生じた。一つは腐刑が肉刑の最も重いものとしても位置づけられるようになったこと、もう一つがその後生じた腐刑の廃止と労役刑の有期化である。第一の変化により女性が腐刑に該当する可能性が生じたはずであるが、二年律令の段階では、この新たな事態に法が十分に対応しているとはいえなかった。その後、第二の変化によって腐刑は消滅し、無期刑も姿を消す。強姦罪にも有期労役刑が科せられるようになった。だがやがて腐刑は最も重い肉刑として、死刑の代替刑に使われるかたちで復活し、特別な希望者などに時宜に応じて用いられた。後漢前半期には、この代替措置がしばしば死刑囚一般を対象に行われ、腐刑を科し得ない女性死刑囚に対しては、腐刑と不可分の関係にあった「宮」での終身労役が与えられるようになった——前節までに述べた、秦より後漢前半期に到るまでの腐刑の歴史はこうまとめられる。

第一の変化は、法に定められた肉刑を整序してゆく過程で、強姦罪と深く結びついていた腐刑をそれから切り離し、単なる肉刑の一種として他の肉刑との軽重関係を勘案し、それを刑罰体系の中に位置づけるなかで生じたものであろう。

一体、犯罪と刑罰との間の均衡を保ち、それぞれの犯罪に相応の刑罰を準備するためには、刑罰の軽重関係が明確に整序されていなければならない。そうして初めて、たとえ前例のない犯罪が起きても、すでに科罰が定まっている犯罪とそれとを比較し、その軽重を判断することで科すべき刑罰がおのずと決まるからである。張家山漢簡「奏讞書」には、以下の一文がある。

教人不孝、次不孝之律。不孝者棄市。棄市之次、黥為城旦舂。（奏讞書181～182）

教唆によって人を不孝ならしめれば、不孝の律を一等減じる。不孝なる者は棄市。棄市を一等減ずれば、黥城旦舂。

これは裁判記録冒頭の、案件に関連する律文を列挙した部分に現れる。だが罪と罰、それぞれの軽重を一つ一つ確かめていく展開は、法文としてぎこちない。同じことを二年律令は、

教人不孝、黥爲城旦舂。(36〜37簡)

教唆によって人を不孝ならしめれば、黥城旦舂。

と簡潔に述べるのみである。それが律文であったか否かは別にして、「奏讞書」の一文は二年律令に見える科罰が定まるに至った過程を窺わせよう。その過程において肝要であったのは、棄市刑より一等軽い刑が黥城旦舂と定まっていたことである。

二年律令には、特定の刑罰を一等減じたならばどの刑罰になるのかについての、まとまった規定が現れている(127〜131簡)。冒頭のみを挙げよう。

告不審及有罪先自告、各減其罪一等、死罪黥爲城旦舂、黥爲城旦舂罪完爲城旦舂、…(127簡)

告発が不正確であったり、罪を犯して自首したときには、それぞれ元の罪を一等減じ、死罪は黥城旦舂とし、黥城旦舂罪は完城旦舂とし、…

一、腐刑

右の条文(127〜131簡)で示される軽重関係は以下のとおりである。

①死罪—黥城旦舂—完城旦舂—…—｛鬼薪白粲／腐｝—耐隷臣妾—｛耐司寇／遷／黥顔頯｝—贖耐—罰金四両

②贖死—贖城旦舂—贖斬—贖黥—贖耐—（贖遷）[29]—…—罰金四両—二両—一両
（二斤八両）（一斤八両）（一斤四両）（一斤）（十二両）（八両）

あたかも一貫した序列が完備し、各種刑罰の軽重が直線的に整序されていたかの如くである。だが罰金刑の序列（②）が理解しやすいのに対して、死刑→肉刑＋労役刑→財産刑、と逓減してゆく序列（①）は、簡が断裂していることもあって理解しにくい。例えば、無期労役刑である耐司寇が一等減じられると、財産刑が適用されるのはともかく、贖死や贖黥ではなく贖耐（金十二両）とされ、さらにそれが一等減じられると、贖遷（金八両）を通り越して罰金四両とされている。また、腐刑・黥刑以外の肉刑がここには登場しない。腐刑も含めて、斬趾刑・劓刑が刑罰体系中で特殊な位置を占めていたことを、この条文も示していよう。

こうした問題の存在は、右に挙げた「減其罪一等」の軽重関係が、細部まで合理的に整序され、吟味を経て、すでに大前提として定着していたわけではなく、部分的には定着していたであろう軽重関係を元に、暫定的に組み上げられたに過ぎない可能性を示唆する。これが一個の独立した規定としてではなく、「告不審及有罪先自告」に関する条文に附記されて現れることは、それを傍証していよう。秦律に遡ると、「減罪一等」[30]の語が一例認められるものの、それは数段階の罪とそれに対応する刑罰とを列挙したうえで現れており、刑罰の包括的な軽重関係が確立し、量刑を加減する際の前提とされていたことを示す史料自体が、今のところ存在しない。そもそも刑罰の種類が絞り込まれ、いくつかの刑は淘汰されてゆくなかにあって、各刑罰の軽重関係自体が、一部においては尚も不確定だったのであろう。[31]

数種類の肉刑の序列も同様であった。斬左趾—劓—黥という序列はすでに睡虎地秦簡に見え、[32]部分的には各肉刑の軽重は定着しており、全体的な共通認識も存在したのかもしれない。[33]だがそうした認識を明文化し、かつ腐刑も含めて累犯者への刑罰として活用しようとしたとき、腐刑はいわば多様な犯罪に対応するうえでの一選択肢として普遍化してしまい、女性への対処を別に講じる必要も生じてきた。腐刑の存在がもたらす幾つかの不整合は、かかる刑罰体系の形成過程から生み出されたものと考えられる。

腐刑に関する検討はここまでとし、続いて戍辺刑の考証に移ろう。

二、戍辺刑

（一）秦漢律中の戍辺

秦漢時代に存在した傜役労働のうち、辺戍は特別な位置を占めた。

邦中之繇（傜）及公事官（館）舍、其叚（假）公、叚（假）而有死亡者、亦令其徒・舍人任其叚（假）、如從興戍然。工律（秦律十八種101）

邦中の傜や館舎での公の役務に従事していて、官有物を借りていながら死亡した者がいたならば、これもまた

徒や舎人にその借用品の管理に責任を持たせること、興戍の場合と同様である。工律

ここでは「邦中の徭」の際に借用した官有物の管理方法は「興戍」の場合と同様であるとされ、「邦中の徭」が「戍」とは区別されたことが分かる。「戍」は「外徭」とも呼ばれ（『史記』平準書集解引『漢書音義』）、従って「徭」は「邦中の徭」と「外徭＝戍」とに二分されていたことになる。

「中」「外」が指す中身については諸説ある。(34) だが睡虎地秦律においては、「邦」は「臣邦」「它邦」「邦亡」といった語が示すとおり、領域国家を指して用いられる場合が多い。(35)「邦中の徭」と区別される「外徭」としての戍とは、領域外、あるいは領域の縁辺で行われるもの、すなわち軍事遠征や境域防備の役務に就けられることであろう。(36)

秦～漢初の徭役負担をめぐっては、男女ともにそれを負ったと見る論者と、男子のみであったとする論者とで見解が分かれる。(37) だが少なくとも戍辺についていえば、その担い手は男性に限られた。二年律令398簡は戍辺該当者の逃亡等に関する規定であるが、そこには科罰として「耐爲隷臣」「完爲城旦」、すなわち男性へ向けられた刑罰のみが挙げられており、戍に該当する可能性があったのは男性のみであることを示している。(38) 徴発された者は県嗇夫・県尉・士吏などに引率され、集合場所、あるいは戍辺の場に赴いた。

●戍律曰、同居毋幷行、縣嗇夫、尉及士吏行戍不以律、貲二甲。（秦律雑抄39）

●戍律に「同居の者は同時には派遣されない。県嗇夫、尉及び士吏が律に従って戍を派遣しないならば、貲二甲」とある。

戍卒たちは「屯」と呼ばれる単位ごとに組織され、それぞれに「屯長」が置かれた。(39) また右の戍律は、二人以上

の「同居」を同時に戍卒とすることを禁じており、戸を単位にして、そこから一名が戍に当てられたことが知られる。

秦代の戍役の期間は一年とされる。『漢書』昭帝紀如淳注や『後漢書』注所引「前書音義」に拠れば、本来なら天下の人はいずれも三日間戍辺に就かねばならないが、実際には一度戍辺に赴くとそれは一年間続き、且つそうした制度は秦より漢に継承されたことになっている[40]。『漢書』食貨志に引かれた董仲舒の言にも「屯戍一歳」とある。

この点を証明する同時代史料は、実のところ存在しない。だが秦律雑抄には、

…（前略）…●駕騶除四歳、不能駕御、貲教者一盾、免、賞（償）四歳繇（徭）戍。除吏律。（秦律雑抄3〜4）

…●駕騶が任命されて四年になるのに、駕御することができなければ、指導した者を貲一盾として罷免し、四年分の徭戍を償わせる。除吏律。

とあり、服すべき「徭戍」の日数が年を単位に定められていたことを示唆する［重近一九九九］。また『尉繚子』兵令下に、

兵戍邊一歳、遂亡不候代者、法比亡軍。父母妻子知之、同罪。不知、赦之。

兵　戍辺すること一歳なるも、遂に亡げて代る者を候たざれば、法は亡軍に比す。父母妻子これを知らば、罪を同じうす。知らざれば、これを赦す。

とあり、一年戍辺に就けば、まもなく交代要員が来るはずであった。次の秦律雑抄は、戍卒に関する規定である

とはっきり書かれてはいないが、召募された者が交代する際、「致」（証明書、あるいは通行証）が発行され、偽って任期完了前に持ち場を離れることがないよう、制度が整えられていたことを窺わせる。

冗募歸、辭曰日已備、致未來、不如辭、貲日四月居邊。…（後略）…（秦律雜抄35）

徵募された者が帰還する際、「すでに勤務すべき日数を満了した」と述べたが、証明書が届かなかった、あるいはその言葉のとおりではなかったならば、一日ごとに四ヶ月分の辺境防備を貲刑として科す。…

戍辺刑は「戍～歳」「戍辺～歳」或いは「以卒戍辺～歳」と表現される。出土史料には「戍一歳」刑と「戍二歳」刑の二種が現れ、「爵戍四歳…以上」（二年律令96）、「戍不盈四歳」（同96～97）といった表現も見える。典籍史料には「戍三歳」刑も現れる（『尉繚子』）。一定期間ごとに戍卒を入れ換え、監視する制度が整えられていてこそ、こうした、年限を明示した罰労働としての戍辺刑も円滑に機能したものと思われる。

戍辺刑が戍辺制度の一環として維持され、かつ戍役負担者が男性のみであったとすれば、その刑が女性にも適用されたとは考えにくい。そうした刑罰が如何なる形で法文中に現れるのか、個々の条文に就いて見てゆこう。

(二) 戍辺刑の様相

出土法制史料の中で、最初に戍辺刑が現れるのは以下の秦律においてである。

①不當稟軍中而稟者、皆貲二甲、法（廢）、非吏殹（也）、戍二歳、徒食・敦（屯）長・僕射弗告、貲戍一歳、令・尉・士吏弗得、貲一甲。●軍人買（賣）稟稟所及過縣[41]、貲戍二歳、同車食・敦（屯）長・僕射弗告、戍一歳、縣司空・司空佐史・士吏將者弗得、貲一甲、邦司空一盾。●軍人稟所、所過縣百姓買其稟、貲二甲、

入粟公、吏部弗得、及令・丞貲各一甲。●稟卒兵、不完善（繕）、丞、庫嗇夫、吏貲二甲、法（廢）。（秦律雜抄11～15）

軍中で食糧支給を行うべきでないのに支給した場合は、いずれも貲二甲で免職とし、吏でなければ、戍二歳。徒食・屯長・僕射が告発しなければ、戍役一年分の貲刑を科す。令・尉・士吏が捕らえることができなければ、貲一甲。●軍人が食糧を、その支給を受けた場所や通過した県で売ったならば、戍二歳の貲刑。同車食・屯長・僕射が告発しなければ、戍一歳。県司空・司空佐史・士吏の引率する者が捕まえられなければ、貲一甲。邦司空は貲一盾。●軍人が食糧支給を受けた場所や通過した県の人間がその食糧を買ったならば、貲二甲とし、穀物は没収する。所轄する吏で捕まえられなかった者、及び令・丞は貲各おの一甲。●卒に故障のある武器を支給したならば、丞・庫嗇夫・吏は貲二甲で、免職する。

これは軍事行動中における食糧や武器の不正支給、および支給された食糧を転売することへの科罰規定である。いくつかの官職名、地位呼称が見えるが、まず「軍人」「卒」は広く兵士一般を指す語で、彼らを車（戦車、運搬車）や食糧支給の単位ごとに編成したのが「同車食」「徒食」であろう。(42) 直接彼らを監督するのが「屯長」「僕射」で、さらにそれらを引率したのが「令」「尉」「士吏」、及び様々な「司空」とされている。ここに見える組織は、先に述べた戍卒引率の編成と一致する。

右の規定は卒として軍役に参加する者とその管理者、すなわち男性のみを対象としている。従って戍辺刑が男性のみに科せられるものであったとしても、問題は生じない。実のところ戍辺刑が現れる他の科罰規定も、多くが戦闘中、あるいはそれに準ずる状態での罪科を対象としている。

②羣盜殺傷人・賊殺傷人・強盜、即發縣道。…（中略）…吏將徒、追求盜賊、必伍之、盜賊以短兵殺傷其將

及伍人、而弗能捕得、皆戍邊二歲。卅日中能得其半以上、盡除其罪、得不能半、得者獨除。…（中略）…逗留畏耎弗敢就、奪其將爵一絡〈級〉、免之、毋爵者戍邊二歲、而罰其所將吏徒以卒戍邊各一歲。興吏徒追盜賊、已受令而逋、以畏耎論之。（二年律令140～143）

群盗が人を殺傷したり、賊殺傷したり、強盗したならば、直ちに県道より動員する。…吏は徒を率い、盗賊を追求するのに、必ず隊伍をつくる。盗賊が短兵を使って統率者や隊伍の人を殺傷したのにもかかわらず、捕らえることができなければ、いずれも戍辺二歳。三十日以内に半分以上を捕らえれば、すべてその罪を免除する。捕まえるのが半分に到達できなかったならば、捕らえた者に限って免除する。…おじけづいて動こうとせず、敵を避けて畏れをなして近づかなかったならば、その統率者の爵一級を奪い、免職とする。爵を持たない者は戍辺二歳とする。加えて、その率いられていた吏徒は、それぞれ卒として戍辺一歳とする。吏徒を動員して盗賊を追い、すでに命令を受けて逃げたら、「畏耎」で量刑する。

③盜賊發、士吏・求盜部者、及令・丞・尉弗覺智（知）、士吏・求盜皆以卒戍邊二歲、令・丞・尉罰金各四兩。…（後略）…（同144）

盗賊が発生しても、所轄の士吏・求盗、及び令・丞・尉が察知しなければ、士吏・求盗はいずれも卒として戍辺二歳とし、令・丞・尉はそれぞれ罰金四両。…

④盜出黃金邊關徼、吏卒徒部主者智（知）而出及弗索、與同罪。弗智（知）、索弗得、戍邊二歲。（同76）

不正に黄金を辺境の関所や境界から出すとき、吏卒・徒の所轄・担当者が知っていて出させる、及び検査しなければ、同罪とする。知らなかった場合や、検査しても発見できなかった場合は、戍辺二歳。

②③は盗賊収捕の場合とはいえ、その編成は軍事行動に準ずるものである。④で科罰の対象とされるのも辺境防

備に就く吏卒である。典籍史料においても、同様の状況で「戍」刑が現れる。

令丞尉、亡得入當。滿十人以上、令丞尉奪爵各二級。百人以上、令丞尉免以卒戍。諸取當者、必取寇虜、乃聽之。(『墨子』号令)

令・丞・尉は、亡《うしな》えども当を入るるを得。十人以上に満たば、令・丞・尉は奪爵各おの二級。百人以上なれば、令・丞・尉は免ぜられて卒を以て戍る。諸そ当を取る者は、必ず寇虜を取りて、乃ちこれを聴す。

戦闘を指揮する者は、自らの手勢を失っても、敵を捕斬することによってその損失を相殺する(「当」)ことができる。だが損失が上回った場合は人数に応じて処罰が設けられ、その一つが「以卒戍」であった。ここで卒とされることは一種の降格であり、明確な期限はなく、敵を捕らえて手柄を立てるまでその地位に留め置かれた。一方、『尉繚子』では戍辺刑に明確な刑期が定められている。

諸戰而亡其將吏者、及將吏棄卒獨北者、盡斬之。前吏棄其卒而北、後吏能斬之而奪其卒者、賞。軍無功者、戍三歳。三軍大戰、若大將死、而從吏五百人以上不能死敵者、斬。大將左右近卒在陳(陣)中者、皆斬。餘士卒、有軍功者、奪一級。無軍功者、戍三歳。(『尉繚子』兵令下)

諸そ戦いてその将吏を亡う者、及び将吏の卒を棄てて独り北ぐる者は、尽くこれを斬とす。前吏その卒を棄てて北ぐるも、後吏能くこれを斬りてその卒を奪わば、賞す。軍の功なき者は、戍三歳。三軍大いに戦い、若し大将死するも、従吏五百人以上敵に死する能わざれば、斬。大将の左右近卒の陣中に在る者は、皆な斬。余の士卒は、軍功有る者は奪一級。軍功なき者は戍三歳。

『尉繚子』兵令は銀雀山漢墓出土の「守法守令十三篇」の「兵令」と共通する部分が多く、当該の箇所も、

……吏戍一歳。戰而失其將吏、及將吏戰而死、卒獨北而環（還）、其法當盡斬之。將吏將其卒北、（978）斬其將□……□□□□三歳。軍大戰、大將死、□□五百以上不能死適（敵）者（979）皆當斬、及大將左右近卒在□□者皆當斬。……奪一功、其毋（無）【□□□】□三歳。（980）……軍功者戍三歳、得其死（屍）罪赦。……（981）

として、ほぼ同趣旨の規定が見える。守法守令十三篇は戦国斉の著述と深い関係にあり、従って斉で編纂されたものと考えられるが、内容においては『墨子』城守各篇と共通し、語彙の用法からも秦墨の影響下にあるものと推測されている。(43) 『墨子』城守各篇と、その影響を受けた守令守法十三篇が、前三世紀の秦における軍法の一端を反映しているのならば、戍辺刑の起源をそれら軍法の中に求めることができよう。

ただし二年律令の段階になると、戍辺刑が軍法に由来するとは思われない規定にも現れる。

⑤有任人以爲吏、其所任不廉、不勝任以免、亦免任者。其非吏及宦也、罰金四兩、戍邊二歳。（二年律令210）

人を推薦して役人としたところ、その推薦された人間が不廉や不勝任とされて罷免されたならば、推薦した者も罷免する。役人及び皇帝の近臣ではないときは、罰金四両で、戍辺二歳。

⑥諸不爲戸、有田宅、附令人名、及爲人名田宅者、皆令以卒戍邊二歳、沒入田宅縣官。（同323）

およそ戸を形成していないのに田宅を持っていて、他人名義で登録してもらう、および人のために田宅を登録してやった場合、いずれも卒として戍辺二歳とし、田宅を国家に没収する。

⑦博戲相奪錢財、若爲平者、奪爵各一級、戍二歳。（同186）

博戯で互いに銭財を奪いあう、もしくはそれを案分する者は、爵各おの一級を奪い、戍辺二歳とする。

⑤で戍辺刑に該当するのは官吏とその推薦者たる男子に限定される。⑥は、戸主の殆どが男性である以上、主として男性に向けられているといえるが、女性が戸主となる場合もなくはない。だがこれは個人による犯罪ではなく、戸全体に関わるものであるから、戸主が女性であれば、同戸の者の中から男子一名が選ばれたのであろう。残る⑦については、犯罪の性質からすれば男女いずれをも含み得るように映るが、奪爵が科罰として並置されており、男性のみを想定しているかの如くである。(44) この罪を女性が犯した場合の代替措置は不明と言わざるを得ない。

以上が秦~漢初の法制史料に見える戍辺刑のすべてである。戍辺刑の多くは軍法に由来すると思しい規定に現れ、戦時下という特殊な条件と結びついた刑罰であった可能性を窺わせる。ただし二年律令の段階では、戍辺刑はそうした条件と無関係に用いられていた。腐刑が強姦罪と切り離され、肉刑の一選択肢とされたのと同様に、戍辺刑も単なる有期労役刑の一つとして扱われるようになり、かかる不整合を生むに至ったのではないか。この点を意識しつつ、二年律令以降の戍辺刑を追ってみよう。

『漢書』刑法志の、文帝十三年における労役刑有期化を伝える記事によると、最も軽い労役刑は司寇とされ、その刑期は二年であった。(45) 戍辺刑のうち、二年以上の刑期を持つものは、刑期を同じくする刑罰の登場により、そこに吸収されたと考えられる。だが戍辺一歳刑は、僅かだが文帝以降にも見られる。

諸賈人末作貰貸賣買、居邑稽諸物、及商以取利者、雖無市籍、各以其物自占、率緡錢二千而一算。…匿不自占、占不悉、戍邊一歳、沒入緡錢。(『史記』平準書)

諸そ賈人末作の貰貸売買し、邑に居りて諸物を稽む、及び商いて以て利を取る者は、市籍なきと雖も、各おのその物を以て自占し、率ね緡銭二千にして一算。…匿して自占せず、占して悉くせざるは、戍辺一歳、緡銭を没入す。

これは⑥と類似するものの、田宅名有ではなく、算緡銭の施行に伴って、財産申告における不正を処罰するものである。この時の措置は後代にも引き継がれ、懸泉置漢簡に、

●兵令十三。當占緡錢、匿不自占、【占】不以實、罰及家長戍邊一歲。（II 0114③：54　枠8）

●兵令十三。緡銭を申告するに当たって、匿して自分から申告しない、あるいは事実どおりに申告しないならば、罰は家長に及び、戍辺一歳とする。

として見える。この簡が出土した第三層からは成帝期の簡牘が多く出土しており［甘粛文物考古研究所二〇〇〇］、これも前漢末期の簡である可能性が高い。これら史料に見える戍辺一歳刑は、下記の『漢旧儀』に見える、「戍」刑の範疇に属すものと考えられる。

『漢書』刑法志には現れないが、衛宏『漢旧儀』によると労役刑の最も軽いものは司寇刑ではなく、その下に刑期一年以下の罰労働が存在した。

…司寇男備守、女爲作如司寇、皆作二歲。男爲戍・罰作、女爲復作、皆一歲到三月。

…司寇は男は備守し、女は作すること司寇の如しとす、皆な作すること二歳。男は戍・罰作となし、女は復作となす、皆な一歳より三月に到る。(46)

ここでは、戍刑が男性への刑罰であることが明言され、女性に対しては別に「復作」が準備されている。「復作」が適用されるのは女性に限らず、『漢旧儀』の説明には矛盾がある。第四章で詳述するとおり、復作と

は恩赦を経てなお役務に就けられる労役刑徒を指し、おそらく「女爲復作」は「女爲罰作」の誤記であろう。だがむしろここで注目したいのは、戍辺刑に対応するものとして、女性への科罰を別に用意する意図が明確に現れている点である。後漢初に衛宏が記した「西京の雑事」(『後漢書』儒林伝下衛宏)が、何時の時代の制度を反映しているのかは定かでないが、ここに至って戍辺刑においても、二つの性の存在がはっきりと意識されることになっている。

おわりに

最後に女性への科罰をめぐる問題、とりわけ冒頭に挙げた二年律令88~89簡を改めて取り上げたい。この規定では、女性への磔刑・腰斬刑は棄市刑に、斬趾刑は黥刑に換えられることになっている。こうした特例は一般に、女性に対する優遇措置と説明されてきた。だが特定の者に対する優遇は、一方では刑の不均衡でもある。なぜ敢えて刑が換えられたのか、根底にある原理が問われねばならない。

翟・張二〇〇五は、秦漢時代において法律上の処遇が男女で相違する事例を網羅した上で、女性への刑は基本的に緩められる傾向にあったと主張し、その因子として弱者を保護しようとする精神の存在や、出産奨励策上の配慮を挙げる。確かに婦人は老人・年少者としばしば一括されて寛刑の対象となり、また子をなした者には税制上の優遇が認められた。

確かにいくつかの特例措置は、こうした理由から説明することができる。例えば妊婦を収繫する際に枷をはめないのは[47]、人口政策の文脈から生じたものといえよう。だが一方で筆者が違和感を覚えるのは、婦人が「幼弱」

や「老旄」(『周礼』司刺)と等しなみに「弱者」として扱われていたという主張である。女性には何らかの寛刑を原則として認めるべしとする精神が、果たして中国古代に存在したのであろうか。

例えば、漢代における女性への特例措置として「雇(顧)山」制度の存在が挙げられる[池田二〇〇六、水間二〇〇七a]。

天下女徒已論、歸家、顧山錢月三百。復貞婦、郷一人。(『漢書』平帝紀　元始元年(後一))

天下の女徒の已に論ぜらるるは、家に帰し、顧山銭月ごとに三百。貞婦を復すること、郷ごとに一人。

ここではすべての女性刑徒が放免され、代わりに毎月「顧山銭」を収めることとされている。こうした措置の背景を、その三年後に下った詔は次のように説明する。

詔曰「蓋夫婦正則父子親、人倫定矣。前詔有司復貞婦、歸女徒、誠欲以防邪辟、全貞信。…」(同前)

詔して曰く「蓋し夫婦正ければ則ち父子親しみ、人倫定まらん。前に有司に詔して貞婦を復し、女徒を帰すは、誠に以て邪辟を防ぎ、貞信を全うせんと欲すればなり。…」

女徒の解放が貞婦への免役と共に命ぜられたことが物語るとおり、元始元年の措置は家庭内での貞節を保護する、との観点から踏み切られたものであった。

雇山制度は、結果としては女性への処遇を緩和することになっている。だがそれを生み出しているのは女性を弱者と見なす精神ではなく、女性の家庭内における地位や、それに期待される役割であるといってよい。唐律の「其婦人犯流者、亦留住」(名例28)という特例とその背後にある「婦人之法、例不獨流」という原則は、夫・子の流罪には強制的に同行させられるものの、逆に本人が流罪を犯しても夫や子を配所に同行させるわけにはゆかない、という女性の立場から来るもので、扉山制度の発想もこれと通底する。

先に挙げた収繫の緩和という特例措置も、その対象は妊婦の他、家族の罪に縁坐した女性に限られる。[48] この措置はすべての女性に認められたのではなく、本人は罪を犯していないという事情をも勘案して一部の者に許されたものである。女性であるという事実自体が寛刑に繫がっているのではなく、そこから派生するいくつかの要素が、女性に対する、男性とは異なる処遇を生んでいるといえよう。女性を弱者と見なす精神の存在を無条件に想定することは、ここでは避けておきたい。

再び88～89簡に立ち戻るなら、そこで磔刑・腰斬刑・斬趾刑が女性に適用されていないのは、人口政策上の配慮ではもちろんあるまい。女性＝弱者とする説明もここで避けるとすれば、いかなる理由が考えられるであろうか。まず磔刑・腰斬刑について言えば、これら二種の死刑では犯罪者本人の命が奪われるのみならず、近親の縁坐がそれに伴ったとされる（腰斬の場合は、その父母妻子同産は棄市。磔刑であれば、妻子が城旦舂とされる［石岡二〇〇五 a］）。この理解に従えば、女性にこれらの死刑が適用されないのは、婦人の犯罪により縁坐が生じるのを回避する配慮であったことになろう。だが斬趾刑はどうであろう。

これについては、一部の肉刑は女性には適用されなかったという証言が、典籍史料の中にも認められる。『春秋左氏伝』「婦人無刑。雖有刑、不在朝市」（襄公十九年）に対する杜預の説、すなわち婦人には「黥刖の刑なし」であったとの認識である。[49] 死・宮・刖・劓・黥の所謂「五刑」のうち、刖・劓・黥の三種は女性に科せられなかったという解釈は、正義によっても支持されている。だがこれには異説もある。正義に引かれた服虔のそれである。


婦人從人者也。故不爲制刑、及犯惡從男子之刑也。

「婦人は人に従う者なり」と。故に為に刑を制せず。悪を犯すに及ばば男子の刑に従うなり。

服虔は『礼記』郊特牲の「婦人従人者也」という原理を援用する。『礼記』の下文に「婦人無爵」とあるのを「婦人無刑」と結びつけたものであろう。[50] 賜爵の対象が男性のみであったのと同様に、刑罰も男性を対象として設けられたものであり、女性にはそれを参照して刑が決められたのだ、と服虔は主張する。これに対して正義は「若し男子と俱に受くれば、黥刖劓も亦た婦人の刑。何ぞ独り男子を主にして婦人これに従わんや」として反論する。また劉炫も、

劉難服云、犯淫則男子割勢、婦人閉宮。豈得従男子乎。

劉　服を難じて云う、淫を犯さば則ち男子は勢を割き、婦人は宮に閉す。豈に男子に従うを得んや。

とし、姦淫罪の場合は男女で処刑方法が異なることを指摘して、婦人は刑罰も男子のそれに「従う」とすることの矛盾を突いている。ただしこれには洪亮吉の反論があり、「従う」というのはまったく同じ扱いにすることではなく、男女の間で幾分内容が相違したとしても、それが「従う」と表現されることもあるのだ、と服虔を弁護している。[51]

さて、「婦人無刑」をめぐる二説のうち、杜預の説明は二年律令とも一致し、理解しやすい。だがさらに一歩踏み込んで疑問を発するなら、そもそもいくつかの肉刑はなぜ女性をその対象としないのか。女性を弱者とする観念の存在を疑問視するならば、寛刑の理由は直ちには見出せない。

こうした疑念に対して、先の服虔説は一つの解答を示している。その説明に従えば、男女で刑罰が相違するのは、刑罰自体が男性を念頭に置いて組み上げられているから、ということになろう。もちろんその主張を直接支

える証左には欠ける。だが例えば籾山明は、成文法の公開とそれを前提とした刑罰とが、軍事集団における制裁に起源することを主張している［籾山一九八〇］。服虔も期せずして「婦人無爵」と「婦人無刑」とを結びつけ、軍功褒賞たる爵と刑罰とを互いに表裏をなすものとして捉えている。少なくとも一部の刑罰が男性のみを成員とする集団内で発展したとすれば、特定の刑について、それは女性には科せられないという観念が当初は存在していたのではあるまいか。ただし杜預説とは異なり、出土秦漢律においては女性にも黥・劓刑が加えられる。斬趾刑が女性に適用された事例も『韓非子』に見える。[52] 成文法が蓄積され、その適用範囲が拡大、普遍化してゆくなかで、一部の肉刑は女性に科せられないという刑罰観も、変遷をたどったことが予想される。

右に述べたことは推測の域を出ない。だが本章で論じたとおり、二年律令の中では男性のみに適用可能な刑罰に女性も該当しかねない状況が見られ、それは当初は固有の文脈においてのみ使用されていた刑罰が、それと切り離され、広範な犯罪に対する刑罰の一選択肢とされるなかで生じたものと考えられる。それぞれに異なる起源と歴史を持つ刑罰が、肉刑という範疇で、あるいは労役刑という括りで統合され、段階づけられ、普遍化してゆく過程を想定し、その潮流の中に刑罰体系を位置づけてゆく必要がある。

注

（1）本章では男性器切除刑を指す語として「腐刑」を特に用い、「宮刑」という表現は敢えて避けること、予め断っておく。

（2）出土法制史料中に見える「宮」刑の例は、睡虎地秦簡法律答問の、

可（何）謂贖鬼薪鋈足。可（何）謂贖宮。…其有府（腐）罪、【贖】宮。（法律答問113〜114）

が挙げられるのみである。ここでは腐刑を贖うことが「贖宮」と呼ばれている。

（3）中国における家父長権の行使をめぐっては、「かなり古い文献にさかのぼっても、文献の範囲では、厳密な意味での絶対性は証明し難い」とされ、相対的に緩やかであったとされる［仁井田一九六二］。だが睡虎地秦簡「法律答問」の、「非公室告」「家罪」関連の記事（103～106簡）は、父母を中心とした「家」の秩序が法においても尊重されていたことを示している。リュウ（Liu）一九九八は睡虎地秦簡の諸規定の間に時代的な重層性があることを主張し、家長による卑属親や隷属者への私刑が当初は公認されていたものとしている（第六章）。さらに腐刑と強い繋がりを持つ性犯罪については、秦刻石の「防隔内外、禁止淫泆、男女絜誠、夫爲寄豭、殺之無罪、男秉義程」（『史記』秦始皇本紀　会稽石刻）が示すとおり、実際には私刑に委ねられる傾向にあったと考えられる。

（4）丙午卜、貞兕尊歳羌十卯十小宰、于敦用。八月。（甲骨文合集340）

（5）白川一九九四、五七五頁、「斀」の項目参照。

（6）例えばマリノウスキーによると、トロブリアンド島において戦争中の性交禁止のタブーを犯した男には、性器を槍で突く制裁が加えられたという［マリノウスキー一九九九、三四二頁］。

（7）冨谷一九九五は腐刑を反映刑と捉える見方を批判し、肉刑の追放刑的側面に着目して、追放の「程度」によって数段階の肉刑が準備されており、腐刑はそのなかで、いわば「動物界からの追放」として死刑に次ぐ地位を与えられたものと解釈する。確かに滋賀秀三が指摘するとおり、肉刑に処されることは社会的な廃人化を意味し［滋賀二〇〇三、第一一章］、追放刑的色彩を帯びていた。だが肉刑の主目的が社会からの追放にあるなら、なぜ四種五段階もの肉刑が秦律の中にも規定されることになったのか、理解しがたい。被刑者が蒙る損失の深刻さを基準に数種類の肉刑が使い分けられる一方で、反映刑として用いられる腐刑も存在しており、それらの制裁慣習が成文化された後、数種の肉刑相互の軽重関係、とりわけ腐刑の位置づけが調整された、という経緯を筆者は想定する。

（8）官吏が人妻と和姦を犯せば、それは強姦罪として扱われ（二年律令192）、腐刑に該当することになるが、この場合も被刑者は男性に限られる。

（9）ただし、下倉二〇〇五も指摘するとおり、奴が主人を強姦した場合など、特別な条件が加われば棄市刑が適用される。

（10）「牢隷臣」は睡虎地秦簡封診式51などに見え、『睡虎地』は「牢獄で服役している隷臣」と解釈している。

（11）『張家山』は「官司空」に作る（『修訂本』『二年律令』も同じ）が、本文に述べた始皇帝陵出土遺物や秦封泥に「宮司空」

が見えることに拠り、改めた。『張家山訳注』二九二頁、注二二参照。

(12) 卌七年十二月丙子朔辛卯、廣陵宮司空長前丞□敢告
土主、廣陵石里男子王奉世有獄事、事已、復故郡鄉　（表面）
里。遣自致、移栺穴卌八年獄計。承書從事如律
令。　（裏面）

四十七年十二月丙子朔辛卯（16日）、広陵宮司空長の前・次官の□が「土主」に告げる。広陵県石里の男子王奉世には「獄事」があったが、それは決着したので、もとの郡郷里に戻る。一人でそちらに赴かせ、地下に四十八年の「獄計」を移送します。この文書をうけとったら律令のとおりに処理されたい。

「四十七年」とは広陵王劉胥の四十七年、宣帝本始三年（前七一）のこととされる。発信者は広陵国の宮司空で、宛先は「土主」、すなわち地下世界の担当官となっており、これが埋葬用の擬制文書であったことを示している。墓主には「獄事」があったものの、そのことはすでに決着したとされ、冥界に向かう墓主とともに、「獄計」なる文書が地下に送付されている。この簡については、第五章第三節も参照のこと。

(13) 度者、分・寸・尺・丈・引也、所以度長短也。…職在内官、廷尉掌之。（『漢書』律暦志上）

(14) 「六年内官／第卌二」(3:10693)、「四年内官第／百卌五」(3:01514)［中国社会科学院考古研究所一九九六］

(15) 久之、隆慮公主子昭平君尚帝女夷安公主、隆慮主病困、以金千斤錢千萬爲昭平君豫贖死罪、上許之。隆慮主卒、昭平君日驕、醉殺主傅、獄繫内官。（『漢書』東方朔伝）

(16) 刑徒の管理と「獄」の関わりについては第五章を参照。

(17) 腐刑に処せられる者がすべて中央の内官に送られたのか、あるいは地方においても、諸侯王などの下に内官が置かれ、腐刑の執行や宮隷臣の使役を担当していたのかは、定かでない。

(18) 延年坐法腐刑、給事狗監中。（『漢書』佞臣伝　李延年）
『漢書』元帝紀では初元二年に「黄門の乗輿狗馬」が罷められており、『資治通鑑』漢紀、元狩二年条の胡注は「黄門有馬監・狗監」とする。

(19) 太子敗、賓客皆誅、安世爲賀上書、得下蠶室。後爲掖庭令、而宣帝以皇曾孫收養掖庭。（『漢書』張安世伝）

孝宣許皇后、元帝母也。父廣漢、昌邑人、…當死、有詔募下蠶室。後爲宦者丞。(『漢書』外戚伝上　孝宣許皇后)

(20)　例えば孔一九八六は、先行する諸説をまとめつつ「幽閉＝肉刑」説を展開するものである。

(21)　こうした所説は孔一九八六、冨谷一九九五に多く紹介されている。

(22)　下倉二〇〇五はこの条文を、強姦＝腐以爲宮隷臣、既婚女性との和姦＝完城旦、未婚女性との和姦＝耐隷臣、という姦淫罪への科罰から説明する。すなわち、未婚女性との和姦＝耐隷臣を基準として、それが強姦であれば耐刑が腐刑に一等加重され、一方でそれが既婚女性との和姦であれば隷臣刑が城旦刑に一等加重される、という関係から、腐刑と耐隷臣妾との間の差が刑一等とされていた、との理解である。興味深い指摘だが、いずれにせよ腐刑を肉刑の最高刑とし、これを一等減じるなら斬右趾刑、という認識はそこに存在しないことになる。

(23)　孟康曰、黥劓二、左右趾合一、凡三。(『史記』孝文本紀集解)

(24)　本章注(19)に引いた張安世伝を参照。司馬遷は「家貧、財賂不足以自贖」(『漢書』本伝)であったため、死刑を腐刑に換える道を選んだとされるが、この換刑にも何らかの条件が必要であった可能性は排除できまい。

(25)　正確には足枷を着用した上での髡鉗刑を含む［冨谷一九九八、二二四頁以降］。ただし哀帝の時、李尋は死一等を減じられて敦煌郡に徙されている(『漢書』李尋伝)。注(28)に引用する後漢の赦令では、通常の死刑囚は死一等を減じられて辺境防備に送られており、そうした措置の嚆矢であったと考えられる。

(26)　肉刑復活の議論については、西田一九七四、第一一章「肉刑論から見た刑罰思想」を参照。陶安あんども、生命刑と通常の労役刑との間に位置する「中間罪名」を如何に処理するかが肉刑廃止以降の懸案であったとし、肉刑復活の議論や徙辺刑の登場などを、その文脈のなかで論ずる［陶安二〇〇九、終章］。

(27)　景帝元年、下詔曰「加笞與重罪無異、幸而不死、不可爲人。其定律、笞五百曰三百、笞三百曰二百。」猶尚不全。至中六年、又下詔曰「加笞者、或至死而笞未畢、朕甚憐之。其減笞三百曰二百、笞二百曰一百。」(『漢書』刑法志)

(28)　明帝時の詔のみを例示しておく。

詔三公募郡國中都官死罪繫囚、減罪一等、勿笞、詣度遼將軍營、屯朔方・五原之邊縣。妻子自隨、便占著邊縣。父母同產欲相代者、恣聽之。其大逆無道殊死者、一切募下蠶室。亡命者令贖罪各有差。凡徙者、賜弓弩衣粮。(『後漢書』明帝紀)

(29)　130簡の上部が欠けているため、贖耐と罰金四両との間の部分が確としないが、「…贖耐、金十二兩。贖䙴(遷)、金八兩…」

（119簡）に拠るなら、図のごとく復原できよう。

(30) 計脱實及出實多於律程、及不當出而出之、直（値）其賈（價）、不盈廿二錢、除、廿二錢以到六百六十錢、貲官嗇夫一盾、過六百六十錢以上、貲官嗇夫一甲、而復責其出殹（也）。人戸、馬牛一以上爲大誤。誤自重（踵？）殹（也）、減罪一等。（效律58～60）

(31) 睡虎地秦簡に見えるいくつかの死刑（戮（法律答問51）、定殺、生埋（いずれも法律答問121））や労役刑の一つである「候」は、張家山漢簡を始め漢代の法制史料には見られない。

(32) 害盗別徼而盗、駕（加）罪之。●可（何）謂「駕（加）罪」。●五人盗、臧（贓）一錢以上、斬左止（趾）、有（又）黥以爲城旦、不盈五人、盗過六百六十錢、黥劓（劓）以爲城旦、不盈六百六十到二百廿錢、黥爲城旦、不盈二百廿以下到一錢、䙴（遷）之。求盗比此。（法律答問1～2）

ここに黥城旦→劓黥城旦→斬左趾黥城旦という序列が現れている。

(33) 『書』呂刑は五刑を墨―劓―剕―宮の順に挙げ、これは二年律令における肉刑の序列と一致する。ただし経書において複数の肉刑が列挙される際、常にこの序列が守られるわけではない（例えば『周礼』掌戮）。経書が及ぼした影響については、ここでは判断を避けたい。

(34) 例えば渡邊信一郎は、漢代においては郡の内外を意味するものであったとする［渡邊二〇〇一］。

(35) 「它邦」（法律答問177）とは秦以外の国家を指す。「邦亡」の語は例えば「…■告人曰邦亡、未出徼闌亡、告不審、論可（何）殹（也）。爲告黥城旦不審」（法律答問48）として見え、「徼」を越えて逃亡することを意味する。従って「邦」とは一定の領域を持った国家を指す語である。

(36) 渡邊二〇〇一は戍卒が長安での朝会儀礼に参加したり、中都官の警備に当たっている例を挙げ、「外繇＝戍」が専ら辺境警備を指したわけではないことを主張する（三六五～三六六頁）。この点は確かに指摘のとおりだが、辺境防備の名目で徴発された人員が首都警備に振り向けられた可能性もある。現実の運用においてはさておき、徴発の名目としては外繇の目的は辺境防備にあったと考える。

(37) 山田一九九三は女子も徭役に服したものとする（第四章）。これに対し重近一九九九は女性の徴発をあくまで臨時的なものとする（一六八頁）。

（38）當戍、已受令而逋不行盈七日、若戍盜去署及亡過一日到七日、贖耐。過七日、耐爲隸臣。過三月、完爲城旦。（二年律令398）

戍卒に当たり、すでに命令を受けながら逃れて行かぬことが七日となったとき、もしくは戍辺して不法に部署から離れる、及び逃亡すること一日から七日に到るまでは、贖耐。七日をこえると、耐隷臣。三ヶ月をこえると、完城旦。

（39）『史記』傅寛列伝集解引の律文には「勒兵自守曰屯」とあり、徴発された兵士が駐屯すること、およびその場所が屯と呼ばれていたのであろう。『史記』陳渉世家では陳勝は漁陽での戍辺に徴発され、大沢郷に屯し、屯長となっている。

（40）天下人皆直戍邊三日、亦名爲更、律所謂繇戍也。雖丞相子亦在戍邊之調。不可人人自行三日戍、又行者當自戍三日、不可往便還、因便住一歳一更。諸不行者、出錢三百入官、官以給戍者、是謂過更也。…食貨志曰「月爲更卒、已復爲正、一歳屯戍、一歳力役、三十倍於古」。此漢初因秦法而行之也。後遂改易、有謫乃戍邊一歳耳。…（『漢書』昭帝紀如淳注）

（41）この部分は、「…稟＝」（12簡）「所及過縣…」（13簡）と簡が排列されている所である。後文に「…●軍人稟所＝過縣…」（14簡）とあり、これを参考に接合されたのであろうが、重文符号の位置が食い違う。ひとまず「稟を稟所、及び過ぎりし県に売る」と訓読したが、簡の接続が誤っている可能性も残る。

（42）二年律令431簡には、類似するものとして「同食」が見える。

（43）李学勤一九九四、第六篇、「三、論銀雀山〈守法〉〈守令〉」参照。ただし吉本二〇〇三は斉の著作との対応も顕著であり、秦漢律には見えない独自の刑名が含まれることを指摘する。

（44）水間二〇〇七ａもこの矛盾を指摘し、代替刑が行われた可能性を想定する。

（45）『漢書』刑法志の、刑期の設定に関わる記事の訂誤については張建国一九九九、「前漢文帝形制改革及其展開的再検討」を参照。

（46）「戍罰作」は沈家本に従って「戍・罰作」と句読した。

按、戍・罰作當是二事。李奇曰「輕罪、男子守邊一歳」（漢書宣帝紀注）、所謂戍也。罰作者、輸作之事、漢書文紀元年注、「蘇林曰、一歳爲罰作。」（沈家本『刑法分考』一一（括弧内は筆者））

（47）（景帝後）三年復下詔曰「高年老長、人所尊敬也。鰥寡不屬逮者、人所哀憐也。其著令、年八十以上、八歳以下、及孕者未乳、師・朱儒當鞠繫者、頌繫之。」（『漢書』刑法志）

(48) 前注参照。また本文に挙げた平帝の詔の後文には「…及眊悼之人刑罰所不加、聖王之所制也。惟苛暴吏多拘繫犯法者親屬、婦女老弱、搆怨傷化、百姓苦之。其明敕百寮、婦女非身犯法、及男子年八十以上七歳以下、家非坐不道、詔所名捕、它皆無得繫。其當驗者、即驗問。定著令」とあり、縁坐した女性の収繫を緩和する措置が見える。

(49) 左伝の記事は以下のとおり。「齊侯疾。崔杼微逆光。疾病而立之。光殺戎子、尸諸朝。非禮也。婦人無刑(無黥刖之刑也)。雖有刑、不在朝市(謂犯死刑者猶不暴尸也)。」(洪亮吉『春秋左伝詁』)

(50) 婦人從人者也。幼從父兄、嫁從夫、夫死從子。夫也者夫也、夫也者以知帥人者也。晃齊戒鬼神陰陽也。將以爲社稷主、爲先祖後而可以不致敬乎。共牢而食同尊卑也。故婦人無爵。從夫之爵坐以夫之齒。(『礼記』郊特牲)

(51) 今敀割勢・閉宮皆係宮刑、因人制宜耳。劉難服非是。如婦人從夫服、重有鬌箭笄之類、豈得以不同夫服、遂謂之非從服乎。

(52) 梁車新爲鄴令。其姉往看之、暮而後、門閉。因踰郭而入。車遂刖其足。(『韓非子』外儲説左下)

[附 記]

本章の原稿提出後、その元となった拙稿への書評を陶安あんど氏より頂戴した(『法制史研究』五九、二〇〇九)。そこで述べられている批判点のうち、最も論の根幹に関わるのは、「秦律には固有の刑罰体系があり、しかも、その完成度は両漢の制度より高い」(三二三頁)という認識から、拙文の「形成史」という視点に疑問を呈しておられる点であろう。氏は近著[陶安二〇〇九]のなかで、秦の刑罰体系において刑罰の軽重を決める基準は死・刑(肉刑)・耐の三段階であり、そのうえで肉刑には城旦舂が、耐刑には司寇が附随するのが本則であったと主張されており、この批判はかかる所説の上に立ってなされたものである。だが秦代には「刑隷臣」「黥妾」刑が明らかに存在しており、刑罰体系の構造は氏が想定されるより複雑で、それが漢初にかけて次第に単純化される傾向にある。氏は「刑隷臣」「黥妾」の存在を否定しようとするものの、本書でも指摘したとおり(一七五頁、注(68)など)、その主張は論拠を欠いている。この点において氏の所説は受け容れがたく、筆者はなお、秦の刑罰体系は形成途上にあったものと考えている。

一方で、確かに氏が指摘するとおり、女性に腐刑が強いられかねないという事態は極めて稀にしか生じず、それを手がかりに刑罰体系を論じ得るのかという批判は甘んじて受けねばなるまい。だがそうした細部に制度形成過程の軋みを見いだそうとするのが筆者の立場であり、本章に大きな修正を加えることはしなかった。

第三章　労役刑体系の構造と変遷

はじめに

睡虎地秦律によると、秦の労役刑には次の五種があった。

城旦舂　…男性は城旦、女性は舂刑とされる
鬼薪白粲…男性は鬼薪、女性は白粲
隷臣妾　…男性は隷臣、女性は隷妾
司寇
候

これらのうち城旦舂・鬼薪白粲・隷臣妾・司寇の四刑は張家山漢簡にも見え、漢初に継承されていた。だが「候」刑は漢代に行われた形跡がなく、秦律にも僅かにしか見えないので、本章では考察の対象から外し(1)、残る四刑について、その特質と時代による変遷を追ってゆく。

睡虎地秦簡の発見以来、秦漢の労役刑については多くの論考が著され、その中で争点となったのが刑期の有無であった(2)。この問題は労役刑の原初的な性格、ひいては中国における刑罰の起源とも関わりを持つため、睡虎地秦律を主たる材料として論争が繰り返されてきたが、少なくとも日本では収束に向かい、無期刑説で大方が一致したといってよい［籾山一九九五］。無期説の立場からすれば、「有年而免―年有りて免ぜよ」との指示を含む文帝十三年（前一六七）の詔は刑期の設定を新たに命じたものに他ならず、この改制により肉刑が廃止され、同時に労役刑はすべて有期化したと考えられてきた。

だが二〇〇一年に二年律令が公表されると、刑期の有無が再び注目を集めた。法文中のいくつかの術語や刑名が刑期の存在を暗示していたからである。これを引き金にして刑期をめぐる議論が再燃し、刑期の存在をはっきりと主張する論考も現れた。だが結論を先に述べれば、確かに二年律令は数種類の有期労役刑の存在を示しているものの、一方で労役刑の主体、すなわち先に挙げた四つの刑はやはり無期であり、有期と無期とが併存していたといってよい。こうした認識はすでに邢義田や籾山明によって示され［邢義田二〇〇五、籾山二〇〇六、第五章］、現在ではこれが広く共有されているように思われる。両者の所説と重複する部分があるものの、刑期の有無は本書における議論の大前提でもあるので、まず第一節で二年律令公表後の論争を紹介しつつ、筆者なりの理解を提示しておきたい。

さて四刑が無期刑であるならば、各刑は刑期以外の如何なる基準により軽重づけられていたのかが次に問題となる。有期化後、やがて髡鉗城旦舂五年・完城旦舂四年・鬼薪白粲三年・司寇二年、そして一年以下の罰労働、という体系が出来上がるので、[3] 秦代にも同様の軽重関係が、刑期以外の要素により設けられたと考えられ、その基準としてまず想定されていたのが労役の種類・強度であった。

「城旦舂」をはじめとして、秦漢労役刑の呼称は特殊な響きを持つが、これらはそれぞれに科せられた労役の内容に由来するとされる。『漢旧儀』の説明では、城旦は築城、舂は穀物の脱穀、鬼薪は鬼神祭祀のための薪蒸採集、白粲は祭祀に用いる穀物の選別、司寇は警備業務に就いたことになっている。[4] 無期刑説の立場から各種労役刑の違いを説明する際に、労役の種別とその強度の違いがまず想定されてきたのも、刑名と労役内容との結びつきが念頭に置かれたためであろう。確かに元来は懲罰として科せられる数種類の労役、ないしはそうした労役に専ら就けられる者への地位呼称があり、それらが労役刑の呼称として用いられるに到ったのであろう。だが犯罪の軽重に対応して数段階の労役刑を整合的に適用しようとするとき、果たして労役内容やその強度の相違のみによって各種労役刑を厳密に等級づけることができたのか、疑問なしとしない。秦律の中には、城旦刑徒も隷臣刑徒も同じ作業に従事していたことを示す条文があり、それでもなお両者の間に労役の厳しさにおいて違いが設けられていたのか、簡単には説明がつかない。

そもそも各種労役刑は、肉刑と同様に、それぞれ独自の来源を持ち、それ故に互いに共通する点も相違する点もあったであろう。そうした複数の要素によって各刑は区別され、軽重づけられていた。それが次第に体系化され、そこでの相対的な上下関係がやがて服役期間を基準とした、直線的な上下関係に変っていったと考えられる。かかる体系化の動きは、各刑罰の起源と比べればよほど後発的であり、睡虎地秦律や二年律令に見える刑罰制度には、体系化の途上にあるが故の不整合が存在すること、前章で詳論したとおりである。そこで第二節では、労役刑徒の役務内容に限らず、その待遇や家族への処遇などを幅広く分析することにより各労役刑の間にあった相違点を明らかにし、それぞれの刑罰の来源を模索する手がかりとしたい。

労役強度以外の要素への着目は夙に瀬川敬也の論考［瀬川一九九八］に見られ(5)、筆者もそれに続いて二つの旧稿［宮宅二〇〇〇、二〇〇六］を著した。加えて石岡浩が、特に「収」制度に重点をおいて労役刑体系の解明を目指しており［石岡二〇〇五b］、近年陶安あんども刑徒の服役形態や労役内容に検討を加え、独自の見解を示している［陶安二〇〇九、第二章］。本章第二節の内容は石岡・陶安の分析と重なる点があるものの、法規定の解釈をめぐってはいくらか理解を異にし、また自身の旧稿から考えを改めたところもある。重複を厭わず、刑罰体系を組み上げていた原則への私見を示すこととする。

続く第三節では労役刑有期化の背景を取り上げる。『漢書』刑法志に拠れば、肉刑廃止は一少女の嘆願に文帝が応えて実現したことになっており、それならば同時に踏み切られた労役刑の有期化も、その恩徳の賜物ということになる。だがあらゆる労役刑の有期化という、多方面に、とりわけ王朝の労働力編成に影響を及ぼしたであろう重大な制度改革の背後には、より現実的な理由が存在したに違いない。文帝時の諸政策に鑑みて、肉刑廃止の根本的な原因を総合的に探ってゆく必要がある。本章の目指すところは、秦～漢初の労役刑体系を組み上げていた原理を確かめたうえで、文帝はなぜ一連の改制に踏み切り、既存の体系に代えて刑期を目安とした労役刑体系を構築したのか、その理由を探ってゆくことにある。

一、労役刑の刑期をめぐって

(一) 有期刑説の展開

二年律令公表後、李均明はそこに見えるいくつかの表現に着目し、労役刑に有期のものが存在したことを指摘した［李均明二〇〇三］。李が注目したのは「繋城旦某歲」という表現で、こうした刑名が見えるからには、特定の条件下では城旦舂刑にも刑期はあったとする。加えて「復城旦舂」という句も挙げられる。この語は二年律令中に三例みえ、一例を挙げるなら、

城旦舂亡、黥、復城旦舂。鬼薪☐白粲也、皆笞百。（二年律令164）

城旦舂が逃亡したならば、黥して復た城旦舂とする。鬼薪…（？）白…であれば、いずれも笞百とする。

として現れる。この「復」が重ねて、再び、の意であれば、「復城旦舂」とは「再び城旦舂刑に服す」ことであり、「二度目の城旦舂刑」があり得るなら、この刑には刑期がなくてはならない。李は『周礼』秋官司圜の「能改者、上罪三年而舍、中罪二年而舍、下罪一年而舍」も挙げ、「刑期」の観念が古より存在したことを強調している。

ただし李均明は刑期が無かった、あるいは不定期であった可能性も完全には否定せず、二年律令の時代は不定期から有期へ移行する過渡期であったとする。ただしこの論考は刑制一般について概括的に述べたものであったため、如何なる場合に、どの刑に刑期が設けられないのかという点には、踏み込んだ説明が加えられなかった。

続いて現れた邢義田の論考［邢義田二〇〇三b］は、有期労役刑の存在を示すより多くの論拠を挙げる。先ずは二年律令の90〜92簡。

有罪當耐、其法不名耐者、庶人以上耐爲司寇、司寇耐爲隷臣妾。隷臣妾及收人有耐罪、毄（繫）城旦舂六歲。毄（繫）日未備而復有耐罪、完爲城旦舂。城旦舂有罪耐以上、黥之。其有贖罪以下、及老小不當刑・刑盡者、皆笞百。城旦刑盡而盜臧（贓）百一十錢以上、若賊傷人、及殺人而先自告也、皆棄市。（二年律令90〜92）

邢氏はこの条文を次の如く翻訳している。

耐刑に処すべきだが、もしも法に耐刑に処せという明文がなければ、罪を犯した者の身分が庶人以上の場合は耐司寇とし、司寇であれば耐隷臣妾とし、隷臣妾、および連坐して没収された者であれば繫城旦舂六歳とする。もし繫城旦舂の服役日数が終わらないうちに、さらに耐罪を犯したならば、完城旦舂とする。城旦舂が耐罪を犯したならば、黥する。城旦舂が贖罪以下の罪を犯したとき、および老少であるために刑を受けるべきでないときは、刑期を満了した後で笞刑一百を受ける。城旦が刑期を満了してから、さらに百十銭以上の盗臧を働いたとき、あるいは人を賊傷したり殺したりして、先に自首したときは、すべて棄市とする（傍線部は筆者）。

李均明と同じく、邢義田も右の条文の「繫城旦舂六歳」という語に着目し、さらに睡虎地秦簡の、

隷臣妾毄（繫）城旦舂、去亡、已奔、未論而自出、當治（笞）五十、備毄（繫）日。（法律答問132）

隷臣妾が繫城旦舂とされていて、逃亡し、すでに逃げ出したが、まだ量刑されないうちに自ら出頭したら、笞五十に相当し、繫日を充足させる。

當耐爲隷臣、以司寇誣人、可（何）論。當耐爲隷臣、有（又）毄（繫）城旦六歳。（法律答問118）

耐隷臣に相当する者が、司寇刑に当たる罪で人を誣告したならば、どのように量刑するのか。耐隷臣としたうえで、さらに繫城旦六歳とするのに相当する。

なども挙げている。前者の「備繫日」とは「服役期間を満了させる」ことであるし、後者においても「繫城旦六歳」が見える以上、秦代にも有期刑が行われており、『周礼』司圜（前出）や銀雀山漢簡の記事(6)も、戦国時代における刑期概念の存在を示していると結論する。加えて、邢は「刑盡（尽）」の語を「刑竟」や「各尽其刑」の

類語と解釈し、右の如く「刑期を満了」すると翻訳して、刑期の存在をはっきりと主張している。

続いてもう一条、二年律令93～98簡が引かれる。この条文は後文で再び取り上げ、日本語訳もそこで確定させるので、ここでは原文の、関連する部分のみを掲げておく。

鞫獄故縱・不直、及診・報・辟故弗窮審者、死罪、斬左止（趾）爲城旦、它各以其罪論之。…（中略）…其非故也、而失不審、各以其贖論之。爵戍四歳及毄（繫）城旦舂六歳以上罪、罰金四兩。贖死・贖城旦舂鬼薪白粲・贖斬宮・贖劓黥、戍不盈四歳、毄（繫）不盈六歳、及罰金一斤以上罪、罰金二兩。毄（繫）不盈三歳、贖耐・贖䙴（遷）、及不盈一斤以下罪、購・沒入・負償・償日作縣官罪、罰金一兩。

これは不当な刑罰を科したときの処罰規定で、前半はそれが故意であった場合の、「其非故也」以下は過失であった場合の科罰を記す。そこには、

戍四歳／戍不盈四歳

繫城旦舂六歳以上／繫（城旦舂）不盈六歳／繫（城旦舂）不盈三歳

という、「戍」刑と「繫城旦舂」刑の「等級」が見え、また「償日作縣官—特定の日数役所で作業して賠償する—」という刑名も現れる。この記事から邢氏は、繫城旦舂六歳などの刑について、

①一定の刑期、あるいは年数による等級があるので、これらは正刑であって附加刑ではない。

②刑期の長さで刑の軽重が決められており、刑期はすでに刑罰の等級を決める原則の一つであった。

③「償日作縣官罪」も正刑で、何らかの労役刑に加重されるものではない。

と所見をまとめている。

とはいえ邢義田も無期刑の存在自体は否定しない。例えば、城旦舂刑を金銭で贖う場合も鬼薪白粲を贖う場合も、納めるべき金銭は同額と規定されており（二年律令119）、もし両者に刑期の差があるとしたら、それを贖うための財物が等量とは考えられないので、無期の労役刑も存在したのであろうと述べる。こうした無期と有期の並存を、邢もまた過渡期的な状況と捉え、兵員の需要が戦国時代に増加した結果、罪隷が解放されて兵となり始め、この変化の中で罪人を解放するという発想が生まれ、刑期が生じてきたとの見通しを示す。

以上の二論文は有期か無期かという二者択一の議論を展開するのではなく、無期・有期の両者があったとして、その並存を主張するものであった(7)。これに対し楊頡慧は城旦舂をはじめとしたすべての労役刑に刑期があったと明言する［楊頡慧二〇〇四］。楊が論拠とするのは次の条文である。

　隷臣妾・收人亡、盈卒歲、毄（繫）城旦舂六歲。不盈卒歲、毄（繫）三歲。自出殹（也）、笞百。其去毄（繫）三歲亡、毄（繫）六歲。去毄（繫）六歲亡、完爲城旦舂。（二年律令165）

　隷臣妾・収人が逃亡して満一年になれば、繫城旦舂六年とする。一年未満であれば、繫城旦舂三年。逃亡後自ら出頭したならば、笞百。繫三年の刑から逃れれば、繫城旦舂六年。繫六年の刑から逃れれば、完城旦舂。

隷臣妾が逃亡すれば繫城旦舂刑に当てられ、再び逃亡すれば完城旦舂刑とされた。つまり隷臣妾→繫城旦舂→完城旦舂と刑が重くなっており、そのうち繫城旦舂には明らかに三年ないしは六年の刑期があるのだから、隷臣妾も有期刑であるというのが楊の主張である。また「刑尽」という語に楊も着目し、城旦舂にも刑期はあったと結論される。

刑期の存在に注意を喚起する諸説は、正刑として有期労役刑が存在したことを指摘するに止まるものと、さら

に踏み込んで、労役刑はすべて有期であると断ずるものとに分かれる。それらの論拠は、

（a）「刑尽」（＝刑期完了）の語（李・邢・楊）
（b）「復城旦舂」（＝再び城旦舂刑に当てられる）という表現（李）
（c）「繋城旦某歳」「戍某歳」といった刑名（李・邢）
（d）隷臣妾→繋城旦某歳→城旦舂、という刑の累加（楊）

の四点にまとめられる。続いてこれら諸説に対する反応、あるいは無期刑説を強く打ち出した論考を紹介しよう。

(二) 有期刑説の検討

まず張建国が、有期刑説の再燃とは無関係に、二年律令を利用して独自に無期説を唱えた［張建国二〇〇四］。張はすでに引用した二年律令90～92簡を論拠としており、その中で行論と関係するのは90～91簡の、

有罪當耐、其法不名耐者、庶人以上耐爲司寇、司寇耐爲隷臣妾。隷臣妾及收人有耐罪、繫（繫）城旦舂六歲。繫（繫）日未備而復有耐罪、完爲城旦舂。城旦舂有罪耐以上、黥之。

という部分で、さらに絞り込んで図式化すると、

隷臣妾及び収人が耐刑に当たる罪を犯す→繫城旦舂六歳
繫城旦舂六歳に服役中、さらに耐罪を犯す→完城旦舂

という科罰を述べた箇所である。有期説の代表的な見解では完城旦舂は四年（ないしは五年）刑とされ、それに従ってこの箇所を解釈すると、隷臣妾等が耐罪を犯すと六年刑に、さらに耐罪を繰り返すと四年刑とされることになり、罪を重ねた方が刑が軽くなってしまう。この矛盾を指摘して、張建国は無期説を支持する。

その後、李均明・邢義田らの有期刑説を踏まえた論考が現れ、上記（a）～（d）の論拠が検討の俎上に載せられた。邢義田はそれらの指摘を承け、前稿の一部を撤回する文章を新たに発表している［邢義田二〇〇五］。以下にこれらの所論を紹介しつつ、再燃した有期刑説の四つの論拠に検討を加えておく。

まず、最も踏み込んだ有期説を唱える楊頡慧の論拠（d）。楊の図式は二年律令165簡から引き出されるものであるが、これはすでに挙げた90～91簡と密接に関連する。そこに見える科罰加重の原則をすべて箇条書きにして示しておく。

①庶人が耐刑に当たる罪を犯す　→耐司寇
②司寇が耐罪を犯す　→耐隷臣妾
③隷臣妾及び収人が耐罪を犯す　→繋城旦舂六歳
④繋城旦六歳に服役中、さらに耐罪を犯す　→完城旦舂

これは一見、司寇→隷臣妾→繋城旦舂六歳→完城旦舂と刑が加重されているように読める。しかし正確には、司寇→隷臣妾→隷臣妾身分のままで繋城旦舂に六年間服役→完城旦舂、という関係にある。その証左となるのが睡虎地秦簡の法律答問117・118である。

當耐司寇而以耐隸臣誣人、可（何）論。當耐爲隸臣。■當耐爲侯（候）罪誣人、可（何）論。當耐爲司寇。

（法律答問117）

耐司寇刑に相当する者が、耐隷臣刑に当たる罪で人を誣告したならば、どのように量刑するのか。耐隷臣とする。…（後略）…

當耐爲隷臣、以司寇誣人、可（何）論。當耐爲隷臣、有（又）毄（繫）城旦六歲。（法律答問118 前出）

誣告反坐の原則に照らせば、117簡では耐司寇刑徒が耐隷臣相当の罪を重ねて犯していることになり、②と同じ条件である。そして最終的な量刑も②と同じ耐隷臣。一方、118簡は耐隷臣妾が耐司寇相当の罪をさらに犯したケースであり、条件は③と同じ。そしてここでも両者の量刑が同じだとすれば、③の量刑は118簡に見える「隷臣妾＋繫城旦舂六歲」であることになる。すなわち③は正確には、

③' 隷臣妾が耐罪を犯す→耐隷臣妾＋繫城旦舂六歲

であり、90～91簡は、

罪を犯して耐刑に当たり、法に耐の刑名が確定されていない場合は、庶人以上は耐司寇とし、司寇の者は耐隷臣妾とする。隷臣妾および官に没収された者が耐刑に当たる罪を犯したら、（隷臣妾の身分のまま）繫城旦舂とすること六年。拘禁の期日が未だ満たぬうちに再度耐刑に当たる罪を犯したら、完城旦舂とする。城旦舂の者が耐以上の刑に当たる罪を犯したら、黥刑とする。

と現代語訳すべきものである。これと同様に、165簡でも隷臣妾は隷臣妾の身分のまま繫城旦舂三歲・六歲とされるのであって、隷臣妾から繫城旦舂某歲に刑が切り替わるのではない。以上により、楊頡慧の所論には従えない。

続いて論拠（a）～（c）。まず（a）「刑尽」の語については、それが「刑期満了」ではなく、「所定の肉刑を加え尽くした」との意であるとする指摘が現れた。その最も早いものは、管見の限りでは池田夏樹のそれである［池田二〇〇三］。ただしそこでは本格的な考証は行われていない。続いて三国時代二〇〇四も同様の解釈を示した。中国では支強の論考があり、「刑」字が「刑罰」ではなく「肉刑」を意味することを強調し、そのうえで「刑尽」を「肉刑執行完畢」と解釈している［支強二〇〇四］。筆者も「刑尽」はすべての肉刑を加え尽くしたことと考える。以下に邢義田の旧説の問題点を指摘しつつ、それを通じて、「刑尽」は上記のように解釈すべきことを確かめておく。

まず90～92簡の、「刑尽」が現れる部分（前掲邢義田訳文の傍線部（八二頁））に立ち返ると、邢義田の解釈「城旦舂が贖罪以下の罪を犯したとき、および老少であるために刑を受けるべきでないときは、刑期を満了した後で笞刑一百を受ける」というのは、その意味するところが判然としない。邢氏自身、「老人や子供が刑を受けるに当たらないのなら、どうして刑に服し終わってからいずれも百回笞打たれると附言しているのだろうか？（既然老小不当刑、為何又説服完刑皆笞打一百?-）」と首をひねり、字句に誤りがあることを疑う。そして別案として、「老少不当刑」の「刑」は肉刑のことで、老人や子供は肉刑を受けることはないが、服さねばならない労役はある、との謂であろうか、とも推測する［邢義田二〇〇三b、三一三頁、注四］。別案をふまえて訳し直すなら、

城旦舂で贖罪以下の罪をおかした者、及び老少で肉刑が適用されない者は、刑期を満了してから、いずれも笞百とする。

となろう。だがこの解釈でも、老少の者に笞刑を加えるのをなぜ刑期満了まで待たねばならないのか、はっきりしない。また「刑」字を一方で肉刑と、他方では刑罰、刑期の意とするのも一貫性に欠ける。

この条文を理解する際、まず確定できるのは「刑」の意味で、これは邢義田自身が言及し、支強が詳細に論ずるとおり、一般的な「刑罰」ではなく「肉刑」の意である。幼少・老年であってもすべての刑罰が免除されたわけではないが、肉刑の適用は避けられた。二年律令には、

公士・公士妻及□□行年七十以上、若年不盈十七歳、有罪當刑者、皆完之。（二年律令83）

公士や公士の妻、および…年齢が七十以上、もしくは年齢が十七歳に満たず、罪を犯して肉刑に当たる場合は、いずれも完とする。

とある。よってそのすぐ下に現れる「刑尽」の「刑」も「刑期」ではなく「肉刑」の意で解釈せねばなるまい。城旦舂は最も重い無期労役刑であり、黥城旦舂より一等重い刑罰は死刑である。だが黥城旦舂刑徒がさらに罪を犯しても、すぐには死刑が適用されず、数段階の肉刑が累加されてゆくこと、第二章で紹介したとおりである。「刑尽」とは、そうした肉刑をすべて受け、もはや肉刑を科しようのない者を指す。それを踏まえて、改めて90～92簡の「有罪耐以上、黥之」以下の解釈を箇条書きで示すなら、以下のとおりである。

城旦舂が耐罪以上の罪を再び犯したときには黥刑を加える。

城旦舂ではあるが、再び犯したのが贖刑以下の罪であるとき
城旦舂が耐罪以上を再犯したが老少である故に肉刑が免除されるとき
〃　すでに「刑尽」であるとき
→いずれも笞百

ただし城旦刑尽が特定の罪を犯したときには、死刑にしてしまう。

「刑尽」が「所定の肉刑を加え尽くした」の意であれば、肉刑が免除され笞刑とされる理由も問題なく説明がつ

く。それは免除というよりも、もう肉刑を加えようがないために暫く笞刑で代替すると言った方がよい。

「刑尽」はもう一カ所、122簡にも現れる。その解釈は右の「城旦舂」を「人の奴婢」に置き換えたものとなる。

人奴婢有刑城旦舂以下至䙴（遷）・耐罪、黥顏（顔）頯畀主、其有贖罪以下、及老小不當刑・刑盡者、皆笞百。刑盡而賊傷人及殺人、先自告也、棄市。…（後略）…（二年律令122）(8)

人の奴婢が刑城旦舂以下、遷・耐に至るまでの罪を犯したならば、顔・頬に黥して主人に与える。贖罪以下の罪を犯した者、及び老人・年少で肉刑が適用されない、または所定の肉刑が施行され尽くした者については、いずれも笞百。所定の肉刑が施行され尽くしていても、人を賊傷するか、人を殺して自首すれば、いずれも棄市とする。

奴婢は人の「所有物」であるが故に、労役刑相当の罪を犯しても刑徒として公の労役に就かせるわけにはゆかず、そこで代わりに肉刑が加えられる。耐罪以上の罪を犯したなら肉刑が順次科せられてゆくという点で城旦舂と奴婢の立場は共通し、奴婢の場合も「刑尽」の者には笞刑が代替刑として用いられている。

さて残る（b）（c）については徐世虹が李論文に反論するかたちで論及している［徐世虹二〇〇四］。以下に徐説を紹介しよう。

徐世虹はまず（b）「復城旦舂」の「復」字を「もどる」の意とし、例えば前掲の164簡を「城旦舂が逃亡したならば、黥刑を施し、引き続き城旦舂の労役に就ける」と解釈する。徐世虹はその傍証として、官府で役務に従事していた者が逃亡したならば、貲刑のうえで「復従事」とされている例（法律答問128）を引いており、この結論に筆者も異論はない。

一方の（c）「繋城旦舂」刑については、それが三つの場合において用いられたことを指摘する。一つは罰金や債務等を城旦舂の労働でもって支払う場合。財産刑を科せられたり債務を負ったりしたものの、金銭で支払えないならば、一日八銭という換算率の下、一定期間労役に就き、支払いに代える。[9] こうして労役に就くことを「居貲贖債」といい、[10] 課せられた労役は城旦舂のそれと同じこともあった。徐はこうした労役の徒が繋城旦舂刑徒の一形態であるとする。[11]

二つ目は次の二年律令に見えるそれである。

吏民亡、盈卒歳、耐、不盈卒歳、毄（繫）城旦舂、公士・公士妻以上作官府、皆償亡日。其自出殹（也）、笞五十、給逋事。皆籍亡日。軵數盈卒歳而得、亦耐之。（二年律令157）

吏民が逃亡して満一年になれば耐。一年未満であれば繋城旦舂。公士・公士の妻以上は官府で労役し、いずれも逃亡していた日数を償う。自ら出頭したならば、笞五十にして、徭役負担を充足させる。いずれも逃亡した日数を記録する。計算して延べ一年以上にして捕らえられた者も、また耐。

傍線部に見えるとおり、逃亡罪を犯した吏民のうち、逃亡期間が一年未満の者には繋城旦舂刑が科せられた。

第三に、刑徒が重ねて罪を犯した場合にも繋城旦舂が適用される。すなわち隷臣妾・収人が耐罪以上を犯したとき（二年律令90～91）と、同じく隷臣妾・収人が逃亡罪を犯したとき（二年律令165）に、繋城旦舂刑が用いられている。

徐世虹は以上を指摘したうえで、繋城旦舂は城旦舂とまったく異なり、財産刑・負債・逃亡した日数を労働で償う場合に適用されるか、あるいは附加刑として用いられたものと結論する。

さて、徐論文に挙げられた三つのケースのうち、第三のそれについては睡虎地秦簡を用いた研究［籾山一九八二］の中ですでに指摘されている。秦律において繋城旦刑は①すでに何らかの罪を犯し、罪状が定まっている者か、②「葆子」と呼ばれる特権保有者が肉刑に相当する罪を犯したときに限って、本刑に附加されるかたちで用いられており、籾山はこれを「プラスαの言わば罰労働」と定義する［二九頁］。このうち①の事例の裏づけとなる根本的な規定が二年律令の90〜91簡であること、すでに言及したとおりである。[12][13]

改めて徐世虹が示した三つの特徴を筆者なりに整理するなら、第一の場合において繫城旦舂刑は正刑ではない。正刑はあくまで貲刑や罰金刑等である。また第三の場合、刑の対象となるのは刑徒、あるいは刑徒となることが確定した者、さらには「葆子」に限られる。且つ多くが何らかの刑に附加されて用いられており、繫城旦舂刑の特殊性を逆にうかがわせる。残る第二の場合、すなわち一年未満の逃亡罪に適用されるケースでは、確かに繫城旦舂刑は代替刑でもなければ刑徒等を対象とした特殊な刑罰でもない。ここでは繫城旦舂刑が正刑であり、その対象は庶民一般である。

ただしこの場合、被刑者は逃亡日数と同じ期間だけ「繫城旦舂」として労役に就くことになっており、その刑期は、一年刑、二年刑…と、あるいは一ヶ月刑・二ヶ月刑…という具合に、ある一定の幅をもって段階的に等級づけられたものではない。こうして設定される「刑期」は、罪の重さと時間の長さが直接結びつく逃亡罪のような犯罪にはともかく、それ以外の犯罪にも広範に適用できるものではなかった。

「繫城旦舂某歳」という有期労役刑が存在し、それが正刑として用いられる場合もあったことは確かである。この点において無期刑説には一定の修正が迫られよう。とはいえ繫城旦舂刑はその適用範囲が限られ、且つあくまで補助的に用いられており、城旦舂刑そのものとはまったく別物である。そのことは、先に日本語訳を保留した二年律令93〜98簡に明示されていると筆者は考える。改めて一簡ごとに分けて原文を引き、訳をつけておく。

鞫獄故縱・不直、及診・報・辟故弗窮審者、死罪、斬左止（趾）爲城旦、它各以其罪論之。其當毄（繫）城旦春、作官府償日者（93）、罰歳金八兩、不盈歳者、罰金四兩（94）。□兩、購・没入・負償、各以其直（値）數負之。其受賕者、駕（加）其罪二等。所予臧（贓）罪重、以重者論之、亦駕（加）二等。其非故也、而失不（95）審、各以其贖論之。爵戍四歳及毄（繫）城旦春六歳以上罪、罰金四兩。贖死・贖城旦春鬼薪白粲・贖斬宮・贖劓黥、戍不盈（96）四歳、毄（繫）不盈六歳、及罰金一斤以上罪、罰金二兩。毄（繫）不盈三歳、贖耐・贖搴（遷）、及不盈一斤以下罪、購・没入・負償・償日作縣（97）官罪、罰金一兩。（98）

取り調べて故意に罪を見逃したり、罪に軽重をつけたり、及び診問や報告・取調[14]に於いて故意に審理を尽くさない場合は、死刑ならば斬左趾城旦とし、その他の刑なら同じ刑とする。繫城旦春や、官府での労役に当てられ、所定の日数を償った場合は、一年ごとに八両の罰金を科し、一年に満たない場合は、罰金四両。……両、賞金・財産没収・損害賠償を科されたのであれば、それぞれの相当額を負担する。賄賂を受け取った場合は、刑二等を加重する。もし収賄による贓罪の方が重ければ、重い方の刑とした上で、やはり罪二等を加重する。故意によるのでなく、誤って不正確であったのであれば、それに応じた贖刑とする。戍辺四年及び繫城旦春六年以上の刑であれば、罰金四両。贖死・贖城旦春鬼薪白粲・贖斬宮・贖劓黥、四年未満の戍辺、六年未満の繫城旦春、及び罰金一斤以上の罪であれば、罰金二両。三年未満の繫城旦春、贖耐・贖遷、及び罰金一斤未満の罪、賞金・財産没収・損害賠償・官署での労役による所定の日数を償う刑であったならば、罰金一両。

右の前半部分に拠ると、故意に不当な刑罰を与えた者には①その刑罰が死刑であれば斬左趾城旦刑が、②その他の刑であればその刑が、③繫城旦春刑など、所定の日数労役に就く刑であれば罰金刑が、それぞれ科せられた。このうち②の「その他の刑」に含まれるものとしては、城旦春をはじめとした労役刑がまず挙げられよう。ここで城旦春と繫城旦春とはあくまで別の範疇のものとされ、城旦春刑を不当に科した者が城旦春とされたのに対し、繫城旦春刑の場合は、何年、何十年であろうとも、罰金刑で済んだ。

　後半の「其非故也」以下は、故意ではなく、誤って不当な刑罰を与えた者への科罰規定である。「爵戍四歳及繫城旦春六歳以上罪」以下は、有期の労役刑を誤って科した場合についての規定であり、死刑や肉刑、労役刑の誤審には言及がないようにも映るが、それらのケースについては「以其贖論之」が科罰を簡潔に規定しているのであろう。すなわち、言葉を補って訳すなら、「死刑であれば贖死で、城旦春・鬼薪白粲刑であれば贖城旦春・鬼薪白粲刑で、…とそれぞれその刑に対応する贖刑とする」というのが、「以其贖論之」の意味するところである。以上を表にまとめておく。

故意に不当に与えられた刑罰		不正を犯した者に科せられる刑罰
死罪	↓	斬左趾城旦
城旦・鬼薪	↓	城旦・鬼薪
斬・腐	↓	斬・腐
劓・黥	↓	劓・黥
耐	↓	耐
遷	↓	遷
繫城旦春・作官府		
一年以上	↓	罰金八両×年数
一年未満	↓	罰金四両

誤って不当に与えられた刑罰		誤審をした者に科せられる刑罰
死罪	→	贖死罪（金二斤八両）
城旦・鬼薪	→	贖城旦・鬼薪（金一斤八両）
斬・腐	→	贖斬・腐（金一斤四両）
劓・黥	→	贖劓・黥（金一斤）
耐	→	贖耐（金十二両）
遷	→	贖遷（金八両）
戍四歳以上 繫城旦六歳以上	→	罰金四両
贖死～贖劓黥（金一斤） 戍四歳未満 繫六歳未満 罰金一斤以上	→	罰金二両
繫三歳未満 贖耐（十二両）・遷（八両） 罰金一斤未満 購・没入・負償・償日作縣官	→	罰金一両

右の表から、繫城旦舂刑と城旦舂刑との違いが改めて見て取れる。誤って城旦舂刑を科すと、贖城旦舂刑に相

当し、金一斤八両を差し出さねばならないが、繫城旦舂刑であれば、その刑期が六年以上であっても、罰金四両で済まされる。繫城旦舂と城旦舂刑以下の労役刑とははっきりと異なるものであり、刑の重さにおいて格段の違いがある。

繫城旦舂六歳以上―すなわちそれが十年であろうと二十年であろうと―よりも、城旦舂の方がはるかに重い、というからには、城旦舂は無期刑(15)であると見なす他ない。かつ繫城旦舂も城旦舂と同じ役務に就いたとすれば、労役内容以外に、城旦舂刑をより重刑たらしめる要素のあったことが同時に予想される。無期労役刑徒は各々どのように処遇され、如何なる形で各刑は軽重づけられていたのだろうか。

二、無期労役刑体系の構造

従来、無期労役刑は就けられる労役の種類・強度により軽重づけられたと考えられてきた。だが本章冒頭で述べたとおり、実際には様々な刑徒が同じ作業に就いており、そうした状況下で、なお労役の強度が各種の刑を区分する有効な基準たり得たか、疑わしい。

各種労役刑の役務内容のみならず、それらの刑が適用される犯罪、被刑者の身分、刑役に就けられた刑徒本人、及びその家族への処遇といった側面に改めて目を凝らしてゆくと、四種類の無期労役刑は役務の内容だけでなく、複数の要素により軽重づけられ、相互の上下関係が成立していたことが知られる。結論からいえば、労役内容や刑具・肉刑の有無、就労形態を含めた刑徒本人への処遇、さらにはその家族への処遇によって城旦舂・隷臣妾・司寇の三刑は階層化され、それとはまったく次元を異にする要素によって、鬼薪白粲刑が別に設けられていた。

まずはただ一つ性格を異にする鬼薪白粲刑から、その労役刑体系内での位置づけを論ずることとする。

（一）鬼薪白粲の位置

鬼薪白粲刑が適用される事例を集積してゆくと、純粋に犯罪内容のみを要件として鬼薪刑に当てられていることがない点に気づかされる。以下に史料を列挙しよう。

…（前略）…●有爲故秦人出、削籍、上造以上爲鬼薪、公士以下刑爲城旦。●游士律（秦律雜抄5）

…●「故秦人」の出境を助けたり、名籍から削ったりした場合、上造以上は鬼薪、公士以下は刑—肉刑—城旦。

可（何）謂贖鬼薪鋈足、可（何）謂贖宮。●臣邦眞戎君長、爵當上造以上、有罪當贖者、其爲羣盜、令贖鬼薪鋈足。…（後略）…（法律答問113〜114）

何を「贖鬼薪鋈足」といい、何を「贖宮」というのか。●臣邦真戎君長で爵が上造以上に当たり、罪があった場合贖に該当する者が、群盗をなした場合、「贖鬼薪鋈足」に当てることになる。…

簒遂縱囚、死罪囚、黥爲城旦、上造以上耐爲鬼薪。（奏讞書158　案例⑱所引律文）

囚人を奪ったり、逃がしたり、故意に見逃したりし、それが死罪に当たる囚人であった場合、黥城旦。上造以上は耐鬼薪。

上造、上造妻以上、及内公孫、外公孫、内公耳玄孫有罪、其當刑及當爲城旦舂者、耐以爲鬼薪白粲。（二年律令82（前出））

いずれの史料でも、上造（第二等爵）以上の有爵者に対して本来ならば城旦刑が適用さるべきところ、鬼薪刑でそれが代替されている。また最後に挙げた二年律令が示すとおり、有爵者に限らず、一定範囲内の皇族にも同様の換刑が認められた。睡虎地秦簡では有爵者以外に「葆子」が鬼薪刑に当てられている。

「●葆子□□未斷而誣告人、其罪當刑城旦、耐以爲鬼薪而鋈足。」耤葆子之謂殹（也）（法律答問109〜110）

「●葆子…（の裁判が？）…まだ終了しないうちに〔その葆子が〕人を誣告し、その罪が刑城旦に相当する場合、耐して鬼薪鋈足とする。」葆子に足枷をする、という意味である。(16)

「葆子獄未斷而誣【告人、其罪】當刑鬼薪、勿刑、行其耐、有（又）毄（繫）城旦六歲。」可（何）謂「當刑爲鬼薪。」●當耐爲鬼薪未斷、以當刑隸臣及完城旦誣告人、是謂「當刑鬼薪。」（法律答問111〜112）

「葆子の裁判がまだ終了しないうちに〔その葆子が〕人を誣告し、その罪が刑鬼薪に相当する場合、肉刑を加えてはならず、耐刑ですませ、そのうえで六年間城旦としての強制労働に就けよ。」何を「刑鬼薪に相当する」というのか。●耐鬼薪に相当する罪を犯し、裁判が終了しないうちに、刑隸臣ないし完城旦に相当する罪で人を誣告した場合、これを「刑鬼薪に相当する」というのである。

「葆子」とは如何なる身分なのか、その詳細は不明とせざるを得ない(17)。しかし肉刑に相当する罪を犯しても「刑するなかれ」とされる、刑罰適用に際して有爵者と同じ恩典を期待し得る立場であったことは確かである。ここでも特別な身分の者が鬼薪刑の対象となっている。

典籍史料にも以下の二例が見出せる。まず二年律令82と類似する恵帝即位の詔。

上造以上、及内外公孫耳孫、有罪當刑及當爲城旦舂者、皆耐爲鬼薪白粲。

上造以上、及び内外公孫耳孫の、罪　刑に当たる及び城旦舂と為すに当たる者有らば、皆な耐して鬼薪白粲と為せ。（『漢書』恵帝紀）

恵帝即位時には諸々の恩典が示され、その中に上造以上の有爵者と皇族が肉刑及び城旦舂に相当する罪を犯した場合、耐鬼薪白粲にせよとの指示が見られる。もう一つの例はこれよりも時代が遡る。

長信侯毐作亂而覺、矯王御璽及太后璽以發縣卒及衛卒・官騎・戎翟君公・舍人、將欲攻蘄年宮爲亂。…毐等敗走。即令國中、有生得毐、賜錢百萬、殺之、五十萬。盡得毐等。衛尉竭・内史肆・佐弋竭・中大夫令齊等二十人皆梟首。車裂以徇、滅其宗。及其舍人、輕者爲鬼薪、及奪爵遷蜀四千餘家、家房陵。

長信侯〔嫪〕毐　乱を作さんとして覚われ、王の御璽及び太后の璽を矯めて以て県卒及び衛卒・官騎・戎翟君公・舎人を発し、将に蘄年宮を攻めて乱をなさんとす。…毐等敗走す。即ちに国中に令し、毐を生得する有らば銭を賜うこと百万、これを殺さば五十万、と。尽く毐等を得たり。衛尉竭・内史肆・佐弋竭・中大夫令斉等二十人は皆な梟首。車裂して以て徇え、その宗を滅す。及びその舎人、軽き者は鬼薪となし、及び爵を奪いて蜀に遷すこと四千余家、房陵に家せしむ。（『史記』秦始皇本紀）

ここには嫪毐の乱（始皇九年（前二三八））平定後の処分が記されている。少し判然としないが、鬼薪刑とされた舎人は罪の軽い者で、かつ爵を奪われて蜀に遷されていることからして有爵者であったとおぼしい。

以上に紹介したのが、文帝の刑制改革以前において、だれが、何をした結果鬼薪白粲刑とされたのかが判明する、管見の限りですべての史料である。そのすべてにおいて、犯罪内容のみにより鬼薪白粲が引き当てられた事例は見られず、必ず犯罪者の身分が量刑の要素として絡んできている。これは偶然ではなく、鬼薪白粲刑が備える特質から生じるものと考えねばなるまい。

鬼薪白粲の特異性は、犯罪の軽重によって刑が加減される際にも現れる。まず刑を逓減する場合、城旦舂→隷臣妾という関係は見られるものの、鬼薪白粲がその中に組み込まれたものはない。

捕貲罪、即端以劍及兵刃刺殺之、可（何）論。殺之、完爲城旦、傷之、耐爲隸臣。（法律答問124）

貲罪捕獲の際、故意に剣ないし武器でこれを刺殺した場合、何と量刑するのか。殺した場合は完城旦、傷つけた場合は耐隷臣。

盗臧（贓）直（値）過六百六十錢、黥爲城旦舂。六百六十到二百廿錢、完爲城旦舂。不盈二百廿到百一十錢、耐爲隸臣妾。…（後略）…（二年律令55）

盗によって不正に得た財物の値が六百六十銭を超えれば、黥城旦舂。六百六十銭から二百二十銭であれば、完城旦舂。二百二十銭未満から百一十銭であれば、耐隷臣妾。…

ただ、完城旦舂が一等減じられると鬼薪白粲にされたことを示すかのごとき史料もないではない。すでに一部を引用した二年律令127〜129簡である。敢えて重文符号を残した形で引用しておく。

告不審及有罪先自告、各減其罪一等、死罪黥＝爲＝城＝旦＝舂＝、罪完＝爲＝城＝旦＝舂＝、罪▨（127）▨□鬼薪白粲及府（腐）罪耐＝爲＝隸＝臣＝妾＝、罪（128）耐爲司＝寇＝、畧（遷）及黥顏（顔）頯罪贖＝耐＝、罪罰金四兩。…（後略）…（129）

告して不正確であったとき、および罪を犯して自首したときは、それぞれ一等減刑する。死罪であれば黥城旦舂とし、黥城旦舂罪は完城旦舂とし、完城旦舂であれば、…、鬼薪白粲および腐刑であれば耐隷臣妾とし、耐隷臣妾の罪であれば耐司寇とし、司寇・遷および黥顔頯の罪は贖耐とし、贖耐の罪は罰金四両とする。…

多くの論者が127簡と128簡を続けて読み、完城旦舂刑から一等減ずれば鬼薪白粲刑になると断定する［徐世虹二〇〇四、韓樹峰二〇〇五］。だがこの接合には同意できない。

まず二つの簡が繋がり、完城旦舂→鬼薪白粲→隷臣妾と減刑されてゆくのならば、「鬼薪白粲」に重文符号がつけられ、

…完爲城旦舂。完爲城旦舂の罪は鬼薪白粲。鬼薪白粲及び腐罪は耐爲隷臣妾。耐爲隷臣妾の罪は…

という文章であるべきだが、図版を見る限りではその痕跡は認められない。128簡は、鬼薪白粲を一等減ずると耐隷臣妾であることを示しているものの、完城旦舂から一等減じられれば何れの刑が適用されるのかは、簡の断裂により不明であると言わざるを得ない。むしろ「鬼薪白粲」に重文符号が振られていない事実は、その刑が鬼薪白粲ではないことを逆に暗示していよう。

加えて断片がより正確に綴合された『二年律令』の図版を見る限りでは、127と128を接合すると一本の簡としては長すぎる。以上の点から、両簡は直接繋がらないものと考えられる。

さて、では逆に刑が加重される場合に目を移すと、鬼薪刑徒が再び耐罪以上を犯して黥城旦とされるケースは見られるものの、(18) 隷臣妾が再犯により鬼薪白粲とされることはない。前節で確かめたとおり、刑徒が耐罪を重ねた場合には隷臣妾→隷臣妾の身分で繋城旦舂に六年間服役→完城旦舂、と刑罰が加重されることになっており(二年律令90~92)、ここにも鬼薪白粲は組み込まれていない。

結局、犯罪の軽重と対応して城旦舂—鬼薪白粲—隷臣妾という直線的な体系が存在しているのではなく、刑の累加・逓減の関係において鬼薪白粲はまったく別枠に置かれている。このことは城旦舂と鬼薪白粲がしばしば一括りにされ、両者がいわば並列の関係に置かれている点とも符合する。

二年律令の中で、城旦舂と鬼薪白粲が並置されるのは計十三例にのぼる。贖刑の区分においても「贖城旦舂・鬼薪白粲、金一斤八兩」と一括りにされ、その金額も同じである(119簡)。「城旦舂・鬼薪白粲以上」という表現

も五例見え[19]、逆に「鬼薪白粲以上」のみで済まされているものはない。

この点については韓樹峰が全面的な整理を行っており、結論として、二種類の刑徒は他人の罪を告発する権限がないことや再犯者への処遇、家族や財産が没収される点などにおいて共通し、両者は労役刑の序列の中で同一の等級に属するもので、その差異は一つの等級内での区別に過ぎないとしている［韓樹峰二〇〇五］。ただし同一の等級に属す労役刑がなぜ二つ存在するのかについては、明確な説明がなされていない。

以上を踏まえるなら、鬼薪白粲という刑罰は労役刑体系の中で独特の地位を占めており、城旦舂―隷臣妾―司寇という系列とは別枠で、城旦舂刑相当の罪を犯した特権保有者（上造以上の有爵者、葆子、皇族）に適用される刑罰として、城旦舂刑に寄り添う形で位置づけられていたものと考えられる[20]。

この結論に大過ないとすれば、次に問われるべきは、なぜ特権者用に特別な労役刑が設けられているのか、それは通常の労役刑徒、とりわけそれと並列の関係にある城旦舂刑とは如何なる点において相違するのか、という問題であろう。この点は、以下に各種労役刑の労役内容その他を整理してゆくなかで改めて取り上げることとしたい。

（二）労役刑の役務内容

刑徒の労役は実際には種々多様であった。夙に濱口重國や陳直が漢代労役刑徒の職務を整理しており［濱口一九三六a、陳直一九八〇］、そこに挙げられたものだけでも、樹木伐採・塩鉄生産・採銅鋳銭・手工業・宮殿建築・道路橋梁の修築・陵墓造営・辺境防備等の軍役・磚瓦製造、と多岐にわたる。

時代を統一秦から漢初までに限定するなら、まず思い浮かぶのは阿房宮や始皇帝陵の建築に天下の「隠宮・徒刑者七十万人」が集められたことである（『史記』秦始皇本紀）。この七十万人の中には、黥刑に処された黥布も

含まれていたし、劉邦も「県の為に徒を驪山に送る」（『漢書』高帝紀）職務に就いた。この他にも、

浮江、至湘山祠。逢大風、幾不得渡。…於是始皇大怒、使刑徒三千人皆伐湘山樹、赭其山。（『史記』秦始皇本紀）

江に浮かび、湘山の祠に至る。大風に逢い、幾んど渡るを得ず。…是に於いて始皇大いに怒り、刑徒三千人をして皆な湘山の樹を伐り、その山を赭にせしむ。

六月、發諸侯王・列侯徒隷二萬人城長安。（『漢書』恵帝紀）

（恵帝三年（前一九二）六月、諸侯王・列侯の徒隷二万人を発し長安に城く。

といった記事が史書に見える。幅広い労役に刑徒が動員され、時には中央での労役にも駆り出されていた。ただし史書の記事は、動員された者たちを「徒」や「徒刑」「徒隷」などと表現するだけで、それが城旦刑徒なのか、隷臣刑徒なのか、それともそれらすべてであったのか明言しない。そもそも「徒」＝刑徒ではなく、傜役に就けられた一般民も「徒」と呼ばれたという見解もある。(21) 各種労役刑徒の就役内容を吟味し、その間に相違があったのか否かを確かめるには、やはり出土文字史料に頼らざるを得ない。

睡虎地秦簡にみえる刑徒の労役内容は、夙に傅栄珂が整理を試みており［傅栄珂一九九二］、我が国では若江賢三が隷臣妾の労役をまとめている［若江一九九六］。また既述のとおり、石岡浩・陶安あんども同様の作業を行っている。これらを参照しつつ、それぞれの労役刑徒ごとに、就いた役務に違いはあったのかという観点から具体的に私見を提示しておく。

a．城旦舂刑徒の労役（附：鬼薪白粲）

土木作業…城旦は城垣の建設（「垣」[22]）や官府の建設・補修[23]などの土木作業にかり出された。舂も土木工事（「土功」）に就けられることがあった。[24]

守衛…「守署」として睡虎地秦簡に現れるのは、官衙守衛の役務であろう。[25] 城旦が「守署」やそれに類する職務に就く際には、「垣」の時よりも食糧支給が減らされた。[26] 城旦が「安事」に就く際には食糧支給は減らされるとの規定があり、[27] 守衛の職務はこの「安事」に当たったのであろう。

手工業労働…城旦舂が「工」とされたことは、睡虎地秦簡にその例がある[28]のみならず、秦の器物刻辞にも「工城旦」の語が見える［張政烺一九五八、李力二〇〇七］。

物資の運搬…里耶秦簡から、城旦舂が「伝送・委輸」に動員されたことが知られる。長文であるがここに引用しておく。

廿七年二月丙子朔庚寅、洞庭守禮謂縣嗇夫・卒史嘉・假卒史穀・屬尉。令曰、傳送・委輸必先悉行城旦舂・隸臣妾・居貲贖責（債）。急事不可留、乃興徭。●今洞庭兵輸内史及巴・南郡・蒼梧。輸甲兵、當傳者多、節傳之、必先悉行乘城卒・隸臣妾・城旦舂・鬼薪白粲・居貲贖責（債）・司寇・隱官・踐更者。田時殹、不欲興黔首。嘉・穀・尉各謹案所部縣卒・徒隸・居貲贖責（債）・司寇・隱官・踐更縣者簿有可令傳甲兵。縣弗令傳之而興黔首、興黔首、可省少弗省少而多興者、輒劾移縣。縣亟以律令具論、當坐者言名史泰守府。嘉・穀・尉在所縣上書、嘉・穀・尉令人日夜端行。它如律令。（里耶秦簡 J1⑯5A）

始皇帝二十七年（前二二〇）二月丙子朔庚寅（一五日）、洞庭郡守の礼が県嗇夫・卒史嘉・仮卒史穀・属尉に申し伝える。令に「逓送・運輸を行う際には必ず先に城旦舂・隷臣妾・居貲贖債をすべて動員する。急ぎの任務で、保留しておけないならば、傜役労働を動員する」とある。●いま洞庭郡の武器が内史及び巴郡・南郡・蒼梧に輸送される。武器を輸送するのに、逓送人員が多く必要になるので、もしこれを逓送するとなれば、守城の任に就いている兵卒・隷臣妾・城旦舂・鬼薪白粲・居貲贖債・司寇・隠官・更卒となっている者を必ず先に動員すること。農繁期なので、一般民は徴発しない。嘉・穀・尉はそれぞれ所轄する県の卒・徒隷・居貲贖債・司寇・隠官・県で更卒となっている者の名簿に、武器を逓送させることのできる者がいるかどうかを調べよ。県がこの者たちに逓送させず一般民を徴発した場合や、一般民を徴発することになっても、その人数を少なくできるのに少なくせず、多く徴発した場合は、そのたびに告発して身柄を県に移送せよ。県はすみやかに律令によって量刑し、罪に問われる者についてはその名を史（?）や郡太守府に報告せよ。嘉・穀・尉がいま居る県は上書し、嘉・穀・尉は日夜正しく行なわせよ。その他は律令のとおりにせよ。

三月丙辰、遷陵丞歐敢告尉、告郷・司空・倉主。前書已下、重聽書從事。尉別都郷・司空、司空傳倉、都郷別啓陵・貳春。皆弗留脱。它如律令。…（後略）…（里耶秦簡 J1⑯5B）

三月丙辰（一一日）、遷陵県の丞の欧は尉に通告し、郷・司空・倉主に告げさせる。前に文書がすでに下された。重ねて文書を承けて任務を行え。尉は都郷・司空に別に伝え、司空は倉に伝え、都郷は啓陵・貳春県に別に伝えよ。いずれもぐずぐずしてやり損なってはならない。その他は律令のとおりにせよ。…（後略）…(29)

この文書は非常に興味深い内容を持つが、ここでは城旦舂が物資の輸送に優先的に動員されたこと、そしてそれが「令」に明記されていたことを指摘しておく。

炊事係…「奏讞書」に、役人が城旦舂を私用に使いながら、台帳をごまかして「徒養」に就いたことにしている案件が見える(30)。

家畜の牧養…二年律令に家畜が他人の農作物を食べてしまったときの、牧養者への科罰規定があり、それが「吏徒」の牧養する官有の家畜であった場合にも言及される。[31] この「徒」が何を指すのかは明言されないが、下文に「…城旦舂・鬼薪白粲であれば、笞百に処し…」とあるので、城旦舂がそこに含まれたことは確かである。

刑徒の引率…「城旦司寇」（城旦で司寇の業務に携わる者）なる者が城旦刑徒を引率することがある。[32]

城旦舂については以上である。[33] こうした作業に就く時、城旦舂刑徒には監視がつけられることがあり、二十人の城旦舂に一名の監視役（「城旦司寇」）が配置された。[34] 右の作業のうち、守衛や炊事係の役務はともかく、他の役務には集団で動員されたことが窺える。

続いて鬼薪白粲の労役内容を挙げねばならないが、史料が少なく、詳細がつかめない。土木工事、[35] 手工業労働〔張政烺一九五八、李力二〇〇七〕、物資の運搬（前引里耶秦簡）、家畜の牧養に就けられたことが分かるのみであり、少なくとも城旦舂刑徒との相違は特に認められない。

b．隷臣妾刑徒の労役

土木工事…隷臣妾は城旦舂と同様に城垣の建設に使役され、その際には城旦舂と同量の食糧が支給された。[37]

手工業労働…睡虎地秦簡、[38] さらには鉄器等の銘文から隷臣妾が「工」とされたことが分かる〔張政烺一九五八、李力二〇〇七〕。銘文に見える頻度は他の刑徒を圧倒する。

物資の運搬…城旦舂の条に引いた里耶秦簡を参照。

御者・炊事係…「僕・養」も隷臣妾の労役であった。「隷臣に、技能があって工とすべき者がいれば、それを人の下僕や炊事係にしてはならない」という秦律条文は、下僕や炊事係の仕事が隷臣妾の主要な役務であったことを窺わせる。[39]「奏讞書」には「僕隷臣」なる呼称も見える。[40]

刑徒の引率…隷臣妾が城旦舂を「将いる」ことがあり、その際に城旦舂の逃亡を許したならば、罪に問われた。[41]ただしこれは隷臣妾の主たる職務ではなく、「城旦司寇」が不足する場合には隷臣妾が動員されるというものであった。[42]

警察業務…「牢隷臣」[43]と呼ばれる隷臣が犯罪者の収捕[44]や殺人・自殺の現場検証[45]において姿を見せる。また「牢隷臣」以外に、出産経験の有る隷妾が喧嘩から生じた流産の現場にかり出され、その様子を検証している例もある。[46]

文書の逓送…隷臣妾が「行書」に使役される―老弱や信頼の置けない者は除かれるが―こともあった。[47]里耶秦簡には実際に、「隷臣」「隷妾」が郵書を持ってきたことが記録される。[48]

耕作…睡虎地秦簡に「隷臣田者」なる語が見え、[49]「隷臣の田づくる者」の意に理解されている。

かねてより指摘されるとおり、隷臣妾が従事する役務の種類は多く、配置場所も様々であった。睡虎地秦律の時代には行われなくなっていたものの、かつては罪を犯した史・卜は「史隷」「卜隷」とされ、[50]処罰前と同じ業務に就けられた。隷臣妾が就く役務の多様性は、その配置や役務の割当を制限するような条件が、隷臣妾の処遇にはさほど附帯していなかったことを示唆する。

c. 司寇刑徒の労役

物資の運搬…城旦舂条に引いた里耶秦簡では、武器の運搬に際して司寇も徴発の対象に挙げられていた。ただしそこに附言されるとおり、規定（「令」）の上では城旦舂、隷臣妾、有期労役刑徒が優先的に動員されることになっており、司寇はそれに含まれていない。「急事」であるが故に彼らも動員されたのか、あるいは運搬作業に就く刑徒の監視役として徴発されたのか、定かでない。いずれにせよ物資運搬は彼らの本務ではなかったといえよう。

刑徒の引率…司寇が足らなければ、城旦が「城旦司寇」の任に就くことになっており、通常は司寇が引率に当たっていたことが分かる。(51)

警察業務…「奏讞書」では捜査過程で獄史が「司寇」を率いている。(52)当該の案例は強盗傷害事件をめぐる一件で、司寇はその容疑者捜しに動員されたようである。

d．有期労役刑徒の労役

土木作業…始皇帝陵附近の刑徒墓から「居貲」と記された墓磚が発見されている。(53)

東武居貲上造慶忌

博昌居此（貲）用里不更余

楊民居貲大教

平陰居貲北游公士滕

闌陵居貲便里不更牙

彼らは故郷を遠く離れて、(54)始皇帝陵の造営に役使されていた。

物資の運搬…城旦舂条に引いた里耶秦簡を参照。城旦舂・隷臣妾と並んで、「居貲贖債」も通常動員される対象に挙げられている。

有期の労役とはいえ、居貲の徒に課せられた役務は軽くない。居貲で「城旦舂に居る」者[55]は、城旦舂と同じ労役に就けられたと考えられる。「繫城旦舂某歳」という処罰についても同様のことがいえる。少なくとも役務の種類に関しては、有期労役刑徒と城旦舂刑徒との間に相違は認められない。

右に三種の無期労役刑と有期刑の労役内容を仕分けてみた。だが一方で、「徒」が従事したと記されるのみで、その「徒」が城旦舂刑徒なのか司寇刑徒なのかを明言しない記事が多く、二年律令に限っても「徒」が船員となったり[56]、「任徒」が禁苑の管理に動員されたりと[57]様々である。こうした、仕分けられない各種労役の山を抱えている以上、刑徒への待遇の差違を課せられる労役の種類から帰納的に探ろうとしても、確かな結論は得られない。

ただし唯一、司寇刑徒が特別な地位を占めていたことは窺える。司寇の役務は、その名のとおり、犯罪の取締や刑徒の管理であった。こうした仕事がいわば本務とされ、それ以外の業務、例えば僕・養や守衛の役務に携わることは、むしろ禁じられた。

司寇勿以爲僕・養、守官府及除有爲殹（也）。有上令除之、必復請之。司空（秦律十八種150）

司寇を僕・養にしたり、官府で守衛させたり、および除任して仕事をさせてはならない。上級機関がこれを除任するように命令したならば、必ず再度確認をとる。

逆に刑徒の引率には司寇が主に就けられ、その数が足らないときに限り「城旦司寇」や隷臣妾が動員されている。

司寇がそれ以外の刑徒と一線を画すことは他の點からも窺える。例えば「民吏徒隷」という語が二年律令の中に見え（249簡）、この「徒隷」とは「民」と区別されるべき存在で、主として刑徒を指したと見て間違いない[58]。その一方で「司寇・徒隷」という表現があり（293簡）、ここでは司寇が他の刑徒と異なるものとされている。

これに対し、城旦舂と隷臣妾の職務は多くが重なり合い、両者は課せられる労役において違いがなかったように映る。さらにいえば、同様の労役は傜役にかり出された一般民等にも課せられていた。一般の工人と隷臣（工隷臣）も同じ工房で働いていたことは、すでに瀬川敬也が指摘し、注意を喚起している［瀬川一九九八］。また里耶秦簡（前掲J1⑯5A）では同じ物資の輸送に刑徒とともに傜役負担者も徴用されており、文書の逓送に携わった「郵人」も一般民の中から選抜された[59]。労役の種類により刑に重さの違いをつける、あるいは一般人と刑徒を区別しようとする発想を、ここに見出すことはできない。

刑の軽重を決めたのがあくまで労役強度であったとすれば、残る目安としては労役の頻度や、その他の労働環境を想定する他ない。例えば刑徒には首枷等の刑具が強いられることがあり、刑種によって刑具の付けられる部位や数に細かい違いがあったとする仮説もある［瀬川一九九八］。確かに刑具の有無も、労役が与える苦痛を左右したであろう。まずこの点から始めたい。

（三）刑徒の「標識」——刑具・服装・肉刑——

城旦舂刑徒には首枷・足枷（「枸櫝欙杕」）がはめられ、同時に赤い衣・頭巾の着用が強いられた。

城旦舂衣赤衣、冒赤幨（氈）、拘櫝欙杕之。仗城旦勿將司。其名將司者、將司之。…（後略）…（秦律十八種147）

城旦春は赤衣を着用し、赤いフェルトの頭巾をかぶり、枷・首縄・足枷をつける。仗城旦は監督されない。監督をつけると明記されている場合は、これを監督する。……

こうした枷の着用が労役の苦しみを増加させたことは、当然のことながら指摘できる。鬼薪白粲にも枷や赤衣は強制された(60)。

一方、隷臣妾の刑具や衣服については具体的に知ることができないが、睡虎地秦律には以下の規定が見える。

隷臣妾・城旦春之司寇(61)、居貲贖責(債)繫(繫)城旦春者、勿責衣食。其與城旦春作者、衣食之如城旦春。……(後略)……(秦律十八種141)

隷臣妾、及び司寇の任に就いている城旦春で、貲刑・贖刑・官への負債のために繫城旦春として官府で労役に服している者(62)からは、衣食の代金を取り立ててはならない。城旦春と一緒に作業する場合には、城旦春と同様に衣食を支給する。……

「同様に衣食を支給する」とは、主としてその支給量が問題にされているのであろうが、衣服についていえば、色や素材において通常の城旦春の衣服と異なるものが繫城旦春のためにわざわざ用意されたとは考えにくい。城旦春の労役に就くことになった隷臣妾や「城旦春之司寇」には、城旦春と同じ赤衣が強いられたのだろう。この推測が正しければ、通常は隷臣妾の衣服は城旦春と異なっており、それ故に特にここで言及がなされているものと思われる。

また隷臣妾には枷もはめられなかったと思しい。彼らに課せられた労役には文書の逓送が含まれ、迅速さが求められるこの種の業務に枷をつけた者が動員されたとは考えにくいからである。刑徒の引率や警察業務に就く司寇についても、同じことがいえる。

ただし隷臣妾・司寇の服装は一般民と同じではなかった。「徒隷」に支給される衣服には、七稯布という特別な布地が用いられ[63]、また衣服が広く賜与される際にも、司寇以下には麻のものが与えられた[64]。

一体、枷は刑徒に苦しみを与え、脱走を防止する刑具であると同時に、貶められた地位にあることを示す標識でもあった。一般民と異なる服装が強いられるのも同様である[65]。司馬遷は自らが受けた腐刑という屈辱を嘆くなかで、辱めを受けるにもいくつかの段階があると述べているが、その中では「易服―衣服を変える―」「關木索―枷や縄にはめられる―」が恥辱の一つに数えられている。

太上不辱先、其次不辱身、其次不辱理色、其次不辱辭令、其次詘體受辱、其次易服受辱、其次關木索被箠楚受辱、其次鬄毛髮嬰金鐵受辱、其次毀肌膚斷支體受辱、最下腐刑、極矣。（『漢書』司馬遷伝）

太上は先を辱めず、其の次は身を辱めず、其の次は理色を辱めず、其の次は辞令を辱めず、其の次は体を詘して辱めを受け、其の次は服を易えて辱めを受け、其の次は木索を關し箠楚を被りて辱めを受け、其の次は毛髪を鬄り金鉄に嬰がれて辱めを受け、其の次は肌膚を毀ち支体を断たれて辱めを受け、最も下れるは腐刑、極まれり。

ここではさらに重い恥辱として、頭髪を剃って金属製の刑具がはめられること、さらには肉刑を受けることが挙げられている。こうした、刑徒に加えられた身体上の毀損、とりわけ回復不能な毀損である肉刑もまた、刑徒と他者とを分かち、それを辱める標識となった。

肉刑は出土秦律や二年律令の中で単独で用いられることはなく、基本的に労役刑と併科された。ただし注目されるのは、二年律令の時点では肉刑と共に科されたのが城旦舂刑に限られ、他の無期労役刑と肉刑との併加は

まったく見られない点である。(66)

肉刑が城旦舂と特に結びつく傾向は、すでに睡虎地秦簡の時代にも認められる。確かに睡虎地秦簡には「刑鬼薪」や「刑隷臣」といった刑名が見えるものの、その現れ方は特殊である。まず「肉刑＋鬼薪白粲」という刑名は一例のみ、次の法律答問の中に現れる。

「葆子獄未斷而誣【告人、其罪】當刑鬼薪、勿刑、行其耐、有（又）毄（繫）城旦六歲。」可（何）謂當刑爲鬼薪。●當耐爲鬼薪未斷、以當刑隷臣及完城旦誣告人、是謂當刑鬼薪。（法律答問111～112（前引））

「刑鬼薪」刑は、耐鬼薪に相当する罪で取調べられていた葆子が刑隷臣か完城旦に相当する罪で人を誣告した場合、という複雑な条件の下で生じるものである。かつ実際には肉刑は適用されず、耐鬼薪＋城旦の労役六年とされている。「刑鬼薪」は、再犯による刑の加重原則を杓子定規に当てはめれば、理屈の上では存在し得た刑罰であるが、実際には行われなかったものであるといってよい。(67)そもそもここに「刑鬼薪」とは何か、という発問があること自体、それが不自然な刑名であったことを示唆していよう。

もう一つの「刑隷臣」は、秦律の時代には確かに存在していたようであり、前条、及び次に挙げる法律答問にその語が見える。

「葆子獄未斷而誣告人、其罪當刑爲隷臣、勿刑、行其耐、有（又）毄（繫）城旦六歲。」●可（何）謂「當刑爲隷臣」。有收當耐未斷、以當刑隷臣罪誣告人、是謂「當刑隷臣」。（法律答問109、108（錯簡修正済み））

「葆子の裁判がまだ終了しないうちに〔その葆子が〕人を誣告し、その罪が刑隷臣に相当する場合、肉刑を加えてはならず、耐刑ですませ、そのうえで六年間城旦としての強制労働に就けよ。」何を「刑隷臣に相当する」というのか。収繫されて耐刑とされるのに相当するものの、裁判が終了しないうちに刑隷臣に相当する罪で人を誣告した場合、これを「刑隷臣に相当する」というのである。

「刑隷臣に相当する罪で人を誣告する」とあるからには、何らかの犯罪に対して刑隷臣妾が適用される場合があったことは疑いない(68)。だが一方で留意されるのは、ここでも「刑隷臣」とは何か、という発問がなされていることである。石岡浩はこの点に着目し、刑隷臣妾刑は実際には殆ど行われていなかったと主張する［石岡一九九九］。また韓樹峰も、秦代には鬼薪白粲や隷臣妾にも肉刑が併科されたことを認めつつも、その例がごく僅かであることから、刑罰体系整理の結果、二年律令の時代になると肉刑は城旦舂のみと併科されるようになったと説いている［韓樹峰二〇〇五］。確かに法律答問には、法文には見えるものの、すでにその意味が判然としなくなった古い術語や、法律の改変により行われなくなった制度への解説が存在する(69)。韓樹峰に従い、刑隷臣妾はかつては行われていたものの、次第に用いられなくなった刑罰であると考えておく(70)。

韓樹峰の言う、刑隷臣妾の消滅をもたらした刑罰体系の整理が、如何なる経緯で行われたのか定かでない。だが事実として、肉刑は城旦舂刑のみと結びつく傾向にあった。城旦舂刑に限って「完城旦舂」、すなわち肉刑の加えられていない城旦舂という呼称が設けられているのも、こうした事情に因るものに違いない(71)。

一方、鬼薪白粲以下の労役刑名に主として冠せられたのは「耐」である。耐とは耏、すなわち鬢や鬚など、頭髪以外の顔毛で、耐刑とはそれらの毛をそり落とす刑罰だとされてきた［濱口一九三六b］。一方で陶安あんどは、歴代の注釈・訓詁を時代層に沿って慎重に分析し、それらの信憑性を疑問視した上で、耐は肉刑ではない、それに匹敵する何かであり、またそれが私刑における「髡」と対応することから、頭髪を除去する刑罰であると結論する［陶安二〇〇九、第一章第三節］。二年律令によると、女子には耐刑が科せられない建前になっており(72)、このことはそれが鬚鬢を剃る刑であったことを暗示すると筆者は考えるが、むしろ注目すべきは、睡虎地・張家山の法律史料の中で、「耐」がその原義を反映するかたちで、単独で用いられていると考えねばならない例はなく、いずれも労役刑の一範疇として、あるいはそれら労役刑に冠せられて現れるという点である。

「耐」が刑罰の総称として用いられていることは、かねてより指摘されており、例えば冨谷至は睡虎地秦簡でそれが「刑（肉刑）」と対置されていることから、「耐」は肉刑を伴わない労役刑の総称と化していたと主張した。(73)だがこうした理解では説明が難しい条文が一方には存在していた。

或鬬、嚙斷人鼻若耳若指若脣、論各可（何）殹（也）。議皆當耐。（法律答問83）

ある者が喧嘩をし、人の鼻や指や唇を嚙みちぎったら、量刑はそれぞれどうなるか。議論するに、いずれも耐刑に相当する。

以縣官事毆若詈吏、耐。…（後略）…（二年律令46）

公務のことで吏を殴打したり悪罵したりすれば、耐刑。…

「耐」が何らかの刑罰の総称であるなら、これらの条文は規定として不完全である。人の鼻を嚙みちぎった者や役人を殴打した者が、「耐」と総称される労役刑のうち何れの刑に当てられるのか、明言されていないことになるからである。耐刑自体が何らかの実質を持つ刑罰であり、それは多くが労役刑とともに科せられるが、単独で科せられる場合もあったとの主張(74)が現れた所以である。

これに対し、「耐」とのみあっても、それは「耐為～（耐して某労役刑とする）」の略であり、併科される労役刑名が省略されているに過ぎないという反論もあった。確かに他の条文と比較すれば、その「耐」が具体的には「耐為～」という刑を指していると判明する場合も存在する［韓樹峰二〇〇三］。だが現存する条文からは何が省略されているのか推測不能のものも多く、そもそもなぜかくも多くの省略が法文においてなされているのか、理解に苦しむところがあった。

この懸案に決着をつけたのが二年律令90～91である。

有罪當耐、其法不名耐者、庶人以上耐爲司寇、司寇耐爲隷臣妾。隷臣妾及収人有耐罪、毄（繋）城旦舂六歳。毄（繋）日未備而復有耐罪、完爲城旦舂。城旦舂有罪耐以上、黥之。……（後略）……（90～91（前出））

冒頭の「有罪当耐、其法不名耐者」の部分は理解しにくいが、「耐刑に処すべきだが、もしも耐刑に処せという明文が法になければ」〔邢義田二〇〇三b、三一二頁〕といった解釈では通じない。だがこれを、「法文に「これを耐とす」とあるのみで、具体的に如何なる刑罰とすべきか（すなわち、どの労役刑と併科すべきか）が明記されていない」（『張家山訳注』六三頁）と解すれば意味が通り、かつ右の疑念も解決する。「耐刑にせよ」とのみ記されている場合にはこの一般規定が適用され、犯罪者が庶人であれば耐司寇が、刑徒であればその服役している刑に応じてそれぞれの刑罰が加えられたのである。こうした総則が一方に存在していたが故に、「これを耐にせよ」で量刑規定を片づけている条文が多く存在するのであろう。

以上より「耐」をめぐる議論には、

①耐は鬚鬢、ないしは頭髪を剃る刑罰であるが、それが単独で科せられることは、睡虎地秦簡の時点ですでになくなり、必ず何らかの労役刑と組み合わされた。

②それ故に「耐」は、それと併科される様々な労役刑――具体的には隷臣妾・司寇・鬼薪白粲、秦代にはこれに「候」刑が加わる――と一体になり、それら一群の刑罰を総称することもある。

という解答が与えられることになる。

さて「耐」の意味するところが右のとおりであるとすれば、それは一般人と異なる外見を強いる処置であるとはいえ、いずれ回復可能である点において肉刑とは性格を異にする。果たして「耐」という刑自体に実効性があったのか、すなわち鬚鬢や頭髪の剃去が継続して行われていたのかすら定かでない[75]。この点、肉刑を受けた者をその中に含んでいたであろう城旦舂刑徒の集団―城旦舂は二十人一組で監視される（既述）―とそれ以外の刑徒との間には、外見において大きな違いがあったといえる。そうした外貌の相違が労働場所や役務内容の違いを生んでいた可能性も考えられる。

以上、刑徒に加えられた標識に着目するなら、まず枷の使用／不使用で城旦舂・鬼薪白粲と隷臣妾以下との間に一線が画される。また鬼薪白粲と城旦舂との相違点として、ここで改めて肉刑併加の有無を挙げることができる。特権者用の刑罰である鬼薪白粲は城旦舂や隷臣妾と違って、元より肉刑と結びつくことがなく、それ故に「刑するなかれ―肉刑を加えてはいけない―」（法律答問110など）とされる特権者には城旦舂刑も適用されず、それが鬼薪白粲刑に換えられたのであろう。

ただし肉刑の有無という点だけに着目するなら、肉刑を伴わない城旦舂刑、すなわち完城旦舂刑が存在しており、肉刑の回避だけが目的であれば、特権者には完城旦舂を適用すれば事足りているようにも映る。事実、公士爵、すなわち最も低い第一等爵を持つ者に対しては、完城旦舂刑を用いるとする一般規定がある。

……（前略）……當黥公士・公士妻以上、完之。……（後略）……（奏讞書182　案例㉑）

……黥刑に相当する公士・公士の妻以上は、これを完とする……。

公士・公士妻及□□行年七十以上、若年不盈十七歳、有罪當刑者、皆完之。（二年律令83）

公士や公士の妻、および…年齢が七十以上、もしくは年齢が十七歳に満たず、罪を犯して肉刑に相当する場合は、いずれも完とする。

だが既述したとおり、城旦舂と肉刑との強い結びつきを念頭に置くなら、完城旦舂は変則的な刑罰として設けられた、相対的に後起のものであったに違いない。また同じ有爵者であるにも拘らず、上造と公士との間に処遇の違いが見られるのも、おそらく昭襄王の時代以降に生じたものと考えられる。

昭襄王二十一年（前二八六）、軍功を条件としない広範な賜爵が行われる。

二十一年、錯攻魏河内。魏獻安邑、秦出其人、募徙河東賜爵、赦罪人遷之。（『史記』秦本紀）

二十一年、錯　魏の河内を攻む。魏安邑を献じ、秦その人を出し、河東に徙るを募りて爵を賜い、罪人を赦してこれに遷す。

その後、長平の戦い（昭襄王四十七年（前二六〇））を前にして、再び広範な賜爵が実施された。

秦王聞趙食道絶、王自之河内、賜民爵各一級、發年十五以上悉詣長平、遮絶趙救及糧食。（『史記』白起列伝）

秦王　趙の食道の絶たるるを聞き、王自ら河内に之き、民に爵を賜うこと各おの一級、年十五以上なるを発し悉く長平に詣らしめ、趙の救及び糧食を遮絶す。

この長平の戦い以降に成立したとされる『商君書』徠民篇では、秦の荒蕪地に三晋の民を招来し、それに爵と一定期間の租税免除を与えて開墾に当たらせることが主張されている。これは徙民の対象こそ自国民と敵国民で異なるものの、新集落に民を徙してそれに爵を与えるという発想において昭襄王二十一年の徙民と同様であること、すでに西嶋定生が指摘している［西嶋一九六一、第五章、第三節］。そのうえで西嶋は、戦国時代に旧住民を追放した後の集落や新集落に民が徙され、いわゆる「新県」が設置される場合、徙民者には爵が与えられたものと考えている［同、五二〇頁］。

この推測が正しければ、昭襄王以降、占領地の拡大に伴って秦の有爵者の割合は飛躍的に増加し、とりわけ第一級の公士爵を持つ者は増大していったはずである。刑城旦舂を耐鬼薪白粲に換える措置がすべての有爵者ではなく、第二級の上造から認められているのは、公士の増加を背景にして制度が改変された結果に違いない。こうした変化の中で、肉刑に当たる罪を犯した公士への科罰は、いくぶん揺れ動きながら[76]完城旦舂に定まっていったのであり、完城旦舂という刑罰自体がこの時代以降に生まれたものかとも疑われる。

要するに、元来は城旦舂と鬼薪白粲の違いが直ちに肉刑の有無を意味しており、それ故に特権保有者には肉刑の併加されない鬼薪白粲が適用されていたものが、公士の増加という爵制上の変化、及び肉刑を伴わない完城旦舂という刑罰の出現に伴って、上造以上…耐鬼薪白粲、公士…完城旦舂、庶人…刑城旦舂、という三種類の科罰が、犯罪者の身分に応じて使い分けられるようになった、というのが筆者の考えるところである。

ひとまずこうした経緯を想定し、特権者が鬼薪白粲とされる現象への筆者の理解としておきたい。だが一方で、鬼薪白粲は文帝十三年以降には単に城旦舂より一等下る刑罰と位置づけられ、いわば同じ直線状に組み込まれている。城旦舂と鬼薪白粲との間にあった、本質的な差異は稀薄になりつつあったとおぼしいことも忘れてはなるまい。

さて以上の検討により、四つの無期労役刑の相違点を一通り示し得たことになるが、これら労役刑を軽重づける要素として、より重要なものが他にも認められる。続いて刑徒の就労形態を整理しよう。

（四）刑徒の配置とその就労形態

まずは労役刑徒の配置について概括しておく。

刑徒は県ごとに編成され、管理されていた。そのことは高祖が「県のために」刑徒を護送したことから窺えた（『漢書』高帝紀、前出）、里耶秦簡J1⑯5はそれをより具体的に述べている。そこでは刑徒の徴発が県に命じられ、県において刑徒の名簿が調べられていた。この記事は刑徒が特別な名簿に編入されていたことも示しており、それこそが「徒隷簿」（『水経注』巻一六穀水条引『文士伝』）とも呼ばれた、刑徒のみを記載した名籍だったのであろう［渡邊二〇〇一］。

新たに労役刑徒とされた者の配置が如何にして決定されたのか、その基本方針を物語る史料は残念ながら存在しない。裁判を受けた県周辺の、人員を必要とする場所に配属された、と暫くは考えておく他ない。次の睡虎地秦簡では、県内で必要とされる労働量が司空によって見積もられ、人員配置が決められている。判決の確定した労役刑徒も、その割り振りに従って役務に就けられたのであろう。

…（前略）…縣爲恆事及瀐有爲殹（也）、吏程攻（功）、贏員及減員自二日以上、爲不察。上之所興、其程攻（功）而不當者、如縣然。度攻（功）必令司空與匠度之、毋獨令匠。其不審、以律論度者、而以其實爲繇（徭）徒計。（秦律十八種122～124）

…県が恒常的な仕事を行うとき、及び特に上申して事業を興すとき、吏は作業量を計り、その人員が余ったり不足したりすること二日以上となれば、「不察」とする。お上が興した事業で、作業量を計って不適当であった場合は、県の場合と同じようにする。作業量を見積もる際には、必ず司空に匠と一緒に見積もらせ、匠だけにやらせない。不正確であれば、律によって見積もった者を量刑し、実際の作業量に基づいて徭・徒の計簿を作成する。

二年律令の「秩律」とされる諸条からは、司空が中央・地方の多くの官署に置かれたことが知られた。また睡虎地秦律に見える一連の「司空律」からは、司空が一般の徭役労働のみならず、刑徒労働も管掌していたことが窺える。右の手続きを経て配置される人員の中には、当然刑徒も含まれていたであろう。

刑徒は、必要があれば県の枠を越えて送り出された。前掲の里耶秦簡J1⑯5では郡単位で労働力が集められ、内史等への武器輸送に動員されていた。一時的に刑徒が県外に送られた例となろう。この里耶秦簡では徴発命令が県から都郷・司空にまで下されており、刑徒を遠方に派遣する際にも、やはり司空が実際の差配に当たったことが分かる。こうした司空の、刑徒管理における役割については第五章で詳述することとしたい。

臨時に県外へ送り出された刑徒の他、遠方に移送され、そこで継続的に役務に就く者もいた。本章冒頭に挙げた阿房宮・始皇帝陵造営の際の記事がまず想起される。また中央諸官庁は恒常的に刑徒労働を必要としており、それには京師周辺の刑徒が充てられたのであろうが、地方から刑徒が送られ補充されることもあったろう。そのほか各地の禁苑や手工業施設、あるいは辺境の防衛拠点に刑徒労働が送り込まれたものと推測される。二年律令518簡では、巴郡の竇園なる禁苑に、扜関を経由して「任徒」が送られており、郡を越えて刑徒が移送され、そこで労役についたことが窺える(77)。

どこに配置されたにせよ、刑徒のうち城旦舂・鬼薪白粲・隷臣妾には特別な居住場所が与えられた。

隷臣妾・城旦舂・鬼薪白粲家室居民里中者、以亡論之。(二年律令307)
隷臣妾・城旦舂・鬼薪白粲の住居が民里の中にある場合は、逃亡罪としてこれを量刑する(78)。

右の条文に見えるとおり、城旦舂・鬼薪白粲・隷臣妾は「民里」に居住できず、特別な居住区が与えられた。その具体的な住み分けは定かでないが、例えば時として人里離れたところにある土木工事の現場、鉄官などの手工業施設、さらは官衙の周辺など、「民里」ではない場所に刑徒が集住させられたものと想像される。

一方、右の条文で司寇や有期労役刑徒への言及がないことは、彼らが民里に居住し得たことを示唆している。司寇についていえば、彼らの職務の一つに警察業務—隷臣妾が行う現場検証等の活動ではなく、捜査活動—があり、その業務に従事する限りでは、土地勘や人脈のない、本籍地から遠く離れた場所に配置されるのは合理的と言えまい。司寇には田地・宅地も、庶人の半分ではあるが支給されている（二年律令310〜313、314〜316）。司寇刑徒の生活基盤は依然として本籍地の民里にあり、そのうえで刑徒の護送を含む、必要な役務に駆り出されたと考えられる。

有期労役刑徒については、始皇帝陵の刑徒磚から居貲贖債が遠方に動員されていたことが知られた。里耶秦簡でも居貲は家族の住む県を出て戍辺に就いている。[79] 有期刑徒のうち、「繋城旦舂」や「居於城旦舂」とされる者は、枷こそ加えられないものの、監視をうけて城旦舂と同じ作業に就いており、[80] おそらく城旦舂と共に行動し、同じ場所に収容されていたものと思われる。ただし規定の上では、彼らは農繁期に自らの田地に帰ることができた。

居貲贖責（債）者歸田農、種時、治苗時各二旬。　司空（秦律十八種144）

貲刑・贖刑・官への負債のために労役に服している者が農作業に戻るのは、播種の時と苗の世話をする時とそれぞれ二十日とする。　司空律

少なくとも居貲贖債の家族の生活基盤は服役中にも維持されており、民里にあったのであろうその場所に、居貲

贖債が暫時戻ることは禁じられていなかった。

以上要するに、有期労役刑徒や司寇刑徒が従来からの生活基盤を維持したまま役務に動員されたのに対し、城旦舂・鬼薪白粲・隷臣妾刑徒はいずれも民里に居ることができず、特別な場所に居住させられていた、というのが筆者の推論である。これは次の項目で検討する、刑徒の家族への処遇とも密接に関連している。

生活環境の相違ということであれば、城旦舂と隷臣妾との間にも就労形態において違いがあった。睡虎地秦簡のいくつかの記事は隷臣妾刑徒に非番の時があったことを示している［籾山一九八二、三～四頁］。

隷臣妾其從事公、隸臣月禾二石、隸妾一石半。其不從事、勿稟。…（下略）…（秦律十八種49　倉律）

隷臣妾で公の役務に従事している者は、隷臣は月に禾二石、隷妾は月に一石半の支給を受ける。従事していない者には、支給しない。

隷臣妾には役務に服す時と非番の時とがあり、服役期間にのみ食糧が支給された。睡虎地秦簡に見える「更隷妾」が輪番で服務する隷妾と理解されるのも、こうした就労形態を念頭に置いてのことである。

冗隸妾二人當工一人、更隸妾四人當工【一】人、小隸臣妾可使者五人當工一人。工人程（秦律十八種109）

冗隷妾二人は工一人に相当し、更隷妾四人は工一人に相当し、小隷臣妾で使役できる者五人は工一人に相当する。工人程

『睡虎地』は「更隷妾」の「更」を「輪番更代」と釈す（三三頁）。従うべきであろう。一方の「冗隷妾」を『睡虎地』は「散発的な雑役に就いている隷妾（做零散雜活的隸妾）」（四六頁）と、フルスウェは「仕事を割り当てられている隷妾」と訳す（*RCL*, p.61）ものの、いずれも確証がない。

この条文からは「冗」が「更」と対になり、冗隷妾には更隷妾よりも二倍の労働力が見込まれていることが分かる。この「冗」と「更」の対置は、二年律令の史律にも現れる。

以祝十四章試祝學童、能誦七千言以上者、乃得爲祝五更。大（太）祝試祝、善祝明祠事者、以爲冗祝、冗之。（二年律令479）

祝の十四章によって祝の学童に試験を行い、七千言以上を暗誦できれば、祝の五更とすることができる。太祝は祝に試験を課し、祝の技術に練達し祭祀のことに詳しい者であれば、冗祝とし、これを冗として扱う。(81)

祝詞の暗誦試験を通過した者は、まず「祝の五更」、すなわち五交代制で勤務に就く祝とされ、その中で特に優秀な祝が選抜され、「冗祝」とされた。「冗」と「更」との間には職務能力の差があったことが分かり、それが冗隷妾に二倍の労働量が見込まれた理由と思われる。だが「更」が就労形態を意味する語である以上、それと対置される「冗」も能力の高下ではなく、何らかの点で勤務の様態と関わる語でなくてはなるまい。それを推測する手がかりとなるのが次の条文である。

更隷妾節（即）有急事、總冗、以律稟食、不急勿總。倉（秦律十八種54）

更隷妾にもし急ぎの役務があれば、冗隷妾を招集し、(82)律に基づいて食糧を支給する。急ぎでなければ、招集してはならない。倉律。

冗隷妾は更隷妾では捌ききれない仕事がある時に招集された。彼女らは輪番の枠にとらわれず、必要な場合には直ちに動員され得る体制に置かれていたことが分かる。役務に熟達した隷妾は輪番から外され、勤務時間を固定されず、必要に応じて役務に就いていた、そのような就役形態が「冗」の意味するところであったに違いない。(83)

ただしたとえ「冗」とされても、役務に就いている時だけ食糧支給が受けられた点は「更」と変わらないこと、右の条文が同時に示しているとおりである。

隷臣妾が役務に就く時だけ食糧支給を受けたのだとすれば、彼らには官からの支給以外に何らかの生活の術があり、たとえ民里に暮らしていなくても、自立した生計を営めるだけの環境があったと考える他ない。

一方、城旦舂・鬼薪白粲が交代で就労していた形跡は、いまのところ見あたらない。彼らが常に就役していたとすれば、まず労役の頻度において城旦舂と隷臣妾の間に違いがあったことになる。隷臣妾が再び罪を犯せば繋城旦舂とされる[84]が、それが処罰たり得たのは役務の内容が変わったからではなく、城旦舂並みに常時使役されることになったからであろう。

城旦が食糧を日割りで支給された（秦律十八種57～58）のに対し、隷臣妾と舂、[85]及び未成年者には月ごとに「月食」が支給された（同49～52）。これは隷臣妾の輪番が月単位で組まれたことを示すと同時に、陶安あんどが指摘するとおり、その支給方法が官吏と同様であったことを意味する〔陶安二〇〇九、五八頁〕。「更」「冗」という勤務形態が下層官吏たる史・卜・祝と共通することも考え合わせて、陶安の「隷臣妾は、…官府ヒエラルキーの末端に列せられていると見ることもできる」との指摘は重ねて玩味さるべきものであり、城旦舂と隷臣妾との間には、身分構造内での位置づけに根本的な違いがあったと推測される。

また述べたとおり、就役形態の違いは両者の生活環境が相違したことをも示唆している。こうした相違が生まれるのは、刑徒の家族及び財産への扱いが各労役刑の間で異なったことに因るというのが筆者の考えであり、その点を以下に述べることとしたい。

（五）刑徒の家族等への処遇

家族等への処遇をめぐっては、刑徒の性別によって相違が認められる。混乱を避けるため、まずは男性刑徒に限って話を進めたい。

a. 城旦・鬼薪の妻子

完城旦・鬼薪以上—従って黥城旦以上の、重い肉刑を含む刑罰、あるいは死刑も含む—の刑に相当する罪を犯した男は、その妻子と財産が「収」された。

罪人完城旦、鬼薪以上、及坐奸府（腐）者、皆收其妻、子、財、田宅。其子有妻、夫、若爲戸、有爵、及年十七以上、若爲人妻而棄、寡者、皆勿收。坐奸、略妻及傷其妻以收、毋收其妻。（二年律令174～175）

罪人で完城旦・鬼薪以上の者、および奸罪に問われて腐刑とされた者については、いずれもその妻・子女・財産・田宅を没収する。子女が妻もしくは夫を有する、もしくは戸を形成する、爵を有する、および年齢が十七歳以上である、もしくは人の妻であったが離縁されたり寡婦となったりしているときには、いずれも没収しない。奸したり、強奪して妻としたり、自分の妻に傷害を加えたりした罪に問われて、没収の対象となったときには、その妻は没収しない。

「収」とは犯罪者の妻子や財産を官に没収することであり、[86] 以下この制度を「没収制度」と呼ぶ。制度の詳細は次節でも整理するが、ここでは没収対象の範囲と、没収された後の処遇について述べておく。

没収の対象となる親族のうち「子」とあるのは、犯罪者の子供全員ではなく、174～175簡の後半に記されているとおり、十七歳未満で、未婚の、自分の爵も戸も持っていない子供である。十七歳という年齢は成人と認定される一つの目安となり、例えば十七歳からは、肉刑に当たる罪を犯したならば減刑されることなく刑が執行された(87)。また史・卜の子は十七歳から父と同じ職務に就くべく学習を始め、三年後にその実力が試され(88)、二十歳から父の世業を継いだ。

年齢の他に収／不収を分ける条件となるのは、父親の戸に属すか否かという点である。すでに自らの戸を持つ子や、出嫁して夫の戸に属している娘は没収対象とならない。一度出嫁しながら生別・死別した女性も、場合によっては持参財産を基に戸をなすことがあった(89)。父が存命であるにも拘わらず十七歳未満で戸をなし、独立することが果たしてどれほど認められていたのか、現有の史料からは積極的な傍証を得られないものの、少なくとも没収対象を同じ戸に属す未成年の子供に限る指向が窺える。角谷常子が没収の範囲を同じ「室」に暮らす夫婦と未婚の子供とするのは、正鵠を射ていよう［角谷二〇〇六］。

睡虎地や張家山に見える「収人」とは、かくして没収された妻子を指す語であったに違いない。「収人」はしばしば隷臣妾と並称され、両者の処遇に共通点が有ったことを窺わせる［李均明二〇〇二c］。また二年律令に、

……（前略）……諸収人、皆入以爲隷臣妾。（二年律令435）

……およそ収人は、いずれも入れて隷臣妾とする。

とあるのは、「入」の意味するところがはっきりしないものの、収人が官に没入された後には、隷臣妾と同様に扱われたことを言うようにも読める。とはいえ隷臣妾と収人がわざわざ並称される事実は、一方で両者の間に相違があったことも示唆しており、収人が具体的には如何なる点で「隷臣妾扱い」されたのか、定かでない。

没収された妻子は商品として売られることすらあった。「奏讞書」案例⑰は、黥城旦とされた人物が再審を請い、その冤罪を雪ぐまでの一件であるが、冤罪が晴れた後、次の文書が廷尉から汧県（被疑者の本貫）に発せら

れている。

雍城旦講乞鞫曰「故樂人、居汧酭中。不盜牛、雍以講爲盜、論黥爲城旦、不當。」覆之、講不盜牛。講毄（繫）子縣。其除講以爲隱官、令自常、畀其於於。妻子已賣者者（衍字）、縣官爲贖。它收已賣、以賈（價）畀之。及除坐者貲、貲已入環（還）之。騰書雍。（「奏讞書」⑰121～123）

雍県の城旦である講が再審を請うていうには「もとは楽人で、汧県の酭中に居住しておりました。牛を盗んではいないのに、雍県はわたくしが盗みを働いたとし、量刑して黥城旦としましたが、これは不当です」と。これを取り調べたところ、講は牛を盗んではいなかった。講は子県（不明）に収繋されている。講を赦除して隠官とし、元通りにして、その身柄を於県に送られよ。妻子ですでに売られた者は、官が贖う。そのほかの没収されてすでに売られたものは、その金額分を与えよ。罪に問われた者の罰金を免除し、罰金がすでに納められているならば、それを返還せよ。雍県に文書を送れ。

この措置から、妻子や財産は本籍地の県によって没収され、この場合はすでに売り払われていたことが分かる。同じことは睡虎地秦簡からも窺える。

隷臣將城旦、亡之、完爲城旦、收其外妻・子。子小未可別、令從母爲收。●可（何）謂從母爲收。人固買（賣）、子小不可別、弗買（賣）子母謂毆（也）。（法律答問116）

「隷臣が城旦を引率していて、これを逃亡させたら、完城旦とし、その外妻と子を没収する。子が幼くてまだ別々にできないときは、母に従えて没収する。」●「母に従えて没収する」とはどういう意味か。もとより売るはずだが、子が幼くてまだ別々にできないときは、子の母を売らない、という意味である。

右の問答は、隷臣の妻子は没収されず、夫が城旦の罪を犯して初めてその対象となったことを同時に示している。妻子が別々に売り払われ、城旦刑徒の家族は解体された。

収人とされた年少の男子は、成年に達しても一般民としては扱われず、特殊な地位に置かれ続けたとおぼしい。次の規定がそれを物語る。

不更以下子年廿歳、大夫以上至五大夫子及小爵不更以下至上造年廿二歳、卿以上子及小爵大夫以上年廿四歳、皆傅之。公士・公卒、及士五（伍）・司寇・隱官子、皆爲士五（伍）。疇官各從其父疇、有學師者學之。（二年律令364～365）

不更以下の子は二十歳、大夫以上五大夫までの子および小爵が不更以下上造までは二十二歳、卿以上の子および小爵が大夫以上は二十四歳をもって、いずれも名籍に登録する。公士・公卒および士伍・司寇・隠官の子は、いずれも士伍とする。世職の官はそれぞれその父の世業を襲い、学師がいればそれに学ぶ。

司寇の子は傅籍[90]時に士伍や庶人と同様に「士伍」として登録され、父の犯罪による影響を受けなかった。これに対し、城旦・鬼薪・隷臣の子の地位には言及がなく、少なくとも士伍とはされなかったことが分かる。ただし成人に達した城旦の子が父と同じく城旦とされたのか、あるいは収人が隷臣妾に準じる地位であったことを考慮するなら、むしろ隷臣にされたと考えるべきなのか、正確には分からない[91]。城旦が役務地で儲けた子供も一般民とは違う地位につけられたであろうが、これについても同様に不明である。加えて、傅籍の対象者は男子に限られたので、刑徒の女児に与えられた地位についてはまったく手がかりがない。

b．隷臣の妻子

一方、隷臣刑徒の妻子は没収されない。先に引いた法律答問116がすでにそのことを証明するが、もう一つ睡虎地秦簡を引いておく。

夫盗三百錢、告妻、妻與共飲食之、可（何）以論妻。非前謀殴（也）、當爲收。其前謀、同罪。夫盗二百錢、妻所匿百一十、可（何）以論妻。妻智（知）夫盗、以百一十爲盗。弗智（知）、爲守臧（贓）。（法律答問15〜16）

夫が三百銭を盗み、妻にそれを告げ、妻が一緒にその銭で飲食したならば、妻をどのように量刑するのか。事前に共謀していなければ、没収とするのに相当する。事前に共謀していたならば、同罪である。夫が二百銭を盗み、妻が百一十銭を隠匿したならば、妻をどのように量刑するのか。妻が夫の盗みを知っておれば、百一十銭を盗んだことにする。知らなければ、守贓とする。(92)

贓額が三百銭であれば完城旦舂、二百銭であれば耐隷臣妾とされた。(93) 盗みを働いた夫はこの規定に沿って処罰されたのであろうが、夫と共謀しておれば妻も同罪とされた。またたとえ共謀していなくても、妻は夫の処罰に巻き込まれるのであるが、夫の罪の程度に連動してその扱いが異なっている。すなわち夫が三百銭を盗み完城旦に当たるのであれば妻は没収される。だが贓額が二百銭で、夫の刑が耐隷臣に止まるのであれば、妻は「守贓―不正に得た財を持っていた―」という扱いにされ、没収されることはない。

夫盗三百錢…完城旦　↓　共謀していない妻…没収
夫盗二百錢…耐隷臣　↓　共謀していない妻…守贓

ここでも夫への処罰が完城旦以上であるか否かが妻への処遇を分けている。

だが没収は免れるとはいえ、戸主が隷臣として役務に就けられた場合、支給されていた田宅はすべて回収されることになる。(94) こうした境遇に追いやられた隷臣の係累が、原住地に留まらず、むしろ刑徒本人と行動を共にしたであろうことは想像に難くない。まず次の睡虎地秦律の一条は妻の同行を示している。

道官相輸隷臣妾・收人、必署其已稟年日月、受衣未受、有妻毋(無)有。受者以律續食衣之。屬邦(秦律十八種201)

道の官が隷臣妾・収人を移送するときには、食糧を支給した年日月、衣服を受領したか否か、妻がいるかいないかを必ず記録する。受領した者には律に則って引き続き食糧や衣服を支給する。　屬邦律

これは隷臣妾が役務地へ送られる時の、食糧支給等について規定したもので、その際に妻の有無が記録されている。そのほか、妻のいない隷臣には衣服代を支給する、(95) あるいは逆に「妻・妻更・外妻」がいる隷臣からは、支給した衣服の代金を取り立てるという規定があり、(96) 隷臣は時として妻を帯同し、その場合は衣服を自弁するものとされていた。

妻が隷臣と同行する場合には、彼らの幼年の子もまた行動を共にしたであろう。(97) 既述したとおり、隷臣妾は官からの支給の他に、何らかの生活基盤を有していたと推測され、財産(支給されていた田宅は除く)を没収されることがなく、また一般民としての身分を維持している妻と暮らすこともできた隷臣には、独自の生計を役務地で営み、子供たちを撫育する道があったのだろう。

ただし隷臣の子は、すでに触れたとおり士伍として傅籍されなかった。これも詳細は不明だが、一般民とは異なる地位が与えられたと思しい。それ故に隷臣との間に子供ができたとき、その父が誰であるかを隠そうとする

者もいた(98)。とはいえ隷臣の子への処遇は、没収のうえ売却されることもあった城旦の子とは一線が画されたはずであり、基本的に親と共に暮らし得たと考えられる。

c. 司寇の妻子

城旦・隷臣の妻子と比べて、司寇刑徒の家族はさほど深刻な影響を受けない。まず司寇自身が民里に住み続けることができた。たとえ司寇本人が遠方で就労したとしても、その生活基盤は家族の暮らす民里にあったものと思われる。またすでに述べたとおり、司寇の地位は子には継承されず、彼らは傅籍時に他の士伍や庶人と同じく士伍として登記された。

d. 女性刑徒の場合

罪を犯したのが女性であった場合は、その家族への処遇は男性とは異なっていた。まず城旦・鬼薪刑に相当する舂・白粲刑について。二年律令には、

夫有罪、妻告之、除于收及論、妻有罪、夫告之、亦除其夫罪。…（後略）…（二年律令176）

夫に罪があり、妻がこれを告したときには、没収や量刑の対象から除外する。妻に罪があり、夫が妻を告発したときにも、夫の罪を免除する。

とあり、一見すると城旦・鬼薪刑徒と同様に、舂・白粲刑徒の配偶者も、妻の罪を事前に告発しない限り、没収対象とされたかの如くである。だが角谷常子は睡虎地秦簡に、

妻有罪以收、妻賸（媵）臣妾・衣器當收、且畀夫。畀夫。（法律答問171）

　妻に罪があって没収に該当する場合、妻が持参した臣妾や衣類・器物は没収の対象となるのか、それとも夫に与えるのか。夫に与える。

とあることから、妻が没収に該当する罪を犯しても、その持参財産は夫のものになると言うのであれば、夫は妻の犯罪により没収されることはなかったとし、その立場から176簡を解釈する［角谷二〇〇六］。角谷が注目したのは「除于收及論」と「除其夫罪」という表現の違いで、夫の場合には「収および論」ではなく「罪」のみが除かれている。

没収以外にも家族が犯罪者に連坐（縁坐）することがあり、例えば謀反罪を犯した者はその父母・妻子・同産が棄市とされ（二年律令1～2）、誘拐罪（「劫人」）であれば妻子が城旦舂とされた（同68～69）。これらの場合にも先に告発した者は縁坐から除外されており、176簡に「除其夫罪」とあるのはそのことを表現したものである、というのが角谷の理解である。すなわち夫については「罪」を除くと記され、「収」がそこに見えないのは意味のある書き分けであり、夫は妻の謀反罪等には―先に告発しない限り―縁坐して処罰されたものの、妻が舂・白粲以上の罪を犯した場合没収の対象になるとは、そもそも考えられていなかった、それ故に「夫の収および論を除く」ではなく、「夫の罪を除く」としか書かれていないのだ、と角谷は結論する。これを整理すれば次のとおりである。

夫の謀反罪など　　　　→妻は棄市、舂刑など（先に告せば「論」から外れる）
夫の城旦・鬼薪以上の罪→妻は没収（先に告せば「収」から外れる）
妻の謀反罪など　　　　→夫は棄市、城旦刑など（先に告せば「罪」から外れる）

妻の舂・白粲以上の罪　→夫はそもそも没収対象でない（先に告した場合への言及なし）

改めて角谷の所論に賛同したい(99)。

一方、舂・白粲の子供が没収の対象となるのか否かは、不透明な部分が残る。子供が没収された可能性を示唆するのは、先に挙げた条文の続きの、以下の部分である。

…（前略）…●毋夫、及爲人偏妻、爲戸若別居不同數者、有罪完舂、白粲以上、收之、毋收其子。内孫毋爲夫收。（二年律令176〜177）

…●夫がいない者、偏妻となっている者で、戸を形成する、もしくは居所を別にして同じ戸籍に入っていない者は、完舂・白粲以上の罪を犯せば没収するが、その子女は没収しない。内孫は夫のせいで没収されることはない。

右条は夫のいない女性（夫と死別・生別し、子供のいる女性）、あるいは正妻ではない女性（「偏妻」）が舂・白粲刑とされる場合、その子は没収対象とならないことを規定する。だが肝心の正妻の場合には言及がない。

一つの可能性は、正妻の場合は子供が没収されたので、右条ではわざわざ没収しない旨を断っていると見ることである。その場合、夫と生別・死別した女性や非正妻に限って子供が没収されないのは、彼女らは夫の家との関係が正妻とは異なり、そのために夫家に留まっている子との繋がりも弱いと見なされ、母が罪を犯しても子は没収されなかった、という理由が考えられよう。

もう一つ考えられるのは次の可能性である。通常、妻は夫と別に戸を形成することが許されず(100)、何らかの田宅を父母から継承している場合にも、それは結婚を機に夫の田宅に吸収された(101)。また既述したとおり、妻の持参財産は妻が罪を犯して刑に当てられた場合には夫のものとなった。つまり正妻には、彼女がたとえ没収に相当する罪を犯しても、没収の対象となるべき「財産」が存在しない。だが夫と死別してその戸を継承している寡婦、[102]生別して自らの田宅や持参財産を取り戻した女性、[103]あるいは夫と戸を別にしている非正妻は、いずれも自らの名義の下に財産を持っている可能性がある。問題の条文に子供を没収しない旨が特記されているのは、正妻との間のこうした違いが念頭に置かれ、たとえ彼女らの財産が没収されても、やはり子供は正妻と同様に没収対象とならないことを念押ししたものと考えられる。

何れが正しい理解なのか決め手に欠けるが、「収」が犯罪者の財産を没収する制度であり、係累も「財産」の一つとして収容されるのだとすれば、収／不収を分けるのはその人間や財物が誰に帰属すると認識されていたのか、という点に懸かっていよう。子供が基本的に夫家に属すと見なされ、それ故にたとえ夫が他界していても妻の罪により子供は没収されないのだとすれば、後者の可能性、つまり如何なる状況であろうと子は母親の罪により没収されることはないという理解がより妥当であろう。[104]

以上の推論に大過ないとすれば、多くの女性刑徒には没収されるものが何もなく、舂・白粲刑徒と隷妾刑徒との間には、この点において殆ど相違が認められないことになる。

刑徒の性別によって子供への処遇が相違するなら、女性刑徒の子の地位が母の犯罪により影響を受けたとは考えにくい。だが奴婢と庶人の姦通・婚姻により産まれた子供の身分については規定が見えるものの、[105]庶人を両親として産まれた子の地位が、母親の犯罪により如何なる影響を被ったのかは、推測の手がかりとなる史料が存在せず、不明とせざるを得ない。

本節でここまで述べてきた男性刑徒への処遇を、改めて表1にまとめておく。さらにそれ以外の点についても表2を挙げて示しておく。

表1　男性刑徒の妻子への処遇

	没収処分	家族形態	子男の地位	田宅支給（戸主に対して）
城旦・鬼薪の妻	○	収人として時に売却され、家族は解体される	／	×
城旦・鬼薪の子女	○	同右	士伍とされない	×
隷臣の妻	×	家族は解体されず、隷臣との同行が認められる	／	×
隷臣の子女	×	同右	士伍とされない	×
司寇の妻	×	原住の民里に居住する	／	○
司寇の子女	×	同右	士伍	○

表2　無期労役刑の構造

	科刑対象	労役内容	刑具	肉刑	民里に居住	就労形態
城旦舂			○	元来は肉刑と併科された	×	常時就役
鬼薪白粲	特権保有者		○	肉刑とは併科されない	×	
隷臣妾			×	嘗ては肉刑と併科されたが、次第に行われなくなる	×	交代制
司寇		犯罪取締や刑徒管理に特化	×		○	

各労役刑徒への処遇には様々な点で相違があり、それら複数の要素によって城旦舂から司寇に至るまでの無期労役刑は等級づけられていた。まず城旦舂と鬼薪白粲はその科刑対象が異なり、後者は上造以上の有爵者等の特権者のみに科せられた。それ以外の、労役内容や就役条件、家族への処遇に関しては大きな違いが認められず、それ故にしばしば「城旦舂・鬼薪白粲」と並称された。唯一、鬼薪白粲は肉刑と併加されることがなく、有爵者に刑罰適用上認められていた特権が如何なるものであったのかを物語る。

城旦・鬼薪と隷臣以下の間に横たわる最も大きな違いは、妻子や財産が没収されるか否かであった。[106]城旦・鬼薪はその妻子と財産が官に没収され、時には売買されて、家族が離散した。彼らが常に官から衣食の支給を受けたのだとすれば、それはその支給が彼らにとって唯一の生活の糧であったからであり、代わりに彼らは常に役務に就けられたのであろう。(107) 一方の隷臣は交代で役務に就き、その期間に限り食糧が支給された。財産を没収されず、妻も一般人の身分に留め置かれた隷臣には、労役に対して給付される食糧とは別に、何らかの生活の術があったことを窺わせる。

隷臣と司寇との間には、民里居住の可否、土地支給の有無、その子男が士伍とされるか否か、の三点において差違が設けられていた。確かに就けられる労役の種類も異なったが、一方で隷臣が司寇と同じ労役に就くこともあった。結局、隷臣と司寇を明らかに異なる刑罰としていたのは上記の三点で、換言すれば隷臣刑には追放刑的・身分刑的要素が附帯していたといえよう。

ただし隷臣と司寇を分かつ、土地支給の有無や子男の地位といった要件は、土地支給制度や戸籍制度が円滑に機能していなければまったく意味をなさない。そして実際のところ、土地支給制度の実効性には疑問の目が向けられており、(108) また二年律令に逃亡者に関する規定が多いことは、戸籍制度の限界を窺わせる。少なくとも秦末から楚漢抗争期には、多くの民が原籍を離れ、戸籍制度は機能していなかった。それに比して、犯罪者の妻子・財産を没収し、あるいはそれを売却するのは、関連する諸制度の弛緩から影響を受けないだけに、より確実な措置である。没収制度が存続する限り、城旦・鬼薪と隷臣との間には明らかな違いがあった。

だが前漢の初めに変化が起こる。妻子・財産の没収は、犯罪者の近親にも処罰が及ぶもので、縁坐制の一つといってよいが、呂后・文帝の時に縁坐制は相次いで改定・廃止された。没収の有無が労役刑体系を構成する重要な要素であったならば、この改制により労役刑制度も少なからぬ影響を受けたであろうことは、想像に難くない。同じことが肉刑についても言える。二年律令の段階では城旦舂のみが肉刑と結びつき、この無期労役刑が他の労役刑徒とは隔絶した位置を占める理由になっていた。だが秦漢交代期に軍功によって爵を得た者が増加したであろうことは、石岡浩が指摘するとおり［石岡二〇〇五b］、肉刑の存在意義を稀薄にしていたと思われ、文帝十三年に至ってそれは完全に廃止されることになる。こうした変化もまた、無期刑の体系を組み上げていた要素が漢初に消滅したことを意味している。

かかる改制は如何なる理由で行われたのか。諸々の変化や改制により労役刑体系が一方的に改変を迫られることになったのか、それともむしろ労役刑制度を改変する必要性がこれらの改制を生んだのか、以下に検討したい。まずは没収制度をはじめとした縁坐制の詳細と、漢初の縁坐制改革が刑罰制度に与えた影響に注目しよう。

三、秦～漢初の縁坐制度

（一）「収」――没収制度――

没収制度の主要規定と、妻子への処遇に関してはすでに前節で紹介した。関連する他の条文から、制度全体の詳細をまとめておく。

没収の対象となる妻子、財産、田宅は、官吏の手によって差し押さえられる。その際の手続きは睡虎地秦簡封診式の「封守」にも見え、その詳細が知られる。(109) ただし二年律令と封診式との間には若干の食い違いもあり、例えば二年律令では差し押さえに獄史と官嗇夫が派遣されているが、(110) 封診式では郷の役人がそれに当たっている。差し押さえが行われるのは、封診式によると「鞫」の段階、すなわちすでに供述が取られ、被告が罪を認め、裁判が罪状の最終確認に移る際［宮宅一九九八］のこととされる。

没収の対象となる妻子は、いくつかの条件を満たせばそれから逃れることができた。まず、これはすべての縁坐に共通していえるものだが、被刑者の罪が誣告反坐等によって生じたものである場合は、その家族が巻き込まれることはない。

律曰與盜同法、有（又）曰與同罪、此二物其同居・典・伍當坐之。云與同罪、云反其罪者、弗當坐。……（後略）……（法律答問20～21）

律に「盗と法を同じくす」とか、さらに「与に罪を同じくす」とあったならば、この二つの場合その同居の者や、里典・伍人は罪に問われるのに相当するのか。「与に罪を同じくす」と言い、「その罪に反す」と言う場合は、罪を問われるのに相当しない。

右の条文で問題になっているのは、同居が「坐」すか否かで、「収」の当否ではないが、没収についても同じ原則が適用されたものと思われる。例えば甲が乙を城旦刑に当たる罪で誣告し、そのために甲が城旦刑に反坐した場合には、甲の妻子は没収されなかったと考えておきたい。

また妻については、夫の罪を先に告発した場合と、夫の犯した罪の被害者が妻であった場合とが挙げられる（前掲二年律令174～175、176～177）。子供の方は、爵を持っていたり十七歳以上であったりという、前節で述べた条件に該当すれば没収されない。だが子が親の罪を告発して没収から逃れるという選択肢は二年律令には見えない。子は親を告発できないという原則[111]が優先されたのであろう。

なお、没収という扱いをうけるのは、夫や父の罪を知らなかった場合のことである。もしも知っていたならば、共犯者として扱われた[112]。

収人は刑徒と同様に何らかの機会に赦される可能性があった。

賊殺傷父母、牧殺父母、歐〈毆〉詈父母、父母告子不孝、其妻子爲收者、皆錮、令毋得以爵償、免除及贖。（二年律令38）

父母を賊殺・賊傷したり、父母を賊殺しようとしたり、父母を殴打・悪罵したり、父母が子を不孝であるとして告発したときには、その妻子は没収された場合には、いずれもそのままの状態にとめおき、爵によって償ったり、免除されたり、贖わせてはならない。

右の条文は、父母を殺傷するなど、著しく不孝な行為を働いた者について、その妻子の扱いを定めたものである。罪を犯した本人はいずれも死刑とされ、(113) それ故に妻子が没収されるのはもちろんのこと、それに加えて不孝犯の妻子は「錮」とされた。「錮」とはその身分を固定し、地位の変更を許さないこと（『張家山訳注』二八頁）である。罪の重大さ故に、没収された妻子も特別な扱いを受け、爵などを差し出して処罰を免れることが許されなかったのであろう。こうした規定の存在は、通常は収人に身分回復の道が残されていたことを示唆する。

収人の身分回復といえば、前節の（五）に引いた「奏讞書」⑰にも言及せねばならない。そこでは冤罪を晴らした人物の妻子が官によって贖われている。犯罪者本人が解放されたならば、それに伴って没収された者も自由の身とされた。

（二）「二年律令」に見える縁坐制度

某人が犯した罪にその近親を連坐させる規定は他にもある。二年律令に見えるものを挙げるなら、まず謀反罪（唐律でいうところの「謀反」と「謀叛」（『張家山訳注』三頁））を犯せば、本人は腰斬、父母・妻子・同産は棄市とされた。

以城邑亭障反降諸侯、及守乘城亭障、諸侯人來攻盜、不堅守而棄去之若降之、及謀反者、皆要（腰）斬。其父母・妻子・同産、無少長皆棄市。其坐謀反者、能偏（徧）捕、若先告吏、皆除坐者罪。（二年律令1～2）

城邑や亭障ごと裏切って諸侯に投降した者、及び城・亭障で防備にあたっていたのに、諸侯国の人間がやってきて略奪を働いたとき、堅守せずして城・亭障を放棄したり、もしくは投降した者、及び謀反した者は、いずれも腰斬。その父母・妻子・同産は、年齢に関わりなくいずれも棄市。謀反の罪に問われる者が、相当な数の者を捕らえたり、もしくは先に官吏に告発したら、いずれも罪を免除する。

ここでは諸侯に降る、という犯罪も腰斬刑とされている。従来「降敵者誅其身、沒其家」という秦律（『史記』商君列伝索隠所引）が知られていたが、これに比べると二年律令では家族も棄市とされており、より重い処罰が用意されていたことになる。続いて「劫人」罪を犯した場合。

劫人、謀劫人求錢財、雖未得若未劫、皆磔之。完其妻子、以爲城旦舂。其妻子當坐者偏（徧）捕、若告吏、吏捕得之、皆除坐者罪。（二年律令68～69）

人を誘拐して銭財を求めたり、そうすることを謀ったりすれば、まだ手に入れていない、もしくは、まだ誘拐していなかったとしても、いずれも磔。その妻子を完城旦舂とする。その妻子の罪に問われる者が相当な数の者を捕える、もしくは官吏に告して、官吏が捕えたならば、いずれも罪を免除する。

『説文解字』は「人欲去以力脅止曰劫。或曰以力去曰刼」（十三篇上）とし、これに従うなら「劫人」とは力ずくで人身を拘束することである。類似の犯罪に「略人（略売人）」があるが、「略」とは「和」の対義語とされ(114)、これは本人の同意を得ることなく人身を連れ去ることを指す。これに対して「劫人」は暴力を伴い、かつ時として集団で行われ［石岡二〇〇二］、多くは財物の要求をその目的としている。「劫」罪は六朝時代にも死刑に相当する罪の中で特別な位置を占めている。(115) 右の条文でも「劫人」罪を犯した者の妻子は城旦舂とされ、通常の死罪（妻子は没収）と相違する。最後に銭の盗鋳。

盗鑄錢及佐者棄市。同居不告贖耐。正・典・田典・伍人不告、罰金四兩。或頗告、皆相除。…（後略）…（二年律令201）

銭を不正に鋳造する、およびそれを助けた者は、棄市。同居が告さなかったならば、贖耐。正・典・田典・伍人で告さなかった者は、罰金四両。いくらかを告した者がおれば、いずれも免除する。

右条では、盗鋳に縁坐するのは「同居」の者とされている。「同居」が親族のどの範囲を指すのかは、睡虎地秦簡の発見以来、多くの議論があるが、(116) ここでその問題に深入りするのは避け、縁坐の一例として挙げるに止める。以上に紹介した縁坐規定と没収に関する諸規定との間には、共通点と相違点がある。まず、告発したならば処罰を免除するという一節がいずれの規定にも共通して含まれる。通常、子は親の犯罪を告発できなかったが、謀反罪や劫人罪に限ってはそれすら許されていたように、条文は読める。その罪の重大さ故であろう。告発するには、まず犯罪行為を覚知せねばならないが、一旦犯罪を知ったならば、それを告発することは義務であり、知っていながら告発しなかった者は、同じ罪を犯したものとして扱われる。例えば劫人の場合、誘拐された側の「同居」ですら、犯罪を知りながらそれを告げなかったならば、「与に同罪」とされている。(117) 誘拐した者の家族ももちろん、知っていながら告発しなかったならば同罪とされたであろう。従って謀反をはじめとした罪に「縁坐」する近親者とは、あくまで犯罪事実を知らなかった者で、知っていたならばまったく同罪であった。(118)

犯罪を覚知し、先に告発した…………縁坐・没収から免除される
犯罪を覚知しながら、告発しなかった…同罪
犯罪を覚知していなかった……………縁坐・没収の対象

以上の点をふまえるなら、縁坐制や没収制はただ単に近親による密告を促すためだけのものではない。密告奨励のみが目的であれば、「知っていながら告発しなければ」という規定で事足りるからである。犯罪を覚知しなかった近親者をも巻き込むのは、それによって犯罪自体を思いとどまらせることを意図しているのであろう。

一方、相違点についていうなら、謀反・劫人・盗鋳に関する縁坐規定は、いずれも特定の犯罪行為と縁坐とが結びつけられており、縁坐の有無を決めるのは犯罪の内容であった[119]。だが没収制度は、一定以上の刑に該当する者すべてを対象とし、一体どのような罪を犯したためにその刑に当てられたのか、すなわち犯罪の中身と直接は関係しない。従ってより広範な犯罪行為に適用され、そして格段に多くの人間を巻き込むことになる。こうした適用対象の広さこそが没収制度の特性であることを、ここで特に強調しておきたい。

(三) 縁坐制度の改革

前漢の初めに、縁坐制度の改定、廃止が試みられる。まず呂后元年(前一八七)に「三族罪」が廃止された。『漢書』刑法志によると、高祖劉邦は秦の苛法を簡略にはしたものの、依然として死刑の中に「夷三族之令」が含まれており、その規定では、夷三族刑とされた者には黥・劓・斬左右趾が加えられ、笞殺され、梟首のうえで骨肉は塩漬けにされる—こうした刑の累加が「具五刑」と呼ばれる—ことになっていた。呂后の元年に至って、この残酷な刑罰は「祅言令」とともに廃止される。『漢書』高后紀にも、

元年春正月、詔曰「前日孝恵皇帝言欲除三族辠・妖言令、議未決而崩、今除之」。

元年（前一八七）春正月、詔して曰く、前日孝恵皇帝　三族辠・妖言令を除かんと欲するを言うも、議未だ決せずして崩ず。今これを除け。

として、三族刑廃止の詔が見える。この記事に従えば、犯罪者本人のみならず、その「三族」をも死刑に当てる刑罰は、このとき消滅したことになる。だが幾つかの問題が残る。

統一秦から漢初に夷三族とされた者としては、李斯や韓信、彭越などが挙げられる。例えば李斯は、謀反の咎で夷三族刑に当てられ、咸陽の市で腰斬とされ、近親も同時に処刑された。この李斯への処遇は、先に挙げた二年律令1～2簡に見える、謀反者への処罰―本人は腰斬、父母・妻子・同産は棄市―と一致し、夷三族刑の根拠となるのはまさにこの条文であったかの如くである。だがもしそうであるなら、そして二年律令の「二年」が呂后二年であるなら、呂后元年の三族刑廃止以後も、それを規定する条文がなおも法令集の中に存在したことになってしまう。

この矛盾に対しては二通りの説明が可能であろう。一つは、呂后時に廃止されたのは「夷三族」という制度の一部分、具体的には「具五刑」という処置に過ぎないという解釈である［早稲田大学二〇〇二、八五頁注（六）］。従来、秦代の夷三族刑は「具五刑」、すなわち様々な刑の累加に特徴があるとされてきた。謀反人をその一族もろとも罰することは、実のところ漢一代を通じて行われるのであるが、そうした所謂「族刑」においては、複数の刑が一度に累加されることはない。その点で「夷三族刑」と「族刑」とは相違することがすでに指摘されている［牧野巽一九四二、冨谷至一九九八、第Ⅲ編］。二年律令1～2の規定には、確かにこの「具五刑」への言及がない。呂后による改制の主眼が「具五刑」という処刑法の廃止にあったとするならば、二年律令に当該の規定が含まれる理由も説明でき、むしろそれは制度の改変を示す史料となる。

一方で素朴な疑問も残る。呂后の改革が縁坐自体を除こうとしたのではなく、その処刑法の変更のみを意図したのであれば、刑法志がそれを「三族罪・祅言令を除く」と表現するのはいかにも大げさで、なじまない。そこで考えられるもう一つの説明は、呂后の改制は実際には行われなかったと見ることである。

呂后の三族刑廃止に言及するのは『漢書』高后紀、刑法志のみで、『史記』には一切見えない。さらに呂后のとき三族刑とともに廃止されたはずの「妖言」の罪は、文帝二年（前一七八）にも再び廃止されている。『漢書』文帝紀を挙げておく。

五月、詔曰「古之治天下、朝有進善之旌、誹謗之木、所以通治道而來諫者也。今法有誹謗訞言之罪、是使衆臣不敢盡情、而上無由聞過失也。將何以來遠方之賢良。其除之。…」

五月、詔して曰く、「古の天下を治むるや、朝に進善の旌、誹謗の木有り、治道を通じて諫者を来たす所以なり。今 法に誹謗訞言の罪有り、是れ衆臣をして敢えて情を尽くさざらしめ、而して上由りて過失を聞くなからしむるなり。将に何を以て遠方の賢良を来さん。其れこれを除け。…」

この記事は『史記』孝文本紀にも見え、同漢興以来将相名臣年表ではこの年に「誹謗律を除く」とある。呂后の改制に言及しない『史記』はともかく、『漢書』の中ではたった九年の間で同じものが二度撤廃されたことになっており、顔師古はこの間に重複して条文が設けられたものとするが、不自然であることは否めない。呂后の詔の実効力、ないしは史実性自体が疑われる所以である。(120)

いずれの見方をとるにせよ、呂后の改制を経ても縁坐自体は依然として行われ続けたことになる。ただし改制はこれに止まらず、更なる一手が講じられた。文帝元年（刑法志は二年）の「収律相坐法」の撤廃である。『漢書』刑法志は呂后の改制を紹介した後、文帝の詔、および一連のやりとりを引く。

孝文二年、又詔丞相・太尉・御史「法者、治之正、所以禁暴而衛善人也。今犯法者已論、而使無罪之父母・妻子・同産坐之及收、朕甚弗取。其議」。左右丞相周勃・陳平奏言「父母・妻子・同産相坐及收、所以累其心、使重犯法也。收之之道、所由來久矣。臣之愚計、以爲如其故便」。文帝復曰「朕聞之、法正則民愨、罪當則民從。且夫牧民而道之以善者、吏也。既不能道、又以不正之法罪之、是法反害於民、爲暴者也。朕未見其便。宜孰計之」。平・勃乃曰「陛下幸加大惠於天下、使有罪不收、無罪不相坐、甚盛德、臣等所不及也。臣等謹奉詔、盡除收律・相坐法」。

孝文二年、又た丞相・太尉・御史に詔すらく「法なる者は、治の正にして、暴を禁じて善人を衛る所以なり。今　法を犯す者已に論じられ、而して無罪の父母・妻子・同産をしてこれに坐せしむ、及び収するは、朕甚だ取らず。其れ議せ」と。左右丞相周勃・陳平奏言すらく「父母・妻子・同産の相い坐し、及び収さるるは、其の心を累わせ、法を犯すを重《はば》からしむる所以なり。これを収するの道は、由りて来たる所久し。臣が愚計、以為えらく其の故の如くするが便なり」と。文帝復た曰く「朕これを聞く、法正しければ則ち民愨《つつ》しみ、罪当たらば則ち民従う。且つ夫れ牧民してこれを道くに善を以てする者は、吏なり。既に道く能わず、又た不正の法を以てこれを罪す、是れ法反って民を害し、暴を為す者なり。朕未だ其の便なるを見ず。宜しくこれを孰計すべし」と。平・勃乃ち曰く「陛下幸いに大恵を天下に加え、罪有るを収せず、罪無きを相い坐せざらしむ、甚だ盛徳にして、臣等の及ばざる所なり。臣等謹しんで詔を奉じ、尽く収律・相い坐すの法を除かん」と。

同様の記事が『史記』孝文本紀にも見え、そこでは末尾が「除收帑諸相坐律令」となっている。また制度改正の事実のみを記す『漢書』文帝紀では「盡除收帑相坐法」と、同じく『史記』漢興以来将相名臣年表では「除收孥相坐律」となっており、「律令」か「法」か、「収」か「収帑（孥）」か等、表現が食い違う。だがいずれにも共通するのは「収」と「相坐」が並べられていることで、両者の並置は上記の詔や上奏にも見える（傍線部）。

並置される収と坐が互いに異なるものであることはすでに指摘されてきた。だが違いの中身をめぐっては、幾つかの見解が出されているものの、決着を見ていない。沈家本は「収」を拘収、逮捕の謂とし、罪有る者（犯罪者本人）は「収」せられ、罪なき者（近親）は「坐」す、と解釈する（『歴代刑法分考』巻一縁坐）。だが「使有罪不收、無罪不相坐」という一文にこの解釈を当てはめると、「罪が有る者を逮捕させないように」したことになり、罪人本人も許されたというのは筋が通らない。

一方、牧野巽は「使有罪不收、無罪不相坐」という一節から、「収」は有罪者に及ぶ連坐、「相坐」は純粋の無罪者を対象にする連坐、と説明する［牧野一九四二］。だが文帝が強調するのは「無罪の」近親をも巻き込み、それにより犯罪を抑止しようとする制度の残酷さである。罪の有る近親、例えば犯罪を知りながら告発しなかった者や何らかの形でそれに関与した者までも免除しようとしたのか、疑わしい。

二年律令の発見により没収制度の詳細が知られ、それが謀反罪への縁坐などとは相違する面も持つことが明らかとなった今、ここに見える「収」とは没収のことで、一方の「坐」はそれ以外の縁坐を指したものと見なせまいか。二つの制度はいずれも縁坐制の範疇に収まるものではあるが、正確にいえば没収制度は①一定以上の刑に相当するすべての者の、②妻子を対象とするのに対し、それ以外の縁坐は①特定の罪を犯した者の家族を対象とし、②妻子の他、父母・同産をも時に巻き込む点において相違する。文帝の詔は、この二種類の制度をいずれも廃止しようとしたものと考えておきたい。こう解釈すれば「使毋罪之父母妻子同産坐之、及爲收帑」（『史記』孝文本紀）「無罪之父母妻子同産坐之及收」（『漢書』刑法志）という「坐」と「収」の並置も、具体的な条文を念頭に置きつつ理解することができる。「使有罪不收、無罪不相坐」という一節の「有罪」「無罪」の対比は単なる修辞であって、「有罪」と「収」、「無罪」と「相坐」がそれぞれに結びつくのではなく、罪を犯した者により無罪の近親者が没収・縁坐の対象となることを総括して述べているのであろう。

たとえ呂后による三族刑廃止の史実性が疑われるにせよ、文帝が右の詔を出したからには、この時点ですべての縁坐制度が廃止されたことになる。

(四) 縁坐制の「復活」をめぐって

刑法志は呂后元年の三族刑廃止、文帝元年の縁坐制廃止の記事に続いて、しかしながらこうした廃止は一時的なものであったと述べ、文帝の在位中に早くも新垣平が三族刑とされたことを挙げる。(121) こうした刑法志の口吻を承け、呂后・文帝時の縁坐廃止は直ちに反故にされたとするのがこれまでの一般的な見解であり、現在でも依然として根強い。

ただしこれには異論がある。牧野巽は、秦から漢初に至るまでの「夷三族刑」と漢代に行われた族刑とは異なり、夷三族刑は呂后の時に廃止され、二度と復活しなかったとする［牧野一九四二］。さらに冨谷至は、文帝の時に廃止されたのは労役刑や棄市刑に近親を縁坐させ、これを官奴婢とする制度であり、後者はその後も復活しなかったとして、文帝改革の有効性を主張する［冨谷一九九八］。

冨谷が指摘する、労役刑や棄市刑に近親が縁坐し、官奴婢とされる制度とは、二年律令でその詳細が知られるところとなった没収制度のことに他ならず、その概略は冨谷が想定していたものとほぼ同じい。そして同時に指摘されるとおり、この没収制度がその後復活した形跡はない。

確かに謀反人の近親が縁坐により処罰された例は漢一代を通じて枚挙に暇がなく、盗鋳者の近親の縁坐も―王莽期のことゆえ継続性、実効性には疑いがあるが―一時期復活している。(122)「劫」罪への縁坐は漢代にはその例を見ないが、後に晋・梁においては家人、妻子も処罰される犯罪となっている[123]。その他、様々な犯罪に近親者が縁坐しているものの、いずれもある特定の犯罪への縁坐であり、一定以上の刑罰に該当するすべての犯罪者が対象となるものではない。また労役刑相当の罪に家族が縁坐した事例もなく、この点においても没収制度はその後も復活せず、完全に消滅したといえる。

それならば、この改制が労役刑体系に及ぼした影響は大きい。前章で述べたとおり、没収という措置の有無は、城旦刑徒の処遇と隷臣刑徒のそれとを分かつ最も大きな要素であったからである。すでに石岡浩が、没収制度の廃止により刑罰体系の再構築が迫られ、文帝十三年の改制へと繋がったことを主張している［石岡二〇〇五b］。

無論その他にも両刑の間には相違点があった。とりわけ二年律令の時代には、肉刑に処された者が城旦舂の労役につけられており、城旦舂刑徒の集団―その中には肉刑を施されていない者も含まれたであろうが―は他の刑徒とは異なる外貌を具えていた。だが文帝十三年には、この肉刑も廃止されるに到る。

没収制度と肉刑という、城旦舂刑を特徴づけていた二つの制度はなぜ廃止されることになったのか。文帝期の諸改革を検討しながら、その背景を最後に論じておきたい。

（五）肉刑の廃止と文帝改制の意味

まず肉刑廃止の経緯を述べる、刑法志の記事を挙げておく。

即位十三年、齊太倉令淳于公有罪當刑、詔獄逮繫長安。淳于公無男、有五女、當行會逮、罵其女曰「生子不生男、緩急非有益」。其少女緹縈、自傷悲泣、乃隨其父至長安、上書曰「妾父爲吏、齊中皆稱其廉平、今坐法當刑。妾傷夫死者不可復生、刑者不可復屬、雖後欲改過自新、其道亡繇也。妾願沒入爲官婢、以贖父刑罪、使得自新」。書奏天子、天子憐悲其意、遂下令曰「…今人有過、教未施而刑已加焉、或欲改行爲善、而道亡繇至、朕甚憐之。夫刑至斷支體、刻肌膚、終身不息、何其刑之痛而不徳也。豈稱爲民父母之意哉。其除肉刑、有以易之。及令罪人各以輕重、不亡逃、有年而免。具爲令」。（『漢書』刑法志）

即位十三年、斉の太倉令淳于公　罪の刑に当たる有り、詔獄　逮して長安に繫がんとす。淳于公男無し、五女有り、行きて逮に会するに当たり、その女を罵りて曰く「子を生むも男を生まず、緩急にして益有るにあらず」と。その少女緹縈、自ら傷みて悲泣し、乃ちその父に随いて長安に至り、上書して曰く「妾の父　吏と為り、斉中皆な其の廉平なるを称うるも、今　法に坐して刑に当たる。妾夫れ死せる者は復た生くるべからず、刑せらるる者は復た属《つ》くべからず、後に過を改め自ら新たならんと欲すと雖も、其の道の繇るなきを傷むなり。妾願わくば没入せられて官婢となり、以て父の刑罪を贖い、自ら新たなるを得しめん」と。書天子に奏せられ、天子その意を憐悲し、遂に令を下して曰く「…（中略）…今　人過有らば、教未だ施されざるも刑已に加えらる、或いは行いを改めて善をなさんと欲するも、而も道の繇りて至るなし、朕甚だこれを憐む。夫れ刑支体を断ち、肌膚を刻むに至らば、終身息まず、何ぞその刑の痛にして不徳なるや。豈に民の父母たるの意に称わんや。其れ肉刑を除き、以てこれに易うる有らん。及び罪人をして各おの軽重を以て、亡逃せざれば年有りて免ぜよ。具して令となせ」と。

肉刑廃止の発端は、父の刑罪——肉刑に相当する罪——を自らが官婢となることで贖おうとした一少女の訴えであった。二年律令には肉刑＋城旦舂という組み合わせしか見えず、従って淳于公は城旦刑に当てられたのであろうが、文帝十三年の時点ではすでに没収制度は廃止されていたので、その娘が没収され、官婢にされることはなかった。けれども緹縈は敢えて官婢になることを望み、それにより父の罪を贖おうとした。彼女を憐れんだ文帝は肉刑廃止を命じ、のみならず罪人への扱いを「有年而免」とするよう指示している。

引用の末尾に見える「有年而免」が、一定の年限の後に罪人を釈放することであるのは疑いない。ただし論者によってその捉え方は異なり、文帝十三年以前から労役刑は有期であったとする論者は、これを単なる念押し、刑期の確認と理解する。だが秦～漢初の労役刑は無期刑がその主流であったというのが筆者の結論であり、この文帝の制詔も、すべての労役刑に刑期を設けようとしたものに相違ない。

ではなぜ文帝は肉刑を廃止し、さらにあらゆる労役刑の有期化にまで踏み切ったのか。その理由を単に文帝の恩徳や肉刑の残虐性に帰することなく、制度史的な文脈から分析すべきことを説いた籾山明は、肉刑の廃止を求めたに過ぎない緹縈の嘆願が、労役刑の有期化をも引き起こしたことに着目した［籾山一九九五］。籾山は滋賀秀三や徐鴻修の主張(124)を承け、身体を毀傷された者は社会から排除されて官有奴隷となり、こうした奴隷的身分こそが刑徒の前身であったとする。こうした理解に立てば、肉刑と無期労役刑はまさに一体であり、従って肉刑を廃止することは必然的に無期労役刑の消滅に繋がったことになる。(125)身体を毀傷された者が特別な地位・場所に配置され、役務に就くこと、それが労役刑の起源であるという指摘は、近年曹旅寧も支持するところである［曹旅寧二〇〇二］。

だが肉刑の廃止が必然的に労役刑有期化を生んだとの籾山説には、腑に落ちないところがあった。秦律の中でも肉刑を科されない労役刑徒が多数現れており、たとえ元来は不可分の関係にあったにせよ、文帝十三年の時点での肉刑廃止が、労役刑を軽重づける要素そのものの根本的な変更までも直ちに引き起こしたとは考えにくい。肉刑を伴わない多くの労役刑が刑期以外の要素、例えば就けられる役務の強度によってすでに等級づけられていたとすれば、たとえ肉刑が廃止されても、そうした要素を基準にして刑の軽重を整えればよく、労役刑体系を組み上げる原理自体を改める必要はない。

その後、二年律令の発見により、無期労役刑の体系を組み上げていた要素がより具体的に知られてくると、筆者が抱いていた右の疑念には一つの解答が得られた。

労役刑は役務内容、就役形態、刑具の有無、その家族への処遇などの基準によって軽重づけられており、なかでも妻子を別々に没収する制度と肉刑とは、一旦実行されればその回復は難しく、行刑の現場における制度の弛緩にも影響を受けにくいものであった。だが文帝元年に没収制度が廃止されたことが示すとおり、文帝十三年以前からすでに各労役刑を整序する原理は揺らいでおり、もう一つの重要な要素である肉刑も、有爵者層の拡大によりその存在意義を稀薄にしていた。石岡浩はこの二点に注意を喚起し、前漢成立以後、刑罰制度にもたらされていたかかる混乱を文帝改制の重要な背景とする［石岡二〇〇五ｂ］。陶安あんどもまた、文帝十二年ごろに実施された大規模な納粟授爵（後述）に着目し、文帝改制以前に、すでに肉刑の執行数が大幅に減少していたであろうことを指摘する［陶安二〇〇九］。やがて文帝十三年に到って完全に肉刑が廃止されてしまうと、もはや刑期という要素を全面的に導入する他に、すべての労役刑をはっきり整序できる基準は存在しなかったと言ってよい。肉刑の廃止は、労役から肉刑を切り離すことにより刑期の導入を可能にしたのみならず、刑期という尺度なしでは労役刑の序列を維持できない状況をもたらした、と見ることができよう。

ではそもそも、労役刑体系の根本を揺るがすものであるにも拘らず、なぜ没収制度・肉刑は廃止され、また肉刑の存在意義を稀薄にする爵の賜与や買爵が実施に移されたのであろうか。石岡はこれらの改制を、草創期の王朝が打ち出した恩恵策の一環として説明するが［石岡二〇〇五ｂ］、果たして恩恵を与える必要性のみからこの重大な改制が引き起こされたのか、疑わしい。以下に改めてその理由を探りたいが、その作業は、史書が多くを語らないからには、改制によって生じた事態を見つめ、その根本的な理由を探ってゆく手法を採る他ない。とりわけ、いくつかの制度改革が共通して引き起こした事態に注目すれば、これら改革を必要とした理由もおのずと浮かび上がってこよう。
没収制度の廃止と刑期の設定がもたらしたであろう共通の事態として、官有労働力の減少が挙げられる。まず没収制度が消滅すれば、それによる官奴婢の供給も途絶える。さらに刑期を設けることは、利用できる刑徒労働の減少を一方で意味している。これらはいずれも王朝の側から見れば大きな損失である。だが実のところ、文帝期には官有労働の削減が、むしろ積極的に試みられており、文帝後四年（前一六〇）には官奴婢の解放が命じられた。

四年…五月、赦天下。免官奴婢爲庶人。（『漢書』文帝紀）
四年…五月、天下に赦す。官奴婢を免じて庶人となす。

ここでは官奴婢解放の理由が明記されておらず、前の月に起こった日食を承けて天下に赦令が下され、その一環として官奴婢も免じられたようにも読める。だが官奴婢解放についても、象徴的な効果以外の、より現実的な理由を求めるなら、時代は降って元帝の時、再び官奴婢の解放を求めた貢禹の上言が参考になる。

又諸官奴婢十萬餘人戲遊亡事、稅良民以給之、歲費五六鉅萬、宜免爲庶人、廩食、令代關東戍卒、乘北邊亭塞候望。（『漢書』貢禹伝）
又た諸の官奴婢十万余人は戯遊して事なきも、良民に税して以てこれに給し、歳ごとに費は五六鉅万、宜しく免じて庶人となし、食を廩し、関東の戍卒に代えて、北辺の亭塞に乗り候望せしむべし。

ここに見える十余万人の官奴婢とは、中央官府に所属する官奴婢の、ほぼすべてと見なしてよい［渡邊二〇〇一］。それを解放してしまおうという声が挙がったのは、何よりもその維持に多額の費用が必要とされたためであった。

貢禹は一貫して様々な経費の削減を提案し続け、その立場から斉の三服官をはじめとした官営手工場の縮小、官馬の貧民への分与、後宮の女性の解放、宮衛の削減などを主張している。その際に手本とされているのは、貢禹自身が「高祖・孝文・孝景皇帝に至り、古に循いて節倹し、宮女は十余を過ぎず、厩馬は百余匹。孝文皇帝は綈を衣て革を履き、器は琱文金銀の飾なし」(『漢書』貢禹伝)として引き合いに出すとおり、文帝が行った一連の節倹策である。文帝二年(前一七八)には衛将軍に属す軍が廃止され、さらに太僕の馬を必要数以外は宿駅に配置する措置が実施され、十二年(前一六八)には恵帝の時から後宮にいた女性たちが自由にされている。貢禹が官奴婢解放を提唱しているのも、文帝時のそれを念頭に置き、その理念に共感したうえでのことならば、そこから文帝が官奴婢解放に踏み切った背景の、現実的な側面も見えてくる。

第二節で整理したとおり、城旦とその妻子は家族関係を断ち切られ、別々の場所で使役される。身一つで役務地に置かれた彼らには、官の支給する衣食が生活の糧となる。さらに「繋城旦舂」として使役される者にも、衣食が支給された(秦律十八種143)。一方、隷臣妾は独自の生計を維持しており、官が食糧を支給するのは彼らが公の役務に就く時のみでよかった。けれども妻を伴わない隷臣もおり、そうした者には衣服の支給がなされた。結局、刑徒労働を維持するためには、役務の有無にかかわらず経常的な経費が必要となる。その支出を如何に抑え、効率的に労働力を利用するのかという観点から眺めれば、没収制度の廃止は収人に支給すべき衣食の削減を意味し、また肉刑を廃止し、すべての労役刑を有期化すれば、刑徒への官による衣食支給も、それが何時まで継続するのか、はっきりと期限が設けられたことになる。かくして文帝の刑制改革は、このとき展開された数々の節倹策の一つとして捉え得ることになる。

以上は、没収制の廃止と労役刑の有期化がもたらしたであろう様々な事態の一つに、貢禹の建言―それ自体は実現しなかったが—を媒介にして着目し、それこそが制度改革の目指すところであったと推測したに過ぎない。しかしながらここで強調しておきたいのは、労役刑制度の変更は王朝全体の労働力編成・活用のあり方と深く結びついているという、考えてみれば至極当然の事実である。この視点を抜きにして有期化の理由・背景を探ることはできまい。とりわけ文帝の時には、王朝が動員可能な労働力をより効率的に活用することが図られた。その最もよく知られた試みとして、辺境防備をめぐる新制度を挙げることができる。

文帝三年（前一七七）、匈奴は上郡や北地郡に攻め込み、漢はその撃退に八万の軍勢を興した。これに乗じて、済北王劉興居の反乱も起こる。翌年より匈奴との和親が模索され、六年（前一七四）にそれが成就し、冒頓単于が程なくして世を去った。老上単于の時代にも小競り合いは続き、十一年（前一六九）には匈奴が隴西の狄道を攻めている。そして十四年（前一六六）、十四万騎が安定郡の蕭関から攻め入り、長安の西の、文帝もしばしば行幸した雍県にまで斥候が現れた。都に迫る匈奴に対し、戦車千乗・騎馬十万で首都の備えが固められ、文帝自らが督軍に赴き、さらには兵を率いようとしたという。その後、後二年（前一六二）に和親が成るものの、老上単于の死後、後六年（前一五八）には再び匈奴が上郡に侵攻している。この、繰り返し起こる匈奴の侵攻を如何にして食い止めるかは文帝の懸案事項の一つであり、賈誼もその上奏の中で、これを「為に流涕すべき」事態としている（『漢書』賈誼伝）。この問題の解決にむけて、実際に処方箋を書いたのは晁錯であった。

景帝期の諸侯王削弱策で知られる晁錯は、そもそも極めて具体的な匈奴対策を提言したことによって文帝に登用された。その方策は納粟授爵の開始と辺境への徙民という二つの柱から成り、それにより人と食糧を辺境に集めることが図られている。

納粟授爵の開始に至った経緯は、『漢書』食貨志に記される。晁錯は商人が蓄えた富を吸い上げ、それを食糧備蓄にまわすべく、粟を納めた者に爵を与えるよう提案した。その提言が文帝に聞き入れられると、晁錯はさらに、一定量の食糧が辺境や各郡県に備蓄されたら、租を減免すべきことを上言し、それを承けて文帝十二年の租が半分に減じられ、十三年からはすべて免除されている。

一方の徙民策については、晁錯の本伝にその上言が載せられている。彼は現行の辺防策、すなわち呂后五年（前一八三）に始められた、戍卒を徴発して一年間辺境防備に就けるという制度[126]は、卒が一年で交代してしまう点に問題があるとする。これではいつまで経っても戍卒が敵の戦法を熟知するには到らない。代わりに提案されたのが徙民策で、耕地や住居を準備したうえで、人員を辺境に定住させれば、遠方の卒を連れてくる必要もなくなり、かつ防備も堅くなる、というのである。もちろん喜んで辺境に遷る者は多くないであろうから、罪人の自首した者や恩赦に遇った刑徒[127]、贖刑に当たる罪を犯した奴婢、あるいは民間から差し出された奴婢がまず遷された。遷徙した者には、自給が可能となるまで衣食が支給され、配偶者も官により買い与えられた。

この徙民策がいつ実施されたのか、晁錯伝には明記されない。ただ『史記』漢興以来将相名臣年表に、

十三　除肉刑及田租税律、戍卒令。

（文帝）十三（年）肉刑、及び田租税律、戍卒令を除く。

とある、「戍卒令を除く」というのが徙民策の実施、すなわち卒を徴発して屯戍せしめる方策を止め、徙民に切り替えたことを指すのならば、これもまた文帝十三年に実施されたことになる。「田租税律…を除く」というのも、同じく晁錯が提案し、実施された納粟授爵の結果、租の徴収がやめられたことを指すのであろう。

景帝元年（前一五六）、租の徴収は再開される[128]。また居延・敦煌漢簡には、新来の、あるいは帰還する戍卒（「罷卒」）の送迎（「迎卒」「送罷卒」）に関する記事が見られ[129]、武帝の時までには一定期間で交代する戍卒制度が復活していたのか、あるいは文帝時の「廃止」自体が全面的なものではなかったことを示唆する。だが晁錯が提

言した辺境防備策の二つの柱が、肉刑の廃止、及び労役刑の有期化と時を同じくして実施された、ないしは制度として固まった事実に、ここではむしろ注目したい。そのうち晁錯の徙民策が労働力の効率的な利用を目指していることは明らかである。効率的、とは、防衛力の強化と同時に、その維持に必要な経費の削減をも意味する。徙民策が実施されたのを承け、晁錯が行った上言の冒頭の、

陛下幸募民相徙以實塞下、使屯戍之事益省、輸將之費益寡、甚大惠也。（『漢書』晁錯伝）

陛下幸いに民を募り相徙して以て塞下を実たし、屯戍の事をして益々省かしめ、輸将の費をして益々寡からしむ、甚だ大恵なり。

という一節にそのことははっきりと述べられている。そして削減されたのは戍卒の輸送に必要な経費のみならず、彼らに支給されたであろう衣食の費用についてもいえるだろう。一年で交代する戍卒にはいつまでも衣食を支給し続けねばならないのに対し、晁錯の徙民策は、確かに遷徙当初の支給や、功績への恩賞は手厚いものの、日常の衣食についてはやがては自給することを前提にしている。こうした形での「節倹」が文帝十三年前後の政策目標であったならば、肉刑廃止と労役刑有期化もまた、官有労働の再編とそれによる支出の削減という観点から、改めて捉え直すことができよう。

文帝十三年の刑制改革は、従来はあくまでも法制史の枠内で、すなわち秦以来の法制度とその弊害、それからの脱皮、という文脈から解釈されてきた。だが没収制度の廃止や労役刑の有期化が王朝による労働編成に大きな影響を及ぼしたことは想像に難くない。むしろ文帝の治世、特に後半世の重要課題であった匈奴問題、その対策として講ぜられた労働編成の改革や支出の見直しが、労働力としての刑徒のあり方にも影響を与えたと見るべきであろう。こうした見地に立てば、肉刑の廃止が有期化を可能にした、のではなく、有期化する必要性が肉刑を

廃止に追い込んだ、と肉刑廃止の意味を捉え直すこともできる。

もちろん一つの政策が一つの目的のためだけに実施されたわけではなく、刑制改革を匈奴問題や節倹策のみから説明するのもまた早計である。没収制度や肉刑の廃止には政治的プロパガンダとしての意味も確かに込められていたであろうし、広範な賜爵が開始した背景も別に論じられる必要がある。だが刑制改革を他の諸改革とともに捉え直したとき、文帝を悩ませていた極めて現実的な政策課題が、その背後に浮かび上がってくる。

おわりに

漢初まで主要な労役刑は無期であり、それらの軽重は没収の有無や刑徒の地位が子孫に継承されるか否か、といった要素により決められていた。それらを刑期という単一の基準にはめ込み、直線的な労役刑体系を構築したのが文帝十三年の改制であった。文帝期には没収制度も廃止されており、それが労役刑体系に与えた影響も大きい。没収制や肉刑の廃止、労役刑の有期化、さらには官奴婢解放や辺境防備の見直しといった文帝の諸改革を相互に連関するものとして捉えると、それらが共通してもたらす現実的な効果としては、官が抱える労働人員を削減し、彼らに自活させ、官が負うべき支出を軽減したであろう点が挙げられる。こうした労働力編成の改変が労役刑改革の背後にはあった。

労役刑の有期化は、刑徒労働の利用期間に制限を加えることであり、王朝の側からすれば大きな損失である。なぜ敢えてそれが実施されたのか。この疑問がかねてより筆者の頭を離れなかった。本章はその自問への一つの解答である。けれどもそこから新たな疑問も生まれてくる。

まず考えねばならないのは、刑徒労働を維持するための経費が国家財政を圧迫するほどのものだったのか、それを削減することは労働力減少という不利益を補って余りあるものだったのかという点である。すでに述べたとおり、労役刑徒は民間に貸与・売却されることがあり[130]、里耶秦簡に見える次の令文は、そうした売買が定期的に行われていたことを示している。

卅三年二月壬寅朔朔日、遷陵守丞都敢言之。令曰、恒以朔日上所買徒隷數。●問之、毋當令者。敢言之。（J1⑧154A）

（始皇）三十三年二月壬寅朔朔日、遷陵守丞の都が申し上げます。令に「つねに朔日に購入した徒隷の数を上申せよ」とある。●問い合わせたところ、この令に該当する者はいなかった。以上申し上げます。

余剰の官有労働力が売却されていたとすれば、財政的な負担は最小限で収まっていたであろうし、その負担をさらに削減するにしても、有期化はそのための効果的な方策とはいえず、むしろ刑徒をさらに売却し、刑徒労働の総量を減らす道が選ばれたであろう。

さらに恩赦の効果も考慮せねばなるまい。然るべき機会に行われる恩赦によって刑徒が解放されていたとすれば、刑期を設けるまでもなく刑徒の数は調節されていたはずである。

こうした疑問に対しては、まず官奴婢解放令の実施が官有労働力の削減という当時の政策方針を示唆していると答える他ない。さらに、刑徒を赦免して辺境防備に充て、経費を節減する政策が平行して進められていたのであるから、有期化による労働力の「損失」も、さほど深刻なものではなかったのであろう。

また刑徒の出売に関しては林炳徳が、漢初にはその制度が機能不全に陥っていた可能性を指摘している[131]。林は、秦末漢初には戦乱や大土地所有の進行によって中小の農民が没落し、その多くが奴婢に身を落としていたため、刑徒を奴婢として購入する需要が著しく低下していたという［林炳徳二〇〇八］。加えて、戦乱の終息による人口の増加[132]が刑徒購入の需要を鈍らせていたことも考えられよう。

また恩赦と労役刑徒との関係をめぐっては、皇帝の恩赦が直ちに刑徒をその地位から完全に解放し、「元刑徒」への食糧支給は不必要になったのか否か、慎重に考えねばならない問題が残る。この点は次章で詳論することとする。

もちろん、刑制改革の背後に刑罰体系そのものの見直しがあったことは決して否定しない。韓樹峰は、肉刑と労役刑が組み合わされた刑罰体系の複雑さを力説し、その再編が進んでいたことを推測する［韓樹峰二〇〇五］。確かに有期化によって労役刑体系はより単純な、理解しやすい姿になった。各労役刑の、その歴史を物語るのであろう独特の呼称は残されたものの、実質的には数段階の有期刑によって労役刑体系は構築されることになった。

また文帝改革の「その後」も慎重に吟味されねばなるまい。近年陶安あんどは、秦から漢に至る刑罰制度の変遷を長期的な視野から捉えるべきことを提唱し、文帝の改制後、直ちに有期労役刑体系が確立したわけではなく、依然として段階的な赦免という間接的な刑期設定が行われたと思しいことを指摘する［陶安二〇〇九、第六章］。確かに文帝十三年の改革で定められたとされる労役刑の体系、すなわち張建国による『漢書』刑法志の復原［張建国一九九九、一九一～二〇六頁］に従うなら、

完城旦舂3年→鬼薪白粲1年→隷臣妾1年→庶人　……計5年
鬼薪白粲3年→隷臣妾1年→庶人　……計4年
隷臣妾2年→司寇1年→庶人　……計3年
作如司寇2年→庶人　……計2年

刑城旦舂（新制では髠鉗城旦舂）1年→完城旦舂（以下同じ）…計6年

という制度は、年限を区切って刑種を減等していくという回りくどい方法で「刑期」を定めており、かつ『漢旧儀』の、衛宏が「西京の旧事」として語る労役刑体系との間には、刑期や刑種において相違が認められる。文帝の一枚の詔ですべてが変化したわけではなく、長期的な調整過程を経なければ新たな体系は構築されなかったはずである、との陶安の主張［同三三〇頁］には、耳を傾けねばなるまい。(133)

刑罰制度の展開、とりわけ肉刑の廃止をめぐっては、そのプリミティブな性格も考慮に入れる必要がある。もちろんそれが原始的で残酷であったから廃止に向かったとするのは単純に過ぎる。だが例えば籾山明は、異形の身体に対する忌避感が春秋から戦国にかけて高まりつつあった可能性を指摘している［籾山二〇〇六、二六八〜二六九頁］。またチャールズ＝サンフトは、肉刑とは君主の権力を可視的に示すものであり、民衆に畏怖の念を与えたと共に、権力への反発も招きかねなかったことに着目し、その点に肉刑廃止の功利的な一面を見出している［サンフト二〇〇五］。肉刑によって異形の姿となった人間をも含む刑徒たちが、一体どこに居場所を与えられ、社会によって如何に受け止められていたのかは、本章でも制度的な側面からその解明に努めたが、社会的な階級秩序をめぐる理念や社会自体の変質をも視野に入れて、多角的な検討を進めねばなるまい。

異姓諸王の排除に明け暮れた高祖の時代と、呂后専権の時代を経た後、二十四年に及んだ文帝の治世は、その後の漢王朝の進む道を定め、武帝の登場を準備した時期である。漢王朝の成立から二十年以上を経て、長期にわたった戦乱はもはや過去のものとなり、それに伴って多くの変化が生じていたに違いない。まず当面の軍事的課題は長大な北部辺境を如何にして安定的に防衛するかという点に移り、この変化が軍団の配置や動員方法に一定の見直しを迫ることになったであろう。また軍需の減少は産業にも影響を及ぼし、人口の増加や流民の定着と共に、労働力需要に構造的な変化をもたらしたと考えられる。さらに軍功褒賞として重要な機能を果たしていた爵位が次第に乱発されるようになり、爵制が社会秩序に与えていたであろう何がしか影響力も、有名無実化していたと思われる。政治・社会・経済を取り巻く環境が変動するなかで、文帝はいくつかの改制を実行に移していった。そのいずれもが変化に対応すべく、切実な現実的要請の下に実施されたものであろう。だが『史記』『漢書』はその背景について多くを語らない。改制のうち、関所の廃止や民間における鋳銭の容認等ついて、正史は改制の事実を記すのみで、それに至るまでの経緯や背景には言及せず、やはりすべては文帝の徳に帰せられる。文帝に寄せられてきた過剰なまでの賛辞が、却って文帝期の実像を覆い隠しているといえよう[134]。二年律令は文帝期の制度について直接は語らないが、そこで得られた知見を基に、文帝は一体何をしたのか、さらに突き詰めて捉え直す必要がある。

注

（1）「候」刑については本書第五章を参照のこと。

（2）論争の焦点は籾山一九九五［二〇〇六］に適切にまとめられている。

（3）凡有罪、男髡鉗爲城旦。城旦者、治城也。女爲舂、舂者、治米也、皆作五歲。完四歲、鬼薪三歲。鬼薪者、男當爲祠祀鬼神、伐山之薪蒸也。女爲白粲者、以爲祠祀擇米也、皆作三歲。罪爲司寇、司寇男備守、女爲作、如司寇、皆作二歲。男爲戍・罰作、女爲復作、皆一歲到三月。（『漢旧儀』下）

（4）前掲注（3）の『漢旧儀』参照。

（5）瀬川は秦の労役刑を等級づけた基準は労役の強度ではなく、刑徒につけられた刑具の数であると結論している。

（6）…（前略）…卒歲少入百斗者、罰爲公人一歲。卒歲少入二百斗者、罰爲（941）公人二歲。出之之歲【□□□□】□者、以

爲公人終身。卒歳少入三百斗者、黥刑以爲公人。…（後略）…（942）（『銀雀山漢墓竹簡〔壹〕』守法守令等十三篇）

（7） 李均明は「張家山漢簡に見える資料は漢初の徒刑に刑期が有ったのかどうかという問題をなお完全には解決できない」［李均明二〇〇三、一二八頁］と述べるに止まる。

（8） 『張家山』の配列では一二三簡の前に一二二簡が置かれているが、この二簡は接続せず、一二三簡が条文の冒頭であると考えられる。三国時代二〇〇四、一九五頁参照。同様の指摘が張建国二〇〇四、彭浩二〇〇四によってもなされ、『二年律令』は配列を改めている。

（9） 次の睡虎地秦律がその規定である。

有罪以貲贖及有責（債）於公、以其令日問之、其弗能入及賞（償）、以令日居之、日居八錢、公食者、日居六錢。…（秦律十八種133）

貲刑・贖刑に相当する罪がある者、及びお上に債務を負った者は、判決を言い渡した日に本人に訊ね、金品を納めたり賠償したりできないならば、判決を言い渡した日から労役に就ける。一日就役したら八銭とし、食糧支給を受ける者は、一日就役したら六銭とする。…

（10） 「居貲贖債」は「貲・贖・債に居る」、すなわち貲刑・贖刑・官への負債のために労役に服すこと、また類似する「有罪以貲贖及有責於公」は「罪有りて以て貲・贖とせらる及び公に債有る」と読め、これらの貲・贖がいずれも法律用語として貲刑・贖刑を指しているものと筆者は理解する。「居貲贖責」はかかる理由から役務に服している者を指す語として、殆ど名詞的に使われることもあり、本文中では特に訳出しないこともある。

（11） ただし念のために附言しておくと、「居貲贖債」するものが城旦舂の労役に就くことは「居於城旦舂」と表現されており、「繫」字は使われない。

…（前略）…公士以下居贖刑罪・死罪者、居於城旦舂、毋赤其衣、勿枸櫝欙杕。…（後略）…（秦律十八種134）

（12） 葆子は「任子」（『睡虎地』五二頁、司空律（133-140簡）の注一一）、あるいは高官が差し出す人質［張政烺一九八〇］、と考えられている。

（13） 具体的な事例とその解釈を示しておく。

葆子獄未斷而誣告人、其罪當刑爲隷臣、勿刑、行其耐、有（又）毄（繫）城日六歳。●可（何）謂當刑爲隷臣。【有収當耐

未斷、以當刑隷臣罪誣告人、是謂當刑隷臣。】…（後略）…（法律答問109（錯簡修正済み））

「葆子が、裁判の終了していないうちに人を誣告し、その罪が刑隷臣に相当する場合、肉刑を加えてはならず、耐刑ですませ、そのうえで繋城旦六歳とする。」何を「刑隷臣に相当する」というのか。収されて耐刑とされるのに相当するが、裁判が終了しないうちに、刑隷臣に相当する罪で人を誣告した場合、これを「刑隷臣に相当する」というのである。

通常、誣告者には誣告した罪に相当する刑が加えられる。右の場合、本来であれば「刑隷臣」刑が誣告者に科せられる。しかし「葆子」に肉刑を加えることはできないので、もともと科せられるはずであった刑罰（耐刑）に加えて、「繋城旦六歳」が科せられているのである。法律答問111～112簡でも、同じ原理に基づいて繋城旦刑が科せられている

(14)「辟」の解釈は鷹取二〇〇六に従った。

(15)恩赦によって解放される可能性がある以上、「無期刑」という呼称は誤解を生む表現であって、むしろ「不定期刑」と呼ぶべきであるという指摘もある［冨谷一九九八、一六五～一六六頁］。確かに「無期」という言葉は「一生解放されることがない」という印象を与え、適切な用語とはいえない。だがこれらの刑には終身服役するものと通常は観念されており、恩赦はあくまで特別な恩寵であった。また次章に詳述するとおり、恩赦が労役刑徒を完全にその労働から解放したわけではない。これらに鑑みて、本書では敢えて「無期刑」の語を使い続ける。

(16)『睡虎地』は「耤」字を「斮」の假借とし、「葆子の足を切断するという意味である」と釈す。しかしフルスウェも指摘するとおり（*RCL*, p.50, note7・8）、葆子は「勿刑―肉刑を加えてはいけない―」という待遇をうける者であり、「切断」と理解してはならない。ここではフルスウェに従い、「鋜」字に通じる方向で理解し、本文のように訳した。そもそも『睡虎地』は「鋈足」を「足切り」と理解するが（一一九頁、注二）、これも同様の理由から非であり、足枷をはめる附加刑であると解すべきである。

(17)前掲注（12）参照。

(18)鬼薪白粲毆庶人以上、黥以爲城旦舂。城旦舂也、黥之。（二年律令29）

鬼薪白粲有耐罪到完城旦舂罪、黥以爲城旦舂、其有贖罪以下、笞百。（同120）

(19)…（前略）…其子有罪當城旦舂・鬼薪白粲以上及爲人奴婢者、父母告不孝、勿聽。…（後略）…（二年律令35～36）

有罪當完城旦舂・鬼新（薪）白粲以上而亡、以其罪命之、耐隷臣妾罪以下、論令出會之。其以亡爲罪、當完城旦舂・鬼新

（薪）白粲以上不得者、亦以其罪論命之。庶人以上、司寇・隷臣妾無城旦舂・鬼薪白粲罪以上、而吏故爲不直及失刑之、皆以爲隱官。…（後略）…（二年律令122〜124）

罪人完城旦・鬼薪以上、及坐奸府（腐）者、皆收其妻、子、財、田宅。…（後略）…（二年律令174）

(20) 法律答問には次のような記事もある。

上造甲盜一羊、獄未斷、誣人曰盜一猪、論可（何）殹（也）。當完城旦。（法律答問50）

ここでは上造爵を持つ「甲」が城旦刑に当てられることになっているが、これは羊を盗んだ罪と猪を盗んだと他人を誣告した罪の、二つの罪を犯したためであろう。「盗一羊」が如何なる刑罰に相当するかは羊の評価額次第であるが、六百六十銭以上であれば黥城旦とされた。上造爵を持つ「甲」の場合はそれが鬼薪白粲に換刑されることになり、従って彼への科罰は最高でも鬼薪白粲刑である。これに誣告罪への科罰が加味されて、完城旦という量刑が下されているのであろう。

(21) 濱口一九三六aは「徒」が広範な意味を持つことを認めつつ、ここにみえる「徒」は刑徒のことで、そこには奴隷も含まれない、とする。一方、瀬川一九九八は「徒」のなかに一般民も含まれ得ることを主張する。

(22) 城旦之垣及它事而勞與垣等者、旦半夕參、其守署及爲它事者、參食之。其病者、稱議食之、令吏主。城旦（55）舂、舂司寇、白粲操土攻（功）、參食之。不操土攻（功）、以律食之。倉（56）（秦律十八種55〜56）

城旦で城垣を建設したり、他の役務でそれと同じ労力が必要なものに従事している者には、朝に1／2斗、夕方に1／3斗を支給し、守衛をしたり他のことに従事している者には、朝夕1／3斗を支給する。病気の者には、病状を斟酌して支給し、担当官吏にそれを命じる。城旦…。舂・舂司寇・白粲で土木工事に従事している者には、1／3斗を支給する。土木工事に従事していない者には、律に従って支給する。倉律

『睡虎地』はこの二簡を繋げ、「城旦舂・舂司寇…」と読むが、韓樹峰や陶安あんどが指摘するとおり、後段は女性刑徒に対する支給規定と解釈せねば意味が通じず、韓は「城旦」を衍字とし［韓樹峰二〇〇五、四一頁］、陶安は二簡が繋がらない可能性を指摘しつつ、暫く「吏をして城旦を主らしむ」と釈読する［陶安二〇〇九、四四五〜六頁］。ここでは陶安の或説に従い、両簡を別々に釈した。

(23) 官府の補修に関しては次の睡虎地秦簡が挙げられる。

…（前略）…欲以城旦舂益爲公舍官府及補繕之、爲之、勿瀫。…（後略）…（秦律十八種122）

城旦舂を動員して公舎・官府を増築したり補繕する際には、行ってよく、事前に申請する必要はない。

張家山漢簡「奏讞書」⑨では、城旦舂が「治官府」の仕事に就いている。
(24) 秦律十八種55～56。注(22)参照。
(25) 秦律十八種55～56。注(22)参照。フルスウェは「守署」を「持ち場に居ること」と解釈する(*RCL*, pp. 32-33.)が、単に部署に居ることは居延漢簡などでは「居署」「在署」と表現される。睡虎地には「守囚」なる語(法律答問198)や、徒卒が宿衛に番上して「守除」(「除」は「殿陛」の謂で、守除とは階段のところで見張りに立つこととされる)した(秦律雑抄34)といった用例があり、「守」は見張ること、従って「守署」は自らの持ち場で守衛の任に就くことと見るべきである。
(26) 秦律十八種55～56。注(22)参照。
(27) 日食城旦，盡月而以其餘益爲後九月稟所。城旦爲安事而益其食，以犯令律論吏主者。…(後略)…倉(秦律十八種57)
日々城旦に食糧を支給し、月が終わって余りがあれば閏九月に支給する量を増やす。城旦が「安事」をしているのに食糧を増やしたら、犯令の律で担当官吏を量刑する。…倉
(28) 城旦が「工」とされている例を挙げておく。
…(前略)…城旦爲工殿者，治(笞)人百。…(後略)…(秦律雑抄19)
城旦が工となり、成績が最も悪ければ、笞百とする。
(29) 翻訳に際しては里耶秦簡講読会二〇〇四を参照した。
(30) 全文は以下のとおり。
●●蜀守讞(讞)。采鐵長山私使城旦田・舂女爲饘，令内作，解書廷，佐恬等詐簿爲徒養，疑罪。●廷報。恬爲偽書也。(56～57簡(案例⑩))
●●蜀郡守が上申するに「采鉄長の山は私に城旦の田と舂の女に粥を作らせ、内作させていたが、廷に釈明書を提出する際には、佐の恬らが帳簿を書き改めて『徒の炊事係をした』としていた。その断罪に迷う」と。廷での回答、恬は偽書を作った罪である。
「内作」「解書廷」の意味ははっきりしない。「内作」はあるいは「宂作」の誤記であろうか(「宂」の語義については一二四頁参照)。「解書」の「解」は、秦漢の公文書に頻見する用法である「釈明」「申し開き」の意とみて解釈した。「私」は私的

に、許可なく、の謂であり、私的に使役した刑徒を、帳簿のうえでは「徒養」の役務に就けたことにしたのであろう。時代は下るものの、「徒養」には次の用例もある。

太守劉君　事に坐して檻車もて徴され、官法　吏下に親近するを聴さず。瓚乃ち容服を改め、詐りて侍卒と称し、身ら徒養を執り、車を御して洛陽に到る。（『後漢書』伝六三公孫瓚）

「容服を改め」たとあるからには、特別な服装をした、炊事係を務める刑徒や隷属者の類が「徒養」であったものと推測される。

(31) 馬・牛・羊・䝟彘・彘食人稼穡、罰主金馬・牛各一兩。四䝟彘若十羊彘當一牛。而令撟稼償主。縣官馬・牛・羊、罰吏徒主者。貧弗能賞（償）者、令居縣官。〼□城旦舂・鬼薪白粲也、笞百、縣官皆爲賞（償）主。禁毋牧彘。（二年律令253～254）

馬・牛・羊・䝟彘・彘が他人の穀物を食べたら、飼い主に罰金を課すこと馬・牛はそれぞれ一両。䝟彘四頭もしくは羊・彘十頭で一牛に相当する。穀物を撟して持ち主へ弁償させる。役所の馬・牛・羊ならば、吏や徒の担当者を罰す。貧しくて弁償できない場合は、役所において労役させる。…城旦舂・鬼薪白粲であれば…笞百に処し、役所がいずれも持ち主に弁償する。彘を放牧させてはならない。

(32) 「城旦司寇」が見えるのは次の睡虎地秦簡である。

毋令居貲贖責（債）將城旦舂。城旦司寇不足以將、令隷臣妾將。居貲贖責（債）當與城旦舂作者、及城旦傅堅、城旦舂當將司者、廿人、城旦司寇一人將。司寇不𨅭、免城旦勞三歲以上者、以爲城旦司寇。司空（秦律十八種145～146）

労役で貲刑・贖刑・負債を償っているものに城旦舂を監督させてはならない。城旦司寇が監督するのに足らなければ、隷臣妾に監督させる。労役で貲刑・贖刑・負債を償っていて城旦舂とともに作業すべき者、及び城旦傅堅や城旦舂で監督されるべき者は、二十人ごとに城旦司寇一人が監督する。司寇が足らなければ、免老の城旦で三年以上労役に就いている者を城旦司寇とする。司空律。

従来「城旦司寇」とは、「城旦から減刑されて司寇とされた者」と解釈されてきた［*RCL*, p. 66、『睡虎地』五二頁］。これは右条の「免城旦勞三歲以上者、以爲城旦司寇」を「城旦で三年以上服役した者を免じ、城旦司寇とする」と釈した上での理解である。これは文帝十三年の詔の「完爲城旦舂、滿三歲爲鬼薪白粲」という一文、すなわち城旦舂は三年の労役の後に減刑されることを意識したものであり、秦代労役刑の刑期をめぐる論争のなかでもしばしば取り上げられた。しかしその一方で「免隷臣妾・隷臣妾…（秦律十八種59）」では、「免隷臣妾」を「隷臣妾を免じて…」とは読めないので、こちらでは「免老の年齢に達した隷臣妾や隷臣妾」という解釈が示され（『睡虎地』三四頁）、「免＋労役刑名」という句の解釈にブレがあった。ここではまず、文帝十三年詔を離れ―無期説の立場に立ち、段階的な減刑やそのうえでの釈放、といった事態を想定しないのが筆者の考えでもあるので―、「免」をいずれも「免老」の意として解釈した。また「城旦～」という呼称には他に「城旦傅堅」「城旦田者」があり、こちらは「城旦で版築の業務に専ら携わる者」（『睡虎地』五二頁）、「城旦で耕作に従事する者」（『睡虎地』三三頁）とされている。「司寇」は一面で職掌を指す語でもあるから、「城旦司寇」も同様に「城旦で司寇の業務に携わる者」と解釈すれば、「城旦＋職掌名」に対しても一貫した訳を与えられることになる。

一定期間服役した後、刑徒を監視する側に回された城旦舂、というのが筆者の「城旦司寇」、及びそれと類似する「城旦舂之司寇」（秦律十八種141）、「舂司寇」（秦律十八種56）といった術語への理解であり、且つそうした監視業務はほぼ固定され、その点において「城旦司寇」は単なる城旦とは別物の、一個の独立した刑種とさえいえるものになっていたと考える。秦律十八種には、

隷臣妾、城旦舂之司寇、居貲贖責（債）毄（繫）城旦舂者、勿責衣食。…（後略）…（秦律十八種141　本文一一一頁参照）

という規定が見え、「城旦舂之司寇」を城旦舂の労役に就けることが一種の懲罰となり得た、すなわち一旦「城旦舂之司寇」とされた者は、より安逸な監視業務に継続して就けられたことが窺える。同じく秦律十八種56で、

舂、舂司寇、白粲操土攻（功）、參食之。…（後略）…

と、舂と舂司寇がはっきり区別されるのも、この推測を裏づけよう。ちなみに右の規定で、舂司寇が「土功を操る」というのは、彼女らが直接土木作業に就いたのではなく、あくまでその業務に就く舂を引率して、野外で監視の任に当たった場合を意味するものであろう。

近年、陶安あんどは「城旦司寇」や「舂司寇」とは実質的には司寇のことであり、城旦を監視するために配置された司寇が「城旦司寇」と呼ばれたに過ぎないという新説を唱えている［陶安二〇〇九、七〇～一頁］。その論拠としては、①秦律十八種146の「…城旦舂當將司者、廿人、城旦司寇一人將」は一般的な監視のあり方を規定したものであり、そこに見える「城旦司寇」もごく一般的な司寇を指すはずであること、②同141の「城旦舂之司寇」を通常の司寇と区別するなら、そこには正

規の司寇への言及がないことになり、規定として合理性に欠ける、という二点が挙げられる。

　この所説には、まず「舂司寇」や「城旦舂之司寇」が「司寇」を指すに過ぎないとすれば、なぜわざわざ「舂」「城旦舂之」がそれに冠せられるのか、という素朴な疑問を感じる。とりわけ秦律十八種141の規定は、陶安の言うところに従えばすべての司寇を対象としたものであり、それになぜ「城旦舂を監視する司寇」という限定が付くのか、解せない。また56で舂と白粲との間に単なる司寇が割り込むことになるのも不自然に映る。陶安の②の疑問には、通常の司寇が繫城旦舂とされた場合の規定は別にあった、あるいは居貲贖責の一般規定（秦律十八種133）が適用されたとして、その答えとすることができる。①の疑問は確かに尤もであるが、司寇が従来の居所に継続して居住し得たこと、またそれが不足する場合への配慮が予め法文に組み込まれていることを考え合わせれば、実際には城旦を監視する者の多くが「城旦司寇」であり、それを法文が反映しているものとも考えられよう。

(33)　龍崗秦簡に、「城旦舂が盗賊・亡人を追捕しているとき、盗賊・亡人が禁苑の耎地に出入りしたら…（城旦舂其追=盗=賊=亡=人=出入禁苑耎（?）者得迣□▨）」（龍崗秦簡18）という条文が見える。整理小組の訳に従うなら、城旦舂が警察業務にも携わったことになる。しかしこの簡は断裂していて、釈文・訓読に疑問の余地が残り、かつ「其」字の前で句読を入れたほうが読みやすい。「…城旦舂。盗賊・亡人を追捕しているとき、盗賊・亡人が禁苑の耎地に出入りしたら…」と解釈した。

(34)　秦律十八種145～146。注（32）参照。

(35)　秦律十八種55～56。注（22）参照。

(36)　二年律令253～254。注（31）参照

(37)　免隷臣妾・隷臣妾垣及爲它事與垣等者、食男子旦半夕參、女子參。倉（秦律十八種59）
　免老の隷臣妾、隷臣妾の城垣を建築する者、及び他の、城垣建設と同等の役務に就く者は、男子には朝1／2斗、夕方1／3斗、女子には朝夕1／3斗を支給する。　倉律

(38)　秦律十八種108では、隷臣・下吏・城旦が工人とともに働いており、同155～156には「工隷臣」の語が見える。

(39)　隷臣有巧可以爲工者、勿以爲人僕、養。　均工律（秦律十八種113）

(40)　…（前略）…擧闖求、毋徵物以得之、即收訊人豎子及賈市者・舍人・人臣僕・僕隷臣・貴大人臣不敬愿、它縣人來流庸、疑爲盜賊者、徧視其爲謂、即薄（簿）出入所、以爲衣食者、謙（廉）問其居處之狀、弗得。…（後略）…（205～207簡（案

例㉒）

…挙闘は捜索しても逮捕に繋がるような手がかりを得られなかったため、そこで童僕や賈人・舎人・臣僕・僕隷臣・勢族の臣の不逞の輩や、県外から来た雇われ人といった、盗賊を働く疑いのある者を収繋して訊問し、あまねくその行動を検分し、立ち寄り先や生計の術を記録し、その日常生活のさまを問い質したが、犯人を捕らえることはできなかった。…

（41）隷臣將城旦、亡之、完爲城旦、収其外妻・子。…（後略）…（法律答問116）

隷臣が城旦を引率していて、これを逃亡させたら、完城旦とし、その外妻と子を没収する。…

（42）秦律十八種145～146。注（32）参照。

（43）「牢隷臣」は牢獄で、あるいは司法機関で業務に服す隷臣と理解されている。隷臣妾のなかには「宮隷臣」のごとく、「隷臣」の前にそれが属す場所を冠する呼称も他に見える。

強與人奸者、府（腐）以爲宮隷臣。（二年律令193）

ここでの「宮」は「宮刑」ではなく、その労役場所を指すものであろう（本書、第二章）。法律答問の、

可（何）謂宮更人、●宮隷有刑、是謂宮更人（188）。

という一文は、刑（肉刑）の施されていない「宮隷」が存在したことを示唆し、右の推測の傍証となる。「牢」が犯罪者を収監する場所であることは、『漢書』五行志上の、

この歳、広漢の鉗子謀りて牢を攻め、死辠の囚鄭躬等を篡い、庫兵を盗み、吏民を劫略し、繡衣を衣、自ら号して山君と曰い、党与寖や広し。[師古曰く、…牢、重囚を繫ぐの処。]

から知られる。尹湾漢簡の東海郡吏員簿には「牢監」なる官名も見える。

（44）告子　爰書。某里士五（伍）甲告曰「甲親子同里士五（伍）丙不孝、謁殺、敢告」。即令令史己往執。令史己爰書。與牢隷臣某執丙、得某室。丞某訊丙、辭曰「甲親子、誠不孝甲所、毋（無）它坐罪」。（封診式50～51）

子を告訴する　爰書。某里の士伍甲が告するには「甲の実の子で同里の士伍丙は不孝であり、殺して頂きたい。以上申し上げます」と。そこで令史の己に赴いて捕らえさせた。令史の己の爰書。牢隷臣の某と丙を捕らえ、某の家で捕まえた。丞の某が丙を訊問したところ、供述していうには「甲の実の子で、確かに甲に対して不孝でした。他に罪は犯して

いません」と。

(45) 賊死　爰書。某亭求盜甲告曰「署中某所有賊死、結髮、不智（知）可（何）男子一人、來告」。即令令史某往診。令史某爰書。與牢隸臣某即甲診、男子死（屍）在某室、南首、正偃。…（後略）…（封診式55～56）

他殺死体　爰書。某亭の求盗甲が告するには「部署の中の某所に髪を結んである、身元不明の男性の他殺死体が一つあります。出頭して報告します」と。そこで令史の某に赴いて検分させた。令史某の爰書。牢隷臣の某と甲のところで検分したところ、男子の死体は某の家にあり、頭は南に向け、仰向けになっていました。…

(46) 出子　爰書。某里士五（伍）妻甲告曰「甲懷子六月矣、自晝與同里大女子丙鬪、甲與丙相捽、丙僨府甲。里人公士丁救、別丙・甲。甲到室即病復（腹）痛、自宵子變出。今甲裹把子來詣自告、告丙」。即令令史某往執丙。即診嬰児男女、生髮及保之狀。有（又）令隸妾數字者，診甲前血出及癰狀。…（後略）…（封診式84～86）

流産　爰書。某里の士伍の妻、甲が告するには「私は妊娠六ヶ月でした。昨日の昼に同じ里の成人女性、丙と喧嘩をし、私は丙と髪を引っ張り合い、丙は私の上に倒れ込んできました。里人である公士の丁が助けてくれ、私と丙を引き離してくれました。家に帰るとお腹が痛くなり、昨晩流産しました。いま子供を布に包んで出頭して自ら告し、丙のことを告訴します」と。そこで令史の某に赴いて丙を捕らえさせ、嬰児の性別や髪の生え具合、胞衣の状態を検分させました。さらに隷妾の、出産経験豊富な者に命じて、甲の出血や傷の状況について検分させました。…

(47) …（前略）…隸臣妾老弱及不可誠仁者勿令。…（後略）…（秦律十八種184～185　行書律）

…隷臣妾のうち老人や子供、及び誠実ではない者にやらせてはいけない。…

(48) …（前略）…正月丁酉旦食時隸妾冉以來…（後略）…（J1⑧157B）

…（前略）…丙辰水下四刻隸臣尚行…（後略）…（J1⑯5B）

(49) …（前略）…隸臣田者、以二月月稟二石半石、到九月盡而止其半石。春、月一石半石。…（後略）…（秦律十八種49～52）。

農作業に就く隷臣には、二月から月に二石半石を支給し、九月がおわるとそのうち半石を削る。春は月に一石半石。

「隷臣田者」には二月から九月までは月に禾二・五石が、それ以外の月には二石が支給された。公の仕事に従事している隷臣には毎月禾二石の支給が標準であったので、「田者」は二月～九月の間、つまり農繁期には半石だけ優遇されていたことになる。

(50) 可（何）謂耐卜隷、耐史隷。卜、史當耐者皆耐以爲卜、史隷。●後更其律如它。（法律答問194）
「耐卜隷」「耐史隷」とは何か。卜や史で耐刑に相当する者はいずれも耐して卜・史隷とするのである。●後にその律を改訂して他と同じようにした。

(51) 秦律十八種145～146。注（22）参照。

(52) ……（前略）……舉闕有（又）將司寇裘等▨收置□□□[而][從][之]□不□□□▨▨視行□不□、歓（飲）食靡大、疑爲盜賊者、弗得。……（後略）……（207～208簡（案例㉒））
挙闕はさらに司寇の裘らを率い…収置…これに従って…視行…、飲食が派手になり、盗賊を働いた疑いのある者を…、捕まえることができなかった。

簡に欠字が多く、内容を詳らかにしないが、捜査に当たった獄史の挙闕は直接の手がかりに恵まれず、不審者の逮捕や密告者を求めるなど、様々な手段で犯人を捜しており、その中に引用の一節が現れる。司寇を動員して最近の行動に不審な点がある人物を逮捕し取調べたのであろう。

(53) 釈文は袁仲一一九八七に拠った。

(54) 東武県は瑯邪郡の所属（『漢書』地理志での所属、以下同じ）、博昌県は千乗郡、楊民（氏）は鉅鹿郡、平陰県は河南郡、闌（蘭）陵県は東海郡。

(55) 注（11）所引の秦律十八種134参照。

(56) 船人渡人而流殺人、耐之、船嗇夫・吏主者贖耐。其殺馬牛及傷人、船人贖耐、船嗇夫・吏贖䙴（遷）。其敗亡粟米它物、出其半、以半負船人。舳艫負二、徒負一。其可紐毄（繫）而亡之、盡負之、舳艫亦負二、徒負一。罰船嗇夫・吏金各四兩。流殺傷人、殺馬牛、有（又）亡粟米它物者、不負。（二年律令6～8）
船員が乗客を渡している時にこれを溺死させたならば、耐刑とし、船嗇夫・担当官吏は贖耐。馬牛を溺死させたり、乗客を傷つけた者は、船員は贖耐、船嗇夫・官吏は贖遷。粟米その他のものを駄目にしたり無くしたりしたならば、その半分は支出してやり、半分は船員に負担させる。舳や艫の船員と他の船員の負担比は二対一とする。紐で繫いでおくべきものを無くしたならば、全額を負担させ、これも舳や艫の船員と他の船員の負担比は二対一とする。船嗇夫・官吏に各おの罰金四両を課す。人を溺死させたり傷つけたり、馬牛を溺死させたりした場合は、そのうえ粟米その他のものを無くしても、負担させない。

(57) ☐相國上南郡守書言、雲夢附竇園一所在朐忍界中、任徒治園者出人〈入〉扜關、故巫爲傳、今不得、請以園印爲傳、扜關聽（二年律令518）

…、相国が奉った南郡守の書には次のようにある。「雲夢官には竇園一所が附属していて、朐忍県の界中にあります。保証人のいる徒で、園にて作業する者が扜関を出入するときは、もとは巫県が通行証を発行していましたが、今はできません。園の印で通行証を発行できるようお願いいたします。扜関は…を受理し…」と。

「任徒」とは保証人のいる「徒」のことであろう。洛陽の刑徒墓から見つかった刑徒磚には、埋葬された刑徒が「無任」であるか「五（伍）任」であるかの別が明記されている。この「任」とは保証（保証人）の意味であり、その有無によって装着される刑具に違いが生じることが指摘されている［冨谷一九九八、一〇三～一〇四頁］。『華陽国史』十中「広漢士女」には「(左) 通　徒を任じて徒の逃ぐるに坐す」なる一文が見え、徒が逃亡した場合には保証人が罪せられたことが窺える。

(58) 「徒隸」については池田二〇〇五が広く用例を集め、その中には官有奴隷も含まれると論じる。

(59) 卅二年正月戊寅朔甲午、啓陵鄉夫敢言之。成里典・啓陵郵人缺。除士五成里匄・成、成爲典、匄爲郵人。謁令尉以從事。敢言之。(J1⑧157A　裏面は略)

始皇帝三十二年（前二一五）正月戊寅朔甲午、啓陵の郷嗇夫が申し上げます。成里の里典・啓陵の郵人に欠員があります。士伍で成里の匄・成を叙任し、成を里典とし、匄を郵人にしようと思います。どうか尉に命じて手続きさせてください。以上申し上げます。

(60) 論拠となるのは次の睡虎地秦簡である。

…（前略）…公士以下居贖刑罪、死罪者、居於城旦舂、毋赤其衣、勿枸櫝欙杕。鬼薪白粲・羣下吏毋耐者、人奴妾居贖貲責（債）於城旦、皆赤其衣、枸櫝欙杕、將司之。其或亡之、有罪。葆子以上居贖刑以上到贖死、居於官府、皆勿將司。…（後略）…（秦律十八種134～135）

…公士以下で肉刑・死刑を労役で贖う者は、城旦舂の労役に就いても、その上着を赤くせず、枷もはめない。鬼薪白粲や羣下の吏で耐罪ではない者、私人の奴妾で贖刑・貲刑・負債のために城旦の労役に就く者は、いずれも上着を赤くし、枷をはめ、これを監督する。これを逃亡させたなら、罪に問われる。葆子以上が肉刑以上から死刑に到るまでを労働で贖うときは、官府で労役に就き、いずれも監督はつけない。…

(61)「城旦舂之司寇」とは注（32）で取り上げた「城旦司寇」、すなわち城旦舂のうち特別に監視業務に専ら当てられている刑徒のことであろう。

(62) 冒頭の「隷臣妾・城旦舂之司寇、居貲贖債繫城旦舂者」は隷臣妾／城旦舂之司寇／居貲贖責債繫城旦舂という三者の並列ではなく、訳出したように、隷臣妾ないしは城旦舂で司寇の任に就いている者が、貲刑・贖刑に当たる罪を犯したり負債を抱えたりし、それを城旦舂と同じ労役に就いて償っている場合と解釈せねばならない。もしも三者の並列として理解すると、罰金等を城旦舂と同じ労役で償っている者には無償で衣食が支給されることになるが、それは同じ睡虎地秦簡に、

　有罪以貲贖及有責（債）於公、以其令日問之、其弗能入及賞（償）、以令日居之、日居八錢。公食者、日居六錢。…（後略）…（秦律十八種133、注（9）参照）

とあり、「有罪以貲贖及有債於公」が居作して、食糧支給を受けるならば、それに応じて一日あたりの換算額が減殺されているのと矛盾する。それ故に本文のように訳出した。141簡は、隷臣妾や「城旦舂之司寇」には就役に際して食糧を無償で支給するのが建前であり、その点、一般人が労働で罰金刑等を償う場合と相違する旨、明記したものであろう。フルスウェも当該の部分を「Bond-servants and bond-women, and robber-guards of the *ch'eng-tan* and grainpounders, who work off fines, redemption fees or debts, and who are detained among *ch'eng-tan* and grainpounders」と訳している（*RCL*, p.66）。

(63) 諸冗作縣官及徒隷、大男、冬稟布袍表裏七丈、絡絮四斤、絝（袴）二丈、絮二斤…（中略）…布皆八稯、七稯。…（後略）…（二年律令418～420）

　およそ官署で冗作する者及び徒隷について、大男は、冬に布のわたいれ表裏七丈、絡絮四斤、袴二丈、中綿二斤を受給する。…布はいずれも八稯、七稯とする。…

右条は官府で就役する者への衣服支給規定である。支給対象としては一般人と刑徒とが一括されているが、刑徒には二種類挙げられている布地（「布皆八稯、七稯」）のうち、折り目の粗い「七稯」が支給されたものと思われる。『史記』孝景本紀に「徒隷をして七緵の布を衣せしむ。（索隠、七緵とは、蓋し今の七升の布にして、其の粗なるを言う、故にこれに衣せしむるなり。正義、…緵は祖工の反。緵とは、八十縷なり。布と相い似る。七升の布は五百六十縷を用う。）」とあるのがその証左である。

(64) 賜衣者六丈四尺、縁五尺、絮三斤。…（中略）…五大夫以上錦表、公乘以下縵表、皆帛裏。司寇以下布表裏。…（後略）…（二年律令282〜283）

上着を賜与する場合は六丈四尺、その縁飾りは五尺、中綿は三斤。…五大夫以上は錦の表地、公乘以下は縵の表地で、いずれも絹の裏地とする。司寇以下は表地・裏地とも麻布とする。…

刑徒に絹の衣服着用を認めない原則はその後も継承された。光武帝建武二二年（四六）九月の、地震をきっかけにした恩赦の詔には、

其れ死罪の繫囚の戊辰以前に在るは、死罪一等を減ず。徒は皆な鉗を弛解し、絲絮を衣せしむ。（『後漢書』光武帝紀）

とあり、刑徒が絲絮を用いた衣服を着ることは、通常は禁止されていたことが窺える。

(65) 刑徒に強いられた「赭衣」には、何らかの特別な文字も書き込まれていたと思しく、その点でも刑徒を弁別する標識となっていた。

罪人を赦し、其の髪亡きを憐れみて、之に巾を賜い、其の赭を衣て其の背に書かれ、父子兄弟相見るを憐れみて、之に衣を賜う。（『漢書』賈山伝）

(66) 唯一の例外として、腐刑と隷臣刑との併加が挙げられる（二年律令193）が、これは第二章で詳述した、腐刑の特殊性から生じたものと考える。

(67) 既述したとおり、二年律令の時点では鬼薪白粲が再び罪を犯したら、黥城旦舂にされた。

(68) 陶安あんどは二つの答問の、前提条件を示す部分に現れる「刑隷臣」の、「刑」もしくは「隷臣」が誤字ないしは衍字であることを疑う［陶安二〇〇九、附論三］。だが、秦の刑罰体系の高い完成度を想定し、隷臣妾は当初から刑の範疇には入らなかったはずであるという陶安の仮説以外に、この改訂を積極的に支える材料は存在せず、従いがたい。

(69) 前者の例としては法律答問192、193など、後者の例としては同194が挙げられる。

(70) 睡虎地秦簡には次の条文も見える。

女子爲隸臣妻、有子焉、今隸臣死、女子北其子、以爲非隸臣子殹（也）、問女子論可（何）殹（也）。或黥顏頯爲隸妾、或曰完、完之當殹（也）。（法律答問174）

女子が隷臣の妻となり、子供を生んだが、隷臣が死ぬと、その子の戸籍を別にして、隷臣の子ではないとした。女子を

どのように量刑すべきか。顔と頯に黥して隷妾とするともいい、身体に毀損を加えないともいうが、毀損を加えないのが正しい。

黥を加えた上で隷妾とすることが選択肢の一つに挙げられており、黥刑と隷妾刑の併科があり得たことを窺わせる。だが実際には黥刑を加えず「完」とするのが規定に合致した科罰であった。ここでなぜ二通りの可能性が挙げられるのかは分からない。比附する規定次第で二通りの科罰が存在し得た、あるいは慣例として黥とされる場合もあったが、法規に照らすと完とするのが正しかった、といった背景が想定されるが、時代による変化、すなわちかつては黥とされたが、現在の規定では完とされることになっていた、という可能性も考えられよう。

(71)「完」の正確な内容、定義については諸説あり、それらを網羅して紹介したものとしては水間二〇〇七b［四四～四六頁］がある。諸説は、「完」とは後述する「耐」と同じなのか否か、鬚鬢を剃るのか、頭髪も剃り落とすのか、それとも何も手を加えないのか、といった点で意見が分かれているものの、肉刑を加えない措置であるという点では一致している。これらの議論のなかでは、「完」を冠する労役刑が城旦舂に限られることには十分な注意が払われてこなかった。陶安あんどはこの事実、および城旦舂が肉刑と強い結びつきを持つことに着目し、「完」が刑城旦舂の例外措置として現れたとし、その後発性を主張する［陶安二〇〇九、第三章第二節］。筆者もこの結論に賛同するものである。

(72)…（前略）…女子當磔若要（腰）斬者棄市、當斬爲城旦者黥爲舂、當贖斬者贖黥、當耐者贖耐。（88～89）

…女子で、磔もしくは腰斬に当る者は棄市とし、斬城旦に当る者は黥舂とし、贖斬に当る者は贖黥とし、耐に当る者は贖耐とする。

女子に耐刑が適用されず、代わりに贖耐（金十二両）とされている。

(73)冨谷至一九九八。ただし冨谷は「耐」とされた者の顔毛が剃られた可能性も否定しておらず、「個々の刑罰の名称」か「刑罰の総称」かという単純な二者択一を行っているのではない。

(74)例えば劉海年は、本文（一一五頁）に挙げた法律答問83簡を例示して、耐は本刑として単独でも使用されたとする［劉海年一九八一、一九三頁］。

(75)本文では女性に耐刑が科せられず、贖耐とされていることと、それが鬚鬢を剃る刑罰であることとの間に因果関係を見出したが、一方で二年律令には「耐爲隷臣妾」の語が頻見し、実際には女性にも耐刑が科せられたかの如くである。また158簡

には、

女子已坐亡贖耐、後復亡當贖耐者、耐以爲隷妾。…（後略）…

女子が一旦逃亡のかどで贖耐となり、その後また逃亡して贖耐に相当する場合は、耐して隷妾とする。…

とある。思うに、これらの「耐」は鬚鬢を剃る刑としての実質を伴っておらず、単にその女性を隷妾とすることを意味しているに過ぎないのであろう。

(76) すでに挙げた秦律雑抄の游士律では、公士に刑城旦が適用されている。

…（前略）…●有爲故秦人出、削籍、上造以上爲鬼薪、公士以下刑爲城旦。●游士律（秦律雑抄5（本文九七頁））

この条文は、前二七〇年代以降、遊説の士に依存しない体制が秦において構築されはじめ、遊士への締め付けが厳しくなった時代になって成立したことが指摘されている［吉本一九九七］。

一方、公士を完とする規定は「奏讞書」案例㉑に現れており、彭浩はこれを秦代の案件と見ている［彭浩一九九五］。この比定に拠るなら、秦代には公士を完刑とする一般規定が存在した一方で、何らかの理由により、それに肉刑が加えられる場合もあったことになる。公士への処遇に幾分のブレがあったと考えざるを得ない所以である。

もっとも案例㉑の年代比定をめぐっては、その中に「正」字が見えることから、これを漢初に比定する説もある［李学勤一九九五］。この繋年に従えば、公士を肉刑に当てない規定は漢代になって現れ、それ以前は刑城旦舂が適用されていたと見ることもできよう。だがますます増加していたであろう公士層への優遇措置が、時代が降ってから追加されたというのも考えにくい。避諱は書写年代を知る手がかりとはなるものの、そこに引用された条文の成立年代を決定するものではないので、ここでは彭浩説に従い、案例㉑を秦代のものと見た。

(77) 移送先で継続的に役務につく場合は、その役務地において改めて名籍に登録された。睡虎地秦簡には、

隷臣欲以人丁粼者二人贖、許之。其老當免老、小高五尺以下及隷妾欲以丁粼者一人贖、許之。贖者皆以男子、以其贖爲隷臣。女子操敃紅及服者、不得贖。邊縣者、復數其縣。倉（秦律十八種61〜62）

隷臣が二人の成人の身柄を差し出して刑罰を贖おうとするならば、これを許す。免老の部類に属す老人や身長五尺以下の子供、及び隷妾が一人の成人の身柄を差し出して刑罰を贖おうとするならば、これを許す。贖刑に差し出されるのはいずれも男性とし、その者は隷臣とされる。女子で刺繡や衣服作成に従事している者は、刑を贖うことができない。辺

県の者は、その戸籍を元の県にもどす。倉律。なる一条が見え、末尾に、刑を贖った者はその戸籍が原籍に送り返されたとある。原籍から遠く離れた辺境に送られた隷臣妾は、その役務地で刑徒名籍に登録されたのであろう。

(78)「家室」には「家族」と「住居」、二つの意味があり、『張家山訳注』は両者の可能性を指摘した上で、それぞれについて用例を挙げている［二〇四～二〇五頁］。旧稿ではこれを「家族」と解釈した［宮宅二〇〇六］。正史等の用例では「家族」を意味するものが多数を占め、かつ「住居」が民里に「居る」と訳すことに抵抗を覚えたからである。だが「家族」であるとするならば、女性刑徒の夫も妻の犯罪のために居所を移したことになり、没収措置の男女による違い（後述）に鑑みて、そうした事態は些か想像しにくい。よって「住居」と解釈を改めた。この「家室」をめぐって、陶安あんどは城旦舂・鬼薪白粲の妻子・財産が没収され、家屋もその対象となったことから、城旦舂が家室―家族であろうが住居であろうが―を持ったはずがないと疑問を発する［陶安二〇〇九、四四二頁、注一五］。だが住居としての「家室」は必ずしも刑徒が所有する、財産として登録された家屋ではなく、単に居住場所としてあてがわれた施設を指すこともあろう。淮南厲王長が蜀に流された時、県は彼のために「家室を築蓋し、みな稟食し、薪菜塩豉、炊食の器、席蓐を給」したという（『史記』淮南衡山列伝）。ここに見える「家室」も、県が廃王にあてがった居住施設を指すものであり、決してそれが王の財産となったわけではあるまい。

(79)里耶秦簡の一連の木牘（J1⑨1～12）は、居貲する者―おそらくそのために辺境防備に就いている者―について、司空が罰金の未払い分の確認をその者の居る県に依頼したものである。そこでは陽陵県出身の者たちが遷陵県に配置されていた。

(80)枷がはめられないことは秦律十八種134（注（60）参照）に、監視をうけることは同145～146（前掲、注（32）参照）に規定されている。

(81)専大訳注（一一）は「冗祝」「冗之」の「冗」字が互いに字形を異にするとし、「冗祝」を「内祝」と釈読する。しかし明らかに「内」である字（例えば二年律令82の「内公孫」）は両側の縦画が長く書かれ、この「冗祝」の「冗」字と食い違う。専大訳注は「内」と釈す論拠として、217簡の「内官」や418簡の「内作」を挙げており、確かにこれらでは縦画が短い。だが、私見ではむしろこれらの語は「冗官」「冗作」と釈すべきものと考える。『張家山訳注』は418簡を「冗作」と釈す。

(82)『睡虎地』や *RCL* は「總冗」を「更隷妾を集合させる」という方向で解釈しているが、筆者は「總冗」を「總冗隷妾」の略と見、本文のように理解した。
(83) 『史記』『漢書』において「冗」字は「散」の意と注釈されており(『漢書』食貨志「冗作縣官」への師古注など)、「冗官」も「散官」の謂とされている。「冗」が「特定の職務を持たない」という意味を持つのであれば、交代制ではないことが「冗」と表現されるのと、相通じる面がある。
(84) 二年律令90~91、本文八七頁参照。
(85) 舂は「月に一石半石」(秦律十八種51)とされるものの、土木作業に就く場合には日割り支給を受けた(秦律十八種56)。
(86) 李均明二〇〇二cは、「収」には広義と狭義があり、広義のそれは犯罪と関わりのある人間を捕らえることも含むとする。確かに「収」には「収捕」の意味もあるが、筆者は、少なくとも現在「収律」に分類されている条文中の「収」は、没収の意で解釈できると考えている。
(87) 二年律令83、本文八九頁参照。
(88) 史・卜子年十七歳學。史・卜・祝學童學三歳、學佴將詣大(太)史・大(太)卜・大(太)祝、郡史學童詣其守、皆會八月朔日試之。(二年律令474)
史・卜の子は十七歳で就学する。史・卜・祝の学童は学ぶこと三年で、学佴が引き連れて太史・太卜・太祝のもとに赴き、郡の史の学童はその郡守のもとに赴き、いずれも八月一日を期してこれを試験する。
(89) 女子爲戸、毋後而出嫁者、令夫以妻田宅盈其田宅。宅不比、弗得。其棄妻、及夫死妻得復取以爲戸。棄妻、畀之其財。(二年律令384)
女性が戸をなし、後継がいないまま嫁いだ場合、夫に妻の田宅を自分の田宅に併合させる。宅地が隣接していなければ併合できない。棄妻や夫が死んだ妻は、取り戻して戸を形成することができる。棄妻には、これにその財産を与える。
(90) 「傅籍」については本書附論参照。
(91) 旧稿[宮宅二〇〇六]では睡虎地秦簡にみえる「小隸臣」「小城旦」等の語を「隸臣の子供」「城旦の子供」と理解し、父親の地位がそのまま子女に継承されたと考えた。だが実は、そのように断定する論拠は現今のところ存在しない。「小城旦」に類似する呼称として、爵称に「小」字が冠せられたものがある。それは未成年であるにも拘わらず、父の他界等の理由により当該の爵を帯びることになった場合に用いられる(本書附論参照)。「小~」とは「未成年の~」、すなわち本来その地位につけられるべき者が未成年である場合の呼称である。従って城旦に相当する罪を犯した未成年―但し二年律令86が規定するとおり、十歳以下だと罪を咎められること自体がなくなるが―や、縁坐により城旦とさるべき未成年者が「小城旦」と呼ばれたことは推測できるものの、成人後の城旦の子に与えられた地位が不明である以上、未成年の彼らが「小城旦」と呼ばれたとは論断できない。

(92)『睡虎地』はこの条文にみえる「収」を「収贓」の意とし、かつ「収贓」よりも「守贓」の方が重いと論じる。フルスウェも同様である（*RCL*, p.125, note6.）。冨谷一九九八がすでに批判するとおり［二二四頁］、この箇所のみ「収」を「収贓」と釈すのは一貫性に欠け、かつ没収と訳した方が意味も通る。ただし「守贓（贓）」の意味するところや、法律上での位置づけは確としない。贓物とは知らずに所持していたことが「守贓」であるなら、それが如何なる刑に相当したのか、あるいはそもそも刑罰の対象になったのかすら定かでない。

(93)盗贓（贓）直（値）過六百六十錢、黥爲城旦舂。六百六十到二百廿錢、完爲城旦舂。不盈二百廿到百一十錢、耐爲隸臣妾。不盈百一十到廿二、罰金四兩。不盈廿二錢到一錢、罰金一兩。（二年律令55～56）

盗によって不正に得た財物の値が六百六十銭を超えれば、黥城旦舂。六百六十銭から二百二十銭であれば、完城旦舂。二百二十銭未満から百一十銭であれば、耐隷臣妾。百一十銭未満から二十二銭であれば、罰金四両。二十二銭未満から一銭であれば、罰金一両。

(94)明確な規定は存在しないが、田宅の支給規定（二年律令310～316）で支給対象に挙がっているのは司寇・隠官までに止まり、隷臣妾には支給がなされていない。所有する奴婢や財物はともかく、田宅は回収されたものと考えられる。田宅とその他の財物とを区別する原則は二年律令337～339簡にも認められる。

(95)稟衣者、隸臣・府隸之毋（無）妻者及城旦、冬人百一十錢、夏五十五錢。其小者冬七十七錢、夏卌四錢。舂冬人五十五錢、夏卌四錢。其小者冬卌四錢、夏卅三錢。隸臣妾之老及小不能自衣者、如舂衣。●亡、不仁其主及官者、衣如隸臣妾。金布（秦律十八種94～96）

衣服を支給する場合、隷臣・府隷で妻のいない者、及び城旦は、冬は人ごとに百一十銭、夏は五十五銭とする。「小」である者は冬は七十七銭、夏は四十四銭。舂は冬は人ごとに五十五銭、夏は四十四銭。「小」である者は冬は四十四銭、夏は三十三銭。隷臣妾で「老」である者、及び「小」であって自力で衣服をまかなえない者は、舂の衣服規定と同様にする。●逃亡し〔て捕らえられ〕た者や、主人や官に対して不仁であった者は、隷臣妾と同様に衣服を支給する。金布律。

「●亡～」以下の一文は、如何なる境遇にある者について言っているのか、詳らかでない。

(96) ：（前略）：隷臣有妻・妻更及有外妻者、責衣。：（後略）：（秦律十八種141～142）

：隷臣で妻、更隷妾である妻、及び外妻がいる者からは、衣服の代金を取り立てる。：

(97) 刑徒への食料支給を規定した秦律（秦律十八種49～52）には、「嬰児」への支給額も見える。すでに部分的に引用した本条をここにまとめて訳出しておく。

隷臣妾其従事公、隷臣月禾二石、隷妾一石半。其不従事、勿稟。小城旦、隷臣作者、月禾一石半石、未能作者、月禾一石。小妾、舂作者、月禾一石二斗半斗、未能作者、月禾一石。嬰児之毋（無）母者各半石、雖有母而與其母冗居公者、亦稟之、禾月半石。隷臣田者、以二月月稟二石半石、到九月盡而止其半石。舂、月一石半石。隷臣、城旦高不盈六尺五寸、隷妾、舂高不盈五六尺二寸、皆爲小、高五尺二寸、皆作之。倉

隷臣妾で公の役務に従事している者は、隷臣は月に禾二石、隷妾は月に一石半の支給を受ける。従事していない者には支給しない。小城旦や小隷臣で作業に就く者には月に禾一石半石、まだ作業に就けない者には月に禾一石。小妾や小舂で作業に就く者には月に禾一石二斗半斗、まだ作業に就けない者には月に禾一石。嬰児で母親がいない者にはそれぞれ半石、母親がいても、輪番で勤務を離れることなく公の役務に就く母親と暮らす者には、これにも支給を行い、禾を月に半石とする。農作業に就く隷臣には、二月から月に二石半石を支給し、九月が終わるとそのうち半石を削る。舂は月に一石半石。隷臣・城旦で身長が六尺五寸に満たない、隷妾・舂で身長が六尺二寸に満たない者は、いずれも「小」とし、身長が五尺二寸になれば、いずれも作業に就かせる。倉律

ここに見える「嬰児」は、もちろん本人が罪を犯したのではなかろうから、年少ゆえに母と暮らすことが認められた収人（法律答問116）など、父の罪に縁坐した者、あるいは刑徒が儲けた子供、そして隷臣に同行した子供たちであったと考えられる。

(98) 法律答問174、注（70）参照。

(99) 旧稿［宮宅二〇〇六］では、夫も妻の犯罪により没収されると考えたが、ここに撤回する。旧稿のこの主張に対しては水間大輔二〇〇八においても批判を受けた。また陶安二〇〇九も女性による犯罪は基本的に収の対象にはならないと指摘する

［陶安二〇〇九、四四六～七頁、注三二］。

(100) 爲人妻者不得爲戸。民欲別爲戸者、皆以八月戸時。非戸時勿許。（二年律令345）
人の妻である者は戸を形成することができない。民の別に戸を形成したいと願う者は、いずれも八月の戸時に行う。戸時以外には許可してはならない。

(101) 二年律令384、注（89）参照。

(102) 寡婦が夫の戸を継承した可能性は次の規定から窺える。
死母子男代戸、令父若母、毋父母令寡、毋寡令女、毋女令孫、毋孫令耳孫、毋耳孫令大父母、毋大父母令同産子代戸。同産子代戸、必同居數。棄妻子不得與後妻子爭後。（二年律令379～380）
死亡して戸を継承する子息がいない時には、父もしくは母に継承させ、父母がいなければ未亡人に、未亡人がいなければ娘に、娘がいなければ孫に、孫がいなければ曾孫に、曾孫がいなければ祖父母に、祖父母がいなければ同産の子に戸を継承させる。同産の子が戸を継承する際には、必ず同居して名籍を同じくしていなければならない。離婚した妻の子は、後妻の子と後継を争うことができない。
右の規定では、寡婦による戸の継承は死亡した夫に子供がいない場合に限られているが、たとえ子供がいても、寡婦が戸を形成する場合があったらしい。
寡爲戸後、予田宅、比子爲後者爵。其不當爲戸後、而欲爲戸以受殺田宅、許以庶人予田宅。…（後略）…（二年律令386）
寡婦が戸の後継になれば、子が後継になる場合に取得する爵位になずらえて田宅を与える。寡婦が後継となるにはあたらないが、戸を形成して田宅を減殺して受けようとすれば、庶人として田宅を与えるのを許す。…

(103) 生別した女性（「棄妻」）が離別を機に自らの田宅や持参財産を取り戻すことは二年律令384（前掲、注（89））参照。

(104) 角谷二〇〇六も母の罪により子供が没収されることはないとしており、この点のおいても氏の所説に従いたい。ただし、角谷は176～177簡に子を没収しないことが附記される理由を「本来、子は母のために没収されることはないけれども、母が父に代わるべき唯一の親である状態においても変わらないということを明示したもの」と理解しているが、生別の場合には父は存命のはずであり、この説明には同意できない。本文で述べたとおり、たとえ財産は没収されても、子供は没収対象とならないことを断ったものと考えておきたい。

（105）　二年律令188、189簡。奴と庶人の婚姻により産まれた子は奴婢とされ、一方で姦通により産まれた子は庶人とされている。

（106）　石岡二〇〇五bは、城旦春は恩赦の対象とならず、爵や財物と引き替えに身分を回復することもできないとし、その点に城旦春と隷臣妾との間の差異を求めようとする。だが銭を盗鋳した者を捕らえた場合には、その功績と引き替えに「城旦春・鬼薪白粲二人」を免ずることが認められており（二年律令204～205）、石岡の所説と矛盾する。石岡はそれを盗鋳銭という犯罪のみに限られた特例とし、妻子・財産が没収されている城旦春は、たとえ解放されても行き場がないことを指摘するものの、本章で引いた「奏讞書」案例⑰では、黥城旦が自らの冤罪を雪ぎ、その罪を除かれていて、妻子が売られていたらそれを贖うようにとの指令が附される。事実として城旦が解放される場合があり得た以上、この説明は十分に説得的とはいえない。

また陶安二〇〇九は前掲の二年律令204～205を改制の結果とし、秦代には城旦春は贖身できなかったものの、漢代に到って勲功による贖罪が認められるようになったとする［陶安二〇〇九、六三～六五頁］。確かに陶安が指摘するとおり、秦律中の贖身規定は城旦春・鬼薪白粲に言及しないものの、睡虎地秦律があくまで秦代の律の一部に過ぎない以上、それは城旦春の贖身を否定する積極的な根拠にはなり得ない。同時に陶安は城旦春に「財産権」が認められていなかったということから、財産や労働力による贖身の可能性を否定するが、贖罪のために財産を差し出すのが刑徒本人である必要はなく、隷臣妾の場合と同じく、その近親が財産等を差し出すこともあり得たであろう。現今のところ、城旦春とされた者は元の身分を回復できなかったとする確実な論拠は見出せず、むしろ二年律令204～205が、それが当初より可能であったことを傍証していると考える。

（107）　里耶秦簡には、城旦が僅かながら「財産」を持っていたことを示唆する記事が見える。

卅二年三月丁丑朔丙申、倉是・佐狗雜出祠先農餘徹羊頭一、足四、賣於城旦赫所、取銭四、□〼（J1⑭300、764）

三十二年三月丁丑朔丙申（二十日）、倉嗇夫の是・佐の狗が、先農に供えてから下げられた残りの羊頭一つ、足四本を共同で出売し、城旦赫に売り、銭四を受け取った。…。

…頭一、足四、賣於城旦赫所、取錢四、衛（率）之、頭一二錢、四足□錢。令史尚視平。（J1⑭641）

…頭一つ、足四本…、城旦赫に売り、銭四を受け取った。その比率は、頭一つが二銭で、足四本が□（二？）銭である。令史の尚が案分に当たった。

支払われた代価は至って少額であるものの、城旦が自分の銭を持ち、それにより祭祀の御下がりを購入したことが分かる。実のところ、規定上の地位は別にして、収容された城旦舂たちが実際には如何なる環境に置かれ、如何なる生活を送ったのかは定かでない。黥刑に当てられ、従って黥城旦とされたのであろう黥布は、就役地の驪山で「其の徒長・豪桀と交通」し、ついにその仲間を率いて群盗となった（『漢書』英布伝）。その姿は、道具として酷使され、僅かばかりの支給食料で露命を繋ぐという城旦舂のイメージとは食い違う。監視者をも巻き込みつつ、刑徒たちは独特の社会を形成しており、中には一定の「財産」を持つ城旦舂すらいたものと想像される。貨幣経済の進展のなかで没収制度も弛緩しつつあったという陶安あんどの指摘［陶安二〇〇九、二八四～五頁］とともに、別に考慮されるべき問題であろう。

(108) 例えば于振波二〇〇四は、実際には田宅の支給は行われておらず、支給額として規定されている数字は、各階層の人間が所有し得る田宅の限度額を示しているに過ぎない、と主張する。田宅支給の実際については本書附論も参照のこと。

(109) 封守　郷某爰書。以某縣丞某書、封有鞫者某里士五（伍）甲家室、妻、子、臣妾、衣器、畜産。…（中略。甲の財産状況の記録）…●幾訊典某某、甲伍公士某某、甲黨（倘）有【它】當封守而某等脱弗占書、且有罪。某等皆言曰、甲封具此、毋（無）它當封者。即以甲封付某等、與里人更守之、侍（待）令。（封診式8～12）

差し押さえ。郷の某の爰書。某県の県丞某の書状に従って、取調を受けている某里の士伍甲の家室・妻子・臣妾・衣服器物・畜産を差し押さえた。…●里典の某・甲の同伍の公士某を「甲がまだ他に差し押さえるべきものを所有していて、それなのにお前たちが漏らして申告していなければ、罪に当たるぞ」と訊問した。某らは「甲の差し押さえるべきものはこれで全て備わっており、他に差し押さえるべきものはありません」と答えた。そこで差し押さえたものを某らに任せて、里人とともに交代でこれを見張らせ、命令を待たせた。

(110) 當收者、令獄史與官嗇夫、吏雜封之、上其物數縣廷、以臨計。（二年律令179）

没収すべき場合は、獄史・官嗇夫・役人に合同で封印させ、その内容と数を県に上申させて、臨検する。

(111) 子告父母、婦告威公、奴婢告主・主父母妻子、勿聽而棄告者市。（二年律令133）

子が父母を告し、嫁が姑を告し、奴婢が主人や主人の父母妻子を告しても、受理してはならず、告した者は棄市。

(112) 法律答問15～16（本文一三〇頁参照）で、夫の盗罪を妻が事前に知っておれば同罪、知らなければ没収、とされているのが、そのことを物語る。

(113) 父母を賊殺傷した場合は、本人は梟首（二年律令34）。牧殺父母・殴詈父母の場合は棄市（同35）。

(114) 略人者、不和爲略。（『唐律疏議』名例一八　疏議）

(115) 注(123)に引用した諸史料を参照。

(116) 例えば鷲尾二〇〇六は先行する諸説や新史料を紹介しつつ、同居とは、戸籍・財産を同じくするか否かを問わず、居所を同じくして生計を共にする人間集団を指すとする。

(117) …（前略）…諸予劫人者錢財、及爲人劫者同居智（知）弗告吏、皆與劫人者同罪。劫人者去、未盈一日、能自頗捕、若偏（徧）告吏、皆除。（二年律令72〜73）

…およそ誘拐犯に銭財を供与したり、誘拐された人の同居家族が知っていながら吏に通告しなかったら、いずれも誘拐犯と同罪。誘拐犯が立ち去り、一日が経たないうちに自らいくらか捕らえることができたとき、若しくは相当な者を官吏に通告したときは、いずれも免除する。

(118) 水間大輔は連坐の処罰原則についてこれと異なった理解を示す［水間二〇〇七b］が、その見解には従い得ないこと、すでに拙文［宮宅二〇〇八］で述べた。

(119) 冨谷一九九八は、漢代の族刑は腰斬刑に当てられた者に適用されるとし、縁坐が特定の刑と結びついていることを主張する。確かに、漢代に族刑とされたのは多くが大逆不道罪を犯した者で、大逆不道に対する刑罰は腰斬であった。だが二年律令には、次のような条文もある。

偽寫皇帝信璽、皇帝行璽、要（腰）斬以勻（徇）。（二年律令9）

皇帝信璽・皇帝行璽を偽造した場合は、腰斬してみせしめにする。

徼外人來入爲盜者、要（腰）斬。…（後略）…（二年律令61）

境外の人がやって来て盗みを働いた場合、腰斬。

右の二つの規定には、「父母妻子同産は…」という言及が見えず、腰斬に縁坐が伴っていない。腰斬と族刑の関係については、暫く後考に俟ちたい。

(120) これに加えて、二年律令に死文が含まれていた可能性、すなわちこの法文集が呂后二年のものであったとしても、前年の改定を反映した修正がそれにはまだ加えられていなかった、という見方も可能であろう。しかしここでは『史記』『漢書』間の相違にむしろ注目して、改制の実効性を疑う立場をとった。

(121) 其後、新垣平謀爲逆、復行三族之誅。（『漢書』刑法志）

(122) 盜鑄錢者不可禁、乃重其法、一家鑄錢、五家坐之、沒入爲奴婢。（『漢書』王莽伝中）

(123) 晉・梁の劫罪に対する科罰規定を挙げておく。

義熙五年、吳興武康縣民王延祖爲劫、父睦以告官。新制、凡劫身斬刑、家人棄市。（『宋書』何尚之伝）

劫身皆斬、妻子補兵。遇赦降死者、黵面爲劫字、髡鉗、補冶鎖士終身。（『隋書』刑法志　梁）

(124) 滋賀二〇〇三、第一一章、及び徐鴻修一九八四。

(125) ただし籾山二〇〇六においては、労役刑有期化の理由として肉刑と無期労役刑との不可分の関係が強調されることはなく、むしろ身体の異形化による人間の排除という、刑罰の原初的な性格が払拭されていったという点にのみ焦点が据えられる。

(126) 『史記』漢興以来将相名臣年表に「（高后五年）令戍卒歲更」とある。

(127) 晁錯伝の原文は「乃募皐人及免徒復作令居之、不足、募以丁奴婢贖皐及輸奴婢欲以拜爵者、不足、乃募民之欲往者。皆賜高爵、復其家。」となっている。ここの「皐人及免徒復作」には「張晏曰、募民有罪自首、除罪定輸作者也、復作如徒也。臣瓚曰、募有罪者及罪人遇赦復作竟其日月者、今皆除其罰、令居之也」という注がついており、それに従って訳出した。臣瓚注に拠れば、免徒復作とは恩赦に遇った後、なおも労役に就いて残りの刑期を満了する者である（次章参照）。ここでは「免ぜられる」契機として恩赦が想定されるのみであるが、晁錯の上言がなされた時期からすれば、有期化が実行された後に多く生じるであろう、刑期を終えて免ぜられた刑徒たちも念頭に置かれていたのではないか。刑期を終えた刑徒が如何に扱われ、如何にして「社会復帰」したのかという問題が、ここから改めて浮かび上がってくる。

(128) 「五月、令田半租」（『漢書』景帝紀）。食貨志では「孝景二年、令民半出田租、三十而稅一也」とされ、景帝二年（前一五五）のこととされる。

(129) 元康二年五月己巳朔辛卯、武威庫令安世別繕治卒兵姑臧敢言之。酒泉大守府移丞相府書曰、大守☐

迎卒受兵。謹掖檠持、與將卒長吏相助至署所。…（後略）…（EPT53:63）

初元三年六月甲申朔癸巳、尉史常敢言之。遣守士吏泠臨送罷卒大守府、與從者居延富里徐宜馬

……毋苛留止、如律令。敢言之。（EPT53:46）

戍卒の徴発と送迎に関しては鷹取一九九七がある。

(130) 没収された刑徒の妻子が売却された他、貸与の例としては次の睡虎地秦律が挙げられる。

妾未使而衣食公、百姓有欲叚（假）者、叚（假）之、令就衣食焉、吏輒柀事之。倉律。（秦律十八種48）

未使（七歳未満）で公から衣食の支給を受けている妾は、民にこれを借り受けたい者がおれば、これを貸し、その者から衣食の支給を受けさせ、官吏はこれを使役するのをやめる。倉律。

七歳未満であれば、そもそも科罰の対象とはならなかったであろうから、ここに現れる「妾未使」とは、収人となった年少の女子や民間から購入された者を指しているのであろう。

(131) 堀敏一も、人身売買の禁止令が存在したにも拘わらず、特に秦末の混乱期以降には債務により奴婢となる者が多かったことを指摘している（堀敏一一九八七、第1章第5節）。

(132) 葛剣雄は前漢初期から武帝に至るまでの期間を人口の激増期とし、その増加率を年10～12％と推測している［葛剣雄一九八六、二三頁］。

(133) 陶安は文帝の改制が秦の制度を追認したものに過ぎないと主張することにより、この改革を過大評価することに警鐘を鳴らす。だが刑を一等ずつ減等してゆくという回りくどい方法を取るにせよ、各刑徒の服役期間が明確になっている刑法志の制度は、事実上刑期を確定させたものといってよく、その点において『漢旧儀』との間に横たわる相違は大きくない。文帝の改制、すなわち『漢書』刑法志に見える新制度の画期性は、やはり強調されるべきものと考える。

(134) 佐藤二〇〇〇は、文帝の事績に誇張や潤色が加えられていった経緯を分析し、それらの虚像を取り除いた上で、文帝の思想傾向の複雑さや、当時の社会の実像について論ずる。一方エンメリッヒ二〇〇六は、文帝、及び賈誼をはじめとしたその近臣たちが、高祖の仕事を継承し完成させることを即位当初からはっきりと意識しており、文帝が高祖と並び称される存在となるよう期待を寄せていたことを強調する。

第四章　恩赦と労役刑――特に「復作」について――

はじめに――問題の所在

筆者は前章で、文帝十三年にすべての労役刑が有期化した背景として、官有労働力の合理的な配置・活用が文帝当時の重要な政策課題であり、余剰気味の無期刑徒や官奴婢を、むしろ削減する必要があったという点を指摘した。だがこれには反論もあろう。何よりも考えておかねばならないのは、皇帝の発する赦令と労役刑との関係である。赦令、とりわけ「赦罪人」「大赦罪人」として現れる、広範な刑徒に対して無条件で与えられる恩赦[1]により、あらゆる刑徒がその労役から解放されたのであれば、必要に応じて赦令を発することで官有労働力の削減は達成され、わざわざ刑期を設けるには及ぶまい。

だが恩赦が現に服役している労役刑徒を、その役務から直ちに、かつ完全に解放したのか否かについては留意すべき点がある。先に筆者の結論を言えば、すでに服役している労役刑徒は、たとえ赦令が出され、刑徒の地位から解放されても、その労役は免じられず、通常は「復作」として引き続き役務に服すことが求められた。
この「復作」については、その語の意味するところやその地位をめぐって意見が分かれ、幾つかの専論も著されている。ここに一章を設け、これら諸説を検討するとともに、併せて赦令の歴史的展開や労役刑徒の地位について、筆者の考えるところを述べておく。

一、恩赦の歴史的展開

『書』舜典の、

眚災肆赦、怙終賊刑。（伝、眚過、災害、肆緩。）
眚災は肆赦し、怙終の賊は刑す。（伝に、眚は過なり、災は害なり、肆は緩なり。）

を挙げるまでもなく、罪人、とりわけ過失により罪に触れた者を許すという発想は上古から存在する。そうした措置を特定の個人や事案に限って行うのではなく、広範な臣民を対象として包括的に実施する措置も、すでに春秋時代には行われていた。

春、王正月。肆大眚。（『春秋』荘公二二年）
春、王の正月。大眚を肆す。

ただし厳密に言えば、右の例で赦されるのは「眚」、つまり過失犯であり、すべての罪人が無条件に赦されたわけではない(2)。後代の大赦に相当する措置が見られるようになるのは戦国後半期まで降り(3)、秦においては次の赦令がその初見である。

孝文王元年、赦罪人、修先王功臣、褒厚親戚、弛苑囿。（『史記』秦本紀）

孝文王元年（前二五〇）、罪人を赦し、先王の功臣を修め、親戚を褒厚し、苑囿を弛む。

荘襄王元年、大赦罪人、修先王功臣、施徳厚骨肉而布恵於民。（同）

荘襄王元年（前二四九）、罪人を大赦し、先王の功臣を修め、徳を施すこと骨肉に厚くして恵みを民に布く。

確かに、これに先立つ昭襄王の時代にもしばしば恩赦が行われた。

二十一年、錯攻魏河内。魏獻安邑、秦出其人、募徙河東賜爵、赦罪人遷之。…二十六年、赦罪人遷之穰。…二十七年、錯攻楚。赦罪人遷之南陽。…二十八年、大良造白起攻楚、取鄢・鄧。赦罪人遷之。（『史記』秦本紀）

〔昭襄王〕二十一年（前二八六）、錯　魏の河内を攻む。魏　安邑を献じ、秦　其の人を出だし、河東に徙るを募りて爵を賜い、罪人を赦しこれに遷す。…二十六年（前二八一）、罪人を赦しこれを穰に遷す。…二十七年（前二八〇）、錯　楚を攻む。罪人を赦しこれを南陽に遷す。…二十八年（前二七九）、大良造白起　楚を攻め、鄢・鄧を取る。罪人を赦しこれに遷す。

だがこれは新占領地への徙民の一環であり、条件つきの、そしておそらくは遷される刑徒のみを対象にした恩赦、すなわち対象を限定した「特赦」であって、無条件かつ広範な恩赦とは言いがたい。

表　前漢成立より文帝十三年までの赦令（出典はいずれも『漢書』本紀）

	年月	西暦	大赦	赦	備考
①	高祖二年正月	前 205		赦罪人	
②	高祖二年六月壬午	〃 205		赦罪人	
③	高祖五年正月	〃 202		其赦天下殊死以下	
④	高祖五年六月壬辰	〃 202	大赦天下		
⑤	高祖六年十二月	〃 201		其赦天下	
⑥	高祖九年正月丙寅	〃 198		前有罪殊死以下、皆赦之	
⑦	高祖十一年正月	〃 196	大赦天下		
⑧	高祖十一年七月	〃 196		上赦天下死罪以下、皆令従軍	
⑨	高祖十二年四月丁未	〃 195	大赦天下		高祖崩御
⑩	恵帝四年三月甲子	〃 191		赦天下	恵帝加冠
⑪	高后臨朝	〃 188	大赦天下		恵帝崩御
⑫	高后六年四月	〃 182		赦天下	
⑬	高后八年七月辛巳	〃 180	大赦天下		高后崩御
⑭	文帝即位閏九月	〃 180		其赦天下	
⑮	文帝七年四月	〃 173		赦天下	

孝文王と荘襄王が即位改元の年に赦令を発した——『史記』秦始皇本紀賛に続く年代記では、荘襄王の大赦にしか言及がなく、立て続けに赦令が発せられたのか疑わしい部分も残る——ものの、このときの措置は始皇帝（秦王政）には継承されない。もちろん史書に見えない赦令が存在した可能性もある（後述）が、始皇は法を厳しくし、罪人は「久しく赦され」なかった（『史記』秦始皇本紀）という評価を考え合わせるなら、

『史記』の語るところを信頼してもよかろう。その後、二世皇帝元年（前二〇九）になって、ほぼ四十年ぶりにようやく大赦が下される。[4]

秦における恩赦の歴史を振り返るなら、漢王朝成立より以前に実施された広範な、無条件の恩赦は前三世紀中頃の二例と末期の一例に限られ、[5]無期労役刑徒が恩赦を経て大量に「解放」されることは、殆どなかったといってよい。対象を限定した特赦や、刑徒本人やその近親が功績を上げ、あるいは爵位を差し出すことによって、無期刑徒がその地位から解放されること自体はあり得たものの、[6]恩赦が契機となって全領土の労役刑徒が一度に免じられるという事態は、史書に拠るかぎりでは殆ど起こらなかった。

だが漢の高祖以降になると、広範な恩赦が繰り返されるようになる。前頁に挙げたのは前漢の成立から労役刑の有期化（文帝十三年）に至るまでの、罪人一般を対象とした恩赦の一覧である。

一見して、とりわけ高祖期に多くの恩赦が発せられたことに気づかされる。ただしその中には、未だ恩賞を受けていない楚漢戦争従軍者が罪に触れ刑に当てられるのを防ごうとするもの（⑤）や、淮南王黥布の反乱を鎮圧すべく、必要な兵員を集めるために発せられたもの（⑧）も含まれ、草創期の特殊事情も勘案されるべきであろう。恵帝以降には、皇帝の崩御や加冠により恩赦を発する必要が生じた事例を除けば、その間隔は六年（⑪から⑫まで）、七年（⑭から⑮まで）となり、さしたる理由もなく恩赦が乱発されているわけではない。とはいえ秦と比べれば、頻繁に恩赦が下されるようになったことは否めない。

これらの恩赦によりすべての労役刑徒が完全に解放され、帰郷が認められていたのならば、服役する刑徒の数はそのたびごとに削減され、一時的に官府が過剰な刑徒労働を抱える状況があったとしても、それもやがては解消されたはずである。だが直ちにそう結論できないのは、冒頭に述べたとおり「復作」という地位が存在し、労役刑徒は恩赦を経ても、通常は引き続き役務に服したと考えられるからである。

二、復作とは

「復作」が一体如何なる地位であるのかをめぐっては、伝世史料の中に二つの異なる説明が見られる。まずその一つはこれを女性に対する刑罰の名称とする説である。

李奇曰、復作者、女徒也。謂輕罪、男子守邊一歲、女子輭弱不任守、復令作於官、亦一歲、故謂之復作徒也。（『漢書』宣帝紀注）

李奇曰く、復作なる者は、女徒なり。謂うこころ軽罪なれば、男子は守辺一歳、女子は輭弱にして守に任《た》えざれば、復た官に作せしむること亦た一歳、故にこれを復作の徒と謂うなり。

…司寇男備守、女爲作如司寇、皆作二歲。男爲戍・罰作、女爲復作、皆一歲到三月。（『漢旧儀』）

…司寇は男は備守し、女は作すること司寇の如しとす、皆な作すること二歳。男は戍・罰作となし、女は復作となす、皆な一歳より三月に到る。

二歳刑である司寇の下に刑期一年、あるいは一年未満の軽微な労役刑が設けられ、女性の場合はそれが復作と呼ばれたというのが、これら史料の述べるところである。だがこの説明が必ずしも正確でないことは、すでに多くの論者により指摘されている。明らかに男性が「復作」とされている例が見えるためである。例えば次の『漢書』の記事。

元狩元年、坐知人盜官母馬爲臧、會赦、復作。（『漢書』王子侯表上　平侯遂）

元狩元年（前一二二）、人の官の母馬を盗むを知りて臧を為すに坐すも、赦に会い、復作す。

居延漢簡にも次の例がある。

居延復作大男王建（37・33）

復作大男蔡市、▨（60・2）

こうした例が存在する以上、女性刑徒説をそのまま受け入れることはできない。

これに対し、孟康は「復作」にまったく異なる説明を加える。

孟康曰、復音服、謂弛刑徒也。有赦令詔書去其鉗釱赭衣。更犯事、不從徒加、與民爲例。故當復爲官作、滿其本罪年月日、律名爲復作也。（『漢書』宣帝紀注）

孟康曰く、復の音は服、弛刑の徒を謂うなり。赦令詔書有りて其の鉗釱赭衣を去る。更に事を犯せば、徒加に従わず、民と与にするを例と為す。故に当に復た官作を為し、其の本罪の年月日を満さしむべく、律名づけて復作と為すなり。

「更犯事、不從徒加、與民爲例」の意味するところ、及び「故に」に繋がる因果関係は少し分かりづらい。おそらく再び罪を犯した場合には「民」の範疇に属す人間として扱われることを言い、「徒加」とは「刑徒に対する加罪規定」、すなわち再犯した刑徒に対し、現在の刑罰をいくらか加重して処罰とする措置のことを意味するのであろう。ともあれ孟康は「復作」を、恩赦を経て刑具や囚人服は免除されたものの、残余の刑期の間は労役に服す人間のことと解釈している。

この二つの説明を如何に扱い、復作を如何なるものと理解するかをめぐっては、先行研究によって態度が分かれる。例えば沈家本は基本的に『漢旧儀』の枠組みを受け入れ、男子に科されている「復作」は「罰作」の別名であろうとしている（『刑法分考』巻十一）。

これに対し呉栄曾は李奇説、孟康説のいずれをも非とし、復作とは両性いずれにも科せられる、数ヶ月から一年の軽微な有期労役刑とする［呉栄曾一九九五、二六七〜二七〇頁］。近年発表された劉洋の論考も、これと同様の立場をとる［劉洋二〇〇八］。

我が国では石岡浩に復作を取り上げた専論がある［石岡二〇〇〇a］。そこで最初に展開される復作の定義において石岡は、李奇が科罰対象を女性に限った点には修正を加えつつも、二つの説をいずれも受け入れ、復作には二種類あったとする。すなわち「復作とは、一方では耐刑の下に設置された罰作に属する軽刑の名称であり、他方では、赦後になお労役に就く刑の名称である」とし、そのうえで更なる議論を展開している。

これら諸説は、それぞれ李奇説・孟康説への賛否を異にするものの、結論として復作を一個の独立した刑罰と定義する、ないしは部分的にそれを認めるという点で共通している。言い換えれば、いずれの論者も復作を、特定の犯罪行為と対応し、それを犯した者に科せられる労役刑の一つと見なしているといえよう。

だが李奇説と『漢旧儀』とをひとまず措き、「復作」の中身を窺わせるその他の史料を一覧するなら、その多くが恩赦と連動して現れる点に、より注意が払われるべきであろう。すでに挙げた『漢書』王子侯表の記事がその一例であり、さらに『史記』封禅書には以下の二つの赦令が見える。

天子従禪還、坐明堂、群臣更上壽。於是制詔御史「…遂登封太山、至于梁父、而後禪肅然。自新、嘉與士大夫更始、賜民百戸牛一酒十石、加年八十孤寡布帛二匹。復博・奉高・蛇丘・歴城、無出今年租税。其大赦天下、如乙卯赦令。行所過毋有復作。事在二年前、皆勿聽治。」(『史記』封禅書)

天子禅従り還り、明堂に坐し、群臣更めて寿を上る。是に於いて御史に制詔すらく「…遂に登りて太山に封じ、梁父に至り、而る後粛然に禅す。自ら新たにし、士大夫と更始するを嘉みし、民に賜うこと百戸ごとに牛一酒十石、年八十・孤寡に布帛二匹を加う。博・奉高・蛇丘・歴城を復し、今年の租税を出だすなからしむ。其れ天下に大赦すること、乙卯赦令の如くせよ。行りて過ぐる所は復作すること有るなかれ。事二年より前に在るは、皆な聴治する勿かれ。」

乃下詔「甘泉房中生芝九莖、赦天下、毋有復作。」(同)

乃ち詔を下すに「甘泉房中に芝の九莖なるを生ず、天下に赦し、復作すること有るなかれ。」

前者は元封元年(前一一〇)の封禅の後に発せられた詔である。同じ詔が『漢書』武帝紀にも引かれるが、『史記』と同じ復除や賜与には言及するものの、肝心の恩赦については省略されている。(7) 一方、後者はその翌年に出された赦令で、『漢書』にもこのときの赦令が見えるが、「毋有復作」という指示は付されていない。(8)『史記』『漢書』において赦令の記事が省略される場合もあることを示す一例である。ともあれ『史記』の語るところに拠れば、二つの赦令には「復作させてはならない」との措置が伴っていた。

これらの但し書きが、復作という軽微な労役刑徒を赦免する旨、わざわざ附言しているものとは考えにくい。より重度の労役刑、さらには死刑等への個別の言及がまったくなされない一方で、数ヶ月から一年の労役刑をことさら取り上げて、その免除を念押ししているというのは、いかにも不自然だからである。むしろ孟康説に従い、通常は恩赦に伴って復作という地位、具体的にはその地位にあって役務に服す者たちが生まれたのだと考えれば、この附言の意味も容易に理解される。すなわち大赦を経ても完全には労役から解放されないはずの者たちを、今次の赦令では恩赦後の役務からも自由にすることが、さらなる恩典として追加されているのに他ならない。

懸泉置漢簡にも、恩赦と復作の関連性を窺わせる史料がある。

三歳、城旦舂二歳、鬼新（薪）白粲一歳。故屯作罷者、減復作各半。前當免、日疑者□□…（Ⅱ 0216②：437A　粋10）

□□宗廟□□天下、非殺人、盗宗廟【服】御物、它□告除之。具爲令。臣請五月乙卯以前、諸市未……（同B）

三歳、城旦舂は二歳、鬼薪白粲は一歳。もと屯作して罷められた者は、復作を減らしてそれぞれ半分とする。以前に赦免すべきであったが、日数が不明で□□……

…宗廟…天下…、人を殺したり、宗廟の服御の物を盗んだりしたのでなければ、それ以外は…告…これを除け。具して令とせよ。臣請うらくは五月乙卯より以前には、諸市はまだ…

右の簡に記されているのは赦令の一部である。そう判断される論拠は、まず「非殺人、盗宗廟服御物」という一節で、『釈粋』は注に、

赦天下自殊死以下、非手殺人・盗宗廟服御物、及吏盗受賕直金十斤、赦除之、免官徒隸。爲令。賜天下男子爵人一級、女子百戸牛一・酒十石、加賜鰥寡孤獨者…（Ⅱ 0115③：90）

天下の殊死より以下を赦し、手ずから人を殺したか、宗廟の服御の物を盗んだか、及び吏でありながら賄賂を不法に受け取ること金十斤であった者でなければ、これを赦除し、官の徒隷を免じる。これを令とせよ。天下

の男子に爵を人ごとに一級賜い、女子は百戸ごとに牛一・酒十石、鰥寡孤独に加賜する…

を引き、この一節を殺人者と宗廟の御物を盗んだ者とを赦令の対象から除く文言と解釈している。もう一つの手がかりは「城旦舂二歳…」という句で、同じく『釈粋』の注に拠るなら、懸泉置簡には次の簡も見えるという。

諸以赦令免者、其死罪令作縣官三歳、城旦舂以上二歳、鬼新白粲一歳。(II 0216②:615)

およそ赦令によって免じられる者は、死罪の囚人であれば官で役務に就かせること三歳、城旦舂以上は二歳、鬼薪白粲は一歳。

これらを勘案すれば、件の簡は確かに赦令の一部であり、死刑囚及び労役刑徒への処罰を一年から三年の労役に換えることを命じ、最後に恩赦から除外される犯罪者について附言したものと考えられる。

さてこの赦令で右に「復作」と釈した文字は、『釈文選』は「復作」と読むものの、『釈粋』は「後作」と釈読している。この簡の図版は公表されておらず、字跡から何れが正しいのかは判断できない。そこで文脈を追うならば、まず「故と屯作して罷めらるる者」とは、「先帝爲咸陽朝廷小、故營阿房宮爲室堂、未就、會上崩、罷其作者、復土酈山」(『史記』秦始皇本紀)などを参考にするなら、屯田の役務から外された者のことであろう。赦令に見える句であるからには、その屯作者とは刑徒に他ならず、それらがこの赦令を受けることこそが「罷めらるる」の意味するところに違いない(9)。とすれば問題の「~作」は、恩赦を経た者にさらに科せられる処分であり、その期間を半分にするというのが、この恩赦の指示するところであろう。これはまさに孟康の言う「復作」の定義に合致し、むしろそれを補強する材料である。ここで「復作」との釈読に従った所以である。

二、復作とは

以上に挙げた諸例はいずれも、「天下」を対象とした赦令によって復作が生み出されることを示している。これに対し、復作が一個の独立した刑罰であることを傍証する史料は、『漢旧儀』と李奇注以外には認められない。孟康説の妥当性はより積極的に支持されるべきである。思うに『漢旧儀』の説明は、前漢後期、とりわけ元帝以降に恩赦が頻繁化した結果、殆どの刑徒が判決後まもなく復作となり、残余の—或いは懸泉置漢簡の例が示すとおり、より短縮された—刑期の間労役に服する者と化したため、その語の意味が誤解されたものであろう。

復作を一個の独立した刑罰としては捉えず、『漢旧儀』や李奇の説を誤りとする論者—筆者もその立場に立つものであるが—には、張建国がいる［張建国二〇〇六］。張は復作、および孟康が復作とは「弛刑の徒である」とする、弛刑の地位について以下のとおり定義する。

復作…恩赦によって刑徒の身分からは解放されたものの、残余の刑期を終えるまでは労役に服すべき者。

弛刑…皇帝の詔により刑具や赤衣を免除され、ある程度監視を緩められた者。刑具などを免じられるほかは、通常の刑徒と変わらず、その身分も刑徒のままである。

張説の特徴は、李奇説と『漢旧儀』とをまったく不正確なものと断言し、復作とは一種の呼称であって、法に準じて科せられる刑罰名ではないとする点、および復作と弛刑という二つの称謂について、両者に相違があること、すなわち一方は恩赦により刑徒身分を解かれた者であり、従ってすでに刑徒ではなく、他方は詔により刑具などの免除が許されただけであって、その地位は依然刑徒であると主張する点にある。

弛刑は「施刑」「弛刑」とも書かれ、『漢書』宣帝紀注に、

李奇曰「弛、廢也。謂若今徒解鉗釱赭衣、置任輸作也。」師古曰「…弛刑、李説是也。若今徒囚但不枷鎖而責保散役之耳。…」（『漢書』宣帝紀注）

李奇曰く「弛は、廃なり。謂うこころ今の徒の鉗鈦・赭衣を解き、任を置きて輸作せるが若きなり。」師古曰く「…弛刑は、李説是なり。今の徒囚　但だ枷鎖せずして保を責めこれを散役するのみなるが若し。…」

との解説が見え、保証人（「任」「保」）を立てる代わりに刑具や赤い衣服を免除され、監視を緩められている労役刑徒のことである。光武帝建武二十二年（四六）の詔には、

遣謫者案行、其死罪繫囚在戊辰以前、減死罪一等。徒皆弛解鉗、衣絲絮。（『後漢書』光武帝紀下）

謫者を遣りて案行せしめ、其の死罪の繫囚の戊辰以前に在るは、死罪一等を減ず。徒は皆な鉗を弛解し、絲絮を衣せしむ。

と見え、皇帝の詔勅により刑具等の免除が指示されることもあり、こうして免除をうけた刑徒も「弛刑」と呼ばれた。次の居延漢簡はその点を傍証する。

髠鉗城旦孫□、坐賊傷人、初元五年七月庚寅論。初元五年八月戊申、以詔書施刑。故騎士、居延廣利里▨
完城旦錢萬年、坐蘭渡塞、初元四年十一月丙申論。初元五年八月戊申、以詔書施刑。故戍卒、居延市▨
甲渠候官初元五年□延吏□□簿
▨　●凡□二百十里九十三歩（227・8）

髠鉗城旦の孫□、人を賊傷した咎で、初元五年（前四四）七月庚寅に科刑された。初元五年八月戊申に、詔書によって施刑とされた。もとは騎士で、居延広利里…
完城旦の銭万年、みだりに長城を越えた咎で、初元四年（前四三）十一月丙申に科刑された。初元五年八月戊申に、詔書によって施刑とされた。もとは戍卒で、居延市…（後略）…

復作と弛刑の違いにはこれまで十分な注意が払われてこなかった[10]。張が指摘する「刑徒か否か」という区分は、恩赦を経ながら依然として役務を強いられるという復作の立場を理解するためにも重要な視点である。節を改めて張説の論拠を検討し、復作の地位について私見を述べておく。

三、復作と弛刑

張建国が復作は刑徒ではないとする論拠は、前章でも挙げた（第三節注（127））、辺境への徙民を勧める晁錯の上言である。

乃募辠人及免徒復作令居之。（『漢書』晁錯伝）
乃ち辠人及び免徒の復作せるを募りこれに居らしめん。

引用したのは辺境に送り込む候補を列挙した部分であるが、ここで復作は「罪人」ではなく、「免徒」としてそれに対置されている。居延漢簡にも「見徒・復作」との句が見え[11]、それがあくまで刑徒と区別されたことを窺わせる。光武帝建武五年（二九）、七年（三一）の恩赦には「見徒免爲庶人」の句が見え[12]、現に服役している刑徒が「免」を経て「庶人」とされており、確かに「免徒」の地位は「徒隷簿」で管理される刑徒たちと一線を画しているといえよう。

一方、弛刑は依然刑徒であったとする論拠には、先に引いた居延漢簡227・8が挙げられる。そこで孫某、錢万年はそれぞれ髡鉗城旦、完城旦であったと最初に明記されているが、実際には彼らは弛刑であった。このことから張は、彼らが刑徒身分のまま刑具だけを外されたものと推測している。加えて明帝即位時の恩赦も引かれる。

其施刑及郡國徒、在中元元年四月己卯赦前所犯而後捕繋者、悉免其刑。又邊人遭亂爲内郡人妻、在己卯赦前、一切遣還邊、恣其所樂。(『後漢書』明帝紀)

其れ施刑及び郡国の徒の、中元元年四月己卯の赦の前に在りて犯す所にして後に捕繋さる者は、悉くその刑を免ず。又た辺人の乱に遭い内郡の人の妻と為ること、己卯の赦の前に在るは、一切遣りて辺に還り、その楽うところを恣にせしむ。

ここでは弛刑が刑徒とともに免刑の対象となっている。これに拠り、弛刑はなお免じられるべき刑に服している者、すなわち刑徒身分に属しているとされる。

だがこの結論には疑問が残る。確かに晁錯の上言で復作は「罪人」と違う範疇に入れられるものの、とはいえ「民」と同じとされたのでもない。引用した上言は、

不足、募以丁奴婢贖辠及輸奴婢欲以拜爵者。不足、乃募民之欲往者。皆賜高爵、復其家。(『漢書』晁錯伝)

足らざれば、丁奴婢を以て辠を贖う、及び奴婢を輸して以て爵を拝せんと欲する者を募らん。足らざれば、乃ち民の往かんと欲する者を募らん。皆な高爵を賜い、その家を復せん。

と続くからである。孟康注でも、復作は「徒加」に従わず「民と与にするを例と為す」とされるが、これもまた、復作が民とまったく同じではないことを含意していよう(13)。また次の『史記』の記事は、復作に依然として除かれるべき「罪」があったことを示している。

孝景時、上郡以西旱、亦復脩賣爵令、而賤其價以招民。及徒復作、得輸粟縣官以除罪。(『史記』平準書)

孝景の時、上郡以西旱あり、亦た復た売爵令を脩め、而してその価を賤くして以て民を招く。及び徒・復作は、粟を県官に輸して以て罪を除くを得。

逆に弛刑も刑徒とまったく同じではない。前掲の明帝紀の詔は、郡国の徒と共に弛刑が免刑の対象とされ、確かに弛刑が刑に服していたことを示すものの、それが通常の徒と別に挙げられていることは、両者があくまで別物と見なされていたことを同時に示唆していよう。さらに居延漢簡には、

施刑、故司寇〼(268・3)

という簡もある。従って居延漢簡227・8に見える二人の弛刑も「弛刑とされている城旦刑徒」ではなく、「もと城旦刑徒で今は弛刑とされている者」と理解せねばなるまい。以上の諸点より、復作は民で弛刑は刑徒であるとの定義は受け入れ難い。

『史記』平準書の記事が自説と符合しないことは張建国も認識しており、これについて次のような説明を加える。すなわち、復作は刑徒身分には属さないものの「畢竟罪のある人間(終帰是有罪之人)」であり、その罪のために労役に服さねばならない。しかしそれは刑役ではなく徭役的性格を帯びており、それ故に食糧を納めることでその労役が免じられているのである、と。張は一方で、労役刑のうち二歳刑である司寇以上は「刑」と呼ばれるものの、刑期が数ヶ月から一年の罰労働は徭役的な性格が強く、それに服す者も「民」の範疇に属すと論じており、右の説明はこうした刑罰・身分体系への理解を前提としている。

この張説における刑徒と「有罪之人」と民の境界、および刑役と徭役の相違は些か曖昧で、晁錯の上言では

「罪人」と区別される復作が、一方では「有罪之人」であったとの説明には、戸惑わざるを得ない。だが復作は「有罪之人」であるが刑徒ではなく、いわば罰労働に服している民であるとの着想は、刑徒と民との間にある中間的な存在を示唆するもので、この点において張説は傾聴に値する。刑に服してはいるが一般の刑徒とは区別される弛刑も、これと同様の存在と見てよいだろう。

この、刑徒ではないが民でもない、その狭間にある地位について考えるとき、参考となるのは次の二年律令の条文である。

奴婢爲善而主欲免者、許之。奴命曰私屬、婢爲庶人、皆復使及筭（算）、事之如奴婢。主死若有罪、以私屬爲庶人、刑者以爲隱官。所免不善、身免者得復入奴婢之。其亡、有它罪、以奴婢律論之。（二年律令162～163）

奴婢に善行があり、奴婢の主人がその身分を免じようとする場合は、これを許す。奴は「私属」と名づけられ、婢は庶人となる。いずれも労役と人頭税は免除するが、奴婢であった時と同様にこれを使役する。主人が死ぬか、もしくは主人に罪があれば、私属を庶人とし、肉刑にされた者は、隠官とする。免ぜられた者が不善であれば、免じた者自身が、再びこれを没入して奴婢とすることができる。逃亡して他の罪を犯した者は、奴婢の律をもってこれに科刑する。

解放された「奴」は直ちに「庶人」とされたのではなく、暫く「私属」という特別な地位に置かれた(14)。この地位にある限り、主人に使役される点では従前と変わりなく、不善をなせば再びこれを奴とする権利が主人の手に握られていた。かかる法的な措置が、解放された奴がその後も主人に経済的に従属した、ないしは元の主従として特別な人間関係を持ち続けたことを反映して定められたのか、それとも一旦奴婢となった者は、たとえ解放されても、その賤視を受ける立場からすぐには抜け出せなかったことを示しているのか、定かでない。とはいえ旧主の死によって私属から庶人となることに注目するなら、旧主との間に潜在的な主従関係が存続するものと考えられていた可能性が、最も妥当な見方ではないか。

刑徒身分を解かれながら、なおも王朝に使役され残余の刑期を過ごす復作とこの「私属」とは、相通じるところがある。王朝の奴婢ともいえる労役刑徒―無期刑の時代にはとりわけその傾向が強い―が赦免をうけてなお労役に服し続けるのは、皇帝と一般民との関係とは異なる、元の主従としてのより従属的な関係が、皇帝と労役刑徒との間には措定されていたからだと見ることができよう。

さらにここで「庶人」の語にも言及しておきたい。法律用語としての「庶人」が必ずしも一般人全般を汎称するものではないという指摘はこれまでにもなされてきたが[15]、二年律令では「庶人」が「士伍」と明確に区別されることがあり[16]、多くの成人男子が士伍として傅籍（国家への奉仕者として登記されること。附論参照）されていたのに対し[17]、庶人については傅籍の年齢への言及がない[18]。これを承け、曹旅寧は庶人を国や私家に対してより従属的な地位にある者と見なし〔曹旅寧二〇〇七〕、椎名一雄はこれをいわゆる七科讁（罪の有る官吏、亡命者、贅壻、賈人、市籍に属する者とその子孫）などの、正規の兵役から除外され、従って「士以上が有する特権を持ち得ない存在」であると定義する〔椎名二〇〇六〕。これら諸説にはなお検討の余地があるものの[19]、右の二年律令で奴が私属を経て「庶人」となり、光武帝の恩赦の中で「見徒は免じて庶人と為す」とされるのも、一般人とまったく同じ身分になることを必ずしも意味していない可能性が残る。刑徒か民かに単純に二分するのではなく、七科讁を手始めに、刑徒と同じく官府での役務に就けられる「罷癃」（身体に障害の有る者）[20]や、市場での工事に特に動員される「市人不敬者」[21]など、刑徒ではないものの一般の良民とは区別される、中間的、例外的な人間の存在を意識して、より重層的な、あるいは多様な地位から構成される身分構造が想定されねばならない。

ともあれ私見としては、復作と弛刑との相違を民か刑徒かという視点から説明することには同意できない。むしろ留意すべきは、判決を受けた者が、おそらく恩赦を経ることなく弛刑とされている事例が看取できることである。例えば光武帝建武十二年（三六）に弛刑が北辺防備に送り込まれており[22]、その時点で少なからぬ弛刑の存在したことが窺えるものの、史書に見える赦令を検索すると、建武十二年以前の恩赦は建武七年（三一）の赦令まで遡る[23]。当時の労役刑の刑期は最長でも五年であるから、これらの弛刑が建武七年の恩赦により刑具等を免除され、残余の刑期の間労役に服していた者とは考えにくい。恩赦以外の何らかの理由により弛刑の生まれる可能性があったことを想定せざるを得ない。また次のような弛刑もある。

永興元年、河溢、漂害人庶數十萬戸、百姓荒饉、流移道路。冀州盜賊尤多、故擢穆爲冀州刺史。…有宦者趙忠喪父、歸葬安平、僭爲璵璠・玉匣・偶人。穆聞之、下郡案驗。吏畏其嚴明、遂發墓剖棺、陳尸出之、而收其家屬。帝聞大怒、徵穆詣廷尉、輸作左校。太學書生劉陶等數千人詣闕上書訟穆曰「伏見施刑徒朱穆、處公憂國、拜州之日、志清姦惡。…臣願黥首繫趾、代穆校作。」帝覽其奏、乃赦之。（『後漢書』伝三三朱穆伝）

永興元年（一五三）、河溢れ、人庶を漂害すること数十万戸、百姓荒饉し、道路に流移す。冀州は盗賊尤も多く、故に穆を擢いだして冀州刺史と為す。…宦者趙忠の父を喪う有り、安平に帰葬し、僭りて璵璠・玉匣・偶人を為る。穆これを聞き、郡に下して案験せしむ。吏その厳明なるを畏れ、遂に墓を発き棺を剖き、尸を陳べこれを出だし、而してその家属を収む。帝聞きて大いに怒り、穆を徵して廷尉に詣らしめ、左校に輸作せしむ。太学の書生劉陶等数千人闕に詣り上書して穆を訟いて曰く「伏して見るに施刑の徒朱穆、公に処り国を憂い、州を拝するの日、姦悪を清めんと志す。…臣願わくば黥首繫趾し、穆に代りて校作せん。」帝その奏を覧、乃ちこれを赦す。

『後漢書』桓帝紀には永興元年七月に「河水溢」とあり、朱穆が冀州に赴任し、やがて刑に当てられたのはそれ以降である。永興二年正月、及び翌永寿元年正月には大赦が出ているので、朱穆がいずれかの恩赦により弛刑とされた可能性もある。だが判決から劉陶の上書に至るまでの、さほど長くはなかったであろう期間の間に恩赦が降ったと見るよりも、何らかの理由で朱穆は、最初から弛刑とされた可能性がむしろ想定されるべきであろう。冨谷至は爵による刑罰減免について論ずるなかで、元来有爵者に認められていたのは肉刑免除の特権であり、文帝十三年の肉刑廃止以降はそれが刑具の免除に変わった可能性を指摘している［冨谷一九九八、第四章］。また先に挙げた弛刑に対する李奇や顔師古の注は、弛刑とされる条件として保証人の有無を挙げるのみである。本人の地位や保証人を立てることによって、必ずしも皇帝の特別な指示を俟つことなく弛刑とされた者もいたのだろう。(24)

刑具等の免除が恩赦以外の理由からも認められたとすれば、復作と弛刑との違いをその点に求めることができる。すなわち弛刑とは様々な理由により刑具などを免除された刑徒全体を指し、復作とはその中で、恩赦により罪を許され、刑具を外されたうえで残余の刑期を労役に服して過ごす者のことである、と。その意味において「復作とは弛刑である」とする孟康注は間違ってはいないが、逆にすべての弛刑が復作であったとは限らず、二つの呼称が並存する理由はその点にあった。

復作への右の解釈に大過ないとすれば、その上で注目されるのは、労役刑に未だ刑期が設けられていなかった時代にも「復作」と呼ばれる者たちが存在したことである。

四、無期刑時代の「復作」

労役に服して元の刑期を満たすという孟康の復作への解説は、復作が明確な刑期を前提に設けられていたように思わせる。先行研究も、これをあくまで有期労役刑徒を対象にしたものとして論を進めている。だが「復作」の語は文帝十三年以前にも認められる。まず『史記』漢興以来将相名臣年表の記事。

（恵帝）四（年）　三月甲子、赦、無所復作。

恵帝四年（前一九一）、三月甲子、赦して、復作する所なからしむ。

『史記』呂太后本紀にはこの恩赦が見えないものの、『漢書』恵帝紀では「三月甲子、皇帝冠、赦天下」とされ、加冠に伴う恩赦であった旨が付け加えられる。この恩赦にも復作を免除するとの文言があり、恵帝の時点においても、恩赦を受けた労役刑徒は通常なら復作とされたことが知られる。

加えて、すでに挙げた晁錯の上言にも「復作」の語が見える。辺境への徙民を求めたこの献策は、前章（第三章第三節）で述べたとおり文帝十三年に実施されており、上言自体はそれ以前に行われたものである。この徙民策と対になる納粟授爵の発議と同時期になされたものだとすれば、それは文帝十二年にまで遡り、十三年五月の有期化以前になされた可能性が高い。文帝は七年（前一七三）四月に赦令（「赦天下」）を発しているが、それから上言の時期までは五、六年が経っている。従って文帝七年の恩赦により復作とされたのは一部の有期労役刑徒に限るまい。無期刑徒も恩赦により労役から解放されることなく、復作として役務に服し続けていたと考えねば、恩赦から五、六年を経て、なお相当数の復作が存在した理由が説明できない。

漢王朝成立以降、確かに恩赦は頻繁に下されるようになる。だが、それが無期刑徒を労役から完全に解放したわけではない。待遇の詳細は知りえないものの、有期刑の復作と同様であったとすれば、少なくとも刑具や赤衣は免除され、さらに子男が士伍とされないことも、居住地を制限されることもなくなったのかもしれない。しかし以前と同様に労役には服し、ともすればそれが終身続く場合もあり得た。睡虎地秦簡に見える次の記事からは、そうした地位にあった者の実例が窺える。

「將司人而亡、能自捕及親所智（知）爲捕、除毋（無）罪。已刑者處隱官。」●可（何）罪得「處隱官」。●羣盜赦爲庶人、將盜戒（械）囚刑罪以上、亡、以故罪論、斬左止（趾）爲城旦。後自捕所亡、是謂「處隱官」。●它罪比羣盜者皆如此。（法律答問125〜126）

「人を引率していて逃がしてしまったが、自ら捕えることができたか、知っている人間が捕らえてくれたならば、罪を免除する。已に肉刑を受けた者は隠官に処す。」●いかなる罪から「隠官に処される」ことになるのか。●群盗が赦されて庶人となり、盗械されている囚人で刑罪以上に相当する者を引率していて、これを逃がし、故の罪で科刑され、斬左趾城旦とされた。後に逃がした者を自ら捕えたならば、是れを「隠官に処す」と謂うのだ。●その他の、群盗と同様の罪もいずれもこのように処置する。

群盗の咎により斬左趾城旦舂とされるべきところ、赦されて庶人とされた人間がここで想定されている。この者は「庶人」の地位を与えられ、刑徒監視の業務に就けられていた。無期刑時代にも復作の地位が存在したことを念頭に置くなら、ここでかつての群盗が刑徒を監視しているのも、単なる徭役の一部ではなく、復作として就けられていた役務と見るべきである。再び罪を犯したことにより故の罪が復活している点、再犯しても「民と与にするを例と為す」とする孟康注とは齟齬するが、これを無期刑時代の復作の一例と見てよかろう。[25]

無期刑徒を官奴婢と見なしうるのか否かをめぐっては、これまでも多くの議論が重ねられてきた。単に終身役務に就くのみならず、隷臣妾以上についてはその地位が子女に継承され、官の「徒隷」や没収された犯罪者の妻子（「収人」）は時に民間に売却されたという事実は、その地位が官奴婢と選ぶところがないことを示している。だがその一方で、刑徒と官奴婢とを分かつ一線として指摘されてきたのが、刑徒は不定期に下される赦令により役務から解放されるという点であった〔冨谷一九九八、一六四～一六八頁〕。だが恩赦により刑徒はその地位からは解放されるものの、依然として労役には服し続け、その一方で奴婢にもその地位から脱し「私属」「庶人」となる道が開けていたとすれば、やはり両者の地位は未分化であり、殆ど一体であったといわざるを得ない(26)。

五、恩赦の機能と労役刑

無期刑の時代、あるいはすべての労役刑が有期化された時代を問わず、労役刑徒が赦令後も服役し続ける現象は、一見すると不合理に映る。恩赦により、例えば死刑囚が罪を許され、帰郷も認められたのに対し、労役刑徒はなおも服役し、無期刑の時代には終身それが続いたとすれば、恩赦のもたらす恩恵において格差があると言わざるを得ない。

天・人の間に立つ皇帝が、あるときは天の意思を汲んで(27)、あるときは民を犯罪に駆り立てたのは自らの不徳によるとして(28)「宿悪を蕩滌(29)」し、「自ら新たにし」て民と「更始」すると誓う(30)のが、恩赦の理念的な本旨である。王朝の嘉事に際して赦令が出されるのも、それを契機に「自新」「更始」することが期せられるからである。こうした謳い文句をそのままに受け取るなら、やはり復作という存在は説明がつかないもののようにも感じられる。

だが「更始」と言っても、それはあらゆる罪をまったく帳消しにすることを、必ずしも意味していない。恩赦を与えたうえで従軍を強いる、あるいは辺地の軍営に移すという多くの事例(31)が示すとおり、恩赦は王朝が必要とする用途への、労働力の積極的な活用を企図したものである場合もあった。西嶋定生は赦令が発せられる意図を「古き秩序を否定して新しき秩序を作ること」と表現している〔西嶋一九六一、三九三頁〕が、恩赦を受けた罪人は、一方で王朝の示す新秩序に従うことを強いられ、需要に応じて再配置されたといえよう。

また現実問題として、労役刑徒をすべて完全に解放するのは、それが官有労働力の重要な一部分であったことを考えれば、王朝の諸事業に深刻な影響を及ぼしかねない。死刑囚や未決囚の如く、単に獄に係留されている人間や亡命中の者を放免するのと、実際に服役している者に帰郷を認めるのとでは、官府の業務に与える影響において意味合いを異にする。

マックナイトは前近代中国の恩赦について論ずるなかで、王朝が赦令を頻発する背景として、官僚機構の規模が支配すべき人間の数に比して絶対的に小さいことを指摘する［マックナイト一九八一］。官僚は多くの裁判事案を裁ききれず、また裁けたにしても大量の囚人を管理する装置が十分整備されていなかった。この問題を解消する一つの手段が恩赦である。恩赦とは、理念的には皇帝の慈悲という外見を備えているものの、実際のところは、均衡の取れていない制度が生んだ問題への、一つの解決策であるというのが氏の結論である(32)。

確かに恩赦が必要な理由として、犯罪や裁判事案の多さが時に挙げられる。例えば『晋書』刑法志に引かれた劉頌の肉刑復活論は、恩赦が頻発される現状をこう解説する。

亡者積多、繋囚猥畜。議者曰、囚不可不赦、復従而赦之。…曁至後世、以時嶮多難、因赦解結、権以行之。又不以寛罪人也。至今恒以罪積獄繁、赦以散之、是以赦愈數而獄愈塞、如此不已、将至不勝。（『晋書』刑法志）

亡ぐる者積多にして、繋囚猥畜す。議者曰く、囚は赦さざるべからず、復た従いてこれを赦す。…後世に至るに曁び、時嶮しく多難なるを以て、因りて赦して解結し、権に以てこれを行う。又た罪人を寛すを以てせざるなり。今に至り恒に罪積まれ獄繁きを以て、赦して以てこれを散らし、是を以て赦愈よ数ばにして獄愈よ塞がれ、此くの如くして已まざれば、将に勝えざるに至らん。

また『潜夫論』述赦篇が赦令を愚策として非難するなかで引く、赦令を必要とする論者の意見、

久不赦則姦宄熾、而吏不制、故赦贖以解之。(『潜夫論』述赦篇)

久しく赦さざれば則ち姦宄熾んにして、而して吏制せず、故に赦贖して以てこれを解く。

も、同様の問題を吐露したものといえよう。死刑囚・未決囚と服役中の労役刑徒との間にある待遇の格差は、裁ききれない犯罪を赦令で帳消しにする必要に迫られる一方で、一定の官有労働力は維持されねばならないという、恩赦の備えている功利的な側面が矛盾として現れたものと考えられる。

こうして復作とされた者は、引き続き労役に服す一方で、幾ばくかの食料支給を受け続けていたと考えられる。明証はないものの、辺境出土簡からは弛刑が食糧支給を受けていたことが知られ[33]、復作もそれと同様であったに違いない。もちろん徙民策の一環として辺境地帯へ移される者や従軍してそのまま辺郡に屯田する者たちは、やがては自活することが求められていたのであろうが、通常は支給を受けつつ、恩赦以前と同じ場所で服役したものと思われる。

それならば、恩赦は必ずしも官有労働力の削減を意味せず、「復作するなかれ」という指示が加えられて始めて、実際に官府が抱える労働力が減り、それを支える経済的負担も緩和されることになる。だが無期刑が存在する時代に、果たしてそうした措置が—恵帝四年には実際にその指示が出されているものの—実現され得たのか、疑問が残る。無期刑徒を解放し、まったく元と同じ地位に戻すのは、二つの点において困難が伴うからである。

一つは肉刑の存在である。城旦舂刑徒の一部は肉刑を受けており、彼らはたとえ冤罪であったと判明し、刑罰

を解かれることになっても、「隠官」として特別な地位に留め置かれる。隠官には土地も支給される建前であったが、それは士伍・庶人の半分に止まり、刑徒である司寇と同額である(34)。肉刑を受けてから工人としての役務に就き、その技能を備えるに至った者は、たとえ功績により罪を免じられても「隠官工」とされており(35)、公の役務に服し、その代わりに生活の糧を支給されて暮らす隠官も少なくなかったものと思われる(36)。いずれにせよ、被肉刑者は恩赦により元の地位を取り戻すことはできない。

もう一つの問題は、無期刑徒や「収人」は時に民間に売却されたという点にある。もちろん恩赦に伴い、売却された者はそれぞれ買い戻されたと考えることもできる。例えば冤罪が雪がれた場合には、確かに売り払われた者の買い戻しが命じられた。前章で引用した「奏讞書」案例⑰がその実例であり、妻子が売り払われておれば、「県官が贖を為す」と明記されている（第三章一一七～八頁）。だが大量の刑徒が対象となる赦令の場合、果たして王朝がそれをすべて贖い得たであろうか。

後漢桓帝の建和三年（一四九）に次の赦令が下される。

夏四月丁卯晦、日有食之。五月乙亥、詔曰「…昔孝章帝愍前世禁徒、故建初之元、並蒙恩澤、流徙者使還故郡、沒入者免爲庶民。先皇德政、可不務乎。其自永建元年迄乎今歲、凡諸妖惡支親從坐、及吏民減死徙邊者、悉歸本郡。唯沒入者不從此令。」（『後漢書』桓帝紀）

夏四月丁卯晦、日これを食する有り。五月乙亥、詔して曰く「…昔孝章帝　前世の禁徒せらるるを愍み、故に建初の元、並びに恩沢を蒙り、流徙せらるる者は故郡に還らしめ、没入せらるる者は免じて庶民と為す。先皇の徳政、務めざるべけんや。其れ永建元年より今歳に迄ぶまで、凡そ諸の妖悪の支親の従坐せる、及び吏民の死を減じて辺に徙さるる者は、悉く本郡に帰せ。唯だ没入せらるる者は此の令に従わず」と。

詔で言及される「建初の元」の恩赦とは、建初二年（七七）に下された、楚王英・淮陽王延の謀反に連坐して徙された四百余家を本郡に帰らせる措置のことである。[37] その時には徙された者は故郷に戻され、没入された者は庶民とされている。だがここに引用した桓帝の恩赦では没入者が赦令の対象から外されている。思うにこれは、辺郡に徙された者たちならば、その在所を把握し帰郷を認めることが可能であるものの、官奴婢として没入された者は、おそらく時に売却されることもあり、在所を突き止めて請け出すことが—四百余家に範囲を限るならばともかく—殆ど不可能であるが故に生じた相違ではないか。無期刑が存在し、かつ城旦舂・鬼薪白粲以上の妻子が没収されていた時代、これらを、民間に売却された者も含めてすべて元の地位に戻すのは困難であり、とはいえ売却されなかった者にのみ帰郷を認めたなら、そこに矛盾が生じることになる。

結局のところ肉刑が存在し、かつ刑徒と奴婢とが未分化で、無期刑徒や収人が需要に応じて民間にも売却されている限り、たとえ恩赦を与え、復作させてはならないと明言したところで、科罰により強いられた地位から抜け出せない者たちが、多数存在したことになる。

この矛盾を避けるには、肉刑を廃し、刑期を設けて刑徒と奴婢との区別をはっきりさせ、労役刑徒が元の地位を回復するための道筋をつけてやる他ない。見方を変えれば、文帝による肉刑廃止と労役刑有期化の試みは、一定の期間ごとに労役刑徒を完全にその地位から赦免することを可能にしたものであり、それによって必要な労働力を維持しつつ、その量を調整する道を開いたものと評価できる。

改めて肉刑廃止の端緒となった緹縈の上言に目を向けるなら、そこに赦令に頻見する「自新」の語を見出すことができる。[38]

上書曰「妾父爲吏、齊中皆稱其廉平、今坐法當刑。妾傷夫死者不可復生、刑者不可復屬、雖後欲改過自新、

其道亡繇也。妾願沒入爲官婢、以贖父刑罪、使得自新」。（『漢書』刑法志）

上書して曰く「妾の父　吏と為り、斉中皆な其の廉平なるを称うるも、今　法に坐して刑に当る。妾夫れ死せる者は復た生くるべからず、刑せらるる者は復た属くべからず、後に過を改め自ら新たならんと欲すと雖も、其の道の繇るなきを傷むなり。妾願わくば沒入せられて官婢となり、以て父の刑罪を贖い、自ら新たなるを得しめん」と。

肉刑を受けてしまえば「自新」は不可能だとの訴えは、肉刑の徒は恩赦の蚊帳の外にあると言うに等しい。労役刑徒への恩赦を実効あるものとする意図が文帝の刑制改革には込められており、そしてこの改制により、官有労働力の削減が必要であれば、その目的に恩赦を功利的に利用することが初めて実質的に可能となったといえる。

おわりに

「復作」を労役刑の一つと見なすのが通説として受け入れられてきたのは、それを主張する『漢旧儀』や李奇説が理解しやすいのに対し、孟康説の言わんとするところが難解であり、かつ恩赦を受けながらなぜ引き続き労役に服さねばならないのか、その背後にある原理がつかみにくかったためであろう。だが労役刑をめぐる研究の深化や、二年律令の発見を経て、労役刑徒が直ちには解放されない制度の背景もほの見えてきた。刑徒が恩赦後も復作として労役に服し続けるのは、「奴」が解放されても、一旦は「私属」という特殊な身分に留め置かれたのと類似し、そこに王朝の奴婢としての、刑徒の原初的な姿が見出される。復作制度の来源は、無期労役刑の起源や、それら刑徒に与えられた社会的な地位を勘案しながら、様々な角度から探ってゆかねばなるまい。

もちろん、労役刑徒が重要な労働力として積極的に活用されるようになると、恩赦により彼らをすべて解放すれば、国の諸事業に支障が生じるという現実的な事情も、復作制度の存在理由になったと考えられる。だが漢王朝の成立以降、戦乱の終息により生じたであろう人口増加によるものか、あるいは混乱期に多くの人間が奴婢に身を落としたためか、刑徒労働の重要性は薄れ、文帝期にはむしろ持て余されるようになった。こうした状況が肉刑廃止とあらゆる労役刑の有期化との背景にあり、この改制によって官有労働力の総量を定期的に調整することが可能となった。

文帝改制の後も復作制度は存続する。前漢後半期、特に宣帝・元帝の頃には恩赦が頻りに下されたが、刑徒労働が不足する事態はこの制度により回避され、一定のサイクルによる刑徒の入れ替えが維持されたであろう。ただし後漢時代になると、単に「大赦天下」「赦天下」「赦天下徒」などと記される広範な、非限定的な恩赦は少なくなり[39]、代わりに労役刑徒に対しては刑期の減等を具体的に指示した赦令が現れてくる[40]。また前漢時代には多くなかった、死刑囚の罪を一等減じて辺境防備に送り込む措置が、恩赦の通例となる［石岡二〇〇〇b］。復作制度に代わって、こうした手段が恩赦と必要な刑徒労働の維持とを両立させるための装置となり、復作はやがて姿を消すに至ったのであろう。

注

（1）恩赦には対象を限定した「特赦」や地域を限定とした「曲赦」もあるが、本章で考察を加えるのは、労役刑制度に大きな影響を与えたであろう広範な恩赦、すなわち「天下」を対象とした赦令である。本章でいう「赦令」とは、特に断りのない限り、この「天下」を対象とした「赦」「大赦」を指す。

（2）本文に引いた記事や『春秋左氏伝』襄公九年「肆眚圍鄭」があくまで過失犯を対象にしており、後世の大赦とまったく同じではないことは沈家本『赦考』赦一「原赦」も参照のこと。

（3）『史記』趙世家には、秦のそれに先立って恵文王の大赦が記録されている。

三年、滅中山、遷其王於膚施。起靈壽、北地方從、代道大通。還歸、行賞、大赦、置酒酺五日、封長子章爲代安陽君。（『史記』趙世家）

（4）二世元年、十月戊寅、大赦罪人。（『史記』六国年表）

（5）東方で起きた反乱を鎮圧すべく二世皇帝二年（前二〇八）にも大赦が出される

少府章邯曰「盜巳至、衆彊、今發近縣不及矣。酈山徒多、請赦之、授兵以擊之」。二世乃大赦天下、使章邯將、擊破周章軍而走、遂殺章曹陽。（『史記』秦始皇本紀）

ただし、このときの赦令は「大赦天下」とされるものの、先行する章邯の上言が示すとおり、その対象は酈山の刑徒が念頭に置かれており、かつ情勢からして、その赦令が「天下」に広く頒布されたとは考えられない。

（6）睡虎地秦簡と張家山漢簡から関連する規定を一例ずつ挙げておく。

欲歸爵二級以免親父母爲隸臣妾者一人、及隸臣斬首爲公士、謁歸公士而免故妻隸妾一人者、許之、免以爲庶人。…（中略）…軍爵律（秦律十八種155～156）

爵二級を返上し、実の父母で隷臣妾となっている者一人を免じようとする場合、及び隷臣が斬首の功により公士となり、公士の爵を返上して元の妻である隷妾一人を免じようとする場合は、これを許可し、それらを免じて庶人とする。…軍爵律。

捕盜鑄錢及佐者死罪一人、予爵一級。其欲以免除罪人者、許之。捕一人、免除死罪一人、若城旦舂、鬼薪白粲二人、隸臣妾、收人、司空三人、以爲庶人。…（後略）…（二年律令204～205）

銭を不正に鋳造する者及びそれを助けた者で死罪に相当する者一人を捕らえた場合は、爵一級を与える。それによって罪人を免除しようとする場合は、それを許可する。一人を捕らえれば、死罪一人、もしくは城旦舂・鬼薪白粲二人、隷臣妾・収人・司空三人を免除し、庶人とする。…

（7）夏四月癸卯、上還、登封泰山、降坐明堂。詔曰「…遂登封泰山、至於梁父、然後升禮肅然。自新、嘉與士大夫更始、其以十月爲元封元年。行所巡至、博・奉高・蛇丘・歷城・梁父、民田租逋賦貸、已除。加年七十以上孤寡帛、人二匹。四縣無出今年算。賜天下民爵一級、女子百戶牛酒。」（『漢書』武帝紀）

（8）六月、詔曰「甘泉宮内中產芝、九莖連葉。上帝博臨、不異下房、賜朕弘休。其赦天下、賜雲陽都百戶牛酒。」作芝房之歌。（『漢書』武帝紀）

（9）ただしその対象となる刑徒が具体的には如何なる者たちなのか、定かでない。まず考えられるのは、先行する句に見える「城旦舂二歲」云々はそれら労役刑に服すべき未決囚、もしくは逃亡中の者への処遇であり、「故と屯作し…」以下は実際に服役している刑徒のことを指しているという可能性である。光武帝建武五年（二九）の赦令では、
其令中都官・三輔・郡國出繫囚、罪非犯殊死一切勿案。見徒免爲庶人。（『後漢書』光武帝紀）
とされ、未決囚と服役刑徒とを区別している。もう一つの可能性として、城旦舂・鬼薪白粲を含めたすべての労役刑徒のうち、辺境で屯田作業に従事した者については残りの服役を半分にするとの謂であるとも考えられる。

（10）復作を一個の刑罰名と捉える論者（例えば呉栄曾一九九九）にとって、恩赦を経て刑具を外された刑徒である弛刑と復作との相違は自明のものであり、そもそも議論の対象とされていない。一方、李奇説と孟康説の両者に従おうとする石岡浩は、「弛刑」が固有の刑名で、「復作」は暫定的な一般の呼称であるとする［石岡二〇〇〇a、一四〇頁］。確かに指摘されるとおり、復作という呼称は後漢には見られなくなり、それが便宜的な呼称であったとの指摘は一定の説得力を持つ。だが漢簡に見える名籍の類には、その者の身分として弛刑のみならず復作と明記される場合もある。果たして一方が正式呼称であり、他方は通称としてよいものか、疑問が残る。

（11）居延漢簡34・9、34・8A、第五章注（55）参照。

（12）（建武五年）五月丙子、詔曰「久旱傷麥、秋種未下、朕甚憂之。…其令中都官・三輔・郡國出繫囚、罪非犯殊死一切勿案。見徒免爲庶人。…」（『後漢書』光武帝紀上）
（建武）七年春正月丙申、詔中都官・三輔・郡國出繫囚、非犯殊死、皆一切勿案其罪。見徒免爲庶人。耐罪亡命、吏以文除之。（同下）

居延漢簡にも次の簡が見える。

□以赦令免爲庶人名籍（EPT5:105）
…赦令によって免じられて庶人となった者の名簿

(13) 前注に挙げた光武帝紀の赦令について、フルスウェはそこに「免爲庶人」との句がわざわざ附されることに注目し、服役刑徒は恩赦を受けても通常は庶人とされなかった可能性を指摘して、「復作≠庶人」としている［フルスウェ一九五五、二四一頁］。

(14) 王莽の始建国元年（後九）に天下の田を「王田」、奴婢を「私属」とし、それらの売買を禁ずる詔が下る（『漢書』王莽伝中）。王愛清はこれを単なる呼称の変更ではなく、従来の奴婢を奴婢と庶人との間にある中間的な身分、すなわち二年律令中の「私属」の系譜を継ぐ地位に改めたものと論じている［王愛清二〇〇七］。王莽の詔は奴婢の解放を企図したものではなく、この「私属」も従来どおり旧主の下で使役され続けたのであろうが、とはいえその売却は認められなくなり、確かに奴婢でも庶人でもない、その狭間にある地位であるといえる。

(15) 凡律言庶人者、對奴婢及有罪者而言、與它處泛稱庶民者、迥乎不同。（銭大昕『廿二史考異』巻十）

(16) 二年律令310～313、314～316の給田、給宅規定では、士伍と庶人が並置される。

(17) 士伍について、『漢書』の諸注はこれを奪爵された者に与えられた地位としており、先行研究（片倉穣一九六六、冨谷至一九八三）でもその解釈が継承されている。しかし二年律令364～365簡には「公士・公卒及士五・司寇・隱官子、皆爲士五」とあり、民爵賜与により殆どの成年男子が公士爵を保有していた状況下で、その子がいずれも士伍とされたことが窺える。士伍身分の実態は改めて考察される必要がある。

(18) 二年律令364～365簡参照。

(19) 二年律令には「奴婢律」に対して「庶人律」という呼称が見え、この「庶人」は奴婢以外の一般民全般を指していると思われる。

(20) 罷痒（癃）守官府、亡而得、得比公痒（癃）不得。得比焉。（法律答問133）
「罷癃」の定義は二年律令363、408～409に見える。

(21) 市垣道橋、令市人不敬者爲之。（二年律令414）

(22) 遣驃騎大將軍杜茂將衆部施刑屯北邊、築亭候、修烽燧。（『後漢書』光武帝紀下）

(23) かつこのときの恩赦では、服役刑徒は庶人にすべしとあり、刑具の免除のみに止まっていない。赦令の原文は注(12)参照。

(24) 張建国二〇〇六も復作が恩赦により生み出されるのに対して、弛刑は必ずしもそれに因らないことを指摘しているが、しかしながら何らかの皇帝の指示は必要だったと考えており、この点で筆者と見方を異にする。

(25) ここに見える「赦」が如何なる契機に下されたものなのかは、法律答問の成立年代が確定できない以上、明らかでない。睡虎地の立地を考えれば、南郡にも刑徒を赦して送り込むことが試みられていたのかもしれない。

(26) 常々指摘されるとおり、投降してきた敵も「隷臣」とされ(秦律雑抄38)、民間の臣妾を官が買い取る事例でも、それは「城旦」とされている(法律答問37~41)。犯罪と並んで、征服と購入とはいわゆる官奴婢の来源に数えられるものであろうが、それらに与えられた地位が刑徒身分であるなら、無期刑徒の他に存在する「官奴婢」とは、秦代には一体何と呼ばれたのか。少なくとも筆者には、城旦舂以下の、我々が「労役刑徒」と呼ぶ地位と、民間の臣妾(奴婢)の存在しか見出せない。

(27) 『潜夫論』述赦篇に見える或人の言、

三辰有候、天気当赦、故人主順之而施徳也。

は、恩赦が下されるのは自然現象として現れる天意に因る、との理念を示す。災害後の赦令や時令に従った赦令はこの系統に属すといえる。

(28) 例えば次の赦令。

夏六月、詔曰「間者連年不收、四方咸困。元元之民、勞於耕耘、又亡成功、困於饑饉、亡以相救。朕爲民父母、徳不能覆、而有其刑、甚自傷焉。其赦天下」。(『漢書』元帝紀 永光二年)

(29) 夏四月戊子、詔曰「昔歳五穀登衍、今茲蠶麥善收、其大赦天下。方盛夏長養之時、蕩滌宿悪、以報農功。…」(『後漢書』明帝紀)

(30) 詔曰「夫赦令者、將與天下更始、誠欲令百姓改行絜己、全其性命也。往者有司多舉奏赦前事、累增罪過、誅陷亡辜、殆非重信慎刑、洒心自新之意也。…」(『漢書』平帝紀)

(31) 沈家本『赦考』赦二「述赦」一の「従軍」の項に類例が集められる。

(32) マックナイトは一方で、遼金元以降になると赦令の頻度が低くなることを指摘し、その背景として正式な手続きによらない訴訟解決の増大や、天意の代弁者という「皇帝」概念が受け容れられなくなったことなどを想定するが、こうした結論には必ずしも賛同できない。

(33) 懸泉置漢簡から一例を挙げる。
出米廿八石八斗、以付亭長奉徳・都田佐宣、以食施刑士三百人。（I 0112③：77、粋213）

(34) 二年律令310～313参照。公卒・士伍・庶人には一頃、司寇と隠官には五十畝とされる。

(35) 工隷臣斬首及人爲斬首以免者、皆令爲工。其不完者、以爲隱官工。（秦律十八種156）

(36) 身体に障害が有る者は、刑徒も含めて、公の役務につけ、その仕事に応じて生活の糧を与えるべきだとの理念が『礼記』に見える。
瘖聾、跛躃、斷者、侏儒、百工各以其器食之。（『礼記』王制）

(37) 夏四月戊子、詔還坐楚・淮陽事徙者四百餘家、令歸本郡。（『後漢書』章帝紀）

(38) 緹縈の上書に「自新」の語が見え、文帝の改革が赦令の機能の補完という意味を持つことは、チャールズ＝サンフト氏（ミュンスター大学）より示教された。記して感謝したい。

(39) 宣帝（在位二十五年）が非限定的な恩赦（「（大）赦天下」「赦天下徒」）を十二回、元帝（在位十五年）は十回下したのに対し、光武帝は、建武十二年の統一後は二十一年間で二回、明帝は十八年間で三回、章帝は十三年間で三回、と激減する。

(40) 労役刑徒への減等を指示した赦令は光武帝の建武二十九年に初見する。

第五章 「司空」小考
——秦漢時代における刑徒管理の一斑——

はじめに

第三章では秦より漢初に至る時期の労役刑に分析を加え、四種類の無期労役刑は労役強度によってその軽重が決められていたのではなく、刑徒の居住場所やその家族への処遇などの、いくつかの要素によって段階づけられていたことを論じた。こうした角度からの分析を深めてゆくためには、刑徒を管理すべく設けられていた諸制度や、その運用原理に関する十分な理解が必要となるが、その詳細、及び刑徒を取り巻いていた日常的な環境については、断片的な史料しか存在せず、不分明な点が多い。

もちろんこうした問題が等閑視されてきたわけではない。例えば陳直は、①刑徒の就労範囲と②刑徒管理に関わる史料を収集し、①については、刑徒が必要に応じて割り振られ、様々な場所(製塩冶鉄、採銅鋳銭、工官での作業、宮殿・道路・陵墓の建設・修理、辺境防備）で役務に服したとする。一方②、とりわけ刑徒の管理者については、前漢では司隷校尉や諸々の司空が、後漢には司隷校尉と将作大匠が管理に当たり、また地方では「徒丞」[1]がその任にあったことを指摘している［陳直一九八〇、「関于両漢的徒」］。我が国では夙に濱口重國が将作大匠について論じ、それが管理していたのが徴発された徭役の徒ではなく、刑徒であったことを明らかにしている［濱口一九六六、第二部第八］。

その後の睡虎地秦簡の発見により、刑徒への食糧支給や監視体制に関する知見は増大した。だが刑徒配置の全体的な枠組み、すなわち大量の刑徒たちを効率的に配置し、活用するための仕組みは依然としてはっきりしてこない。必要な場所に刑徒を配し、逃亡を取り締まり、かつ所定の期間を満了したら釈放するといった煩雑な業務は、如何にして遂行されていたのか。本章ではこうした問題に迫る手がかりとして、陳直が刑徒管理機関の一つとして挙げる「司空」に着目する。

司空は『周礼』六官の一つであり、前漢末には御史大夫が「大司空（のちに「司空」）」と改称された。だがこの他に、中央官署の属官として都司空（宗正属官）や左右司空（少府属官）といった官署があり、これらについて『史記』『漢書』の諸注は、

律に、司空は水及び罪人を主る、と。（『漢書』百官公卿表　如淳注）
百官表に、宗正に左右都司空有り、…皆な囚徒を主るの官なり。（『漢書』伍被伝　晋灼注）
司空は刑徒を主るの官なり。（『史記』儒林列伝　轅固生　集解引徐広注）
司空は行役を主るの官なり。（『漢書』陳咸伝　顔師古注）

と解説する。いずれもこれら司空を刑徒管理の官とする一方で、如淳注はそれが「水」を掌る、すなわち治水を

はじめに

管掌するものでもあったことにも言及している。司空という土木官署が刑徒を管掌し、かつ後述するとおり獄を備えていたことは、大庭脩が注目し、その意味を論じたところでもあった[2]。

睡虎地秦簡の出土により、県にも司空が置かれ、刑徒以外にも広く強制労働一般を管理していたことが明らかになった。また張家山漢簡には様々な「〜司空」が見え、司空が中央・郡・県の各層に配置されていたことが知られた。本章はこれらの史料を用いて、司空が如何に組織され、如何なるかたちで刑徒の管理に携わったのか、その具体相を明らかにしてゆくことを目的とする。

中央官署所属の司空は「獄」を備えた機関でもあった。獄をめぐっては、それが被疑者や証人を収容し、治獄を行うための施設であったのか、あるいは既決囚がそこに収容され、使役されていたのか、必ずしも意見が一致していない。また前漢時代には長安に数多くの獄が設置されており、これは後世には見られない現象である。さらに、行論中で指摘するとおり、前漢後半期以降には獄が刑徒の記録を掌るようにもなっている。獄をめぐるこれらの問題も、ここで取りあげるもう一つの課題となる。

行論の中では、「司空」の官制史上での位置づけや県廷組織の構造についても言及することになる。だが本章の主たる目標は別のところにあり、それらへの言及は概括的なものに止まることを、予め断っておきたい。

手順として、まずは通時的に「司空」職の展開を追うべく、その起源について一瞥した上で（第一節）、睡虎地秦簡・張家山漢簡の時代、すなわち統一秦から漢初における司空の配置、職掌、刑徒労働との関わりを整理し（第二節）、その後の展開をたどる（第三節）。続いて獄に関わる諸問題を取りあげ、前漢時代における獄配置の特色について私見を述べてから（第四節）、最後に獄と司空との関わり、およびその変容を分析する（第五節）。

一、司空の起源

司空は青銅器銘文では「司工」として現れる。(3) その存在は西周中期以降の銘文中に確認されるが、殷代甲骨文には「多工」と呼ばれる集団が現れることから、司工の携わる職事は殷代から引き継がれたもので、実際には西周前期にまで遡る官職であった可能性も指摘されている［松井二〇〇二、一四八～一四九頁］。司空は司徒（司土）・司馬とともに「参有司」の一つとされ、春秋時代に下っても、諸侯国支配層の上級者が司空の称号を帯びたことは、贅言を要すまい。

司空という称謂がごく早期から現れ、一定の職掌がそれに附帯していたことは確かだが、それらの職掌は明確な分業関係を前提として、排他的に司空と結びつけられたものではなかった。松井嘉徳は、司空への冊命に際して具体的な職務内容がさらに指示されている点に着目し、早い段階で成立した司空などの参有司については、職掌の抽象化・一般化が進んでいたことを推測している［松井二〇〇二、一五〇～一五三頁］。その論拠として挙げられるのが、例えば次の揚簋銘である。

王若曰、揚、乍𤔲工、官𤔲量田甸眔𤔲応眔𤔲茨眔𤔲寇眔𤔲工司、…

王若く曰く、揚よ、司工と作り、量田の甸と司応と司茨と司寇と司工の司を官司せよ。…

これにより、司空が王の行屋（𤔲応）、幄舎（𤔲茨）、治獄（𤔲寇）を掌る官とも関わりをもったことが知られる。

通常、司空の職掌は土木建設や「地政」であったとされている［汪中文一九九三］。「工」＝手工業技術者という連想から、司工（空）を手工業の管理者とする見方も一方には存在するものの、沈長雲が論ずるとおり、その職掌は必ずしも手工業とは結びつかず、むしろ多くが何らかの意味で土地と関連している［沈長雲一九八三］。具体的には道路の修理、[4]城壁や宮室・楼閣の建設、[5]籍田の儀礼での壇の掃除、[6]などが挙げられる。こうした司空のあり方は、『春秋左氏伝』（以下『左伝』）襄公二十五年の「司徒致民、司馬致節、司空致地」とも符合する。加えて、司空は治水に関わる事業も担当した。[7]

一口に土木・治水といっても、その中には儀礼に密着したものも含まれる。また具体的な関与のあり方としても、自ら現場で督励に当たった（『左伝』襄公十七年）とされる一方で、

知右行辛之能以數宣物定功也、使爲元司空。（能以計數明事定功、故爲司空。）（『国語』晋語七）

右行辛の能く数を以て物を宣べ功を定むるを知り、元司空たらしむ。（韋昭注、能く計数を以て事を明らかにし功を定む、故に司空と為す。）

という記事を念頭に置けば、労働力の帳簿上の管理が主要な任務であったようにも見受けられる。土木・治水に限っても、司空は多様な役割を果たしていたといえよう。

小南一郎は、司空の主要な職掌が土木・治水に関連することと、禹が司空となって「平水土」を担当したとする伝承とを結びつけ、「司空の職務は、基本的に、禹が治水に際して行った仕事をいまの世において繰り返すことであった」と総括している［小南一九八五］。司空の職掌が抽象化・一般化する傾向にあったのも、その元来の役割自体が職務範囲を明示し得るものではなく、小南の言う「禹の仕事を繰り返す」ことを理念的な核としつつ、関連する諸業務を担当していったためなのだろう。

戦国後期の史料まで下ると、「都司空」「次司空」（以上『墨子』）、「国司空」（『商君書』境内篇）[8]、「輿司空」（銀

雀山漢簡『孫子兵法』）といった官名が現れる。おそらくは司空の下に階層的な官制が次第に形成され、同様の職務を分担する官職が様々な次元や局面において設置されていったのであろう。『左伝』荘公二十六年で士蔿が「大司空」に任じられているのは、この時点で階層化が既に進行していたことを示唆している。(9) 官制の整備に伴い、司空の職掌もより明確化していったと思われる。前漢文帝期の成書である『礼記』王制では、

司空執度度地、居民山川沮澤。時四時、量地遠近、興事任力。凡使民、任老者之事、食壮者之食。

司空は度を執りて地を度り、民を山川沮沢に居く。四時を時し、地の遠近を量り、事を興し力に任ず。凡そ民を使うに、老者の事に任じ、壮者の食を食ましむ。

と、土木事業の計画・立案から人員の配置・分担の決定、食糧支給に至るまでを管掌する者として、司空の姿が描かれている。

司空という官職が持つ特徴としては、その称謂を帯びた者の姿が戦場においても認められる点も指摘できる。司空は、例えば司馬・輿師・候正・亜旅（『左伝』成公二年）や司馬・輿師・候正・軍尉（同成公十八年）と並んで、指揮官の一人にしばしば名を連ねており、他にも司空の称号を帯びた者が戦闘に参加している例が見られる（襄公十九年、等）。それが戦場で独特の職掌を帯びていたか否かははっきりしないが、『商君書』境内篇には、

其攻城圍邑也、國司空訾其城之廣厚之數、國尉分地以徒校分積尺而攻之。

其れ城を攻め邑を囲むや、国司空　其の城の広厚の数を訾り、国尉　地を分かち、徒・校を以て積尺を分かちてこれを攻む。

とある。「国司空」が城壁の規模を推算しているのは、土木と関わりを持つその職掌が戦場に持ち込まれたこと

を推測させる。『淮南子』兵略訓まで下ると、

夫論除謹、動靜時、吏卒辨、兵甲治、正行伍、連什伯、明鼓旗、此尉之官也。〔營軍辨、賦地極、錯軍處、此司馬之官也。[10]〕前後知險易、見敵知難易、發斥不忘遺、此候之官也。隧路亟、行輜治、賦丈均、處軍輯、井竈通、此司空之官也。收藏於後、遷舍不離、無淫輿、無遺輜、此輿之官也。凡此五官之於將也、猶身之有股肱手足也。必擇其人、技能其才、使官勝其任、人能其事。

夫れ論除 謹しみ、動靜 時あり、吏卒 辨じ、兵甲 治まり、行伍を正し、什伯を連ね、鼓旗を明らかにするは、此れ尉の官なり。〔営軍 辨じ、賦地 極め、錯軍 処するは、此れ司馬の官なり。〕前後して険易を知り、敵を見て難易を知り、発斥して忘遺せざるは、此れ候の官なり。隧路 亟やかに、行輜 治まり、賦丈均しく、処軍 輯く、井竈 通ずるは、此れ司空の官なり。後に収蔵し、遷舎するに離れず、淫輿なく、遺輜なきは、此れ輿の官なり。凡そ此の五官の将に於けるや、猶お身の股肱手足有るがごときなり。必ず其の人を択び、其の才を技能にし、官をして其の任に勝え、人をして其の事を能くせしむ。

という記事が現れる。ここで司空は、兵站のための基盤工事や軍営地の整備、賦役の割り当てを担当することになっている。土木作業の管理を中心とする司空の役割は戦時・平時の区分とは関わりがなかったといえよう。

さて、前掲の揚簋銘で司空が「司寇…を官司」していることは、その職務が早期より治獄とも関わりを持ったことを示している。だが司空が如何なるかたちで治獄やその周辺の職掌に携わるようになったのか、その経緯を確かめることは難しい。司空が治獄や行刑に関わったことを示す具体例をいくつか挙げるなら、まず『墨子』号令には、部署を勝手に離れた者が捕らえられると、その身柄が収容され、都司空の手に委ねられたとある。

諸吏卒民、非其部界而擅入他部界、輒收、以屬都司空若候、候以聞守。不收而擅縱之、斷。（『墨子』号令）

諸そ吏卒民の、其の部界にあらずして擅に他の部界に入るは、輒ち収し、以て都司空若しくは候に属し、候以て守に聞す。収めずして擅にこれを縦さば、断。

同雑守篇に拠ると、都司空は城邑ごとに「大城」と併せて四名が、候は二名が配置されており、同時に「次司空」なる官職も置かれたという。[11]

さらに銀雀山漢簡『孫子兵法』には、孫子が宮中の女性を訓練した逸話が引かれ、そこでは「司馬」と「輿司空」が孫子の処刑命令を聞いている。

…（略）…孫子以其御爲（200）……參乘爲輿司空、告其御・參乘曰「□□（201）……□婦人而告之曰「知女（汝）右手」（202）…（中略）…【□□】金而坐之、有（又）三告而五申之、鼓而前之、婦人亂而笑。三告而五申之者三矣、而令猶不行。孫子乃召其（207）司馬與輿司空而告之曰「兵法曰、弗令弗聞、君將之罪也。已令已申、卒長之罪也。…（略）…（208）

この二つの記事の成書年代は、いずれも戦国後期以降に下るものであり、また両者とも、軍事行動中に司空が軍紀違反者の収容や処刑に関与したことを示している。

ここで、司空が管掌し、その土木作業に投入された人員について考えてみると、『左伝』襄公十七年の子罕の記事（注五所引）では「築者」が農繁期に動員されたことが問題視されており、この時点ですでに、農耕の傍ら力役を負担する庶民が、その労働力を構成していたことが窺える。ただし、司空の職務は農閑期を過ぎた季春から始まるとする理念が一方には存在しており、[12]その労働力は庶民よりもむしろ、平時には司空の属僚や隷属者たちに、さらに戦場においては、兵役を負担する士人層以上もそれに加えた人員に拠っていた可能性を窺わせる[13]。例えば春秋期の「輿人」と呼ばれる隷属者は、軍事・葬儀・築城などの労役に従事していた〔宇都木一九七九〕が、それらの職務は、『墨子』において「次司空」が戦死者の埋葬に当たっている点も含めて[14]、司空の職掌と重なっている。戦国時代に至ると、兵役・力役制度にも少なからぬ変革が加わっていたであろうが、司空がその労働力として隷属者を管轄し続けていたことは想像に難くない。

こうした想定に大過ないとすれば、都司空が軍紀違反者を収容するという現象は、彼らが隷属者を中心とした労働人員を常に管掌しており、それらを収容するための施設、あるいは監視のための人員を備えていたことに因るのであろう。こうした司空の役割も平時に持ち越されたと考えられる。『周礼』秋官大司寇に、

> 凡萬民之有罪過、而未麗於灋而害於州里者、桎梏而坐諸嘉石、役諸司空。
>
> 凡そ万民の罪過有り、而して未だ法に麗けられざるも州里に害ある者は、桎梏してこれを嘉石に坐せしめ、これを司空に役す。

とあり、犯罪者が司空において使役されたことになっているのは、戦国期の状況をある程度反映したものであろう[15]。

滋賀秀三は秦漢時代の刑罰について概述するなかで刑徒管理の諸相について言及し、「当時、刑徒以外にも多数の無報酬労働者（官奴婢や徭役義務に服す庶民：筆者注）が強制的に官の役務に働いていた。…（中略）…それらは刑徒とは労働の現場においてそれほど大きな境遇の違いはなかったであろう。そのような社会状況であればこそ、多数の刑徒を抱えることも収監・看守の行政負担は比較的軽く、彼らの労働力を生産的に利用することが可能であったのだろうと考えられる」〔滋賀二〇〇三、三一八頁〕と述べている。刑徒管理はあくまで強制労働全

般を管理する仕組みの一部であったとの指摘は、司空という強制労働一般を管理する部署が、犯罪者の収容、及びその使役を担当したという戦国期の状況とも重なり合う。

とはいえ、いくつかの刑徒の配置先が存在したなかで、特に司空が「主囚徒」の官と位置づけられてゆくのはなぜであろうか。戦時・平時を問わず、恒常的に多くの人員を抱えていたことが、ひとまずはその理由として挙げられよう。以下、さらに出土文字史料、特に睡虎地秦簡・張家山漢簡を分析し、秦～漢初の司空による刑徒管理をより具体的に検討することで、別の角度からその理由を探ることにしよう。[16]

二、秦～漢初の司空――出土文字史料より見た

（一）配置

睡虎地秦簡・張家山漢簡という二つの出土法制史料群には、様々な「～司空」と呼ばれる官職が現れ、司空職の分化・配置の状況を窺わせる。とりわけ張家山漢簡「二年律令」の秩律とされる諸簡には、いくつかの司空職とその秩禄が記される。

中司空（八〇〇石、445簡）　同丞（三〇〇石）
郡司空（八〇〇石、445簡）　同丞（三〇〇石）
宮司空[17]（六〇〇石、462簡）
県司空（二〇〇石（県令が八〇〇石の場合）、一六〇石（県令が六〇〇石の場合））

これらのうち県司空は、いくつかの県名・官職名が列記された後に、

…（前略）…有丞・尉者半之、司空・田・鄉部二百石。（二年律令450）

丞・尉がいれば、〔令の秩禄、八百石の〕半分とし、司空・田・郷部は二百石。

…（前略）…有丞・尉者半之、田・鄉部二百石、司空・及衛〈衛〉官・校長百六十石。…（後略）…（同464）

丞・尉がいれば、〔令の秩禄、六百石の〕半分とし、田・郷部は二百石、司空および衛官・校長は百六十石。

として現れるのみであるが、睡虎地秦簡にも「県司空」が現れ、基本的に、いずれの県にも司空が配置されていたと考えられる。

また「県司空佐」（秦律雑抄40～41）、「司空佐史」（同13、後掲）なる官職名が見えることは、県の「司空」とは同時に官衙の呼称でもあり、そこに属僚が配置されたことを示している。「二年律令」秩律で司空と並置される「田・郷部」は、具体的には田嗇夫・郷部嗇夫を指すものであるから、県の司空府の長も、正確には「司空嗇夫」（秦律雑抄20）と呼ばれていたのであろう。[18]

睡虎地秦簡には県司空とともに「邦司空」が見える。

…●軍人買（賣）稟稟所及過縣、貲戍二歳、同車食・敦（屯）長・僕射弗告、戍一歳、縣司空・司空佐史・士吏將者弗得、貲一甲、邦司空一盾。…（秦律雑抄12～14）

●軍人が食糧を、その支給を受けた場所や通過した県で売ったならば、戍二歳分の貲刑。同車食・屯長・僕射が告発しなければ、戍一歳。県司空・司空佐史・士吏の引率する者が捕まえられなければ、貲一甲。邦司空は貲一盾。

県司空よりも監督責任が軽く設定されていることは、邦司空がより上位の職であったことを示している。于豪亮は前掲の『商君書』境内篇に現れる「国司空」について、「邦司空」の「邦」字が漢王朝成立後に避けられたものであると指摘している〔于豪亮一九八〇、一一～一二頁〕。『商君書』で国司空とともに現れる「国尉」には白起や尉繚が任じられており[19]、従って「邦司空」も、秦においてはより王権に密接した、相応の官であったと推測される。

秩律に見える「中司空」も中央官の一つと考えられ、「邦司空」の機能を継承する役職・機関であったろうが、確証には欠ける[20]。秦封泥や陶文にはむしろ「左司空」「右司空」が現れ、例えばそれが始皇帝陵出土の瓦に捺された印文に見えるのは[21]、咸陽に左右司空が置かれていたことを示している。

また秦封泥の中には、「南郡司空」という官名も見え[22]、これは郡に司空が配置されていたことの証左となる。前漢一代に範囲を広げ、典籍史料も検索するなら、まず中央官署には都司空（宗正属官）、左右司空（少府属官）、水司空（水衡都尉属官）という三つの「～司空」を『漢書』百官表の中に見つけることができる。宗正・少府といった、皇室経営と深く関わる部署に所属するのが司空の特色の一つであり、宮司空[23]や中司空の職務が、これら「～司空」に分担・継承されていったものと想像される。

加えて、「軍司空」（『漢書』杜延年伝、馮奉世伝）や「軍中司空」「営軍司空」（同杜延年伝如淳注所引の「律」）という、「軍」を冠する司空職も漢代には存在した。わざわざ「軍」が附されることは、遅くとも「軍司空」が初見する昭帝期までには、司空の通常の職掌が軍事からは切り離されたことを示していよう。

総じて言えば、中央において司空は高々八百石の官であり、二千石官配下の一属官と化していたと思われる一方で、県をはじめとした様々な単位に置かれており、その配置は広い範囲に及んでいた。

（二）職掌

司空の職掌としてはまず、城壁建築などの土木工事を管掌し、それに動員される人員を統率していたことが挙げられる。例えば秦律十八種の徭律には、

興徒以爲邑中之紅（功）者、令結（𡢁）堵卒歲。未卒堵壞、司空將紅（功）及君子主堵者有罪、令其徒復垣之、勿計爲繇（徭）。…（116～117簡）

人夫を動員して邑内の作業を行う場合は、土壁の受け持ち箇所を一年間保証させる。一年にならないうちにそこが壊れたならば、作業を引率した司空、及び土壁を担当した君子の罪とし、その人夫に再び壁を建造させ、徭としては計算しない。

とあり、司空が「君子」とともに土壁の耐用性に責任を負っている。彼らが率いているのは「徒」とされているが、その労働は通常であれば「徭」として計算されたことになっているので、この「徒」は刑徒ではなく、一般の庶民を指していよう(24)。一方で秦律雑抄には、

戍者城及補城、令姑（𡢁）堵一歲。所城有壞者、縣司空署君子將者、貲各一甲、縣司空佐主將者、貲一盾。令戍者勉補繕城、署勿令爲它事。已補、乃令增塞埤塞。縣尉時循視其攻（功）及所爲、敢令爲它事。使者貲二甲。（40～42簡）

戍卒が城壁を築いたり補修したりしたならば、土壁の担当箇所を一年間保証させる。築いた部分が壊れたならば、引率していた県司空所属の部署の君子は、それぞれ貲一甲、引率を担当していた県司空佐は、貲一盾。戍卒には城壁の修繕に勉めるようにさせ、部署では他のことをさせてはならない。補修し終わったならば、防壁

を高く、厚くさせる。県尉は時に作業および彼らの行動を視察し、他のことをさせてはならない。させた場合は、貲二甲。

とあり、こちらでは戍卒（「戍者」）が作業に当たっている。その引率（「将」）に当たる「署君子」[25]を、県司空の佐が統括（「主将」）したのだろう。

土木事業の計画立案も司空が掌っている。

…縣爲恆事及灋有爲殹（也）、吏程攻（功）、贏員及減員自二日以上、爲不察。上之所興、其程攻（功）而不當者、如縣然。度攻（功）必令司空與匠度之、毋獨令匠。其不審、以律論度者、而以其實爲繇（徭）徒計。（秦律十八種122～124、徭律）

…（前略）…県が恒常的な仕事を行うとき、及び特に上申して事業を興すとき、吏は作業量を計り、その人員が余ったり不足したりすること二日以上となれば、「不察」とする。お上が興した事業で、作業量を見積もって不適当であった場合は、県の場合と同じようにする。作業量を量る際には、必ず司空に匠と一緒に量らせ、匠だけにやらせない。不正確であれば、律によって量った者を量刑し、実際の作業量に基づいて徭・徒の計簿を作成する。

県および「上」が事業を行う際には事前に作業量が見積もられ、それを担当したのが「匠」[26]と司空であった。

睡虎地秦簡の秦律十八種には、「司空」（一例のみ「司」）という標題を持つ一群の律文（125～152簡）が存在する。これら「司空律」自体には、標題を除けば「司空」の語は一切現れないものの、そこには版築用具の管理に関連する規定も見え、司空の職掌と関わりの深い律文に「司空」の標題が付けられ、集積されたと考えられる。律文中に行為主体として現れる「官」や「吏」も、暗黙の前提の下に司空府の役人を指しているのか、あるいは少なくともそれを含んでいるとみてよい。

司空律の内容は多岐にわたる。全文を挙げるのは煩瑣に及ぶので、以下にその内容を列挙しておく。(27)

・版築用具や車の部品が破損した場合の措置。（125簡）
・官有車牛の不当な使用、およびそれに損害を与えた場合の措置。（126～127簡）
・官有車牛の使用に伴う食糧・メンテナンス用品の支給、利用。（128～129簡）
・車の整備に際しての潤滑油や膠の使用。（130簡）
・書写用の木札の作成、および編綴に用いる材料の種類とその集積。（131～132簡）
・刑徒の労働条件、労働日数の管理（労役の開始日、支給食糧、刑種ごとの服装、刑具・監視の有無、他人による労役の代行、など）。（133～140簡）
・労役刑徒への食糧・衣服の支給量をめぐる規定。（141～142簡）
・繫城旦春(28)への食糧支給額。（143簡）
・居貲贖債（労役で罰金刑・贖刑・負債を償う者）への農繁期の帰郷許可。（144簡）
・城旦春刑徒の引率・監視。（145～146簡）
・城旦春刑徒の服装、刑具、監視体制。城旦春が器物を破損した際の処分規定。（147～149簡）
・司寇刑徒の役務への制限。（150簡）
・隷妾を、その子・兄弟が長期従軍することと引き替えに解放する規定。贖遷刑を日割りで支払う場合の規定。（151～152簡）

これらがすべて司空の職掌であるとすれば、その範囲は車及び牛馬の維持管理、木簡の作成にまで広がり、土木作業自体に止まらず、資材の調達・運搬、ひいては物資輸送全般にも関わっていたことになる。その他に、例えば里耶秦簡では司空が船を管理しており、(29)水運への関与も推測される。司空はこの時期においても、「水・土」を掌るという根源的な職責に関わる諸事万端に携わり、少なくとも地方の官衙ではそれらが分掌されるには至っていなかった。

(三) 刑徒労働の管理

上記の事業を遂行するために、司空が恒常的に一定量の労働力を維持・管理し、その中に刑徒も含まれていたことは、司空律の後段に配列される諸条文が、刑徒の監視や食糧支給に関する規定であることがすでに物語っている。

大規模な労働力を管理するには、①収容・給食のための制度及び施設の整備、②人員の逃亡を防ぐための監視体制が必要となる。刑徒をその中に含むとなると、②の徹底と③刑期の管理がそれに加わろう。

②に関して睡虎地秦簡から知られるのは、官吏のみが監視に当たったのではなく、むしろ刑徒同士の相互監視が基盤に据えられていたことである。

毋令居貲贖責（債）將城旦舂。城旦司寇不足以將、令隷臣妾將。居貲贖責（債）當與城旦舂作者、及城旦傅堅、城旦舂當將司者、廿人、城旦司寇一人將。司寇不踐、免城旦勞三歲以上者、以爲城旦司寇。司空（秦律十八種145～146）

労役で貲刑・贖刑・負債を償っている者に城旦舂を監督させてはならない。城旦司寇が監督するのに足らなければ、隷臣妾に監督させる。労役で貲刑・贖刑・負債を償っていて城旦春とともに作業すべき者、及び城旦傅堅や城旦春で監督されるべき者は、二十人ごとに城旦司寇一人が監督する。司寇が足らなければ、免老の城旦で三年以上労役に就いている者を城旦司寇とする。司空律。(30)

監視が必要な城旦春などの刑徒は、司寇や隷臣妾といった城旦春以外の刑徒たち、あるいは城旦春の中から選ばれた監視役によって統率されていたことが見て取れる。監視者が城旦春刑徒を逃亡させた場合の罰則も設けられていた。(31)

これらはいずれも城旦春、あるいはそれと共に使役される刑徒の監視に関わるものである。城旦春刑徒がその家族も官に没収され、別々に使役されたのに対して、隷臣妾以下の刑徒については家族の帯同が許された。そうした係累の存在が、隷臣妾以下の逃亡を抑止する面もあったであろう。その一方で城旦春が常に監視され、それと関連する規定が睡虎地秦簡に多く見られるのは、こうした処遇の相違に因るものと思われる。

③に話を移すと、文帝十三年の肉刑廃止以前の段階において刑期の管理が必要となるのは、罰金刑や贖刑を労働によって代替している刑徒たちに限られる。それら刑徒が一体何時まで役務に就かねばならないのか、正確に把握するための仕組みが秦律十八種133～140簡に述べられている。該当箇所のみを挙げておく。

有罪以貲贖及有責（債）於公、以其令日問之、其弗能入及賞（償）、以令日居之。日居八錢、公食者、日居六錢。居官府公食者、男子參、女子駟（四）。…（略）…●凡不能自衣者、公衣之、令居其衣如律然。其日未備而被入錢者、許之。以日當刑而不能自衣食者、亦衣食而令居之。官作居貲贖責（債）而遠其計所官者、盡八月各以其作日及衣數告其計所官、毋過九月而觱（畢）到其官。官相紤（近）者、盡九月而告其計所官、計之其作年。…（後略）…

貲刑・贖刑に相当する罪がある者、およびお上に債務を負った者は、判決を言い渡した日に尋ねて、金品を納入したり賠償したりできないというのであれば、判決を言い渡した日から労役に就ける。一日の労役が八銭に換算され、食糧支給を受けるならば、一日六銭とする。官府で労役に就いて食糧支給を受ける場合には、男子は参食、女子は四食とする。(32)…●およそ自分で衣服を用意できない者は、公けから支給し、その衣服の分だけ労役に就かせること、律の規定のとおりである。(33)労役に就くべき日数が満たされないうちに、一部を銭で収めようとする場合には、これを許可する。日々の労役で肉刑の代わりとしていて、自分で衣服・食糧を用意できない場合は、衣食を支給して、その分だけ労役に就かせる。官府で作業して労役で貲刑・贖刑・負債の代わりとしているが、「計」が置かれている官から遠く離れている場合は、八月が終わればそれぞれ作業日数および衣服の数量を「計」が置かれている官に報告し、九月中にその官にすべて報告されているようにする。近い場合には、九月が終われば「計」が置かれている官に報告し、その年度のものとして計算する。(34)

この条文では、刑徒の労役日数を把握すべき官が「計所官」と呼ばれている。刑徒は常にその官で労役に就いていたわけではなく、遠く離れた場所に遷され、そこで就労している場合もあった。いずれにせよ刑徒の労役日数は、支給された衣服の数量とともに「計所官」に報告され、労役で支払われた「金額」から衣服の額が差し引かれ、その年度に刑徒が「返済」した額と残額とが算出されたのであろう。

この「計所官」とは、まさに刑徒の本籍地となる官だといえる。だが条文中では、それがいずれの官であるのかが明記されない。「司空」という標題を持つが故に、それが司空を指すことは自明とされていたのか、それとも様々な官が「計所官」として機能し得たが故に、敢えて明示されていないのか、二通りの可能性があろうが、少なくとも司空が刑徒の記録を掌る主要な官であったことは、次の里耶秦簡から知られる。

廿七年二月丙子朔庚寅、洞庭守禮謂縣嗇夫・卒史嘉・假卒史穀・屬尉。令曰、傳送・委輸必先悉行城旦舂・隷臣妾・居貲贖責（債）。急事不可留、乃興繇。●今洞庭兵輸内史及巴・南郡・蒼梧。輸甲兵、當傳者多、節傳之、必先悉行乘城卒・隷臣妾・城旦舂・鬼薪白粲・居貲贖責（債）・司寇・隱官・踐更縣者。田時殹、不欲興黔首。嘉・穀・尉各謹案所部縣卒・徒隷・居貲贖責（債）・司寇・隱官・踐更縣者簿有可令傳甲兵。縣弗令傳之而興黔首、興黔首、可省少弗省少而多興者、輒劾移縣。縣亟以律令具論、當坐者言名史泰守府。嘉・穀・尉在所縣上書、嘉・穀・尉令人日夜端行。它如律令。（里耶秦簡J1⑯5A）

始皇帝二十七年（前二二〇）二月丙子朔庚寅（一五日）、洞庭郡守の礼が県嗇夫・卒史嘉・仮卒史穀・属尉に申し伝える。令に「逓送・運輸を行う際には必ず先に城旦舂・隷臣妾・居貲贖債をすべて動員する。急ぎの任務で、保留しておけないならば、徭役労働を動員する」とある。●いま洞庭郡の武器が内史及び巴郡・南郡・蒼梧に輸送される。武器を輸送するのに、逓送人員が多く必要になるので、もしこれを逓送するとなれば、守城の任に就いている兵卒・隷臣妾・城旦舂・鬼薪白粲・居貲贖債・司寇・隠官・更卒となっている者を必ず先に動員すること。農繁期なので、一般民は徴発しない。嘉・穀・尉はそれぞれ所轄する県の卒・徒隷・居貲贖債・司寇・隠官・県で更卒となっている者の名簿に、武器を逓送させることのできる者がいるかどうかを調べよ。県がこの者たちに逓送させず一般民を徴発した場合や、一般民を徴発することになっても、その人数を少なくできるのに少なくせず、多く徴発した場合は、そのたびに告発して身柄を県に移送せよ。県はすみやかに律令によって量刑し、罪に問われる者についてはその名を史（?）や郡太守府に報告せよ。嘉・穀・尉がいま居る県は上書し、嘉・穀・尉は日夜正しく行なわせよ。その他は律令のとおりにせよ。

【三】月丙辰、遷陵丞歐敢告尉、告鄕・司空・倉主。前書已下、重聽書從事。尉別都鄕・司空、司空傳倉、都鄕別啓陵・貳春。皆勿留脱。它如律令。…（後略）…（里耶秦簡J1⑯5B）

三月丙辰（一一日）、遷陵県の丞の欧は尉に通告し、郷・司空・倉主に告げさせる。前に文書がすでに下された。重ねて文書を承けて任務を行え。尉は都郷・司空に別に伝え、司空は倉に伝え、都郷は啓陵・貳春県に別に伝えよ。いずれもぐずぐずしてやり損なってはならない。その他は律令のとおりにせよ。…（後略）…(35)

幅広の木簡の表側には、洞庭郡守の発信文書が七行にわたって記される。宛先は県嗇夫、及び卒史・仮卒史・属。卒史以下は郡の属官であろう(36)。文書の内容は兵器運送のための人員徴発を命じたものである。まず「令」が引用され、徴発に際しては刑徒の動員を優先し、不足する場合にのみ「興繇」すべきことが確認される。この徴発に際しても、農繁期（「田時」）にさしかかることを勘案して、刑徒（「隷臣妾・城旦舂・鬼薪白粲・居貲贖債・司寇」）やそれに準ずる者（「隠官」）、及び何らかのかたちで現に兵役・徭役に服している者（「乗城卒」「践更者」）の動員を優先すべき旨が強調される。具体的な徴発手続きとしては、まず卒史以下が県において、徴発すべき刑徒等の名簿を調べることが命じられる。県の役割は明記されないものの、むやみに「黔首を興し」た場合には県が咎められることになっており、一般人の徴発には県が主体的に関わったことが窺える。

この文書は二月十五日に発せられた後、二十八日には陽陵県に届き、次いで遷陵県に送られた(37)。裏面の1～3行目には、遷陵県がさらに下級に通達した文書が記される。それによると、動員命令は遷陵県から県尉へ、県尉から都郷・司空へ、さらには都郷から他の郷へ、司空からは倉主に伝えられた（左図）。

遷陵県→県尉→都郷→啓陵郷・貳春郷
　　　　　　　→県司空→倉主

郷官は戸籍の作成に携わり、戸籍の正本も郷に保管されていた(38)。庶民の戸籍や諸記録の現状を直接把握していたのは、県廷ではなく、むしろ郷官であった[39]。人員の徴発に際して実務を担ったのも、郷官であったろう。だがここでは、郷官に加えて司空、及び倉主にも命令が下っている。このことは、動員の主要な対象である刑徒のリストが庶民とは別に作成され、それら刑徒に関わる諸記録（「簿」）は司空により把握されていたこと、すなわちそこが刑徒の「計所官」であったことを示しているのではないか[40]。これに加えて「倉主」にも指示が回されているのは、刑徒への食糧支給の必要上、刑徒の記録を共有し、あるいはその現状をより詳細に把握している場合もあったからであろう。

里耶秦簡J1⑨1～12簡は、それぞれが書式を同じくする文書であるが、ここにも刑徒の記録管理に携わる司空の姿を垣間見ることができる。一例を挙げる。

卅三年四月辛丑朔丙午、司空騰敢言之。陽陵宜居士五（伍）毋死有貲、餘錢八千六十四。毋死戍洞庭郡、不智（知）何縣署。●今爲錢校券一上。謁言洞庭尉、令毋死署所縣責、以受陽陵司空。司空不名計、問何縣官、計年爲報。已訾其家、家貧弗能入、乃移戍所。報署主責發。敢言之。四月己酉陽陵守丞厨敢言之。寫上。謁報。報署金布發。敢言之。／儋手　（J1⑨1A）

始皇帝三十三年（前二一四）四月辛丑朔丙午（六日）、司空の騰が申し上げます。陽陵県宜居里の士伍毋死には貲罪があり、現時点で残り八千六十四銭である。毋死は洞庭郡で戍辺に就いているが、どの県の配属なのかは不明である。●いま銭の額を照合した証明書一通を作って提出します。洞庭郡尉に告げて、毋死の配属先の県に徴収させ、それを陽陵の司空に渡すようにして頂きたい。司空では計簿を明示できず、いずれの県の官（の計簿）なのかを問い合わせるので、〔配属先に渡して、〕年数を計算して返答されたい[41]。すでにその家の者に支払わせようとしましたが、貧しくて納入することができず、そこで戍辺の場所に送る次第です。返答するときには「主責が開封」と記しておいてください。以上申し上げます。四月己酉（九日）陽陵守丞の厨が申し上げます。書き写して提出するので、返答されたい。返答するときには「金布が開封」と記しておいてください。以上申し上げます。／儋が記した。

文書の発信元は陽陵県の司空。この陽陵県の所在は不明である。(42)同県に居住していた「毋死」なる人物は貲刑に当たる罪を犯しており、支払うべき残額がまだ八〇六四銭あるものの、洞庭郡で戍役に就けられた後、その所在がつかめなくなったので、洞庭郡に所在の確認と、勤務年数の報告とを求めたものである。この文書は陽陵県守丞が取り次いで洞庭郡に送られたが、処理が進まなかったらしく、裏面には、三十四年に再び陽陵県が問い合わせ、ようやく洞庭郡から毋死の就役地である遷陵県に指示が下った旨、記されている。明記されないものの、おそらく毋死は労働で貲刑を償う者、すなわち「居貲」の身であり、洞庭郡で戍辺に就いているのも、「居貲」の一環だったのであろう。宋・邢二〇〇六は『史記』秦始皇本紀の、

三十三年、發諸嘗逋亡人・贅壻・賈人、略取陸梁地、爲桂林・象郡・南海、以適遣戍。
三十三年、諸ろの嘗て逋亡せる人・贅壻・賈人を発し、陸梁の地を略取し、桂林・象郡・南海と為し、適を以て遣りて戍らしむ。

を挙げ、毋死らもこの大規模な徴発のなかで洞庭郡に遷されたとしている。司空が「計所官」として刑徒の諸記録を掌っていたことは、毋死の支払うべき—陽陵県が知る限りでの—銭の残額を把握し、かつその労役日数を確かめるべく、現在の就役地である洞庭郡に問い合わせているのが、外ならぬ司空であったことからも明らかであろう。(43)また同時に、就役地が遠方になろうとも、規定の上では毎年「計所官」に報告されるはずであった刑徒の

就役状況が、実際には報告されない場合もあり、刑徒の現時点での正確な所在すら把握できなくなる事態が生じていたことも、この史料から窺える。

刑徒が実際に配置され、役務に就く場所は、その時々の必要に応じて適宜決定され、常に司空が直接その労働力を管掌したわけではなかった。それぞれの配属先や一時的な役務地でも、刑徒管理の必要上、名籍等が作成されたであろう。だが一方で、上に挙げたいくつかの史料は、各刑徒には「計所官」、つまり本籍地とでも呼ぶべき場所が、刑徒自身の本籍や就役地の所在とは必ずしも連動することなく設けられており、就役状況や残りの刑期はそこで集約的に管理されていたこと、そしてそうした役割を中心となって果たしていたのが、秦代には司空であったことを示している。(44) 司空が刑徒の配役先に止まらず、その記録を集約する場所ともなっていった経緯は定かでないが、こうした司空の役割が、司空に対する「主囚徒」の官という位置づけを生んだのであろう。

三、司空と「獄計」——前漢後半期——

前漢中期以降、宣帝期になっても、司空が刑徒の諸記録を管理していたことを示す史料がある。江蘇省邗江胡場五号漢墓から発見された木簡がそれである〔揚州博物館等一九八一〕。この墓は前漢時代の夫婦合葬墓であるが、出土品の多くが東側に置かれた夫の棺槨から見つかっており、問題の木簡もその側箱から発見された。

卌七年十二月丙子朔辛卯、廣陵宮司空長前丞□敢告土主、廣陵石里男子王奉世有獄事、事已、復故郡鄉里、遣自致、移指穴卌八年獄計、承書従事如律令。

四十七年十二月丙子朔辛卯（一六日）、広陵宮司空長の前・次官の□が「土主」に告げる。広陵県石里の男子王奉世には「獄事」があったが、それは決着したので、もとの郡郷里に戻る。一人でそちらに赴かせ、地下に四十八年の「獄計」を移送します。この文書をうけとったら律令のとおりに処理されたい。

「四十七年」は広陵王劉胥の四十七年、宣帝本始三年（前七一）のこととされる。発信者は広陵国の「宮司空」であるが、宛先は「土主」、すなわち地下世界の主となっており、これが埋葬用の擬制文書であったことが分かる。墓主には「獄事」があったものの、それはすでに決着し、墓主とともに「獄計」なる文書が「穴―地下の冥界―」に送付されている。

被葬者の頭骨には異常が認められ、刑罰、あるいは長期にわたる圧迫を受けた可能性があると鑑定されている。このことから、墓主王奉世は刑徒であり、「有獄事」とはまさにそのことを指している、という解釈が一般になっている。(45) だが「獄事」とはむしろ裁判を意味し、「断獄」とほぼ同義で用いられる。(46) 従って「獄事がある」とは、裁判案件に関連して身柄を拘束されていること、あるいは召喚に備えて待機させられていることを指す。それを傍証するのが、居延簡にみえる「毋官獄徴事」という定型句である。

永始五年閏月己巳朔丙子、北鄉嗇夫忠敢言之。義成里崔自當自言、爲家私市居延。謹案、自當毋官獄徴事、當得取傳。謁移肩水金關・居延縣索關。敢言之。
閏月丙子、觻得丞彭移肩水金關・居延縣索關。書到、如律令。　掾晏・令史建（15・19）

永始五年（前一二）(47) 閏月己巳朔丙子（八日）、北郷嗇夫の忠が申し上げます。義成里の崔自当が自ら申し立てるには、家のために私的に居延で商いしたいとのこと。厳正に調べたところ、自当は官獄の出頭命令を受けておらず、通行証を取得できます。肩水金関・居延懸索関に文書を送って頂きたい。以上申し上げます。…（後略）…

他にも、通行証の取得や旅行者の円滑な関門通過を依頼する文書に同じ言い回しが現れる。「徴事」とは召文、出頭命令を意味する語であり[48]、この場合は取調等のために呼び出されることを指しているのだろう。そうした立場にある者には他所への移動が認められていなかった。

人の死は地下世界への「移動」と見なされ、それ故に現実世界で転出時に必要となる文書類が摸造され、副葬されることがある。胡場簡も同様の目的をもって埋葬されたもので、その要点は王奉世の「獄事」が現時点では完了していること、換言すれば「毋官獄徴事」であって、「移動」に差し支えがないと主張する点にある。実際には王奉世は服役中に死亡したのかもしれないが、出土簡はそのことを直接は物語っていない。

獄事の完了を示すものとして司空から冥界に送られたのが「獄計」である。「獄計」の語は居延漢簡中にも見え、それが帳簿の名であること、及びその具体的な姿を知ることができる。

張掖郡肩水庾候官本始三年獄計　　坐従軍假工官☐
田卒淮陽郡莱商里高奉親　　已移家在所（293・7）

張掖郡肩水庾候官の本始三年（前七一）の獄計。田卒で淮陽郡莱県商里出身の高奉親[49]。従軍して工官より…仮り…の廉で…、…終了し、自宅の在る場所に送付する。

この簡は「本始三年」の紀年を持ち、胡場簡と同じ年のものである。冒頭の「本始三年獄計」という、標題に相当する部分に続いて、田卒の名前が挙げられる。下欄は後半を欠き、文意が定かでないが、従軍中に何物かを借り受け、それに絡んで罪を犯したらしい。胡場簡と引き比べるなら、下欄一行目の末尾から二行目は「(事) 已、移家在所」、すなわち「裁判は決着したので…」と続いていたのかもしれない。また、高奉親が「田卒」と呼ばれているのは、彼が刑徒身分ではなかったこと—いったん収繫されたものの、無罪とされたか—も示していよう。ともあれ王奉世とともに送られた獄計も同様の書式を持ち、そこに獄事が終わったと記されている—あるいは収繫者の中に彼の名前が見えない—ことによって、冥界への移動が認められると観念されていたのであろう。

「獄計」なる文書の記載内容が以上に推測したとおりのものだとすれば、それを司空が掌っていたという事実は、前章で述べた司空による刑徒管理のあり方とは、厳密にいえば食い違う点がある。まず胡場簡の王奉世も居延簡の高奉親も、いずれも刑徒ではない。従って、これは司空による刑徒管理を示す記事とは言えず、司空はむしろ取調べ対象者の記録を所管していたことになる。漢代において、司空は一体既決の服役囚を管轄したのか、それとも未決囚の記録を扱ったのか。

さらに指摘せねばならないのは、前漢後半期になると、司空ではなく「獄」が、刑徒記録を集約的に管理する主体として現れる点である。次に挙げる懸泉置漢簡がその一例となる［陳玲二〇〇一］。時代は前漢宣帝の神爵四年（前五八）まで下り、すべての労役刑に刑期が設けられた時代に属す。懸泉置で就役する一人の刑徒が、自らの服役期間を告げて、減刑に相当すると申し出てきた。

神爵四年十一月辛酉朔甲戌、懸泉置嗇夫弘、將徒繕置、敢言之廷。髡鉗鈦□山徒大男□□□廣川□…坐以縣官事繫□北闌亭長段閎、神爵二年九月丙午詣廣川郡廣川縣、徙敦煌郡效穀縣冥安□□…四年十一月甲戌、積勞二歲六十七日、論以來未嘗有它告劾若□、□□減罪□□二歲完城旦、如爰書。敢言之。（T0309 ③：

276)

神爵四年十一月辛酉朔甲戌（一四日）、懸泉置嗇夫の弘―刑徒を率いて置を修理中―が県廷に申し上げます。髡鉗鈦□山（？）の刑徒で大男の…広川□…公務で北闌亭長段閎を繫□した廉で、神爵二年九月丙午に広川郡広川県に出頭し、敦煌郡効穀県冥安…に移送され…、四年十一月甲戌で、服役日数が合計で二年と六十七日になる。処断されて以来、他のことで告劾されたり〔収繫〕されたことはなく、…減罪して…二歳…完城旦とする…、爰書のとおりである。以上申し上げます。

神爵四年十一月辛酉朔甲戌、懸泉置嗇夫弘、將徒繕置、敢言之廷。髡鉗鈦左止徒大男郭展奴自言、作滿二歳□□七日。謹移爰書、以令獄案展奴初論年月日、當減罪爲。唯廷報、如律令。敢言之。（T0309③：9）

神爵四年十一月辛酉朔甲戌、懸泉置嗇夫の弘―刑徒を率いて置を修理中―が県廷に申し上げます。髡鉗鈦左止の刑徒で大男の郭展奴が自ら申し立てるには、「服役して二年…七日になる」とのこと。謹しんで爰書を送るので、展奴が初めて処断された年月日、〔いずれの刑に〕減罪するのに相当するのかを獄に調査させて頂きたい。県廷におかれては律令のとおり返答されたい。以上申し上げます。

二つの簡は日付を同じくし、「二歳～七日」という日数も共通するので、同一の刑徒、郭展奴に関する文書と見てよかろう。前者は刑徒の申し立てを承けて作成された文書であり、「如爰書」という独特の定型句を持つことから、それが爰書(50)として作成されていることが分かる(51)。その爰書を県に送付する際に、別に添付された文書が後者であろう。これらの簡は、労役刑が髡鉗城旦春から完城旦春へと、段階的に減じられていた可能性を示唆する点で、刑罰制度の検討にも資するところがある。だが刑期の管理に焦点を絞るなら、まず「初論年月日」が問題とされたことが見て取れる。刑期が判決の下った日から計算されたことは、睡虎地秦簡の「司空律」（前掲133～

140簡）――判決の日は「令日」と呼ばれていたが――においても同じであった。そして「以て獄をして展奴の初めて論ぜられし年月日を案ぜしめ」という文言は、刑期に関わる情報を統括していたのが、懸泉置周辺では県の「獄」[52]であったことを示している。

懸泉置漢簡や居延・敦煌漢簡など、辺境地域から出土した木簡は、そこに多数の刑徒が送り込まれ、様々な場所で役務に就けられたことを物語る。懸泉置木簡には、

髡鉗城旦昭宣　坐元壽二年十二月壬寅鬪取非其兵傷人不直…　（Ⅱ0114②：56　枠16）
元始元年正月繫獄　⍁

縣（懸）泉置陽朔元年見徒名藉（籍）　（Ⅱ0215②：1　枠125）

という、刑徒名籍の簿録や標題簡とおぼしいものが含まれる。懸泉置においても刑徒のリストが作成されており、ある程度の情報は把握されていた[53]。それでもなお、刑徒の初論の日付と就役期間とを確かめ、減刑を決定するに当たっては、県獄に問い合わせがなされた。最も詳細、かつ正確な記録は、県獄が管理していたのであろう。この場合は司空ではなく、獄が「計所官」の役割を果たしていたことになる。

さらに傍証を求めると、一九六四年に洛陽で発見された一群の後漢刑徒磚も挙げられる。一定の形式を持つ磚文の、殆どの場合は郡県名が書かれている箇所に、「少府若盧」と記された磚が四件発見された。若盧は少府所属の官署名であり、後漢時代に獄が置かれた場所である。このことから発掘報告は、これら郡県名は刑徒の本貫ではなく、その者が判決を受けた獄の所在を記したものと結論する［中国社会科学院一九七二］。こうして記される獄こそが刑徒の記録を集約的に管理する場所であり、その意味で刑徒はそれぞれの獄に管轄されていたといえ

る。

前漢後半期以降、獄が刑徒の記録を管理していたことは、先に挙げた問題、すなわち司空が「獄計」を掌り、未決囚の記録管理に携わっていたという事実とともに、いずれも司空と「獄」との関係如何に収斂してゆく問題である。節を改め、漢代の獄に目を転じよう。

四、獄をめぐって

(一)「獄」とは

「獄」とは基本的に治獄の場、すなわち被疑者や証人を収繫し、取調を行う場であって、既決囚を収容・使役する場所ではない。この点はすでに多くの論者が強調するところであるが、冨谷至が指摘するとおり、漢代には獄の中に労役刑徒の姿も認められる。(54)

とはいえ、獄は作業所を備えた行刑施設として設けられたものではなかった[滋賀二〇〇三、三一八頁]。前節で述べたとおり、刑徒磚に県獄名が刻まれるのは、そこが刑徒の記録を管轄していたからであって、その場所で役務に就いていたためではなかろう。(55)

ところが、漢代の刑徒管理や監獄制度について論じた先行研究は、獄を労役刑徒収容の場としてのみ、あるいはそうした側面を色濃く備えたものとして捉える傾向にあり、(56) そのために議論されるべき側面が看過されている憾みがある。獄はあくまで治獄の場として存在したものであり、行役の場ではなかったことを最初に強調しておきたい。

『詩』の小宛「宜岸宜獄」に付けられた『経典釈文』には、

岸如字。韋昭注漢書同。韓詩作犴。音同。云郷亭之繫曰犴、朝廷曰獄。

「岸」は字の如し。韋昭の『漢書』に注するも同じ。『韓詩』は「犴」に作る。音は同じ。郷亭の繫を云いて「犴」と曰い、朝廷を「獄」と曰う。

とあり、例えば徐世虹はこの史料を挙げて、郷亭にも獄が置かれていたと論じている［徐一九九九、六四〇頁］。確かに郷官は所轄地域の治安維持を担い、犯罪者の収捕にも当たった。また、通常告訴・告発を受理するのは県であったが、県廷から遠く離れた地域では、郷に訴え出ることが許されていた(57)。従って郷に被疑者が収容され、取調を受けることもあったろうから、そのための施設が郷に設けられていたことは十分に考えられる。

だが、郷には獄掾や獄史といった獄吏は配置されておらず、そこでの取調はあくまで郷官が担当するものであった。治獄の専門家たる獄吏が県獄において行う取調と比べて、それ以外の場所での取調や供述聴取は、より暫定的・便宜的な色彩が強い。籾山明は中国古代の訴訟を「断獄」「治獄」と「聴訟」「理訟」とに分け、刑事訴訟とも呼ぶべき前者、すなわち詰問を繰り返して罪状自認を目指す手続きは県獄で行われ、それ以外の場所、例えば軍事系統の機関である候官などでは行われなかった可能性を指摘している(58)。郷亭の獄に「犴」という特別な呼称が与えられている――少なくともそう解釈されている――のも、郷官が刑事訴訟の手続きを主体的に進めてゆく権能を備えておらず、単に被疑者の供述を書き記して県に報告するだけであったこと(59)と呼応するものであろう。被疑者が繫がれた場所も、必ずしも恒常的な収容施設であったとは限るまい。

(二)　郡県における獄の配置

『漢書』刑法志は「今…天下の獄二千余所」と述べ、後漢の、班固の時代における獄の数を挙げている。後述するとおり県や侯国には獄吏が配置されており、前漢末における県・道と侯国の数は合計一、五八七箇所であった（『漢書』地理志）。郷の数はその数倍にのぼったであろうから、「二千余」という数字を信頼するなら、亭は無論のこと、郷についても、そこに必ず獄が置かれたわけではなかった。

とはいえ郷の収容施設が獄として数えられていなかったとすると、県獄の他、如何なる場所に残り五百箇所にのぼる獄が置かれていたのか[60]という疑問も逆に生じてくる。ひとまず、郷の収容施設のうち、なかば恒常化したものが「獄」と呼ばれた可能性を考えておく。

さて地方にあっては、県には必ず獄が置かれていた。その存在は秦代においてすでに確かめられ、例えば曹参は沛の「獄掾」であった（『史記』曹相国世家）。下って尹湾漢簡からも、すべての県、および殆どの侯国[61]に獄史の定員の設けられていたことが分かる。

県獄は数百人規模の収容力を持っていた[62]。これを掌る獄吏としては、獄丞、獄掾、獄史などが挙げられる。獄丞は秩二百石（尹湾漢簡 YM6D2A、懸泉置漢簡 II 01214②：45（粋55））で、尹湾漢簡によれば東海郡内では郯県にのみ置かれていた。獄史の秩禄はおそらく百石以下であったろう[63]。彼らは取調に当たったのはもちろん、犯罪の捜査にも関与し、容疑者の召喚状に名を連ねた[64]ほか、刑徒の護送[65]も担当していた。『続漢書』百官志は「(県)丞署文書、典知倉獄」として、これらの獄官が県丞の指揮下に組み込まれたとしている。

これに加えて、郡にも獄があったとする説もある［徐世虹一九九九、六三九頁］が、実際のところ明証に欠ける。明らかに郡名を冠した獄は、現今のところ見あたらず、尹湾漢簡でも郡には獄吏の定員が設けられていない。宋杰はこれらをふまえて、郡も自らの権限で治獄に当たったものの、その舞台となったのは郡治が置かれた県の獄であり、郡の獄が別に置かれたわけではないとしている［宋杰二〇〇七b］。こうした、獄の「共有」という発想は、中央官署の獄について考える際にも参考になる。

(三) 中都官獄の配置

前漢時代には、長安の中央官署に多くの獄(「中都官獄」)が設けられ、それが二十六箇所[66]にものぼった。これは前漢の特色として指摘されてきたところであり、例えば洪邁は、後漢以降も鞫囚の場は一箇所ではなかったが、ここまで多くはならなかったと特筆している[67]。沈家本『歴代獄考』や徐世虹一九九九に依拠しつつ、史書に見える前漢時代の中央官署の獄を挙げれば、別表のとおりとなる。

かくも多くの獄が置かれた背景としてまず指摘されるのが、「司法権の分散状態」[劉海年二〇〇六、二四七頁]である。確かに9郡邸獄(数字は別表での番号。以下同じ。)が郡国から上計する者を、19北軍尉が上書する者の罪を治めているのは、独自の司法権が彼らに分与され、それに基づいて罪人を収容し、取り調べていたものと見なせよう。また3暴室獄については、以下のような注釈が加えられている。

> 應劭曰「暴室、宮人獄也。今曰薄室。…」師古曰「暴室者、掖庭主織作染練之署、故謂之暴室、取暴曬爲名耳。…蓋暴室職務既多、因爲置獄主治其罪人、故往往云暴室獄耳。然本非獄名、應說失之矣。…」(『漢書』宣帝紀注)
>
> 応劭曰く、「暴室は、宮人の獄なり。今は薄室と曰う。…」師古曰く、「暴室なる者は、掖庭の織作染練を主るの署、故に之を暴室と謂うは、暴曬に取りて名と為すのみ。…蓋し暴室は職務既に多く、因りて為に獄を置きその罪人を治むるを主る、故に往往にして暴室獄と云うのみ。然らば本より獄名に非ず。応説これを失す。…」

暴室は『漢書』百官表には見えないが、『続漢書』百官志では少府掖庭令の属官とされる。前漢時代には、少府系統の官衙が集中した未央宮の西北に暴室の官衙も置かれたとされ[68]、前漢にも少府属官であったとおぼしい。哀帝の子を産んだ中宮史宮が婢とともに「暴室獄」に繫がれ(『漢書』外戚伝)、後漢にも廃された皇后がしばしば

四、獄をめぐって

表　前漢時代の中都官獄

	名称	別称	所属	属吏	収繋対象
1	廷尉獄	～詔獄	廷尉	獄卒	王や二千石、およびその犯罪に関与した者
2	掖庭獄	～詔獄、秘獄	少府（永巷→武帝太初元年掖庭に改称）	掖庭獄令・丞（宦官）	「主理婦人女官也」（劉輔伝注引漢書旧儀）
3	暴室獄	～詔獄（太平御覧）	少府　掖庭令（百官志）	暴室嗇夫（宦官）	「宮人獄」「蓋暴室職務既多、因爲置獄主其罪人」（宣帝紀注）「暴室丞主中婦人疾病者、…其皇后・貴人有罪、亦就此室」（百官志）
4	上林獄	～詔獄	少府→水衡都尉		「逮諸侯太子・幸臣」（伍被伝）「主治苑中禽獣宮館事」（成帝紀注引漢旧儀）
5	司空詔獄		少府（左右司空）・宗正（都司空）・水衡都尉上林令（水司空）		「治列侯・二千石」（北堂書鈔引漢旧儀）
6	共工獄	「考工獄」のこと	少府		
7	若盧獄	～詔獄	少府	獄令・獄官	「主受親戚婦女」「主治庫兵・将相大臣」（百官表注）「主鞫将相大臣」（後漢書和帝紀注引漢旧儀）
8	都船獄	～詔獄	中尉	獄令	
9	郡邸獄		少府→中尉→大鴻臚		「治天下郡国上計者」「此蓋巫蠱獄繁、収繋者衆、故曾孫寄在郡邸獄」（『漢書』宣帝紀注引『漢旧儀』）
10	別火獄		大鴻臚	獄令	「別火獄令官、主治改火之事」（百官表注）
11	未央厩獄		太僕		「主理大厩・三署」（初学記引漢旧儀）（注3）
12	太子家獄				「治太子官属・太子太傅」（北堂書鈔）
13	東西市獄				
14	大学獄				
15	居室		少府		
16	甘泉居室		少府		
17	導官		少府（百官志）		「時或以諸獄皆滿、故權寄在此署繫之、非本獄所也」（張湯伝注）
18	内官		少府→主爵中尉→宗正		
19	北軍		中塁校尉		「尉一人主上書者獄、上章於公車、有不如法者、以付北軍尉、北軍尉以法治之」（劉向伝注引漢儀注）
20	請室				「故貴大臣定有其辠矣、…造請室而請辠耳」（賈誼伝）

表（続）

	初見	後漢での存否	備考
1	文帝期（周勃が廷尉に下される）	○	
2	呂后期（戚夫人を永巷に繫ぐ）	○	
3	武帝期	○	暴室は「主織作染練之署」（百官表注）
4	遅くとも武帝元狩元年には存在	×成帝建始元年（前32）に廃止	
5	武帝期	×	
6	成帝期（劉輔。掖庭秘獄から移される）	？	
7	成帝期（王商）	○和帝永元九年（97）に復置	若盧は「蔵兵器」（百官表）。王商伝孟康注は「黄門内寺」と同一とする
8	哀帝期（王嘉）	×	
9	武帝期（幼少の宣帝。廷尉監が治す）	×	
10			
11			
12			
13			
14			
15	武帝期（灌夫が「繫居室」）		
16			
17	武帝期（廷尉が囚を導官に治す）	× 導官自体は存続	導官は「主択米」（張湯伝注）
18	武帝期（昭平君が「獄繫内官」）		
19			
20			爰盎伝では周勃が「繫請室」とされるが、周勃伝では「下廷尉」とされる。

ここに収繫・幽閉された。

顔師古は暴室に罪人が繫がれた背景を、それが織作染練に携わる作事官府として多くの人員を抱え、そこで生じた犯罪を独自に処理しており（「その罪人を治む」）、そのための施設も存在したため、宮人がそこに繫がれることもあったのだと説明している。徐世虹が長安中の諸獄について「監獄は…各機関に分属して管理され、その収容対象は当該部署が所轄する犯罪者を主とし、その他の犯罪者もそれに加わった」［徐一九九九、六三一頁］と説くのも、同じ方向の理解といえる。

官吏や労働人員が罪を犯したとき、その身柄がまずは所属する部署の、然るべき場所に拘束され、時として独自の処分が下されたという事態は、確かに想像に難くない。だが前漢時代において多数の獄が長安に並置されたことを、こうした視点からすべて説明してしまうのは難しい。以下の諸点が疑問として浮かぶからである。

（1）多数の獄の、すべてが前漢の初めから存在したわけではない。武帝期以前に収繫の場として現れるのは、1廷尉、2掖庭の二箇所のみである。そのうち、後宮内に位置する掖庭の獄は、のちに「秘獄」とも呼ばれ、そこに収繫された者の罪科を臣下には知らせない(69)、特別な獄であった(70)。従って漢初の実質的な中央官署の獄は、廷尉獄のみであり、獄の設置が司法権の分散傾向と直接的に結びついていたとは考えにくい。

（2）史書において存在が確認できる獄の所属は少府に集中する（2掖庭獄、3暴室獄、5司空獄、6共工獄、7若盧獄、15居室、17導官）。元来少府に属していたもの（4上林獄、9郡邸獄、18内官）も含めれば、その数は十箇所に及び、二十六獄のすべてが明らかになっていないとはいえ、獄は少府属官に偏在したといってよい。こうした偏りは「司法権の分散」という説明とかみ合わない。

（3）罪を犯した者が特定の部局において拘束されたとしても、そのことが当該部局による独自の取調や論罪、いわば司法権の行使を意味するわけではない。廷尉や御史大夫が導官で（『漢書』張湯伝[71]）、あるいは廷尉監が郡邸獄において（同宣帝紀[72]）取調に当たっている事例は、それらの場所が単なる収容施設として利用されていたことを示している。別表に示したとおり、獄を取り仕切る吏の存在が明記されている獄自体が多くない。15居室～20請室については、そこに某人が繫がれたという記事は見えるものの、それが「獄」と呼ばれたことを示す例すら見あたらない。

これらの疑念に対する解答は、それぞれに異なる関心から、すでにいくつかの論考において提示されている。まず（1）前漢武帝期以降の獄の増加については、所謂「詔獄」の展開と関連して論じられている。「詔獄」とは、皇帝の命の下に進められる裁判手続きであり、同時にそうした手続きを進めるための場所でもある。武帝期にその名が現れ、成帝期に上林苑の縮小[73]に伴って廃止された4上林（詔）獄などは、それが「罷め」られたと記されている以上[74]、恒常的な施設を備えたものであったろう。その他にも、中央官署所属の獄のうち、「～詔獄」と呼ばれたもの――従って、少なくともそこで詔獄が行われたもの――としては1廷尉獄、2掖庭獄をはじめ、3暴室獄、5司空詔獄、7若盧獄、8都船獄があり、また明記されないものの、皇帝の命じた取調が行われた場所となると、別表に挙げた獄の殆どがそれに該当するといってよい。『続漢書』百官志の廷尉条では、

廷尉、卿一人、中二千石。…右屬廷尉。本注曰、孝武帝以下、置中都官獄二十六所、各令長名。世祖中興皆省、唯廷尉及雒陽有詔獄。

廷尉、卿一人、中二千石。…。右は廷尉に属す。本注に曰く、孝武帝以下、中都官獄二十六所を置き、各おの令長もて名づく。世祖中興するに皆な省き、唯だ廷尉及び雒陽のみ詔獄有り。

とされ、武帝が二十六の獄をすべて詔獄として設置し、それが後漢になって廷尉詔獄と洛陽詔獄に絞られたかの如くである。

冨田健之は、詔獄の手続きは基本的に廷尉によって担われたとした上で、右の百官志の記事を、武帝期になって長安の中央官府二十六箇所に、詔獄を行うための獄舎が設けられたことを意味すると解釈し、これを武帝による積極的な統治策推進のための、粛正手段の整備であったとする［冨田一九八三］。この見解は、獄が二十六箇所にまで増加した背景の説明としてだけではなく、それらが獄舎、つまりは単なる収容場所であったと指摘する点においても傾聴に値する。多数の中都官獄の存在を司法権の分散ではなく、単なる収容場所の分散と捉えれば、（3）の疑問にも解答が得られる。

実のところ、中央官署所属の「獄」とされるもののいくつかが、収容施設として利用されたに過ぎないという指摘は、すでに顔師古によってなされている。例えば巫蠱の変の際に幼少の宣帝が9郡邸獄に繋がれたことについて、顔師古はこう述べる。

據漢舊儀、郡邸獄治天下郡國上計者、屬大鴻臚。此蓋巫蠱獄繁、收繫者衆、故曾孫寄在郡邸獄。（『漢書』宣帝紀注）

漢旧儀に拠るに、郡邸の獄は天下郡国の上計する者を治め、大鴻臚に属す。此れ蓋し巫蠱の獄　繁く、収繫せらるる者　衆し。故に曾孫は寄せられて郡邸獄に在り。

これは巫蠱の変により引き起こされた大規模な詔獄において、上計者の犯罪を取り調べるための既存の獄が利用された例といえるが、17導官の場合は少し様子が変わってくる。

時或以諸獄皆滿故、權寄在此署繫之、非本獄所也。（『漢書』張湯伝　師古注）

時に或いは諸獄皆な満つるを以ての故に、権りに寄して此の署に在りてこれを繫ぐ。本より獄所たるにあらざるなり。

こちらはいわば、本来は獄として利用されていない場所を、収容施設として暫定的に利用したことになろう。顔師古は3暴室獄についても、「蓋し暴室は職務既に多く、因りて為に獄を置きその罪人を治むるを主る、故に往往にして暴室獄と云うのみ。然らば本より獄名に非ず」（前掲）と主張していた。そこに被疑者が収繫された、あるいはそれが「〜獄」と呼ばれたからといって、必ずしもそれが取調の要員を備えた施設であったわけでなく、9郡邸獄はともかくとして、17導官のように「獄所」ではない場所に暫定的に繫がれることもあった。

3暴室獄も17導官も、いずれも少府の属官で、それぞれ織物の作成・染色と穀物の選別とに携わる作事官府である。こうした場所が暫定的な収容場所に選ばれたのは、暴室に対する師古注が示唆するとおり、それらがすでに多くの、工匠や官奴婢を中心とした人員(75)を抱えており、そのための、あるいは人員が罪を犯したときのための、何らかの収容施設を備えていたからであろう。とりわけ少府属官には、未央宮や上林苑内に官署を構えるものが含まれ、宮人や高位者を収容しておくには格好の場所であった。史書に現れる収繫場所に少府属官が多いのはそれ故であると考えられる。

少府に獄が集中することは、すでにいくつかの論考で指摘され、問題とされてきたが、それらは「獄」を行役の場、つまり既決囚を収監・使役する監獄として捉えたものであった。例えば渡邊信一郎は二十六獄が「基本的には少府を中心とする作事官府であった」とした上で、「二六詔獄に集積された刑徒は、これらの直接的な中央政府需要を経常的にまかなうために、編成されたものである」［渡邊二〇〇一、三七七頁］として、獄に収容されたのが刑徒であり、少府属官の作事官府に獄が集中するのも、そこが刑徒労働力を必要としたためであったとする。

だが獄があくまで裁きの場であるとすれば、労働力が必要な部署であるが故にそこに獄が集中するという説明は、成立しないと言わざるを得ない。そこで裁かれ、労役刑とされた者が、引き続き同じ場所で労役に就くことは十分に考えられるにせよ、そのために取調も作事官府で集中的に行われたわけではあるまい。やはり労働力の必要性が獄配置の理由なのではなく、そこに収容施設と監視のための人員が存在するが故に、少府属官に獄が偏在することになったと理解すべきだろう。

もちろん廷尉獄などは、取調中の被疑者や証人を収繋しておく専用の施設を備えていたことであろう。だがその一方で、臨時的な収容施設から始まってなかば恒常化したもの(76)、あるいは導官のように「〜獄」とすら呼ばれていない収繋の場も存在した。そう考えて初めて、前漢における多数の中都官獄の存在を整合的に説明し得る。以上の推論に大過なければ、中都官獄の一部は、刑徒や官奴婢を管轄する部署に附設されるかたちで存在したことになる。これは刑徒の管理方法をめぐって得られた結論、すなわち専門の行刑機関が設置されず、収容・監視が可能な場所、負わせるべき役務がある場所に刑徒が配置され、その際には隷属者を大量に所轄する部署が、人員を収容・監視する体制を恒常的に備えていたが故に、主たる配置先に選定されたという見方と、通底する部分がある。未決囚も既決囚も、その収容・監視のための専門の組織・設備が必ず設けられていたわけではなく、労働力の編成・管理全般の中で、それに附随して収容、ないしは使役される傾向にあった。

時として長期にわたり被疑者や死刑囚が詰め込まれ、その監視や督責に当たる刑徒(77)、そして獄吏たちがその上に君臨する「獄」は、外部からは畏怖の目をもって見られた。「地に画して獄と為すも、議して入らず。木を刻みて吏と為すも、期して対えず」(『漢書』路温舒伝)という里諺がそれを如実に示している。一度入れば出てくることは難しいという獄に対するイメージは、収繫される日の吉凶で自らの運命を占おうとする庶民の心性―それは王充が、入獄の日の吉凶で有罪・無罪が決まるわけではなかろうにと揶揄するものであったが―からも窺い知れ(78)、またそれが現実であったのだろう。斉国相であった曹参は後任の者に、獄内部でのことには国相もあまり口出しせぬ方がよいと言い置いていった。

參去、屬其後相曰「以齊獄市爲寄、愼勿擾也」。後相曰「治無大於此者乎」。參曰「不然。夫獄市者、所以幷容也。今君擾之、姦人安所容也。吾是以先之」。(『史記』曹相国世家)

参去るに、其の後相に属して曰く、「斉の獄市を以て寄と為し、慎しみて擾すなかれ」と。後相曰く、「治むるに此れより大なるはなきや」と。参曰く、「然らず。夫れ獄市なる者は、幷容する所以なり。今君之を擾さば、姦人安くにか容るる所あらんや。吾れ是を以て之を先にす」と。

獄をあまり掻き回すと、「姦人」の居場所がなくなってしまうという助言は、それを単なる取調の場と捉えると奇異な印象をうけるが(79)、そこには獄吏・刑徒をはじめ、治獄に関わる様々な人間が群がり、独特の秩序が形成されていたのであろう。「…罪人を収容する牢獄そのものが、裏返された「自由」の場であったということも可能になる。これは…（中略）…社会から縁を切られた人々のたまり場であった。それ故、牢屋の中では、恐らく世俗の秩序とは異なる階層が存在したに違いない」という網野善彦の言葉が、ここで想起される［網野一九九六、二九頁］。作事官府に獄が集中するという現象は、単にそこに収容施設があるという現実的な理由のみに因るものではなく、刑徒や官奴婢といった労働力を恒常的に抱え、ある意味で社会から隔絶されていたその場所が、獄を置く場として相応しかったという側面もあったのかもしれない。

こうした獄の配置のされ方を念頭において、司空と獄との関わりに立ち戻ろう。

五、司空と獄

(一) 獄司空

獄と司空が密接に関連していたことは、中央における「司空詔獄」の存在がすでに物語っている。ここには列侯や二千石官が収繋されたことになっており(『北堂書鈔』巻四五所引『漢旧儀』)、例えば竇嬰が「都司空」に劾繫されている(『漢書』灌夫伝)。また『漢書』伍被伝には「左右都司空・上林・中都官詔獄」とあり、少府所属の左右司空にも獄の置かれたことが分かる。

『漢書』如淳注はこれら中央の司空府が「水」を掌ったとするものの、その具体的な職掌を描写する史料は実のところ多くない。だが先述したとおり、左右司空の印文が始皇帝陵出土の瓦に見え、また霍去病墓から発見された石塊に「左司空」の題記がある[韓若春一九九三]のは、それが器物作成や土木工事を担当する部署であったことを示している。県の司空が刑徒以外の労働力も所管し、一方で治獄には関与していない(後述)ことも念頭に置くなら、「水土」と関わる業務全般に当たるという司空の職掌は、漢初からさらに下っても直ちには変化しなかったようである。従って中都官獄としての司空詔獄も、司空がそこで治獄に当ったのではなく、各司空府の備えていた収容施設が未決囚収繋の場として利用されたに過ぎないのであろう。これら司空は、そこで使役される労働人員や刑徒に加えて、同時に収容されている未決囚の管理にも携わり、その点で獄と関わりを持ったものと考えられる。広陵王国の宮司空が「獄計」を把握していたのも、王国の宮司空として所轄する労働人員とともに、未決囚も収容し、その管理に当たっていたが故であろう。

ただし地方の、特に県の獄が県司空と如何なる関係にあったのかは明らかにしがたい。だが少なくとも県獄が司空と密接な繋がりを持っていたことは、いくつかの点において看取できる。それを端的に示すのは「獄司空」の存在であろう。蕭吉『五行大義』所引の劉向『洪範五行伝』は前漢末の県廷組織を描写したものとされる(80)が、そこには、

尉曹以獄司空爲府（腑）、主士卒、牢獄・逋亡。

尉曹は獄司空を以て府（腑）と為し、士卒を主り、〔獄司空は〕牢獄・逋亡〔を主る(81)〕。

とあり、獄司空は牢獄を掌ったとされている。

この「牢獄を主る」というのは、獄司空が獄での取調に関与したことを意味するものではない。『洪範五行伝』は、訊問（「禁訊具備」）を「獄官」の職務としているからである。司空はあくまで、刑徒その他の人員の、配置・使役に携わる者であった。次の『漢書』陳咸伝は、成帝期の郡太守府における事例だが、

起家復爲南陽太守。所居以殺伐立威、豪猾吏及大姓犯法、輒論輸府、以律程作司空、爲地臼木杵、舂不中程、或私解脱鉗釱、衣服不如法、輒加罪笞。

起家して復た南陽太守と為る。居る所　殺伐を以て威を立て、豪猾の吏及び大姓法を犯さば、輒ち論じて府に輸し、律程を以て司空に作せしめ、地臼木杵を為り、舂きて程に中らず、或いは私に鉗釱を解脱し、衣服法の如くならざれば、輒ち罪を加えて笞うつ。

とあり、「論―判決―」を受けた者が府で労役に就き(82)、司空がそれを監督したことになっている。「司空に輸す」という表現も、

若夫束縛之、係䌸之、輸之司空、編之徒官、司寇・牢正・徒長・小吏罵詈而榜笞之、殆非所以令衆庶之見也。（『新書』階級）

若し夫れ之を束縛し、之を係䌸し、之を司空に輸し、之を徒官に編し、司寇・牢正・徒長・小吏罵詈して之を榜笞するは、殆ど衆庶をして之を見せしむる所以にあらざるなり。(83)

として見える。これは刑徒として司空での労役に就けられた者が、「徒官」に配置され、司寇刑徒や牢正・徒長(84)の監督の下で労役に服したことを示している。

県の司空が管掌した労働力は、刑徒のみには限定されない。まず居延漢簡に次の例が見える。

元康二年五月己巳朔辛卯、武威庫令安世、別繕治卒兵姑臧、敢言之。酒泉大守府移丞相府書曰、大守▨迎卒受兵、謹掖檠(85)持與將卒、長吏相助至署所、毋令卒得擅道用弩射禽獸鬪、已前□書▨三、居延不遣長吏逢迎卒。今東郡遣利昌侯國相力・白馬司空佐梁、將戍卒▨（EPT53：63）

元康二年（前六四）五月己巳朔辛卯（二三日）、武威庫令の安世―特別に卒の武器を姑臧県で修繕中―が申し上げます。酒泉太守府が送ってきた丞相府の文書には「太守…卒を迎えて武器を受領したら、厳正に形を整えてゆだめに嵌めて引率している卒に与え、長吏は互いに助け合って部署までゆき、道中で卒に勝手に弩を用いて禽獣を射たり争ったりさせてはならない。已に前に…書…三、居延は長吏を派遣して卒を迎えなかった。今東郡は利昌侯国の相の力・白馬県の司空佐の梁を遣わし、戍卒を率いて…

ここでは白馬県の司空佐が戍卒の引率に当たっている。また懸泉置漢簡には、

河平元年八月戊辰朔壬午、敦煌太守賢・丞信徳謂過所縣道。遣廣至司空

嗇夫尹猛、收流民東海・泰山、當舍傳舍、從者如律令。

八月庚寅過東。（Ⅱ0315②：36A　粋39）

河平元年（前二八）八月戊辰朔壬午（一五日）、敦煌太守の賢・丞の信徳が通過するところの県道に申し伝える。広至県の司空嗇夫尹猛を派遣し、流民を東海・泰山郡において収容させる。伝舎に宿泊することができ、従者は律令のとおりである。

八月庚寅（二三日）に通過して東に向かった。

とあり、広至県の司空嗇夫が「流民」[86]の収容に派遣されている。司空の管轄対象が刑徒労働には限定されていなかったことが、これらの簡牘から窺える。

以上をふまえれば、県の司空は前漢末においても労働人員全般を管掌しており、その職務の一部として刑徒を管理していたに過ぎない。その中にあって獄司空なる官職が置かれたことは、司空が人員管理の一環として未決囚も収容していたこと、すなわち県獄が司空府の施設に附設されるかたちで存在していた可能性を示していよう。ただし前漢末から後漢になると、その司空府の存在自体がかなり稀薄になってきており、獄が司空府に附設されていたのではなく、むしろ司空の官が獄に所属していたと思わせる状況が生まれている。最後に司空のその後を追っておく。

(二) 司空の稀薄化

成帝の綏和元年（前八）、御史大夫が「大司空」に改称された時のこととして、『漢官儀』（『続漢書』百官志注引）は次のような経緯を伝える。

綏和元年、罷御史大夫官、法周制、初置司空。議者又以縣道官獄司空故、覆加「大」、爲大司空，亦所以別大小之文。

綏和元年、御史大夫の官を罷め、周制に法り、初めて司空を置く。議者又た県道官の獄司空あるを以ての故に、[87]「大」を覆加し、大司空と為すも、亦た大小の文を別にする所以なり。

なぜ御史大夫が「大司空」に改称されたのかも興味深い問題だが、このことは暫く措く。[88]ここで注目したいのは、御史大夫の新しい官号との重複が指摘されているのが、県道の「獄司空」のみである、という事実である。

中央の都司空は中興以後廃された（『続漢書』百官志）ものの、前漢に廃されたとの記事はない。また「建武中元二年」（後五七）の紀年を持つ「東海宮司空盤」（『秦漢金文録』三五八）には「宮司空」が、[89]永平九年（後六六）に刻された開通褒斜道摩崖には「徒司空」なる官称が見え、[90]決して多くはないものの、「～司空」という官職が、三公の一つとしての大司空以外にも、後漢において認められる。[91]だが上に引いた『漢官儀』の口吻は、「司空」と呼ばれていた官職が獄司空のみであり、県司空をはじめ、その他の「～司空」は存在していなかったように響く。後漢になると「大司空」は「司空」と改称され、[92]わざわざ「大」を付けて他の「～司空」と区別する必要すらなくなったかのようである。[93]

上述したとおり、後漢になっても「～司空」なる呼称は依然として見られるものの、前漢末ごろからその存在感はよほど稀薄になっていた。そのことは、県の属僚の定員を記した尹湾漢簡の、いわゆる「東海郡吏員簿」（YM6D2AB）に、「司空」の名が一切見られないことからも窺える。尹湾漢墓からは元延三年（前一〇）の暦が発見されており、下葬年代がそれからさほど下らないならば、この吏員簿は御史大夫改称以前のものであることになる。県司空等の官名が後漢になって殆ど見られなくなるのは、御史大夫が「（大）司空」に改称されたことが直接の理由なのではなく、改称以前からその存在が稀薄化する傾向にあったのだろう。「議者」の指摘があって、ようやく「大」を加えたという改称の顛末そのものが、都司空や県司空といった官職が十分に認識されていなかったことを示している(94)。

こうした変化の背景として指摘できるのは、県廷組織の変化である。前漢宣帝期ごろから「～曹」と呼ばれる官署が郡県において認められるようになり、前漢末には、『洪範五行伝』に記されるような一連の諸曹が県の機構の上位を占め、司空等はその下に置かれるようになる〔佐原二〇〇二、二三〇～二三二頁〕。『洪範五行伝』の、

　　尉曹は獄司空を以て府（腑）と為し、士卒を主り、〔獄司空は〕牢獄・逋亡〔を主る〕。（再掲）

を改めて読み直すと、士卒を管掌する職務は尉曹によって担われ、司空は「獄司空」として獄での職務、例えば獄囚への給食や獄舎の管理に携わる存在と化してしまったかのようである。王充『論衡』にも、

　　猶繫罪司空作徒、未必到吏日悪、繫役時凶也。使殺人者求吉日出詣吏、髠罪、推善時入獄繫、寧能令事解、赦令至哉。（辨祟篇）

　　猶お司空に繫罪され徒と作るは、未だ必ずしも吏に到るの日の悪く、役に繫がるる時の凶なるにあらざるなり。人を殺せる者をして吉日を求めて出でて吏に詣らしめ、髠罪あるもの、善時を推して獄に入りて繫がるれば、寧ぞ能く事をして解かしめ、赦令至らんや。

とあり、「司空」が治獄の場として描かれる。これは司空の職掌が、強制労働全般を管轄するものから、獄囚や刑徒の管理に特化したことを暗示しているのではないか。冒頭に挙げた三国時代以降の注釈が史漢にみえる「～司空」を、いずれも「罪人」「刑徒」を扱う官とし、それが官奴婢や徭役労働をも管轄していたことに言及しな

いのも、こうした趨勢の結果であろう。第三節で述べた、刑徒の記録を掌る主体が司空から獄に変化するという現象は、担い手の交代ではなく、むしろ司空がその職掌を特化させ、獄に所属する官の一つと化したことにより生じたものと見ることができる。

結びにかえて

秦漢時代、刑徒が様々な場所で、様々なかたちで使役されていたことは、これまでも論じられてきたところであった。本章で指摘した、刑徒の「本籍地」としての司空、および獄の役割は、こうした刑徒労働の利用・分配の基盤をなす制度であったといえよう。この制度の周辺も含めて、本章ではその解明に努めたが、明らかにしきれない部分は多く、かつその他にも論ずべき点が残っている。本章を締めくくるに当たり、それらのいくつかを列挙しておく。

まず後漢における獄制の変化。前漢時代に多数存在した中都官獄は、成帝建始元年（前三二）に上林獄が廃止され、光武帝の時には廷尉獄を残して全廃されたことになっている。実際には掖庭、暴室の秘獄や宦官の支配する黄門北寺の獄が他に存在し、和帝永元九年（後九七）には若盧獄官も復置された[95]ものの、少府の作事官府を中心に多数の獄が置かれるという状況は、後漢には見られなくなった。

こうした変化が起こった原因は様々に考えられる。まず後漢時代には少府の規模自体が縮小された。前漢後半期より少府財政、すなわち帝室財政の巨大さが問題視されるようになり、光武帝がその大幅な縮小を行った。『続漢書』百官志に載る少府属官も、その多くが「文属」、すなわち形式的に少府に属するのみで、実際には皇帝に直属するものであった(96)。また官有手工業の重要性も、後漢には変化した。呉小平は青銅器銘文の分析から、前漢中晩期には政府が青銅器の製造・流通を控制していたが、後漢以降―特に塩鉄の専売が撤廃される和帝以降(97)―には民間の作坊による製造が主流になったことを指摘している〔呉二〇〇五〕。

だが少府の、あるいはその他の作事官府の規模縮小は、そこに獄が置かれなくなった本質的な原因とはいえまい。むしろ作事官府に獄を寄寓させるということ自体が、発想されなくなったと考えねばならない。

首都の獄として、作事官府所属の獄に代わって後漢時代に存在感を増してくるのは、洛陽獄である。前漢の長安獄は単なる県獄の一つに過ぎず、そこでは詔獄も行われていなかった〔宋杰二〇〇七b、二五頁〕が、後漢の洛陽獄は詔獄の場ともなり、洛陽県は「郷有秩・獄史五十六人」（『続漢書』百官志注）を抱えるに至った(98)。後漢時代の洛陽では、通常の獄案か詔獄かを問わず、殆どの被疑者・証人がこの洛陽獄に収容され、作事官府に暫定的に係留されることは少なくなったのであろう。未決囚の収繋は、それに特化した施設によって担われるようになったと、この変化を解釈することができる。

作事官府と治獄とを切り離すという現象が、後漢における司空の変容と関連しているのか否かは定かでないが、いずれの変化も刑徒労働、あるいは強制労働全般の管理、ないしはその運用原理の展開の中で、その意味が検討されるべきものであろう。

後漢の強制労働については、その比重が刑徒労働の活用に移ったことも指摘されている。例えば渡邊信一郎は両漢の社会的労働編成を総括して、「武帝期をさかいとして前漢後期にあっては次第に刑徒労働の比重が増し、後漢期にはこの傾向が一層進展した」と述べる〔渡邊二〇〇一、三八二頁〕。こうした傾向は、特に戍役制度の変化においてはっきりと認められる。

光武帝は建武六年（後三〇）に郡国の都尉を罷め、翌年には「軽車・騎士・材官・楼船の士」を解散して民とし、辺郡を除く、一般の郡国の常備軍を撤廃するに至った。一方で「〜営」と呼ばれる常備軍が長安その他に配置され、営兵の任務は世襲とされた。この間の経緯とその意義は濱口重國がすでに論じたところである［濱口一九六六、第一部第七］。

マーク＝ルイスは郡兵廃止以降の主要な兵力として、①募兵、②刑徒、③営兵、④投降した異民族の四種を挙げる［ルイス二〇〇〇］。刑徒の辺境防備への動員は前漢時代からすでに見られるものの、確かに後漢になると死刑囚を赦して辺境に送る詔が目に付くようになる。班超は西域都護配下の兵士について、「本より孝子順孫にあらず、皆な罪過を以て辺屯に徙補せらる」（『後漢書』班超伝）と述べており、その多くが刑徒であったことが知られる。兵力として刑徒の比重が相対的に増加し、一方で作事官府がその規模を縮小させたことは、刑徒管理の方針やそれをめぐる諸制度にも影響を及ぼしたであろう。今後の検討課題としておく。

注

（1）ただし「徒丞」は、その後の官印、封泥資料の増加を経て、現在では「馬丞」「空丞」と同類の、王莽時代の特別な呼称で、県丞が改称されたものであると考えられている［王人聰一九九〇］。

（2）大庭一九九二、第三篇第三章「冥土への旅券」、二九八〜二九九頁。司空に限らず、作事官府の多くが刑徒を労働力として活用したことは大庭一九八二、第一篇第二章「漢王朝の支配機構」が注意を喚起するところでもある（五二一〜五三三頁）。ただし大庭は司空が刑徒労働を管掌する点にのみ注目し、かつ「獄」を刑徒収容の場と捉えている。後述するとおり、筆者はこれらの点において大庭と見解を異にする。

（3）例えば散氏盤「銅工虎孝」や、後掲の揚簋などが挙げられる。

（4）『国語』周語中「周之秩官有之曰、『敵國賓至、關尹以告、行理以節逆之、候人爲導、卿出郊勞、門尹除門、宗祝執祀、司里授館、司徒具徒、司空視塗、司寇詰姦、虞人入材、甸人積薪、火師監燎、水師監濯、膳宰致饔、廩人獻餼、司馬陳芻、工人展車、百官以物至、賓入如歸。』」

『礼記』月令・季春「是月也、命司空曰、時雨將降、下水上騰、循行國邑、周視原野、修利隄防、道達溝瀆、開通道路、毋有障塞。…」

(5)『春秋左氏伝』荘公二八年「春、晉士蔿爲大司空。夏、士蔿城絳、以深其宮。」

『詩』大雅・緜「乃召司空、乃召司徒、俾立室家。」

『戦国策』巻一「周文君免士工師籍」「宋君奪民時以爲臺、而民非之、無忠臣以掩蓋之也。子罕釋相爲司空、民非子罕而善其君。」、『春秋左氏伝』襄公十七年「宋皇國父爲大宰。爲平公築臺、妨於農功。子罕請俟農功之畢、公弗許。築者謳曰、澤門之皙、實興我役、邑中之黔、實慰我心。子罕聞之、親執扑、以行築者、而抶其不勉者。」

(6)『国語』周語上「王乃使司徒咸戒公卿・百吏・庶民、司空除壇于籍、命農大夫咸戒農用。」

(7)『荀子』王制「脩隄梁、通溝澮、行水潦、安水臧、以時決塞、歳雖凶敗水旱、使民有所耘艾、司空之事也。」

注(4)に挙げた『礼記』月令にも、道路の整備と並んで堤防や溝瀆の修築が司空の職責として挙げられる。

(8)『商君書』境内篇の成立年代については守屋一九六八、第一章「漢代爵制の源流として見たる商鞅爵制の研究」を参照。特に「国司空」の語は、漢の高祖劉邦の諱を避けて書き換えられたものであり、その成立は少なくとも秦代以前に遡る。

(9)『史記』孔子世家は孔子が「司空」より「大司寇」に進んだとするが、その拠るところは詳らかでない。

(10)この一句は于省吾が唐抄本(日本秋萩帖紙背淮南鴻烈兵略間詁)に拠って補うのに従った(『双剣誃淮南子新証』巻三)。

(11)署都司空・大城四人、候二人、縣候面一、亭尉・次司空、亭一人。

これら史料で司空と並べられる「候」の下に、秦の「候」刑徒が配置されたと考えられる。

(12)注(4)前掲、『礼記』月令。

(13)春秋期の力役・兵役に関する理解は吉本二〇〇五、第二部中篇　第二章「春秋期の「国人」」に拠る。

(14)『墨子』号令「吏・卒・民死者、輒召其人、與次司空葬之、勿令得坐泣。」

(15)『周礼』の成立時期については吉本二〇〇四が戦国期に基本的に成書されたことを指摘する。

(16)例えば戦国期の青銅器銘文に工人とともに刑徒の名が刻まれ、それらの工房に刑徒が配置されていたことは、しばしば指摘されるところでもある［張政烺一九五八］。

(17) この文字の釈読については『張家山訳注』二九二頁、注二一参照。

(18) 懸泉置漢簡Ⅱ0315②：36A（粋39）にも、「司空嗇夫」の官名が見える（後掲）。

(19) 「起遷爲國尉」（『史記』白起列伝）、「大梁人尉繚來、…秦王覺、固止、以爲秦國尉、卒用其計策」（同秦始皇本紀）

(20) 二年律令秩律において、「中」「郡」の両者を冠する官職としては「中尉」「郡尉」、「中司馬」「郡司馬」といった組み合わせが見られる。ここでも「中尉」と「国（邦？）尉」との間に何らかの継承関係のあったことが疑われる。

(21) 例えば始皇陵西建築遺址出土の瓦に、「左司空」との印文があるものが多数含まれる（袁仲一一九八七の拓本493～512）。

(22) 周・路二〇〇〇の二、二、6（二五三頁）。

(23) 宮司空の「宮」が意味するところについては本書第二章、四三～四五頁参照。

(24) 刑徒の労役が「徭」と呼ばれることもある（睡虎地秦律十八種147簡「舂城旦出繇者」）。だがここでは労役が「徭」に数えられるか否かが問題となっており、一年のうち一定の日数のみ徭役に服すことが求められる者、すなわち庶民が使役されているものと考えられる。

(25) 秦律雑抄34には「署君子・敦（屯）長・僕射不告」とあり、「署君子」を一つの役職名と解釈した。「君子」は本文中の二例をはじめ、睡虎地秦簡に散見し、

　官嗇夫節（即）不存、令君子毋（無）害者若令史守官、毋令官佐、史守。置吏律（秦律十八種161）

は、君子が「令史」「佐」「史」と並置される、一種の地位呼称、ないしは役職名であったことを示している。

(26) 『漢書』文帝紀賛には、文帝が露台を建造しようとした際に、「召匠計之、直百金」であったため取りやめたとある。作業量から総工費までが匠により算出されたものと思しい。

(27) 司空律については、石岡浩に諸々の先行研究を網羅した訳注がある［石岡二〇〇五c、二〇〇六］。

(28) 「繫城旦舂」については籾山一九八二、及び本書第三章、第一節を参照。

(29) 廿六年八月庚戌朔丙子、司空守樛敢言、前日言、競陵蘯陰狼假遷陵公船一袤三丈三尺名曰柂（?）、以求故荊積瓦、未歸船、狼屬司馬昌官、謁告昌官、令狼歸船、報曰、狼有律、在復獄已卒史衰義所、今寫校券一牒上、謁言之卒史衰義所、問狼船存所、其亡之、爲責券移遷陵、弗□□屬

謁報、敢言之、九月庚辰、遷陵守丞郭狐郤之、司空自以二月假狼船、何故啹□辟□今而
請曰、謁問復獄卒史衰義、衰義事已、不智所居、其聽書從事、／慶手、即令□□行司空（J1⑧134A）

前漢時代、京兆尹所属の県として「船司空」があり、顔師古はこれに「本主船之官、遂以爲縣」と注す。船司空県は渭水が黄河に注ぐところに位置し、『水経注』巻十九に引かれた『三輔黄図』は「有船庫官、後改爲縣」として、ここに「船庫」が置かれていたとする。

(30)　この条文中の「城旦司寇」等の語に関する解釈は第三章、注（32）を参照。

(31)　秦律十八種135に「其或亡之、有罪」と総則的に言及される。そのうち、隷臣が城旦を逃がした場合の具体的処罰は法律答問116に見える。

(32)　『墨子』雑守に「斗食、終歳三十六石、參食、終歳二十四石、四食、終歳十八石、五食、終歳十四石四斗、六食、終歳十二石。斗食、食五升、參食、食參升小半。四食、食二升半、五食、食二升、六食、食一升大半。日再食」とあり、「參食」は一日二食で一度に三升と三分の一（＝1／3斗）が支給され、三百六十日で計二十四石を受領する待遇、「四食」については、同じく一度に二升半（＝1／4斗）が支給され、計十八石の穀物を受領する待遇であることが分かる。

(33)　秦律十八種94～96（金布律）に、刑徒に支給される衣服が銭立てでいくらに換算されるのか、規定がある。

(34)　原文「官作」は他に用例がなく、その意味することが定かでない。*RCL* の「by working for a government office」（p. 68）に従い、ひとまず「官に作して」と訓読した。

(35)　翻訳に際しては里耶秦簡講読会二〇〇四を参照した。

(36)　秦の郡に卒史・仮卒史が置かれたことは、例えば張家山漢簡「奏讞書」案例⑱（124簡～）から窺える。

(37)　この簡と同内容の、日付と授受関係を異にする文書簡（J1⑯6）が存在し、文書伝達の混乱を窺わせる。この点に関しても里耶秦簡講読会二〇〇四の理解に従った。

(38)　二年律令328～330簡、331～336簡参照。前者では、戸口調査の後、「籍の副は其の廷に蔵す」と、後者では「民宅園戸籍」等について、「謹んで副は県廷に上り、皆な篋若しくは匣匱を以て盛り、緘閉し、令若しくは丞・官嗇夫の印を以て封じ、独り別に府を為る」とされ、県には副本を提出し、正本は郷で保管すべきことを規定する。

(39)　糺山二〇〇六は、裁判手続きの中で、個々人の記録を把握している郷の役割について論じている［七一～七三頁］。

（40）「乗城卒」の管理は県の軍事担当官たる県尉の職掌であったと思われるが、里耶秦簡J1⑧133、

或遷廿六年三月甲午、遷陵司空㝵、尉乘☐

卒算簿

廿七年八月甲戌朔壬辰、酉陽具獄、獄史啓敢☐

啓治所獄留□、敢言之、●封遷陵留。

は、「…卒算簿」に対する司空の一定の関与を推測させる。後代の事例となるが、居延漢簡では白馬県の司空の佐が任地への戍卒の引率に当たっている（EPT53：63）。

（41）この一文は解釈には問題が残る。まず簡によって文章に異同がある。

（1）司空不名計問何縣官計年爲報（J1⑨1、10）

（2）司空不名計問何縣官計付署計年爲報（J1⑨2、4、5、6、7、8、11、12）

（3）司空不名計問何縣官計付署計年名爲報（J1⑨3、9）

多数を占めている（2）を基準に整理するなら、まず李学勤二〇〇三は「司空不名計、問何縣官計、付署計年爲報。」と句読する。これに対し、湖南文物考古研究所等二〇〇三は「司空不名計、問何縣官計付署、計年爲報。」と句読し、「名計」の「名」は身分・本籍の、「計」は上計簿使の謂とする。宋・邢二〇〇六は「官計」を上計吏の意とする説を紹介し、それが上計に関連する専門用語であることを強調して、「司空不名計、問何縣官計、付署、計年爲報。」と句読する。これらは、問題箇所に関する諸家の大まかな解釈を示してはいるものの、彼らがこの部分を正確にはどう読んだのか、定かでない。唯一、里耶秦簡講読会二〇〇四のみが、「名計」を「貲銭を計算すること」、「計年」を「貲銭を労役日数に換算すること」と解釈した上で、「司空では計算できませんので、どこの県で配属期間を計算したのかを問い合わせます。配属先に取り次いで年数を計りご返信下さい」と逐語訳している。この解釈は、おおむね首肯できるものの、「名計」を「計算する」と訳すのでは「名」字が浮いてしまう点、さらには「県官」を「県」と訳しているが、漠然と「官府」を指しているものとしてこれを理解する、あるいは「県の官計」と解す余地も残る点、等が問題として指摘できよう。また文書中で、他機関に文書を送付することが「付」と表現されるのも異例である。

　ここでは「不名計」を「計を名せず」と読み、計簿を明示できない、つまり問題の刑徒について、記録を挙げて現在の状

況を示すことができない、の意に解釈した（「名」を「明示する」と解釈する点については、『張家山訳注』一〇七～一〇八頁参照）。また「県官〔計〕」を、「県の官の〔計簿〕」とした。

(42) 李学勤二〇〇三が指摘するとおり、「甲兵之符、右在皇帝、左在陽陵」との銘文を持つ虎符があり、王国維はこれを秦のものとしている（『観堂集林』巻一八「秦陽陵虎符跋」）。秦時に「陽陵」という地名が存したという王氏の主張が、里耶秦簡により確かめられたことになる。

(43) 陽陵司空は「年を計りて報を為せ」と言う一方で、「毋死の署所の県をして責めしめ、以て陽陵の司空に授け」ることも求めている。労働日数を銭に換算する一方で、なにがしかの財産を差し出すことで貲刑の残額に充てることも念頭に置かれていたのであろう。

(44) 漢代の裁判は事件が発覚した地点の官が主体となって進められた［宮宅一九九八、四三～四六頁］。刑徒の本籍地の司空がその記録を管理したとは限らず、裁判の行われた場所が新たに刑徒の「本籍」となる場合もあったと考えられる。

(45) 黄盛璋一九九六は頭骨の異常と「有獄事」とを結びつけ、「王奉世在獄中受刑而死」として論を進める［一三〇頁］。

(46) 例えば『漢書』何武伝「往者諸侯王斷獄治政、内史典獄事、相總綱紀輔王、中尉備盗賊。」

(47) 実際には永始は四年までしかない。

(48) 例えば『三国志』魏書巻十一王烈伝「王烈者、…太祖命爲丞相掾、徴事未至、卒於海表。」

(49) 『漢書』地理志では、淮陽郡に「莱」県は見えない。

(50) 「爰書」について籾山二〇〇六、第四章参照。

(51) 陳二〇〇一が同時に引用する次の簡、

曰、論某縣、署作某官、盡神爵二年某月某日、積滿若干歳、論以來未嘗有它告劾若繫、當以律減罪爲某罪、它如爰書。敢言之。（T0209③：56、57）

は、同様の申し立てがなされた際の、爰書の書式見本である。

(52) 調査にあたるべき獄が広川県の獄なのか、それとも效穀県の獄なのかは、知ることができない。わざわざ広川県で裁かれたことが述べられており、遠く内郡の広川郡広川県にまで問い合わせがなされた可能性もあろう。

(53) 次の居延簡のように、「論」の日付がはっきりと書き込まれた簡も存在する。

髡鉗城旦孫□、坐賊傷人、初元五年七月庚寅論、初元五年八月戊申以詔書施刑、故騎士、居延廣利里〼
完城旦錢萬年、坐蘭渡塞、初元四年十一月丙申論、初元五年八月戊申以詔書施刑、故戍卒、居延市〼
甲渠候官初元五年□延吏□□薄
……　●凡□二百十里九十三歩　(227・8)

簡の下部と左側を欠き、また後半の二行は文字が乱れ、前段との関係が定でない。前段二行には、「髡鉗城旦」「完城旦」として個人名が挙げられ、罪状、判決が下された日付、及び詔により「施（弛）刑」とされた日付、さらには元の身分と居住地（?）が記されている。この簡はA8（甲渠候官遺址）から出土しており、そこに「獄」が設置されていた形跡はない。

(54) 冨谷至一九九八、一〇四～一〇七頁。既決囚が獄に繋がれていたことを示す証左として挙げられるのは、例えば次のような記事である。

建武初、仕執金吾府、除細陽令。毎至歳時伏臘、輒休遣徒繫、各使歸家、並感其恩徳、應期而還。有囚於家被病、自載詣獄、既至而死、延率掾史、殯于門外、百姓感悦之。（『後漢書』虞延伝）

(55) ただし獄の内部での、治獄に関わる雑役に労役刑徒が使役されることがあった。例えば睡虎地秦簡に見える「牢隷臣」とは、「牢正」（『新書』階級）や「牢監」（尹湾漢簡）といった役人の下で雑役に服した者であろう。彼らは犯罪者の収捕（封診式50～51）や現場検証（同55～62）にも動員されている。居延漢簡には、次のような例も見える。

〼山鱳得二人送囚昭武、〼□四月旦見徒復作三百七十九人。

〼卅八人署廚・傳舍・獄・城郭・官府〼六十人付肩水部、部遣吏迎受。(34・9、34・8A)

残欠があり、正確な内容は分からないものの、四月時点での刑徒・復作の人数と、その配置、所在が列記されたものであろう。379名の刑徒・復作のうち、38（138？238？）名が「厨・伝舎・獄・城郭・官府…」に配置され、60（160？260？）名が肩水部に引き渡された。厨房や伝舎とともに「獄」が挙げられているのは、それが労役刑徒の服役する部署の一つであったことを示していよう。

(56) 例えば徐世虹一九九九、第十九章「両漢時期的監獄制度」、渡邊二〇〇一、劉海年二〇〇六「中国古代監獄及有関制度」[二四一～二五八頁]。

(57) 諸欲告罪人、及有罪先自告而遠其縣廷者、皆得告所在郷、郷官謹聽、書其告、上縣道官。廷士吏亦得聽告。（二年律令101）

(58) 籾山明二〇〇六、第三章。特に注（14）において、甲渠候官から出土した簡牘の中に刑事訴訟に関わるものが少ないことを挙げて、候官のごとき軍事機関には刑事訴訟を裁く機能がなかったことを推測している。次章において、「劾」が行われ、罰すべき罪が確かに存在することが宣言されると、被疑者の身柄が獄に移され、獄吏による詰問が開始することを論ずる。

(59) 注（57）所引の二年律令101簡、及び宮宅潔一九九八、1「裁判の行われる場」を参照。

(60) ただし居延漢簡には「間田獄」なる獄名も見える（95・4）。「間田」は王莽期の特別な用語で、県のことを指すとする説［饒・李一九九五、一七四頁］のほか、農官（居延農）の異称［吉村一九九三］とする見方もある。後者の見方に立てば、地方にあって中央官府に直属する機関（塩鉄官や農官）に獄が置かれた可能性も一方には存在する。

(61) 十八の侯国のうち、都平・都陽の二侯国に獄史の定員が置かれていない（尹湾漢簡 YM6D2B）。

(62) 於是徙縦爲定襄太守。縦至、掩定襄獄中重罪二百餘人、及賓客昆弟私入相視者亦二百餘人。（『漢書』酷吏伝　義縦）
ここに見える「定襄」の獄とは、後述するとおり定襄県の獄であると考えておく。次に挙げる『後漢書』戴封伝からも、県に四百余人の囚人が繋がれていたことが分かる。

　遷中山相、時諸縣囚四百餘人、辭状已定、當行刑。封哀之、皆遣歸家、與剋期日、皆無違者。詔書策美焉。（『後漢書』独行伝　戴封）

(63) 『漢書』張敞伝注に「趙廣漢奏請令長安游徼獄史秩百石、又循吏傳左馮翊有二百石卒史、此之謂尤異也」とあり、「尤異」された場合には百石とされている。

(64) 元康四年五月丁亥朔丁未、長安令安國・守獄丞左・屬禹敢言之。謹移髡鉗亡者田勢等三人年・長・物・色、去時所衣服。謁移左馮翊…（後略）…（懸泉置Ⅱ 0111④：3　粋18）

(65) 郯獄丞司馬敞、正月十三日送罰戍上谷。（尹湾漢簡 YM6D5A）

(66) 『漢書』宣帝紀、神爵元年条注に引かれた『漢儀注』は「長安中諸官獄三十六所」とするが、張湯伝注などは「二十六」としており、沈家本は「三」を「二」の誤写とする。

(67) 漢以廷尉主刑獄、而中都它獄亦不一。…東漢洎唐、雖鞫囚非一處、然不至如是其多。…（『容斎随筆』続筆巻一「漢獄名」）

(68) 「北闕の下」にあった董賢の邸宅（『漢書』佞幸伝董賢）は、暴室の敷地を削って建造されており（『漢書』鮑宣伝）、暴室が未央宮の「北闕」近くにあったことが分かる。『漢書補注』王莽伝下所引程大昌『雍録』には「未央宮西北織室・暴室之類」とある。

(69) 上使侍御史收縛輔、繫掖庭秘獄、羣臣莫知其故。於是中朝左將軍辛慶忌・右將軍廉褒・光祿勳師丹・太中大夫谷永俱上書曰「…竊見諫大夫劉輔、前以縣令求見、擢爲諫大夫、此其言必有卓詭切至、當聖心者、故得拔至於此。旬日之間、收下祕獄、臣等愚、以爲輔幸得託公族之親、在諫臣之列、新從下土來、未知朝廷體、獨觸忌諱、不足深過。小罪宜隱忍而已、如有大惡、宜暴治理官、與衆共之。…今天心未豫、災異屢降、水旱迭臻、方當隆寬廣問、褒直盡下之時也。而行慘急之誅於諫爭之臣、震驚羣下、失忠直心。假令輔不坐直言、所坐不著、天下不可戶曉。同姓近臣本以言顯、其於治親養忠之義誠不宜幽囚于掖庭獄。公卿以下見陛下進用輔亟、而折傷之暴、人有懼心、精鋭銷耎、莫敢盡節正言、非所以昭有虞之聽、廣德美之風也。臣等竊深傷之、唯陛下留神省察。」上乃徙繫輔共工獄、減死罪一等、論爲鬼薪。(『漢書』劉輔伝)

(70) 後宮に宮女が収繫・幽閉される事例としては、著名な戚夫人のそれが挙げられ、そこが漢初から収容の場であったことが分かる。だが『三輔黄図』巻六雑録は「武帝時改爲掖庭、置獄焉」とし、武帝になって「獄」が置かれたと述べる。当初は獄吏等が置かれておらず、その後、武帝期になってから、そうした人員を備えるに至ったものと考えられる［宋杰二〇〇七a、三四頁］。後述する、臨時的な収容施設から始まってやがて恒常化した獄の好例といえよう。

(71) 次の例では廷尉に下された案件の被疑者が導官に繫がれ、同時に御史大夫張湯がそこで囚を治めている。

趙王怨之、幷上書告、「〔張〕湯大臣也、史〔魯〕謁居有病、湯至爲摩足、疑與爲大姦。」事下廷尉。謁居病死、事連其弟、弟繫導官。湯亦治它囚導官。(『漢書』張湯伝)

(72) 曾孫雖在襁緥、猶坐收繫郡邸獄。而邴吉爲廷尉監、治巫蠱於郡邸。(『漢書』宣帝紀)

(73) 元帝初元五年(前四四)に、上林苑の宮館の、あまり利用されていないものが廃止されている(『漢書』元帝紀)。上林詔獄廃止後の建始二年(前三一)には、上林苑を掌っていた水衡都尉配下の属官、技巧と六廄も廃止されており、上林苑が備えていた鋳銭機能も、次第に縮小されていたことを示している。

(74) 罷上林詔獄。(『漢書』成帝紀　建始元年(前三二))

(75) 少府系統の部署が多くの官奴婢を抱えていたことは、例えば元帝期に貢禹が少府・水衡・太僕系統の部局・諸施設の撤廃を求めた一連の献策の中で、十万余人にのぼる官奴婢を辺境防備に配置換えすることを上奏していることからも窺える。

(76) 注(70)を参照。

(77)　『漢書』司馬遷伝に「見獄吏則頭槍地、視徒隷則心惕息」として現れる「徒隷」は、単に獄に繋がれている犯罪者たちを漠然と指しているのではなく、それが「獄吏」と並列される以上、獄での雑用に当たり、監視や督責にも関与した刑徒たちを指しているものと思われる。

(78)　王充『論衡』辨祟篇（後掲、本文二六八頁）。収繫日の吉凶を占った実例としては、例えば尹湾漢簡「博局占」の「問繫者」の項目（YM6D9B）がある。

(79)　陳直が「獄」を「嶽」の省文とし、この「獄市」を齊の荘嶽の市のことと敢えて解釈する（『漢書新証』）のも、同様の違和感からくるものであろう。

(80)　引用に当たっては厳耕望の校訂［厳耕望一九九〇、二三五～二三七頁］に従った。

(81)　原文は「尉曹以獄司空爲府、主士卒、牢獄逋亡」。だが前後の体例からして「牢獄逋亡」は「府」とされる官署の職掌であり、それに従って「〔獄司空主〕牢獄逋亡」と補った。

(82)　「輸」を「使役する」の意と解釈した。『張家山訳注』一〇二頁、注三参照。

(83)　原文は以下のとおり。

　若夫束縛之、係絏之、輸之司空、編之徒官、司寇・牢正・徒長・小吏罵詈而榜笞之、殆非所以令衆庶之見也。

この箇所を『漢書』賈誼伝は「若夫束縛之、係緤之、輸之司寇、編之徒官、司寇・小吏罵詈而榜笞之、殆非所以令衆庶見也」と作る。だが『漢書』百官表如淳注は「賈誼曰、輸之司空、編之徒官」と引用しており、また文意も「司空」の方が通ずる。

(84)　「徒長」は『史記』黥布列伝に「〔黥〕布已論輸麗山、麗山之徒數十萬人、布皆與其徒長豪桀交通、迺率其曹偶、亡之江中爲羣盜」として見え、麗山で労役に就いた刑徒たちが「徒長」の監督下にあったことを示している。

(85)　「檠持」とは弓の形を整えるために「ゆだめ」をはめておくことだが、その前の「掖」字の意味がはっきりしない。ひとまず、弓に手を添えてその形を整えることと解釈した。

(86)　『漢書』天文志に「河平元年三月、流民入函谷關」とあり、宣・元帝期以来顕著になってきた流民問題が、成帝の初年にも深刻であったことが知られる。

(87)　原文は「議者又以縣道官獄司空」だが、『宋書』百官志は「又以縣道官有獄司空」と作る。

(88) 少なくとも「司空＝土木担当官」という枠組みでは、この問題を捉えきれまい。むしろ「司空＝禹」というイメージと、天下の上計を受け付ける御史大夫の職掌（『漢書』宣帝紀、『続漢書』百官志注引『漢旧儀』）とのあいだに、より重なり合う部分があるように思われる。

(89) 建武中元二年七月十六日、東海宮司空作銅槃缶鐙、重五斤輩廿枚、工范循造、嗇夫臣倍主、丞臣壽長・臣福省。

(90) 永平六年、漢中郡以詔書受廣漢・蜀郡・巴郡徒二千六百九十人、開通褒余道、太守鉅鹿鄐君、部掾治級・王弘、史荀茂・張宇・韓岑等、興功作、太守丞廣漢楊顯將相用、始作橋格六百卅三（閒）、大橋五、爲道二百五十八里、郵亭、驛置、徒司空、褒中縣官寺幷六十四所、最凡、用功七十六萬六千八百餘人、瓦卅六萬九千八百四…（後略）…

「徒司空」というのは他に用例を見ないが、街道沿いに置かれた、維持管理の作業を担当する部署であろうか。

(91) 『後漢書』章帝紀元和元年に「丁酉、南巡狩、詔所經道上、郡縣無得設儲跱、命司空自將徒支柱橋梁。有遣使奉迎、探知起居、二千石當坐。其賜寡孤獨不能自存者粟、人五斛」として見える「司空」を、例えば張伝璽は県道の司空とする［張一九八一］。だがこの詔は巡幸の途上に位置する郡県に、特別な準備や接待を禁じたものであるから、橋梁工事に当たる「司空」も、地方の司空を指すのではなく、三公の一である司空に、中央の負担による工事を命じたものであろう。

(92) 世祖即位、爲大司空、建武二十七年、去「大」。（『続漢書』百官志一）

(93) 『続漢書』百官志はこの司空の職掌について、

掌水土事。凡營城起邑、浚溝洫、修墳防之事、則議其利、建其功。凡四方水土功課、歳盡則奏其殿最而行賞罰。凡郊祀之事、掌掃除樂器、大喪則掌將校復土。凡國有大造大疑、諫爭、與太尉同。

と述べる。「凡」によって区切られた四つの職掌は、①土木工事の検討・計画、②工事内容の監査、③祭祀における特別な役割、④国の大事に関わる上奏、朝議への参与、とまとめられよう。これらのうち、実際に司空が④の職務に当たったことは多くの実例があり、また③の大喪における役割は、『続漢書』礼儀志下にも明記されるところである。②については、土木関連の評定には限らないものの、御史大夫が上計吏に毎年訓示したことと関連しているとも言えよう。ただし①については、後漢の司空がそれに主体的に関わっていた痕跡を見出せない。後漢の、三公の一つとしての司空は、かつての司空の儀礼的、象徴的職掌のみを継承し、作事官府としての実際的な機能は帯びていなかったものと考えられる。

(94) 王莽期の県の官印に「空丞」なる官名が見え、「司空丞」の謂とされている［王人聰一九九〇］。だがこの時期には県丞が

「徒丞」と改称されており、如何なる官職が「空丞」と改称されたのかは、にわかには判断がつかない。

(95) 永初元年以前に、龐参が法に坐して若盧に輸作しており、作事官府としての若盧自体は存在していたものと思われる。

(96) 後漢における少府組織の分析については山田一九七七がある。

(97) 戊寅、詔曰「昔孝武皇帝致誅胡越、故権收鹽鐵之利、以奉師旅之費。自中興以來、匈奴未賓、永平末年、復修征伐。先帝即位、務休力役、然猶深思遠慮、安不忘危、探觀舊典、復收鹽鐵、欲以防備不虞、寧安邊境。而吏多不良、動失其便、以違上意。先帝恨之、故遺戒郡國罷鹽鐵之禁、縱民煮鑄、入税縣官如故事。其申敕刺史二千石、奉順聖旨、勉弘德化、布告天下、使明知朕意。」（『後漢書』和帝紀）

(98) 洛陽県下の郷の数は不明だが、例えば尹湾漢簡に見える東海郡の各県の郷有秩は最大五名（郯県）で、有秩・嗇夫を併せた郷官の数としては十三名（蘭陵県。郷嗇夫のみ）が最も多い。これに対して、東海郡下で最も多くの獄史を抱えるのは郯県の五名。洛陽県獄は二、三十人程度の獄史を抱えていたものと推測され、その規模の大きさが窺われる。

第六章　「劾」をめぐって
——中国古代訴訟制度の展開——

はじめに

前章で論じたとおり、「獄」は独特の秩序に支配された空間として外部からは畏怖の目をもって見られていた。獄の具体的な構造や配置場所は不明であるものの、そこに未決囚が収容され、取調を受けたからといって、この場所を現在の拘置所の如き施設と捉えると、その実像を見誤ることになりかねない。

筆者はかつて張家山漢簡「奏讞書」を主たる材料として秦漢時代の裁判手続きを分析・整理し、当時の裁判の根幹を支えていたのが徹底して繰り返される調書作成であり、その任務を担う獄吏が事実上被疑者の命運を左右したことを明らかにした［宮宅一九九八］。この、裁判手続きの非常に重要な部分が進められたのも、「獄」という特殊な場所においてであった。

だが籾山明が指摘するとおり、すべての取調が獄で行われたわけではない。籾山は中国古代の訴訟手続きを、罪名を争う「断獄」「治獄」と財貨を争う「聴訟」「理訟」とに分け、前者の、いわば刑事手続きにおいては、被疑者の服罪（罪状自認）を目指して詰問、時には拷問を用いて取調が進められたのに対して、後者の取調は供述者の申し立てを記録するに止まり、その目的は服罪を得ることではなかったと論じた［籾山二〇〇六、第三章］。また後者においては供述者が拘束されることはなく、供述聴取の場も郷をはじめとして様々であったが、刑罰に相当する要素が発見されたならば、その段階で案件は前者、すなわち断獄の手続きに委ねられ、被疑者は獄に収監され、獄吏による訊問を受けたと推測されている。すなわち「聴訟と断獄は截然と二分されているわけではなく、訴訟の進行に伴い連続し得る手続きであ」（一五六頁）り、断獄の手続きが開始すると、以後それは獄に場所を移したといえよう。

この指摘は獄における訊問と、それ以外の場所での供述聴取との間に明確な区分があったことを主張するもので、漢代訴訟制度の仕組みをより立体的、空間的に把握する試みであるといえる。同時にこれは、獄という場所がなぜかくも強烈に恐れられていたのか、その背後にある理由を制度面から裏づける指摘であるともいえる。漢代には、訴訟沙汰や供述聴取そのものが忌避されていたわけではない。居延・敦煌漢簡には債務・債権に絡んだ申し立てが数多く記録されており、むしろ健訟の気風すら感じさせる。何であろうと訴訟を回避しようとする心性が獄への恐れを生んでいたのではなく、獄の中で展開される、獄吏による強圧的な訊問が獄をとりわけ恐ろしい存在たらしめていたのであろう。

私見では、この獄における訊問の端緒となったのが、「劾」と呼ばれる手続きであった。「劾」は例えば以下のようなかたちで史書に現れる。

湯掘窟得盗鼠及餘肉、劾鼠掠治、傳爰書、訊鞫論報、幷取鼠與肉、具獄磔堂下。(『史記』酷吏列伝　張湯)

(張)湯窟を掘りて盗鼠及び余肉を得、鼠を劾して掠治し、爰書を伝え、訊鞫論報し、鼠と肉とを幷せ取り、獄を具して堂下に磔す。

これはいわゆる張湯の「鼠裁判」の一節で、ここでは「劾」という手続きが「掠治」「伝爰書」「訊鞫」「論報」と続く一連の流れの中の、最初に現れている。「奏讞書」にも冒頭に「劾」が現れ、その後に捜査・供述の記録が続く案件記録が見える。すなわち案件⑭(63~68簡)では県丞が獄史に罪があると、⑯(75~98簡)では郡守が県の捜査に不正があると「劾」した旨がまず記され、その後に供述記録が続いている。

同様に裁判記録の冒頭に現れ、捜査・取調の端緒となっている手続きに「告」がある。案件①(1~7簡)では、亭の役人である発弩嗇夫が一人の男子を連行し、彼が徴発を逃れようとしたと「告」しているし、④(28~35簡)では一般人が女子を連行し、その者が逃亡奴隷であると「告」している。「告」とはもちろん告訴・告発の謂であり、官による捜査の端緒としてまず挙ぐべきものである。亭の他、里の役人が告を行っている事例(案件㉒(197~228簡))も見えるが、一般人にもそれが許されている以上、告は主として民によってなされるものであったと推測できる。告訴・告発の内容は書き留められ、その内容に虚偽が含まれていた場合には「誣告」罪、あるいは「告不審」罪が適用された〔籾山二〇〇六、五八~六〇頁〕。

告と劾は「告劾」とも熟し、いずれも裁判の端緒となる手続きであった。だが「劾」をめぐっては、裁判関係の史料に頻見するにも拘わらず、論者によって定義が食い違い、かつ裁判全体の中でどのような意味を持ったのか、はっきりしない部分が残る。そこで本章では、まず第一節で「劾」の意味するところや機能を明らかにする。その結論をふまえて、第二節では「劾」が登場した時期について諸史料を検討する。以下で述べるとおり、「劾」

という手続きは前近代中国に特有の、官僚主導の裁判手続きと密接に結びついており、それが登場する時期を見極めておくことは、中国古代訴訟制度の展開をたどる上で一定の意義があると考えるからである。このことが、ここで「劾」を取り上げるもう一つの理由である。

一、「劾」の意味とその機能

「劾」は主に裁判用語として使用された文字であるが、意味するところは一様でなく、ほぼ二通りに大別できる。まずは「案罪」という訓詁がつけられる場合で、(1)「取調」という方向の意味を持つものである。「推劾」などといった熟語は「劾」字をこちらの意味で使用した例である。もう一つが「挙罪」「挙案」と解釈されるもので、例えば『急就篇』の「詐偽を誅罰し、罪人を劾す」に顔師古は「詐偽あれば則ち責治し、罪あれば則ち案を挙ぐ」(2)と注をつける。この場合の「劾」は「告発」の意であり、ここで議論の対象とするのは、この後者の意味を持つ「劾」である。

「劾」が告発するという意味を持っていたとすれば、それは一体如何なる形で行われる告発なのか。夙にその定義を試みたものとして沈家本『漢律摭遺』(巻一目録、囚律条)がある。沈家本はまず「告」と「劾」とが性格を異にすること、すなわち「告は下に属し、劾は上に属す」ことを指摘した上で、いくつかの字義を挙げてゆく。それは、

①上級が下級に対して用いる語（上対下之詞）。

②対等な両者が用いる語（両人相対之詞）

③「罪法の要辞」（『周礼』秋官郷士条注）

の三種であった。このうち①②の定義はあまりにも漠然としていて、かつ実例とも矛盾する。[3]従ってこの定義をそのまま受け容れることはできないものの、「劾」を告発の意とし、かつそれを「告」とはっきり区別した点は評価されよう。この沈説を継承した徐世虹は、沈家本が漠然と表現した「告」「劾」の適用対象に論及し、民が民を、民が官を、そして官が民を告発するのが「告」であり、官僚機構の内部で官が官を告発するのが「劾」であるとした［徐一九九六］。

近代の法制用語である「弾劾」が公務員に向けられたものであることも手伝ってか、「劾」とは官に在る者を対象とした行為であるという理解は他にも見られる。[4]だが鷹取祐司が強調するとおり、史書には民間人に対して劾がなされている事例も見える［鷹取二〇〇三］。例えば趙広漢失脚の発端となった事件。

初、廣漢客私酤酒長安市、丞相吏逐去。客疑男子蘇賢言之、以語廣漢。廣漢使長安丞按賢、尉史禹故劾賢爲騎士屯霸上、不詣屯所、乏軍興。（『漢書』趙広漢伝）

初め、広漢の客私かに長安市に酤酒するに、丞相の吏逐去す。客　男子蘇賢のこれを言うを疑い、以て広漢に語る。広漢長安丞をして賢を按ぜしめ、尉史の禹故らに賢を劾すらく、騎士たりて霸上に屯するに、屯所に詣らず、軍興を乏しうすと。

ここで長安県の尉史によって劾されている蘇賢は、「男子」とその身分が表現されているからには一般人であろう。[5]その他、成帝の時には長安の吏が長安中の「軽薄少年悪子」を劾している例が見える。[6]

その一方で、「劾」を行う主体は常に官であり、この点については管見の限り矛盾する実例が見あたらない。従って劾をひとまず「官による告発」としてよかろう。(7)(8)

官が行う告発である以上、その手続きに踏み切るには、ある程度信憑性のある根拠がなくてはならない。この点、劾に先んじて「案」が行われているという陳暁楓の指摘は傾聴に値する。陳によると「案」とは捜査を行って証拠をつかむことであり、その証拠によって犯罪者を咎め訴える行為が「挙」、そしてそれら一連の手続きが「劾」であるという［陳一九八九］。徐世虹も居延出土のいわゆる「劾状」を分析する中で、劾に先んじて被疑者の罪が「案」じられていることに着目し、劾とは「案」の結果を基礎として有罪と認定されることであるとした［徐一九九六］。

先に挙げた趙広漢の記事でも、劾に先だって県丞が「按」を行っている。こうした例は他にも見え、(9)陳・徐の指摘は典籍史料から十分な裏づけを得ることができる。史書には劾の前に「問状」が行われている例も見える。例えば成帝即位の初め、先代元帝の時に石顕の専横を見逃していたとして、丞相の匡衡が非難を浴びた。即位早々であるが故に、事を穏便に収めようとした成帝は御史中丞に「問状」させ、御史中丞は非難の急先鋒であった司隷校尉の王尊を不敬の咎で「劾奏」している。(10)この「問状」とは、関係者の供述聴取をも伴ったものであろう。

どれほどの根拠に基づいて劾に踏み切るのかは事例により異なる。犯罪の内容や被疑者の身元が明白なら、被疑者が逃亡中であっても劾がなされた。そのことは居延出土の「劾状」から知ることができる。一例を挙げておく。

建武六年三月庚子朔甲辰、不侵守候長業敢（EPT68：54）

言之。謹移劾状一編。敢言之。（同55）
迺今月三日壬寅、居延常安亭長王閎・子男同・攻虜亭長趙（同59）
常、及客民越閎・范翕一等、五人倶亡、皆共盗官兵、（同60）
臧千銭以上。帶大（61）
刀劔及鈹各一、又各持錐・小尺白刀・箴各一、蘭越甲渠當（同62）
曲燧塞従河水中天田出。○案、常等持禁物（63）
蘭越塞于邊關儌、逐捕未得、它案驗未竟。（64）

建武六年（三〇）三月庚子朔甲辰（五日）、不侵守候長の業が申し上げます。謹しんで劾状一編を送付します。以上申し上げます。

先だって今月三日の壬寅の日に、居延県常安亭長の王閎、その息子の同、攻虜亭長の趙常、及び客民の越閎・范翕一らは、五人で倶に逃亡し、いずれも共に官有の武器を盗み、不正に得られた財物の額は千銭以上となった。大刀剣、及び鈹各おの一つを帯び、さらにそれぞれの者が錐・小尺白刀・箴各おの一つを持って、甲渠候官当曲燧[11]附近の防壁、及び河の中から天田をみだりに越えて出ていった。○調査したところ、常らは禁制の物品を持ってみだりに辺境の関所や境界で防壁を乗り越えていった。捜索しているがまだ捕らえておらず、他の取調もまだ終わっていない。

この事件は亭長や客民など計五名が官有の兵器を奪って漠北に逃亡したというものである。彼らが持ち去った兵器の数やその足取りについて詳細が挙げられており、捜査がすでに進められて、犯罪事実自体はほぼ疑いなかったのであろうことが窺える。そこで、五人の身柄自体はまだ確保されていなかったにも拘わらず、「劾状」が作成されたのであろう。[12]

その一方で被疑者が高級官僚であるなど、その扱いに慎重を要す時には、「辞服―罪状の自認―」を得た上でようやく劾に踏み切ることもあった。[13]

本節の冒頭以降、告と劾とを類似する手続きとし、並列して論じてきた。確かに両者とも犯罪を告発する行為であり、かつその際に作成された記録は被疑者の罪状を記したものとして、その後の取調の拠り所となった。[14]「告劾」と熟すのも、そうした理由に因るものであろう。しかし仔細に検討すると、同じ「告発」であっても、劾は一定の証拠を得た上で官が行うものであり、単純に告と並列することはできない。告を承けて調査を進め、その上で改めて劾に踏み切るという、告と劾が連続する手続きとして現れる事例も、僅かであるが存在する。[15]劾という手続きは複雑な様相を持ち、その「告発」という側面に注目するなら一連の行為の始まりであるが、「案」「問状」を経た上で行われるものであるという面に注目するなら、それらの捜査・取調から得られた結論とも言え、犯罪が覚知されてから刑の確定に至るまでの、手続きの途中に差し挟まれるものでもあった。

それでは、「案」や「問状」の後にわざわざ「劾」が行われ、犯罪の内容をそこで明言しておく必要が生じるのはなぜであろうか。その答えは劾以降の展開を追うことによっておのずと明らかになろう。

まず劾がなされると、その事件の取り扱いがより適任の人物・機関へと移管される場合があった。それを端的に示すのが居延漢簡中に見られる「劾状」である。

すでに一例を挙げたとおり、劾状とは官吏が劾を行った際に作成した文書である。劾状は複数の文書から構成されており、その元来の姿を復原しようとする試みがすでにいくつかなされている［鷹取一九九六、佐原一九九七］が、ここで詳しくは紹介しない。劾状が出土したのは居延のA8遺址、つまり漢代の甲渠候官で、従って劾を行っているのは甲渠候官配下の令史、候長といった下級官吏たちである。彼らの作成した劾状は二つの部分から成り、一つは直属の甲渠候官に犯罪行為を告発する文書、もう一つは居延県獄に提出された文書である。先ほど挙げた、亭長王閎らの一件を劾しているのは不侵守候長の業という人物だが、同じく業を発信者とする、同じ日付の文書には、

建武六年三月庚子朔甲辰、不侵守候長業劾移（EPT68：57）

居延獄、以律令從事。（同58）

三月己酉、甲渠守候　移移居延、寫移如律令。／掾譚、令史嘉（同56）[16]

建武六年三月庚子朔甲辰（五日）、不侵守候長の業が劾して居延県獄に送付する。律令に則って職務に当たられよ。

三月己酉（一〇日）、甲渠守候が居延に送付する。写しを取って送付すること律令のとおりにされよ。／掾の譚、令史の嘉。

とある。ここで業の告発は甲渠候官を経由して居延県獄に送られている。この場合は被告不在のままでの劾であったが、被告の身柄が拘束されているならば、例えば、

建武五年十二月辛未朔戊子令史　劾將褒（EPT68：81）

詣居延獄以律令從事（同82）

建武五年（二九）十二月辛未朔戊子（一八日）、令史が劾して褒を連れて居延県獄に出頭する。律令に則って職務に当たられよ。

という文書が送られている。名前の書かれていない令史は甲渠候官斗食令史の周某であり（EPT68：93、94）、

規則に反して部下を駅馬に乗せ伝令に遣わした城北候長王褒を劾している。ここでは王褒の身柄が居延獄に連行された。つまりこれらの劾状に拠るならば、劾によって生じる手続きは被疑者の県獄への移送であり[17]、被疑者が捕らえられていない場合には県が主導する捜査開始の要請、となろう。

ここで事件が県に委ねられている理由を、佐原康夫は県獄の機能に求める。すなわち県獄は獄舎と取調の専門家がそろった最寄りの機関であり、そうした機能を持つが故に被疑者の身柄は県獄に移送された、と［佐原一九九七、二九頁］。移送が行われた背景については、居延地域の行政系統・管轄、及びその中で一つの機関が握る裁量権の範囲、といった制度的な要請からその必然性を捉えようとする試みもある［角谷一九九三］が、それら諸制度の実際が現存の史料から十分に解明できていない現段階では、佐原の所論に従うのが妥当であろう。

思うに、様々な官吏が、様々な契機により犯罪が行われたことを察知するであろうが、その官吏自身、あるいはその者が属す機関がその後の取調も担当できる、すなわちその能力・職権を備えているとは限らない。告によって犯罪の事実を知った場合でも―告は最初から然るべき官吏・機関に対してなされるであろうから、その確率は低いが―同様の可能性がある。そうした際には改めて劾がなされ、罪状を明示した上で、然るべき官吏や機関にその後の手続きが委ねられたのであろう[18]。史書においても劾を行っている官吏は様々だが、殊に高位者を裁く場合には、その後の手続きが往々にして廷尉に移管されている[19]。廷尉に送られた者は獄に拘束されて厳しい取調をうけ、そこで罪状や適用すべき法律が決定された。

このように劾以降の展開を分析してみると、あたかも劾以前と以後とで手続きが截然と分かれ、それぞれが別の機関によって担当されていたかの如き印象すら受ける。陳暁楓は劾以前を捜査段階、以後を審判段階とした上で、両者は異なる機関によって担われるとし、漢代の中国においてすでに行政と司法は分離していたと論じている［陳暁楓一九八九］。しかし劾の前後の手続きが一貫して郡太守府で扱われている事例もあり[20]、劾によって生じる案件の移管を機関ごとの職掌分担によって説明してしまうのは難しい。従って私見としてはむしろ、この現象は「獄への移管」として捉えるべきであると考える。
劾がなされると被「劾」者の身柄は獄に拘束される。史書に残る裁判記録には高位者を裁いたものが圧倒的に多く、通常の手続きを探るのに有効な史料はさほど多くない。だがそれでも劾に続くのが身柄の拘束であり、獄での厳しい取調であったことは窺い知れる。象徴的な例を一つ挙げるなら、武帝の時、広川王劉斉が中尉の蔡彭祖を告発するが、誣告と判明して逆に劾された。その経緯を『漢書』はこう記す。

有司案験、不如王言、劾齊誣罔、大不敬、請繫治。（『漢書』景十三王伝）

有司案験するに、王の言の如くならず。（劉）斉の誣罔し、大不敬なるを劾し、繫治せんことを請う。

高位者の事例であるが、この場合でも劾に続いて繫治―身柄を拘束しての取調―がなされるべきであったことを窺わせる。史書に「劾繫」と熟す用例が散見するのも、劾と身柄拘束の連関を裏づけよう。(21)
出土文字史料に目を転ずると、江蘇省連雲港市の尹湾漢墓から出土した簡牘の中には「東海郡下轄長吏不在署・未到官者名籍」（YM6D5）と名づけられた名簿が含まれる。これは東海郡配下の長吏のうち、勤務しているべき役所に現時点においていない者を理由別にまとめたものである。不在の理由には七種あり、まず「輸銭都内―都内への銭輸送―」、罪人の輸送、計簿の上呈といった「繇―出張業務―」、「告―病気による休暇―」、「寧―親族の死亡による忌引き―」、「死・免―死亡と罷免―」、「未到官―いまだ着任せず―」、そして最後が「有劾―劾をうけている―」である。

曲陽長陳宮有劾　　曲陽県の長、陳宮は劾をうけている。

陰平尉毛雲有劾　　陰平侯国の尉、毛雲は劾をうけている。
●右二人有劾　　●右二人は劾をうけている。

劾をうけた官吏が不在者リストに載るのは、その者が任地を離れて別の場所にいること、つまりおそらくは獄に身柄を拘束されて取調べられていることを窺わせる。居延漢簡からも同様のことがいえる。

吏員百八人　　其二人候尉不食　百四見
　　　　　　　二人有劾畝　　〼
　　　　　　　　　　　　　　　　　　（271・22）

吏の定員は百八名。そのうち二人は候と尉で食糧支給を受けていない。二人は劾をうけて拘束されている。差引き百四人が現員数。…

これは甲渠候官において穀物支給を受けるべき吏の現員数をはじきだした記録だが、そのうち二名が「有劾」であるために数に入れられていない。彼らが支給対象から除外されたのは、劾をうけて獄に拘束されているためであった[22]。

こうして見ると、劾以前に「問状」などが行われたとしても、それは被疑者を獄に拘束した上での取調ではなく、劾を契機にしてそれが始まる—より正確には、そうした取調の必要性を宣言するのが劾の持つ意味である—ように思われる。獄を持たない機関、あるいは獄には属さぬ役人の捜査・取調が、劾を契機として、つまり有罪であると官により明言されることによって、獄吏による本格的な捜査や取調—宮宅一九九八で整理した、文書主義に貫かれたそれ—に引き継がれるのではないか。たとえ当該機関に獄があっても、被疑者の身分によってはそこでは裁けない場合もあろうから、その場合は事件を他の機関に委ねる必要も結果として生じてくるのであろう。

以上、確言できる点を整理するなら、効とは捜査や取調をふまえて官が告発する―罰すべき犯罪が確かに行われたことを宣言し、その概要を示す―行為であり、これを承けて本格的な取調―獄に身柄を拘束した上で、詰問を繰り返す―が、その能力・職権を有する機関の下で開始するのである。

それならば、こうした制度は一体何時から行われるようになったのだろうか。節を改めて効の歴史を追ってみよう。

二、「効」の歴史

白川静は効を漢代の用語とする〔白川一九九四〕ものの、その用例は少なくとも戦国秦に遡る。まず睡虎地秦簡「効律」に以下の条文がある。

尉計及尉官吏節（即）有効、其令・丞坐之、如它官然。（効律54）

（県）尉の会計係及び官吏がもし効されたならば、その令・丞がそれに連座すること、他の官と同様である。

司馬令史掾[23]（録）苑計、計有効、司馬令史坐之、如令史坐官計効然。（同55）

司馬令史が「苑」の計簿を吟味し、その計簿のことで効があったならば、司馬令史がそれに連座すること、令史が「官」の計簿のことで効されたのに連座するのと同様である。

「効律」は始皇帝の諱「政」を避けない条文を含むことから、始皇帝即位以前に書写されたと推測されており、その時点で「効」字が法制用語として使用されていたことが見て取れる。その意味するところもおそらく「告発」という方向であろうが、前節で定義した使用法と厳密に同一であるかどうかは分からない。同じ睡虎地秦簡でも、始皇二十年に発布された通達である「語書」になると、

今且令人案行之、擧劾不從令者、致以律、論及令・丞。（7～8）

いま人に命じて巡回させ、令に従わぬ者を「挙劾」して、律を適用し、令・丞にまでも量刑を加える。

という具合に「挙劾」と熟して現れ、漢と同じ用法かと推察できる。また、統一秦に書写されたと推測されているものの、睡虎地秦律と内容において共通する龍崗秦簡には、

吏弗劾論、皆與同罪。〼（45）

吏が〔罪を見逃して〕劾・論しなかったならば、〔見逃した罪と〕同罪とする。

という条文が見える。この劾は「論―量刑―」と並列されていることからして明らかに裁判用語であり(24)、かつ条文の内容は漢代の「不挙劾」(25)罪を彷彿とさせる。典籍史料では『管子』君臣篇上に、

吏嗇夫盡有訾程事律、論法辟衡權斗斛、文劾不以私論。

吏嗇夫は尽く訾程事律を有し、法辟衡権斗斛を論じ、文劾するに私を以て論ぜず。

として初見する。ここでも劾は法制用語として使用されているとおぼしい。ただし君臣上下篇は、金谷治によると戦国最末期から秦漢の際に下るものとされる〔金谷一九八七、一一三～一一六頁〕。

以上の史料に拠るなら、「劾」字の用法は確かに漢代に限定されないものの、戦国末期より遡るものではない

ことになろう。しかしこれらよりもはるかに古い史料の中に「劾」の祖形が見出せるとする論者もいる。問題とされるのは西周金文中の裁判史料である。例えば一九七五年に陝西省岐山県董家村から出土した㑷匜。以下に原文と訓読を示す。

隹三月既死霸甲申、王才莽上宮。白揚父廼成賚曰、「牧牛、𠭰乃可湛。女敢以乃師訟。女上卭先誓。今女亦既又卭誓、専趦嗇覯𠐊寽亦兹五父。亦既卭乃誓。女亦既従辭従誓、弋可。我義俊女千、𪏅𪏅女。今我赦女、義俊女千、黜𪏅女。今大赦女、俊女五百、罰女三百寽。」白揚父廼或吏牧牛誓曰、「自今余敢𡏳乃小大事。」「乃師或以女告、則到、乃俊千、𪏅𪏅。」牧牛則誓、乃以告吏𠭰吏𣏟于会。牧牛辭誓成、罰金。㑷用作旅盉。

これ三月既死覇甲申、王は莽の上宮に在り。伯揚父すなわち賚を成して曰く、「牧牛、ああすなわち湛《た》うべし。汝敢えて乃の師を以て訟せり。汝は先の誓を上卭せり。今汝亦た既に誓に卭《たが》うありて、専趦嗇覯𠐊寽亦兹五父—不明—。亦た既に乃の誓に卭う。汝も亦た既に辭に従い誓に従い、弋《かなら》ず可なり。我は義く汝を俊うつこと千、汝を𪏅𪏅す。今我汝を赦し、義く汝を俊うつこと千、汝を黜𪏅す。今大いに汝を赦し、汝を俊《むち》うつこと五百、汝に罰すること三百寽。」と。伯揚父すなわち牧牛をして誓わ使めることありて曰く、「自今余敢えて乃の小大事をみださんや。」「乃の師汝を以て告ぐることありて、則ち到れば、乃の俊は千、𪏅𪏅せん。」牧牛すなわち誓い、すなわち以て吏の𠭰吏の𣏟に会に告ぐ。牧牛の辞と誓成り、金を罰せり。㑷は用って旅盉を作らん。

釈字、釈読は基本的に伊藤一九八七に拠った。文意は難解を極めるが、牧牛とその上司である㑷との間にもちあがった訴訟事件を伯揚父なる人物が裁いたものである。「白揚父すなわち賚を成して曰く」以下には牧牛が上司との間に訴訟を起こし、その間、二度にわたって誓約を破ったこと、その罰として笞うち（俊）千回と重い墨刑（𪏅𪏅）を科すべきだが、減刑して笞うち千回と軽い墨刑（黜𪏅）に、さらに減刑して笞うち五百回と罰金三百寽に処すべきことが述べられる。それに続いて牧牛の誓言が記されている。

　ここで伯揚父の裁定が「貣を成して曰く」から書き起こされているが、「貣」字は訴訟に関連する用語として師旂鼎にも見える。

　唯三月丁卯、師旂衆僕不從王征于方䨷。卑厥友弘以告伯懋父。才葬。伯懋父迺罰、得⿱罒玆古三百寽。今弗克厥罰。懋父令曰、義敉。䢅、厥不從厥右征今毋敉。⿰其凡又内于師旅。弘以告中史書。旂對厥貣于障彝。

　これ三月丁卯、師旂の衆僕　王が方の雷を征するに従わず。その友弘をして以て伯懋父に告げしむ。葬に在り。伯懋父迺ち罰し、⿱罒玆古三百寽を得しむ。今その罰をよくせず。懋父令して曰く、「義しく敉すべし。ああ、それその征を右くるに従わざるは今敉すなし。それ師旂に内れることあれ。」と。弘以て中史書に告ぐ。旂その貣を障彝に対す。

これは従軍しなかった「衆僕」を伯懋父に訴え出た際の経緯を記したもので、伯懋父の裁定が示されたうえで、「その貣を青銅器に刻んだ」と締めくくられる。ここでも伯懋父の裁定が「貣」と表現されている。

　この「貣」字は『説文解字』四篇下に「䢅、深堅の意なり。𡕒に从い貝に从う。貝は堅実なり。読むこと概のごとし」とあり、その音は「概」で、「厚意」という方向の意味を持つ。于省吾はこれに従って師旂鼎の該当部分を「伯懋父の厚意を青銅器に刻んだ」と解釈している（『双剣誃吉金文選』上二の六、「師旅鼎銘」）。だが衆僕の罰金を免除する裁定が師旂への「厚意」であるとは見なしにくく、かつこの字義では僦匜の用例を説明できない。そこで「貣」を何らかの仮借とし、説文に見える「概」との音通を手がかりにして他字に読み替え、意味を定めようとする試みも現れた。それらのうち、僦匜の発掘報告、およびそれと同時に発表された唐蘭の解説［唐蘭一九七六］は、音通から貣＝劾とし、その意味するところは「判詞」であり、漢代の用法にも通じるとされた。我が国では伊藤道治がこの見解に従っている〔伊藤一九八七、二八六頁〕。この所説に従うなら、「刻」の祖形は西周時代にまで遡ることになる。

だが直ちにそれを受け容れることはできない。「賓」の意味するところ──「判決」「裁定」──が前節で定義した漢代における「刻」の用法とかけ離れているからである。あるいは法制用語としての「賓」の字義が西周以降変化したとも見なしうるが、そもそも「賓」を「刻」と釈すること自体に疑念がさし挟まれている。白川静はもと「賓」字が文脈からして「質要」「問責」の字義を持つはずであることをまず指摘し、それに対して「刻」はもと「㲋改」、つまり辟邪の意であるから、字義において「賓」を「刻」に読み替えることは無理であるとし、「賓」を「質」の初文と見なすのがよいと結論する〔白川一九六六、七六一～七六二頁〕。この場合の「質」とは『周礼』司市等にみえる「質剤」、すなわち「割符」乃至は「契約書」と釈すべきもので、そこに白川は「裁定」という字義を認めるわけである。この解釈は文脈にも適合したものであり、従うべきである。とするならば、刻が法制用語として登場するのはやはり戦国末期以降ということになる。

西周金文に記された裁判記事を分析した伊藤道治によると、当時の裁判は以下のような形式をとった〔伊藤一九八七、三二五頁〕。

(一) 日時・場所
(二) 告訴即ち原告・被告及び裁判官が誰であるかの記録
(三) 告訴の内容
(四) 審理の経過と判決、及びそれに対する被告の誼辞

(五) 王官への報告

(六) 刑或いは賠償の実施

こうした裁判、さらには『春秋左氏伝』にみえる春秋時代の裁判の一つの特色は、それらすべてが当事者の訴えに対して上位者が裁定を下すという形式をとっており、裁きの発端となるのが常に当事者の告訴であった点にある。これらの事例に登場するのはすべて貴族層ばかりではあるが、かれらは氏族集団を形成し、その中で武器・兵員を個別に所有しており、紛争を解決するためにはそうした武力を独自に行使することも辞さなかった。当時の法構造はこうした実力行使を排除するものではなく、むしろ秩序回復のための正当な手段として許容するものであった。かかる法構造の下では、上位者の裁定を求めることは紛争解決のための一選択肢に過ぎず、私闘の延長線上にあったものとされる［籾山一九八七］。西周・春秋期の裁判がこうした性格を持つものであるなら、それが当事者の告訴によってのみ開始する―つまり裁定者が常に受動的な立場にある―のも当然である。

無論多くの一般庶民はこれとは異なる状況に置かれ、より強圧的な支配が加えられていたとも考えられる。ただし彼らは国君のみならず貴族層にも分有されるかたちで存在していたであろうし、ある程度の自律的秩序を備えた氏族集団を独自に形成してもいただろう。その中に国君の規定した法規やそれに基づいた「裁判権」が果たしてどれほど浸透していたのか、過大に評価することはできない。降って戦国秦に到っても、家長を頂点とする家族内秩序が法律においても尊重されていたことが知られている(26)。

比較の対象として西方に目を向けるなら、古ゲルマン民族は共通の出自に基づく共同体、ジッペに編成されていたが、そこに見られる司法機関は民会でなければジッペ間の私闘の和解を図る仲裁裁判所であったという(27)。そこでの手続き開始のあり方を端的に示す「原告なければ裁判官なし」という言葉をここで想起してもよかろう。

やがて戦国時代以降の国君権力の強化、成文法典の形成、統治機構の組織化を経て、国法を基盤とし、全国民の「管理」を—少なくとも理念上は—目的とした、官吏をその担い手とする裁判が成立する。官吏による有罪推定の宣言である「劾」は、こうした裁判が成立し、自律的秩序を持った既存の共同体の内部に、公権力が能動的に切り込んでゆくことによって初めて生ずるものである。劾以降の手続き—獄に身柄を拘束した上での、職権に基づく捜査・取調—も、上記の諸条件が整備されてはじめて実行可能となる。「劾」字が戦国末期、とりわけ秦律の中に初見されるのも、決して偶然のことではあるまい。

おわりに

裁判の本質的属性は拘束力のある第三者の裁定に存する。この「第三者」が誰なのか、なぜその者が裁定者たり得るのか、なぜその裁定が拘束力を持つのか、といった点に幅を持たせるなら、社会の様々な次元で、様々な権威に依拠した、様々なかたちの「裁判」が存在することになる。

西周時代の裁判制度に関する諸先学の業績に依拠するなら、当時の裁判には後代に見られないいくつかの特色がある。まず西周時代には裁判を審理するために置かれた特定の官職、裁判担当をその権限とする官僚は存在しなかった。金文の裁判記事において裁定者となっている者は、周王の場合もあるが、そうでない場合もあり、それ相応の高位者が随時任命されている。この場合裁定者が裁定者たり得る所以は、本人の地位や資質にも支えられており、何らかの明確な職権のみに由来するものではない。

さらに被告が裁定を受け容れるに際しては詛辞がかわされた。神判とまではゆかないものの、裁定に拘束力を持たせる要素として呪術的な強制力が一定の役割を果たしていたことが見て取れる。

こうした呪術力が、供述が真実であることを保証するために機能する場合もある。一九八七年に湖北省荊門市南境の楚墓から出土した包山楚簡は全部で二七八簡あり、祭祀関係記録の他、司法関係の文書とおぼしいものが含まれる。墓主の名は卲㐌で、楚の左尹の地位にあり、従って墓葬も相応の規模を持つ。文書の作成年代は紀元前四世紀後半に比定されている。『文物』一九八八年第五期に概述が発表され、一九九一年に正式報告書も刊行された（『包山楚墓（上・下）』（文物出版社））。この司法関係文書のうち、《疋獄》に分類される箇所に関係者の証言を記した部分があり、そこでは「既に盟い、皆言いて曰く…」として供述が始まっている(28)。

このような裁判と秦漢時代の裁判との間には大きな相違がある。宮宅一九九八でも述べたとおり、秦漢の裁判では、供述の真実性は複数の供述書を突き合わせ、その間の矛盾を解消すべく詰問を重ねてゆくことによって保証される。かつこの手続きを担当するのは一介の小吏であり、相当の高位者までもがその前に跪くことになる。こうした秦漢時代の裁判が成立するためには幾つかの諸条件が整わなければならない。

まずは呪術的要素の拂拭とそれに代わる新たな強制力の設定が必要となる。新たに強制力となったのは、一口にいえば国君の権威、さらにはその権威の淵源ともなる暴力装置の存在―違反に対して制裁が準備され、制裁を実行するための装置が整備されている事実―である。かつこうした強制力がただ存在するのみでは不十分であり、呪術的強制力に劣らぬほど普遍的に、社会の広範な層に浸透していなくてはならない。

そして何よりも全体として一定の秩序を持つ・明確な権限が付与された官僚群の創出が不可欠の要件となる。彼らが国君による任命を経てその地位にあり、職権に基づいて裁定を下すという事実、そして彼らの踏む手続きが国法に則っていることが彼らの裁定の有効性、拘束力を担保することにもなる。

さらにこうした裁判制度を受け容れる側にも一定の変革が必要となる。西周・春秋期は氏族制的秩序が社会の中で重要な機能を果たしていた時代である。当時にあっては「氏」と呼ばれる血縁集団が強固な結束力を持って存在し、その内部では集団独自の規律・秩序が維持されていたと考えられている。かかる人間集団がある程度その紐帯を弱め、より小規模に分散し、国君の専制支配の下に編成されていなければ、官僚による裁判も有効には機能し得ない。

折しも戦国時代は国君専権とその手足となるべき官僚群の整備が進行した時代であり、同時に氏族制が解体し、小農民が析出された時代でもあるとされる。官僚を主たる担い手とする秦漢時代の裁判はこうした戦国期の諸変革を経て誕生したものであり、その意味で裁判の歴史とは、国君を頂点に戴く官僚機構が他の勢力を圧倒して社会に浸透してゆく過程であるともいえる。本章で扱った「劾」なる手続きの登場は、こうした諸条件が整ったことを告げるものである。

注

(1)『後漢書』伝四三周黄徐姜申屠伝注に「案罪曰劾」とある。『唐律疏義』名例三七には「劾者、推鞫之別名」とあり、ここでは「劾」が「取り調べる」という意味で主に用いられるようになっていることが分かる。

(2)『急就篇』の原文は以下のとおり。「誅罰詐偽劾罪人。(注、誅、責也。罰、治也。劾、擧案之也。詐偽則責治、有罪則擧案。)」

(3) この点については陳暁楓一九八九が実例を挙げて反駁を加えている。

(4) 例えば佐原一九九七は居延漢簡中にみえる「劾状」を論ずる中で、「「劾状」とは、官吏が官吏を告発する弾劾という手続きにおいて、最初に作成される書類である。」(八頁)と定義している。さらに劾状中に民間人の罪(境界線の侵犯)を告発するものがあることについて、「軍事境界線は軍隊の管轄で、その警備の規定は軍令に属するため、まずは弾劾という手続き

で書類が作られたのかもしれない。」（二〇頁）と述べるなど、「劾」＝官吏に対する手続き、というスタンスで一貫している
(5) 西嶋一九六一、第二章　民爵賜与の方法とその対象、第三節　民爵賜与の対象、三「男子」の語義、は身分呼称としての「男子」に検討を加え、この語は「官職を持たない布衣の男性」を意味するが、その中には「すでに民爵を賜与されているもの」も含まれるとした（二六二頁）。
(6)（尹）賞至、修治長安獄、…乃部戸曹掾史、與郷吏・亭長・里正・父老・伍人、雜擧長安中輕薄少年惡子、無市籍商販作務、而鮮衣凶服被鎧扞持刀兵者、悉籍記之、得數百人。賞一朝會長安吏、車數百兩、分行收捕、皆劾以爲通行飲食羣盜。（『漢書』酷吏伝尹賞）
(7) 宮宅一九九六でも、「劾」を「官による告発」と簡単に定義しておいた（五頁）が、その詳しい論拠は示さなかった。
(8) 鷹取二〇〇三も劾の対象に民間人が含まれることを指摘し、その上でこれを「刑事告発」、すなわち「犯罪行為を県・県獄に対して告発し、刑罰に当てるための刑事裁判を開始させる手続き」（七四頁）と定義する。この結論自体に異存はないが、ただし鷹取の言う「刑事裁判」とは、本論で紹介した籾山明の示す区分に則ったものではなく、その定義が明確でない。また「刑事裁判」と獄という場所との関連性への注目も稀薄である。以下、旧稿［宮宅二〇〇一］に従って、劾という手続きが訴訟手続き全体の中で果たす機能、及びその意味について、検討を進めることとする。
(9) 例えば厳延年伝に見える以下の記事。

…還為涿郡太守。時郡比得不能太守、涿人畢野白等由是廢亂。大姓西高氏・東高氏、自郡吏以下皆畏避之、莫敢與啎、咸曰「寧負二千石、無負豪大家」。賓客放爲盜賊、發、輒入高氏、吏不敢追。浸浸日多、道路張弓拔刃、然後敢行、其亂如此。延年至、遣掾蠡吾趙繡桉高氏得其死罪。繡見延年新將、心内懼、即爲兩劾、欲先白其輕者、觀延年意怒、乃出其重劾。延年已知其如此矣。趙掾至、果白其輕者、延年索懷中、得重劾、即收送獄。夜入、晨將至市論殺之、先所桉者死、吏皆股弁。（『漢書』酷吏伝厳延年）

涿郡太守となった延年は掾の趙繡に郡中の大姓である高氏の罪を「桉」ぜしめた。趙繡は高氏の死罪を得たが、その威勢をはばかって軽重二通りの「劾」を作り、軽罪を劾した方を先に見せ、延年が怒れば「重劾」を示そうとしている。
(10) 於是（匡）衡慚懼、免冠謝罪、上丞相・侯印綬。天子以新即位、重傷大臣、乃下御史中丞問状。劾奏（王）尊「妄詆欺非謗赦前事、猥歴奏大臣、無正法、飾成小過、以塗汙宰相、摧辱公卿、輕薄國家、奉使不敬。」有詔左遷尊爲高陵令、數月、

以病免。（『漢書』王尊伝）

(11) 当曲燧は甲渠候官不侵部に属す燧である（EPT51：188）。不侵部は河南道上塞に属し、A14遺跡が当曲燧に当たるとも推測されている［李振宏二〇〇三、一六四頁］。位置関係からして、常らは南から当曲燧のあたりで河南道上塞の防衛線を越え、さらに北に向かって河を渡り、河北塞の天田を越えて長城の北に逃れたものと考えられる。この理解に従って簡文を翻訳した。

(12) 容疑者不在のまま劾が行われた事例は史書にも見える。例えば秦の二世皇帝の時、咸陽令が「不知何人」を劾している（『史記』李斯列伝）。

(13) 哀帝の時、丞相朱博と御史大夫趙玄は傅喜らの爵土を召し上げるように上奏する。太后がかねてより傅喜を怨んでいたことを知る哀帝は、その上奏が太后の意を承けたものであることを疑い、趙玄を尚書に出頭させて「問状」する。趙玄が「辞服」したため、哀帝は左将軍彭宣らに「雑問」を命じ、宣らは朱博・趙玄らを劾して廷尉詔獄に出頭させるように求めている（『漢書』朱博伝）。

(14) 二年律令の以下の条文は、告・劾の内容に沿って取調が進められ、それ以外の罪を詮索することがむしろ禁じられていたことを知らしめる。

治獄者、各以其告劾治之。敢放訊杜雅、求其它罪、及人毋告劾而擅覆治之、皆以鞫獄故不直論。（113）

取調に当たる者は、それぞれ告・劾の内容に沿って取調を行う。恣意的に訊問して条文を歪曲し、告発された以外の罪を求めたとき、およびその人に対する告劾がないのに、勝手に覆治したときは、すべて「鞫獄故不直」の罪で論断する。

(15) 例えば哀帝時に起こった師丹策免の一件。師丹の罪が「告」されると、皇帝は将軍・中朝臣に諮問した上で事件を廷尉に下げ渡し、廷尉は大不敬の咎で師丹を「劾」した（『漢書』師丹伝）。

(16) 図版を見る限り「移」字は明らかに繰り返し書かれており、重文符号が用いられていないのは通例に反する。守候の名前が書き込まれていないことが示すとおり、これら文書は明らかに原文書の控えであり、「移」の繰り返しはおそらく誤写であろう。

(17) ただし士吏馮匡への劾状（建武五年五月付、EPT68：1～12）は例外に属す。これは甲渠第十部士吏の馮匡を「軟弱にして吏職に任ぜず」とし、「令を以て斥免」しようとする劾状であるが、馮匡の身柄移送については言及がなく、ただ「劾移居延獄」と記されるのみである。一連の簡には馮匡が逃亡中であることを示す記述（「逐捕未得」など）は見えず、なぜ劾状の送付だけで済まされているのか、理由が定かでない。そもそも官吏の斥免に居延獄における取調は必要とされないはずであり、事実馮匡は建武五年の四月時点ですでに斥免されている（EPT22：250～253）。馮匡は単に斥免されるだけでなく、何らかの刑に科せられるべき罪を犯しており、それに関する記述がこれらの簡から欠落しているのかもしれない。この劾状の扱いについては後考を俟つこととしたい。

(18)　沈家本による劾字の定義のうち、第三「罪法の要辞」とは、『周礼』秋官郷士条につけられた鄭玄注に見える劾字の解釈である。この解釈は本文に述べた内容の傍証となるので、改めて『周礼』の該当箇所を引用しておく。

　郷士掌國中。各掌其郷之民數而糾戒之。聽其獄訟、察其辭。辯其獄訟、異其死刑之罪而要之。旬而職聽于朝（辯・異、謂殊其文書也。要之、爲其罪法之要辭如今劾矣。十日、乃以職事治之於外朝、容其自反覆）。司寇聽之、斷其獄、弊其訟于朝。

　郷士は国中を掌る。各々その郷の民数を掌りてこれを糾戒す。その獄訟を聴き、その辞を察す。その獄訟を辨じ、その死刑の罪を異にしてこれを要し、旬にして職もて朝に聴く（鄭玄注、辨・異はその文書を殊にするを謂うなり。「これを要し」とは、その罪法の要辞をつくること、今の劾の如きなり。十日にして、乃ち職事を以てこれを外朝に治め、その自ら反覆するを容す）。司寇これを聴き、朝にその獄を断じその訟を弊す。

郷士は管轄する郷内の獄訟を聴く。しかし彼らはそれを専断するのではなく、死刑に当たるような罪についてはこれを別にして「要」し、十日後に司寇の外朝であらためてこれを聴き、司寇がそこで判断を下すことになっている。この「要」するという行為を、漢人である鄭玄は漢制にひきつけて解釈し、「概要をつくることで、今の劾のようなものだ」としている。実際の周制としてこうした制度があった否かはさておき、ここで肝要なのは、取調べた結果を郷士がまとめて司寇に提出し、判断を委ねる手続き、より正確にはその際に作成された書類を、「今の劾のようなものだ」と鄭玄が理解している点である。犯罪の内容を明記し、処罰に向けて本格的な捜査・取調を要請する行為、これが劾であるという本文の推測は、『周礼』を解釈するために鄭玄が持ち出した漢制からも傍証を得ることができる。

(19)　趙広漢は丞相司直に劾され、廷尉の獄に下される。そこで「賊殺不辜」「鞫獄故不以実」「乏軍興」などの罪に問われ、腰斬された（『漢書』趙広漢伝）。朱博は中朝者等に雑問された後、劾され、最終的に廷尉詔獄に出頭を命じられるが、自殺する（『漢書』朱博伝）。宣帝時に司隷校尉となった蓋寛饒は、「刺挙廻避するところなく、小大輒ち挙げ、劾奏するところ衆多」であったというが、劾奏した後の手続きには関与しなかった。その手続きは廷尉に委ねられ、彼らはその法を処するにあたって、半ばは用い、半ばは用いなかったという（『漢書』蓋寛饒伝）。最後の例からは監察を職掌とする司隷校尉が劾までを行い、その後の手続きは廷尉、という職務分担が看取できる。

(20) 注（9）所引の厳延年伝。

(21) 「劾繫」は『史記』呉王濞列伝、魏其武安侯列伝、『漢書』景十三王伝等に見える

(22) ただし高位者はたとえ劾されても、皇帝の許可がなければ拘束されることはなく、宮門への出入が禁止されるのみであった（『漢書』酷吏伝厳延年伝注「張晏曰、故事有所劾奏、並移宮門、禁止不得入」。宮宅一九九六、五〜六頁、及びその注（12）参照）。しかし皇帝の恩寵がなければ身柄を拘束されたであろうことは、劾から身柄拘束に進むという流れを逆に窺わせる。

(23) 「掾」を『睡虎地』は官職名とするが、それでは通じない。ここでは「掾」を「録」の通仮字と見、ひとまず「司る」と訳した。「掾」字を「吟味する」という方向で解すべき用例としては「●淮陽守行縣掾新郪獄」（『奏讞書』案例⑯、75簡）も挙げられる。

(24) 「劾論」の語は二年律令にも見える。

□籍□不相（?）復者、輒劾論之。……（後略）……（334）

(25) 例えば宣帝の時、守丞相長史であった黄霸は夏侯勝が詔書を非議しているのを知りながら、その罪を見逃したため、かえって「阿従不擧劾」の罪に問われている（『漢書』循吏伝黄霸）。

(26) 例えば父が実の子供の財物を奪うことは「盗」とはされなかった（法律答問19）。家主が子供や臣妾を擅殺・刑・髡しても、子供や臣妾がこれを告発してはならなかった。そうした告発は「非公室告」とされ、官によって受理されない（同104〜105）。

(27) ミッタイス・リーベリッヒ一九七一、六五頁以降。

(28) 『包山楚墓（上）』三五八から九頁、簡番号一三一から一三九。『包山楚墓』釈文が示す当該部分の竹簡配列には無理があり、陳偉一九九四が同時に参照さるべきである。供述と誓盟の関連については陳偉一九九六、一四二頁から一四四頁に整理がある。

附論　漢初の二十等爵制——制度史的考証——

はじめに——爵と刑罰をめぐる研究史——

一定の爵位を帯びる者は刑罰適用において特別な扱いを受けた。具体的には肉刑の適用から除外され、その肉刑と強い結びつきを持つ城旦舂刑にも当てられなかったことは、第三章で詳述したとおりである。

爵が持つ刑罰減免の機能は、西嶋定生がその爵制論〔西嶋一九六一〕の中で論じたのを一つの契機として、我が国では独特の文脈から論じられてきた。その研究史をまず振り返っておくなら、西嶋は爵が刑を減免するという現象を『礼記』曲礼上の「礼は庶人に下らず、刑は大夫に上らず」という理念から説明しようとする。ここに見える「大夫」とは、卿・士といった称謂とともに爵の観念にも包摂され、従って「大夫」とは為政者を指すと同時に有爵者のことでもある。一方の「庶人」が被治者であり、無爵者であるならば、「刑は大夫に上らず」とは、有爵者には刑という秩序規範が適用されないことを意味する。爵という観念は礼とは結合するものの、刑とは結びつかず、むしろ排除しあう性格を持ち、そうした爵の本質的な性格から有爵者には刑罰減免が許される、というのが西嶋の見解である。

だが爵が刑罰を減免するならば、漢代に入って頻繁に行われた民爵の賜与は、刑罰の持つ抑止力を減少させたのではないかという疑念も生じる。それに対し西嶋は、爵が里中の秩序と密接に結びついていたことを指摘して答とする。爵の賜与に附随して牛酒が百戸ごとに分配され、集まって飲酒することが許されているのは、受爵に際し共同飲酒儀礼が里で行われるのを期待してのことであり、その儀式での席次は新たに賜った爵の上下により厳粛に決められる。神前で視覚的に表現されるこの席次が、日常生活でも身分秩序として機能し、従って罪を犯して爵を削られることは社会的地位の降下、つまり実生活での打撃に直接結びつく。かくして刑罰による抑止力は爵を奪われる恐怖からくるそれに補われ、賜爵が犯罪を誘発することにはならなかった、というのである。西嶋が刑罰減免の特権を爵の本質から生じるものとし、爵が欲せられる第一義的な理由ではないとするのも、爵がその保有者に与えた真の特権が、日常生活をも規定する爵制秩序の中に、特定の地位を得ること自体にあったと主張するために他ならない。

皇帝を、爵の賜与によって民間に秩序を賦与した者と捉え、その権力が他の私権を圧倒し、別次元の存在として受容された関鍵をこの点に求めた西嶋説は、今なおその意義を失わず、興味深い観点を含んでいるものの、一方で根本的な批判にもさらされてきた。民間秩序が他律的に規定され得たのかという増淵龍夫の批判［増淵一九六二］からはじまって、爵と刑罰の関係においても籾山明［籾山一九八五、一九九二］・冨谷至［冨谷一九九八、第四章］の批判がある。

籾山はまず、西嶋が賜爵に際しては必ず酒肉も賜与され、かつ五日間の酒宴が許可された（「賜酺」）とし、そのことから賜爵と里での飲酒儀礼とを結びつけた点に批判を加える。爵と酒肉の賜与、及び賜酺のいずれをも明記した賜爵の詔は実際には殆どなく、それを省略として片づけるには無理があるとした上で、籾山は賜爵を媒介にした民間秩序の形成という西嶋の主張に疑念を呈し、賜爵が形成する秩序はあくまで皇帝と個々の受爵者との間に成立するものであるとする。さらに籾山は爵が軍功褒賞であった点を強調し、そこに爵が刑罰を減じる理由を見出そうとする。すなわち、刑は王権に体現される秩序の紊乱に科せられ、爵は王権への奉仕に対して賜与される。いわば刑と爵は民の行動を規定する要素として互いに対極にあり、爵が刑を減免するのは、王権への奉仕により紊乱の咎を免じるものである、というのがその結論である。

氏族制の解体により自生的な秩序を失った基層の共同体に、皇帝が賜爵を通じて新たな秩序を与えたという西嶋説の筋書きは、増淵が夙に疑念を呈したとおり問題を含み、籾山の批判は史料の洗い直しによってその疑念を裏づけたものといえる。西嶋説の根幹ともいえるこの主張は、もはやそのままのかたちでは受け容れられない。だが一方で籾山の結論にも、なお幾つか腑に落ちない点が残る。

例えば籾山は「爵位の上下は王権との距離の表現」［籾山一九九一、三七三頁］であるとし、有爵者同士の日常的な関係にはまったく影響を及ぼさなかったとする。確かに爵によって「表現」される皇帝との距離がごく理念的な次元に止まるものであったとすれば、爵制秩序とは下位の有爵者には殆ど実感されることのない代物であったろう。だが西嶋も指摘するとおり［西嶋一九六一、三四九〜三五〇頁］、『九章算術』衰分には猟で獲た鹿を爵位の高下に従って分かち合うという算題があり(1)、爵位が私的な社会生活をも規制していた可能性は皆無ではない。爵が民間秩序に及ぼした影響とその強弱は、より慎重に検討されるべきではあるまいか。

籾山説に残るもう一つの疑問は、爵が刑罰を減免する原理をめぐる理解である。指摘されるとおり、爵位が軍功への反対給付であり、それ故に刑罰を免ずることがあったのだとすれば、軍功とは何の関わりもなく、無対価で賜与されるようになった民爵にも、そうした機能が付帯したと考えてよいのであろうか。[2]

この第二の疑問に対しては冨谷至の西嶋説批判が一つの解答を与える。冨谷は爵によって得られる刑罰減免が、実はすべての刑罰を対象としたものではなく、肉刑に限って有効であったことを指摘し、「刑は大夫に上らず」という一節も、一定の身分を有する者には「肉刑」が科されないという、秦の制度を反映したものであるとする。この肉刑が文帝十三年に廃止されると、有爵者に無条件で刑罰減免が認められることはなくなり、一見爵により刑が緩められているように映る事例も、実際には爵が金銭に代わる「切符」の役割を果たしている、あるいは特別な情状酌量の一部として爵が引き合いに出されているに過ぎず、いずれも有爵者への刑罰減免が自動的に認められていたわけではない。唯一想定されるのは、肉刑に代わって設けられた髠鉗、特に鉗＝桎梏が免除された可能性である、と冨谷は指摘する。[3]

これに従うなら、文帝十三年以降には爵が持つ刑罰減免の機能は著しく低下したと言ってよく、景帝期から特に頻発される民爵賜与を通じて得られた爵が、果たして刑罰を減免したのか否かという設問自体、現実には想定する必要のないものとなる。有爵者が、死刑でも財産刑でもなく、肉刑のみを免除されていたという事実は、爵による刑罰減免の原理が単なる有爵者への優遇という発想から生まれたものではなく、肉刑の歴史やその刑罰体系における位置づけと根源において関わりを持つことも示唆しており、[4] 肉刑の廃止により、爵と刑罰との関係に本質的な変化が生じたことは想像に難くない。だがその先に新たな疑問も生まれる。

刑罰減免は西嶋が民爵の持つ唯一の特権としたものである。その特権が文帝以降ほぼ消滅し、また爵が民間秩序を規定するものでもなかったとすれば、もはや民爵は保有者に何ら利得をもたらさず、それを奪われることもまったく打撃にならなかったことになる。そうした代物が漢代を通じて「賜与」されつづけたことを、如何に理解すればよいのか。北魏王粲の「爵論」には、

依律、有奪爵之法。此謂古者爵行之時、民賜爵則喜、奪爵則懼。故可以奪賜而法也。今爵事廢矣、民不知爵者何也。奪之民亦不懼、賜之民亦不喜。（『芸文類聚』巻五一所引「爵論」）

律に依るに、奪爵の法有り。此れ謂うこころ古者爵行わるるの時、民　爵を賜わらば則ち喜び、爵を奪わるれば則ち懼る。故に奪賜を以て法とすべきなり。今爵事廃《すた》れ、民　爵なる者の何たるかを知らざるなり。これを奪うも民亦た懼れず、これを賜うも民亦た喜ばず。

とある。ここに見える「古者」を西嶋のごとく漢代と断定する［西嶋一九六一、三四二頁］ことはできまい。だがこの記事は、少なくとも民爵賜与が行われ始めた当初には、受爵者が何らかの利得を享受しており、それが時代と共に変容し、意味を失ったことを示していよう。果たして新発見された「二年律令」は、漢代においてもなお爵に様々な特権が附帯し、かつそれが子孫に継承されていたことを物語っている。

二年律令によると、『漢書』百官公卿表に載せられた二十等の爵位、

徹侯　関内侯　大庶長　駟車庶長　大上造　少上造　右更　中更　左更　右庶長　左庶長　五大夫　公乗
公大夫　官大夫　大夫　不更　簪裊　上造　公士

のすべてが漢初には出揃い、かつそれら—公乗以下の、いわゆる民爵も含めて—が子孫に継承されていた。正確にいえば、有爵者が公務で死亡した場合に限って同じ爵位が後継により襲われ、それ以外は、徹侯・関内侯爵を例外として、数等降った爵が与えられたので、世襲されたのは徹侯と関内侯爵のみとするこれまでの認識が、完全に誤っていたわけではない。だが少なくとも爵は一代限りのものではなく、後継の地位にも影響を及ぼした。これは従来の理解と相違し、二年律令公表後の爵制研究[5]や相続制研究[6]でも、繰り返し指摘されているところであ

る。

西嶋説において、民爵の世襲ははっきりと否定されていた。西嶋はそれを前提に、爵の高下は基層の共同体における年歯の秩序と基本的に一致していたとし、それを爵制、およびその賦与者としての皇帝権力が郷里社会に受容された要因と見なした。だが民爵賜与により獲得された爵位も子孫に継承されたならば、爵位の高下と年齢とは必ずしも一致しなかったことになる。

また二年律令には民爵に附帯する多くの利得が看取できる。これも新知見の一つであり、民爵保有者の特権を刑罰減免に限ってきたこれまでの議論に再考を迫るものである。ただし一方で考慮せねばならないのは、二年律令の時代には民爵賜与が後代ほど頻繁化していない点である。漢王朝成立後、①高祖二年、②恵帝即位時、③同元年、④同五年、⑤呂后元年に賜爵があったが、①は関中のみを支配する時点での賜与で、③④⑤では「戸」ごとに賜与が行われている。従ってこの時代、ほぼすべての平民男子が漢の公士爵を保有していたとしても、上造以上となると、戸主か、軍功により爵を得た者に限られていたであろう。従って、民爵賜与が頻繁化して以降もこれら特権が存続したか否かは別問題である。改制による利得の消滅を無条件に想定するのは避けねばなるまいが、やはり爵に伴う特権が変化した可能性を念頭に置いて、爵制を通時的に考察する必要がある。

本章の目的は、以上の問題点を意識しつつ、二年律令に見える諸規定を整理し、漢初において爵が具有していた性格を抽出することにある。こうした作業を経て、いくつかの爵制をめぐる論点、例えば、なぜ爵は賜与物たり得たのか、如何にして民爵は有名無実化したのか、爵制秩序は基層社会において、その成員相互の関係をも律するものであったのか、といった疑問に迫る手がかりも得られよう。

すでに中国においては二年律令中の爵制を取りあげた論考が多くあるが、それらは互いに参照しあうことがなく、制度の概要自体をめぐっても諸説が並立した状態にある。先行研究に拠りながらも、あくまで二年律令の語るところに沿って、整合的な理解を目指すこととしたい。

一、爵後と「不為後者」

爵位を継承する者は「爵後」と呼ばれた。この語は睡虎地秦簡にも見える。

擅殺、刑、髡其後子、潚之。●可（何）謂後子。●官其男爲爵後、及臣邦君長所置爲後大（太）子、皆爲後子。（法律答問72）

「その後子を擅殺、刑、髡した場合は、その旨上申せよ。」〔と規定されている〕●何を「後子」と謂うのか。●お上が「爵後」と認定した男子、及び臣邦君長が後継者として置いた太子は、いずれもこれを「後子」とする。

右の法律答問から、「爵後」を置く際には事前に申請がなされ、それが公に認定される必要のあったことが知られる。二年律令は、

嘗有罪耐以上、不得爲人爵後。諸當捧（拜）爵後者、令典若正、伍里人毋下五人任占。（二年律令390）

かつて耐以上の罪を犯したことがあれば、人の爵の後継となってはならない。およそ爵の後継として授与する場合は、典もしくは正、伍人、里人の五人以上に保証させて申告する。

として、爵後の資格、及び爵後として爵を拝す際の保証人について規定する。耐罪以上を犯した者は拝爵の資格を奪われ、二年律令中に見える「不当拝爵者」とは、こうした無期労役刑徒や、所謂「七科謫」、奴婢を指すも

のと考えられる。(7)

有爵者の死後、その爵の高下に応じて然るべき爵が授けられたのは、爵後とされた者一人に対してである。だがそれ以外の子男も、父が一定以上の高爵者であれば、通常は二十歳（364簡）とされる傅籍（国家への奉仕者として名籍に登記されること。後述。）の時点で爵位を授けられた。

不爲後而傅者、關内侯子二人爲不更、它子爲簪裊、卿子二人爲不更、它子爲上造、五大夫子二人爲簪裊、它子爲上造、公乘、公大夫子二人爲上造、它子爲公士、官大夫及大夫子爲公士、不更至上造子爲公卒。（二年律令359〜360）

後継としてではなくして名籍に登録される者については、関内侯の子は二人までを不更とし、それ以外は簪裏とする。卿の子は二人までを不更とし、それ以外は上造とする。五大夫の子は二人までを簪裏とし、それ以外は上造とする。公乗と公大夫の子は二人までを上造とし、それ以外は公士とする。官大夫と大夫の子は公士とし、不更から上造までの子は公卒とする。

大夫以上の子であれば、爵後に指名されていなくても、傅籍時に公士以上の爵を帯びることができた。不更〜上造の子は「公卒」とされるが、これが爵位なのか、それとも爵とは性質を異にする地位呼称なのか、定かでない。(8)右条は「不爲後者」について規定するのみで、肝心の爵後が傅籍の年齢に達したとき、如何なる地位が与えられたのか明言しない。だが父が存命の間は、爵後も他の子と同様に扱われ、父の爵よりもかなり低い爵位を帯びるに止まったようである。

當士爲上造以上者、以適（嫡）子、毋適（嫡）子、以扁（偏）妻子、孽子、皆先以長者若次。其父所以所以

未傅、須其傅、各以其傅時父定爵士之。父前死者、以死時爵。當爲父爵後而傅者、士之如不爲後者。（二年律令361～362）

上造以上の爵位を帯びて士となる者には、嫡子を充てる。嫡子がいなければ、偏妻の子や庶子を充て、いずれも年齢もしくは順序を優先する。(9) その父が…（不明）…まだ傅されていない…、傅籍を待って、それぞれ傅籍時の父の定まった爵位をもってこれを士とする。父が以前に死んでしまっている者については、死亡時の爵位をもってする。父の爵位の後継となるべく登録される者は、士とするにあたって後継ではない者と同じ扱いとする。

読みにくい箇所があり、一部不明とせざるを得ないが、末尾の「父の爵位の後継となるべく登録される者は、士とするにあたって後継ではない者と同じ扱いとする」とは、父が健在であれば、傅籍時点で爵後が特別扱いされることはなく、他の子男と同じ爵を帯びたことを言うのであろう。

二、疾死と死事

有爵者の死後、爵後が継承する爵位は、その死が病死か公務による死亡かで相違した。まず病死の場合。

疾死置後者、徹侯後子爲徹侯、其毋適（嫡）子、以孺子☐子。(10) 關内侯後子爲關内侯、卿侯〈後〉子爲公乘、【五大夫】後子爲公大夫、公乘後子爲官大夫、公大夫後子爲大夫、官大夫後子爲不更、大夫後子爲簪裊、不更後子爲上造、簪裊後子爲公士、其毋適（嫡）子、以下妻子、偏妻子。（二年律令367～368）

表　爵後とそれ以外の子男に与えられる爵（丸数字は各爵位の級数）

	父が病死した際爵後が帯びる爵	爵後以外の子が傅籍時に帯びる爵（父が存命中は爵後も含む）
徹侯⑳	徹侯⑳	
関内侯⑲	関内侯⑲	二子は不更④、他は簪裹③
卿⑱〜⑩	公乗⑧	二子は不更④、他は上造②
【五大夫】⑨	公大夫⑦	二子は簪裹③、他は上造②
公乗⑧	官大夫⑥	二子は上造②、他は公士①
公大夫⑦	大夫⑤	〃
官大夫⑥	不更④	公士①
大夫⑤	簪裹③	〃
不更④	上造②	公卒（？）
簪裹③	公士①	〃
上造②	—	〃
公士①	—	—

病死して後継を置く時、徹侯の後継は徹侯とし、嫡子が無ければ、孺子…の子を充てる。関内侯の後継は関内侯、卿の後継は公乗、〔五大夫の〕後継は公大夫、公乗の後継は官大夫、公大夫の後継は大夫、官大夫の後継は不更、大夫の後継は簪裹、不更の後継は上造、簪裹の後継は公士とする。嫡子が無ければ、下妻の子や偏妻の子を充てる。

この場合、徹侯と関内侯については後子がその爵を襲ったものの、それより下位の爵については、数等低い爵が与えられる。前節で触れた、爵後以外に与えられる爵と比較すべく、表を付しておく。嫡子がいなければ庶子による継承も認められた。唐代には、嫡子がいなければ嫡孫が、嫡孫がいなければ嫡子の同母弟が、そして同母弟もいなければようやく庶子がたてられており[11]、庶子の順位が大きく異なっている。

一方、有爵者が公務により死亡（「死事」）したときは、爵は減じられることなく後子に継承された。

〼□□爲縣官有爲也、以其故死若傷二旬中死、□□□皆爲死事者、令子男襲其爵。毋爵者、其後爲公士。毋子男以女、毋女以父、毋父以母、毋母以男同產、毋男同產以女同產、毋女同產以妻。諸死事當置後、毋父母・妻子・同產者、以大父、毋大父以大母與同居數者。（二年律令369～371）

…国家のために奉仕し、それが原因で死亡もしくは負傷して二十日以内に死亡した時には、…いずれも公務による死亡とみなし、子息にその爵を襲わせる。爵が無い者であれば、その後継を公士とする。子息が無ければ娘、娘が無ければ父、父が無ければ母、母が無ければ男性の同産、男性の同産が無ければ女性の同産、女性の同産が無ければ妻を充てる。およそ公務による死亡の結果、後継を置く時には、父母・妻子・同産の者が無ければ、祖父を充て、祖父が無ければ、祖母で同居して名籍を同じくする者を充てる。

この条文は同時に、爵後となる子男がいなければ娘や父母が爵を襲うことを認め、その継承順位を規定する。ただし子息以外への継承が認められるのは、あくまで有爵者が公務に殉じた場合に限られる。[12] 病死の場合には「後子」となりうる親族の範囲はここまで広くなく、先の367～368簡に見えるとおり嫡出・庶出の子息に限られた。あるいは、右条の「毋子男以女～」以下は先行する文章と繋がらず、爵後を置く際の一般規定を別に述べたもの、とも解釈できる。だが正史の事例がそれを支持しない。例えば文帝十四年（前一六六）に薨じた期思康侯賁赫は、「後なし」とされ、一旦断絶する。だが彼は天涯孤独だったわけではなく、宣帝の元康四年（前六二）に至って玄孫の充なる人物が家を復している。[13] 病死者の爵も父母や兄弟により継承され得たとすれば、赫の侯爵が一旦途絶えることは、まずなかったであろう。こうした例は高祖～文帝期において、他にも功臣表に散見する。一方、高祖六年に「死事」した奚涓には子がいなかったので、母が侯を嗣いでいる。[14] 「死事」か「疾死」かで、爵位継承資格者の範囲は異なったとみて間違いない[15]。

二年律令には遺腹の子による爵位継承を認めた条文も見える。

死、其寡有遺腹者、須遺腹産、乃以律爲置爵、戸後。（二年律令376）

死亡して、その寡婦が妊娠をしている場合、その子供が生まれるのをまって、それから律を以って爵と戸の後継を置く。

遺腹とはいえ、子による継承であるから、疾死・死事を問わず認められたとも考えられるが、一方で次の如き事例もある。閼氏節侯馮解散の子、共侯它は高祖十二年（前一九五）に父の後を嗣いで侯となるが、一年後、恵帝元年（前一九四）に薨じ、「後なし」であったため一旦絶えた。その十六年後、文帝二年（前一七八）になって它の遺腹の子が改めて封じられている[16]。遺腹の子がいたにも拘わらず、その子が直ちに継嗣とされなかったこの事例は、二通りに解釈できる。まず、遺腹の子は通常は後嗣とされなかった可能性。376簡は確かに遺腹の子による継承を認めるが、簡冒頭の「死」はあらゆる有爵者の死を指すのではなく、特定の場合―例えば公務で死亡した場合―にのみ遺腹を後継とし得たのかもしれない。その場合、376簡の条文は一簡で完結するものではなく、先行する簡があったと考えたほうがよかろう。一方、376簡があらゆる有爵者の死について規定するのだとしても、第二に考えられるのは、遺腹の子をはじめとした未成年は、たとえ爵後にされたとしても、その地位は成人の場合とは区別され、すぐには正式な有爵者と認められなかった可能性である。筆者は第二の可能性が高いと考えるが、この点は後文で取りあげることとする。

三、女性による襲爵

有爵者が「死事」した場合に限られるとはいえ、死者に子息がいなければ娘が、娘も父もいなければ母が、という具合に、女性が爵を継承することがあった。既述した奚涓の事例が、母親が侯に封ぜられた実例となる。また蕭何の子、禄が死亡した後、その母である同が酇侯に封じられている。[17] だが史書に見える女性の封侯は漢初に限られており、[18] 文帝元年には同の封侯も罷められ、蕭何の少子である延が蕭何以来の酇侯の地位に就いた。女性の「襲爵」を認める二年律令の規定が、漢一代を通じて有効であったか否かは、現時点では不明とせざるを得ない。

漢初に限っていえば確かに女性も襲爵し得たわけだが、ただしそれは夫のいない女性に限られた。「婦人無爵」は『礼記』郊特牲に見える大原則であり、二年律令においても、

女子比其夫爵。（二年律令372）

女子はその夫の爵位になぞらえる。

とされ、既婚女性は夫の爵に従うものとされた。女性は某爵に「比せらる」という表現は、

寡為戸後、予田宅、比子為後者爵。…（後略）…（二年律令386）

未亡人が戸の後継になれば、田宅を与え、子が後継になる場合に取得する爵位になぞらえる。

としても現れる。従って「女」や「姉妹」といっても、そこから既婚女性は除外され、また寡婦が爵を嗣いだとしても、改嫁したならばその資格を失ったのであろう。同じ原則が、女性が戸主となる場合にも該当する。戸主である女性が嫁すと、その戸に属す田宅は夫のそれに合わされた（二年律令384）。また戸主となった寡婦が壻をとり、財産を持ち出すのを禁じた規定もある（同338～339）。

女子による襲爵は、有爵者が公務に殉じ、嗣子がいない場合の、ごく例外的、恩寵的な、かつ暫定的なものであった。爵位により構築される身分秩序が、本来的に女性をも包摂していたのではあるまい。

四、爵後と戸後

二年律令において、戸の継承と爵位の継承とは明確に区別されていた。戸の継承者を「戸後」といい、戸後とされる者の順位は、爵位の場合と食い違う。(19)

爵後（有爵者が公務に殉じた場合　369～371）

①子男—②娘—③父—④母—⑤男兄弟—⑥女姉妹—⑦妻／—⑧祖父—⑨祖母の居数を同じくする者

戸後（379～380、382～383）

①子男—②父母—③妻—④娘—⑤孫—⑥曾孫—⑦祖父母—⑧兄弟の子（必ず居数を同じくしていること）

…→解放された奴婢

両者を比較すると、戸後の順位が爵後のそれと相違するのは、

・妻の継承順位が高い
・被継承者の兄弟姉妹が除外されている。
・孫や曾孫といった年少者の継承が認められている。
・やむを得ない場合は、血縁関係にない者を戸後とし得る。

といった点においてである。

爵位の継承から孫や曾孫が除外され、一方で妻の継承順位が低いことは、爵後には成人した—成人しているであろう—者、かつ血族が優先されたことを示す。これに対し、戸後には妻、極端な場合には解放された奴婢が成り得、まったく原理を異にする。

法規定において、戸とは第一に田宅を占有する単位であり、課税の対象でもある。[20] 統治する側からすれば、望ましいのは田地の耕作が円滑に継承され、なるべく多くの戸が維持されることであって、非血族の継承が、少なくとも法によって禁止されることはない。戸後の順位に関しては、血統の原理以外の要素が働いているといえる。同様の立場からすれば、戸後から兄弟が排除されるのは、彼らがすでに独立した戸を為している可能性が高いゆえ、と説明できる。徴税の単位でもある戸を増やすためか、嫡子以外の立戸には何ら制限が加えられておらず、むしろ当然のことのように二年律令においては受け止められている。[21] すでに戸を為している弟が兄の戸後となり、戸数が減少する事態は、なるべく避けられたのであろう。兄弟の子を戸後とするときには必ず居数を同じくする者—すなわち同一の戸に属す者—を選ぶべきことも、同様に説明できよう。

爵後と戸後の継承順位を比較すると、爵を帯びる者は成人であることが求められていたといえよう。もちろん、有爵者が「死事」するとは、多くが戦死した場合であろうから、まだ孫や曾孫を持たない者が殆どであって、それ故に継承候補に挙がっていないとも考え得る。だが一方で、未成年者の帯爵は明らかに通常のそれとは区別された。その点にも帯爵者を成人に限ろうとする志向が窺える。

五、小爵と傅籍

父の他界等の理由によって未成年者（傅籍の年齢未満の者）が帯びることになった爵は「小爵」と呼ばれ、通常の爵とは区別されていた［劉敏二〇〇四］。

不更以下子年廿歳、大夫以上至五大夫子及小爵不更以下至上造年廿二歳、卿以上子及小爵大夫以上年廿四歳、皆傅之。公士・公卒及士五（伍）、司寇、隱官子、皆爲士五（伍）。疇官各從其父疇、有學師者學之。（二年律令364～365）

不更以下の子は二十歳、大夫以上五大夫までの子および小爵が不更以下上造までは二十二歳、卿以上の子および小爵が大夫以上は二十四歳をもって、いずれも名籍に登録する。公士・公卒および士伍・司寇・隠官の子は、いずれも士伍とする。世職はそれぞれその父の世職を襲い、学師がいればそれに学ぶ。

右条では、傅籍以前の者が上造以上の小爵を帯びている場合、傅籍の年齢が繰り延べられることになっている。『漢書』高帝紀につけられた顔師古注によると、「傅」とは「著」であり、名籍に記載されて徭役に服することをいう。[22]また右の条文に見えるとおり、「疇官」の家—代々世襲される官職を持つ家—に生まれた者は「傅」を契機にして世業の学習を本格的に始める。[23]

「傅」をめぐっては幾つかの議論があるが、(24)ここでそのすべてに触れることはしない。ただし右条より看取されることのみ指摘しておくと、まず傅の年齢が爵位により相違するからには、傅の対象は爵を帯びうる者、すなわち男子に限られていたと見るべきであろう。また「疇官」についての言及が併せて見えることは、傅籍によって生じるのが単なる徭役義務ではなく、より広い意味での王権への奉仕義務であり、徭役に服し始めるのはその一側面に過ぎないことを示唆する。

傅籍が爵を帯びる契機であることは、すでに第一節で述べた。今一度そこで引用した律文を挙げておく。

當士爲上造以上者、以適（嫡）子、毋適（嫡）子、以扁（偏）妻子、孽子、皆先以長者若次。其父所以所以未傅、須其傅、各以其傅時父定爵士之。父前死者、以死時爵。當爲父爵後而傅者、士之如不爲後者。（二年律令361〜362　前掲）

傅籍により王権への直接奉仕が開始するとすれば、爵とはそうした奉仕者に与えられる称号であるといえる。ここで敢えて「奉仕」と表現したのは、それが兵役・徭役に限定されるのを避けるためであるが、実際問題として、多くの場合それは兵役・徭役の形をとったであろう。帯爵と傅籍との密接な関係は、爵が軍事的奉仕への反対給付に起源することとも符合する。漢初においても、爵はそうした性格を依然とどめており、有爵者とは、何よりも役務に服し得る成年男子であることが求められていた。

爵が軍功への褒賞であることは、これまでも強調されてきた。この点を重視するあまり、爵位の子孫への継承が否定されることもあった［守屋一九五七］。だが実際には継承が認められ、年少者、さらには女性がそれを帯びることすらあり得た。本人の軍功への褒賞であるが故に子孫には継承されない、という論理には再考の余地がある。

とはいえ、爵の継承が二年律令に見える方式で当初から行われていたわけではあるまい。子男以外による継承が公務に殉じた場合に限られるのは、爵位の継承が副次的に生じた措置であったことを示唆する。元来は継承されなかったものが、事情に応じて徐々に認められていったのであろう。また公士・上造爵は後継の地位に影響を及ぼさない。この点もまた、子孫に継承されるという現象が、爵自体が本来帯びていた性格から生じたものではないことを示す。爵位の継承は、爵そのもの、すなわち爵によって得られた地位それ自体ではなく、むしろそれに伴う特権や財物を対象として発生してきたものと考えられる。二年律令に見える有爵者の特権に論を進めよう。

六、有爵者の特権とその変遷

典籍史料には、爵がもたらす特権を包括的に説明した記事が少なく、それ故に時として大量に賜与される民爵には、実質的、継続的な利得が伴わないと考えられてきた。だが二年律令には爵に附随する多くの特権が規定されており、それらは公士爵の者にすら利得をもたらすものであった。まず先行研究［李均明二〇〇二a、高敏二〇〇二、朱紹侯二〇〇二a・b、二〇〇三a・b、石岡二〇〇三］が挙げる特権をすべて列記しておく。

経済的特権

①爵位の高下に応じた田地・宅地の支給。（310～313、314～316）

②税制上の優遇。

「卿」以上（左庶長以上）の田には租、及び耕地面積に応じた芻藁の供出が課せられない。（317）

③駅伝使用時に支給される食糧・従者の数が爵を基準に定められる。(236〜237)
④爵位が授与される際、銭も与えられる。(150〜151)

政治的特権

⑤刑罰の減免。
　上造以上の者は肉刑・城旦舂刑が免じられる。(82)
　公士以上には肉刑が適用されず、官府での労働が許される。(83、157)
　有爵者は近親の犯罪により身柄を没収されない。(174〜175)
　盗鋳者を捕まえて爵を受ける際には、それを差し出すことで罪人を免除できる。(204〜205)
⑥粥と王杖の支給年齢、および免老とされる年齢が高爵者の方が早い。(354、355、356、357)
⑦傅籍されるのが、高爵者になるほど遅い。(364〜365)
⑧官秩と対応し、爵の高下により賜与物(衣食、棺錢)が異なる。(282〜284、289、291〜293)
⑨「卿」以上は伍に組み込まれない。(305)
⑩世襲できる。
⑪嫡長子以外も爵を受け継ぎ、官となることができる。
⑫公大夫以上は徭役を免除される。(413〜414)
⑬不更以下には門での宿衛が課せられる。(309)

多くの「特権」が指摘されるが、⑫は簡の断裂を見落としたが故の誤解で、従えない[25]。また④は功績への授爵と同時に行われる賜与であって、継続的に繰り返されるわけではない。かつ民爵賜与には、こうした賞賜は伴わなかったであろう。[26]いずれにせよ、ここでは継承の対象となる特権のみを取り上げるので、これについては論じないでおく。⑩⑪は、諸々の特権が爵に附帯するが故に生じるものであるから、これらも挙げるべきではなかろう。⑬は依拠するところが断簡なので、[27]すべての不更以下に宿衛の義務があったのか、定かでない。従って有爵者の特権とすべきは①～③、⑤～⑨で、そのうち②⑨は左庶長以上の高爵者への特別待遇であるから、多数の有爵者の、日常生活とも深く関わるものとなれば①⑤⑥⑦⑧の五種となる。

これら五種の特権には、やがて意味を失うもの、廃止されたものが含まれる。まず⑤刑罰の減免についていえば、その中核である肉刑や没収回避の特権は、文帝元年に没収制度が、十三年に肉刑が廃止されて以降は殆ど意味を持たなくなる。また⑥⑦について、後代の史料は爵による基準年齢の差に言及していない。

・粥の支給

民年九十以上、已有受鬻法、…（『漢書』武帝紀　建元元年）

民の年九十以上、已に受鬻の法有り、…

・王杖の授与

制　詔御史曰、年七十受王杖者比六百石、入官廷不趨、犯罪耐以上毋二尺告劾。有敢徵召侵辱（散見簡牘合輯24（武威磨咀子出土王杖十簡））

制。御史に詔して曰く、年七十にして王杖を受けし者は六百石に比し、官廷に入りて趨らず、罪の耐以上を犯すも二尺もて告劾するなかれ。敢えて徵召侵辱する有らば…

年九十以上萬一千六百七十人年七十以上受杖二千八百廿三人…（尹湾漢簡 YM6D1A）

年九十以上万一千六百七十人。年七十以上の杖を受くるは二千八百廿三人…

・傅の年齢

男子二十而得傅。（『史記』孝景本紀　二年条）

　男子二十にして傅せらるるを得。

令天下男子年二十始傅。（『漢書』景帝紀）

　天下の男子をして年二十にして始めて傅せしむ。

唯一、二年律令以外の史料においても爵位による違いが見えるのは、免老とされる年齢である。

秦制二十爵。男子賜爵一級以上、有罪以減、年五十六免。無爵爲士伍、年六十乃免老、有罪、各盡其刑。…（『漢旧儀』）

　秦制二十爵。男子の爵を賜ること一級以上は、罪有らば以て減じ、年五十六にして免ず。無爵を士伍となし、年六十にして乃ち免老とし、罪有らば、各おのその刑を尽くす。…

冒頭に「秦制」とあるが、下文に列挙される労役刑―引用では省略―には「隷臣妾」刑が見えず、かつ刑期も明言されているので、明らかに漢制について述べた一文である。[28] ⑥⑦の特権のうち、免老とされる年齢が幾分早いという点は、その後も継続して存在していたことになる。

七、帝賜と爵位

前節に挙げた諸々の特権の中で、少なからぬ驚きをもって迎えられたのは①の制度、すなわち広範な田宅の支給が行われ、その支給量が爵の高下により細かく規定されていたことである。田地支給の規定のみをここに挙げておく。

關内侯九十五頃、大庶長九十頃、駟車庶長八十八頃、大上造八十六頃、少上造八十四頃、右更八十二頃、中更八十頃、左更七十八頃、右庶長七十六頃、左庶長七十四頃、五大夫廿五頃、公乘廿頃、公大夫九頃、官大夫七頃、大夫五頃、不更四頃、簪裹三頃、上造二頃、公士一頃半頃、公卒・士五（伍）・庶人各一頃、司寇・隱官各五十畝。不幸死者、令其後先擇田、乃行其餘。它子男欲爲戸、以受其殺田、予之。其已前爲戸而毋田宅、田宅不盈、得以盈。宅不比、不得。（二年律令310～313）

関内侯は九十五頃、大庶長は九十頃、駟車庶長は八十八頃、大上造は八十六頃、少上造は八十四頃、右更は八十二頃、中更は八十頃、左更は七十八頃、右庶長は七十六頃、左庶長は七十四頃、五大夫は二十五頃、公乗は二十頃、公大夫は九頃、官大夫は七頃、大夫は五頃、不更は四頃、簪裹は三頃、上造は二頃、公士は一頃半頃、公卒・士伍・庶人はそれぞれ一頃、司寇・隠官はそれぞれ五十畝。不幸にして死んだ者は、その跡継ぎに先に田地を択ばせ、それから残りを給付する。その他の男子が戸を形成し、減殺分の田地を受けようとする場合は、それを与える。すでに戸を形成しているのに田宅がない者、または田宅の広さが規定を満たしていない者は、充足させることを許す。宅地が隣接していなければ、許してはならない。

従来、徹侯と関内侯には食邑が与えられたものの、それ以下の爵、とりわけ公乗以下の民爵にも田宅賜与が伴うとは考えられていなかった。この制度は、二年律令中に見える「名田宅—田宅を名有する—」の語とともに、『史記』商君列伝の、

明尊卑爵秩等級各以差次、名田宅臣妾衣服以家次。

尊卑・爵秩・等級を明らかにするに各おの差次を以てし、田宅・臣妾・衣服を名するに家次を以てす。

というくだりを想起させ、所謂「名田制」の文脈から、すでに多くの論考において取り上げられている。(29) たとえ第一級の公士爵であっても、それを獲得することにより半頃分の田地が加給されたのならば、それは爵に附帯する重要な特権となろう。だが田宅の広範な支給が十全に実施されていたとは限らない。次の詔はそれをはっきりと示している。高祖五年の、楚漢戦争に従軍した兵士たちを解散させた際の詔である。

夏五月、兵皆罷歸家。詔曰、諸侯子在關中者、復之十二歳、其歸者半之。民前或相聚保山澤、不書名數、今天下已定、令各歸其縣、復故爵田宅、吏以文法教訓辨告、勿笞辱。民以飢餓自賣爲人奴婢者、皆免爲庶人。軍吏卒會赦、其亡罪而亡爵及不滿大夫者、皆賜爵爲大夫。故大夫以上賜爵各一級、其七大夫以上、皆令食邑、非七大夫以下、皆復其身及戸、勿事。又曰、七大夫、公乘以上、皆高爵也。諸侯子及從軍歸者、甚多高爵、吾數詔吏先與田宅、及所當求於吏者、亟與。爵或人君、上所尊禮、久立吏前、曾不爲決、甚亡謂也。異日秦民爵公大夫以上、令丞與亢禮。今吾於爵非輕也、吏獨安取此。且法以有功勞行田宅、今小吏未嘗從軍者多滿、而有功者顧不得、背公立私、守尉長吏教訓甚不善。……(『漢書』高帝紀下)

夏五月、兵皆な罷められて家に帰れり。詔して曰く「諸侯子の関中に在る者は、これを復すること十二歳、其の帰る者はこれを半にす。民の前に或いは相い聚りて山沢を保ち、名数を書せざるは、今天下已に定まれば、各おの其の県に帰らしめ、故の爵・田宅を復す。吏は文法を以て教訓辨告し、笞辱するなかれ。民の飢餓を以て自ら売りて人の奴婢と為る者は、皆な免じて庶人と為す。軍の吏卒の赦に会い、其の罪なくして爵なし、及び大夫に満たざる者は、皆な爵を賜いて大夫と為す。故の大夫以上は爵を賜うこと各おの一級。其の七大夫以上は、皆な邑を食ましめ、七大夫に非ざるより以下は、皆な其の身及び戸を復し、事とするなかれ。」又た曰く「七大夫・公乗以上は、皆な高爵なり。諸侯子及び従軍して帰る者は、甚だ多く高爵なり。吾数しば吏に詔して先に田宅を与えしめ、及び当に吏に求むべき者も、亟に与えしむ。爵或いは人君なれば、上の尊礼する所なるも、久しく吏の前に立ち、曾て決を為さざるは、甚だ謂われなきなり。異日秦の民爵公大夫以上は、令・丞与に亢礼す。今吾爵において軽んずるにあらざるなり、吏独り安くんぞ此を取らん。且つ法は功労有るを以て田宅を行うに、今小吏未だ嘗て従軍せざる者多く満たされ、而るに功有る者顧て得ず、公に背き私を立て、守尉長吏は教訓すること甚だ善からず。…」

多くの先行研究が指摘するとおり、これは漢初における田宅支給（「行田宅」）の実例である。ただし対象となっているのは、楚漢戦争従軍者に限られる。(30) そしてその支給すらも、実際には徹底して行われず、獲得さるべき田宅を手にできていない元兵士が多かった。

右は官吏の不正による特殊な事例であって、あくまで制度上は田宅給付が義務づけられ、かつ実行されていたと見ることもできよう。漢初には「人少地多」であったため支給は可能であったとする論者［朱紹侯二〇〇二b］は、こうした見方に立つといえる。ただし注意せねばならないのは、二年律令自体がすでに、受給する「権利」を持ちながら全額それを受け取っていない者の存在を想定していることである。前掲、310〜313簡の末尾には「其已前爲戸而毋田宅、田宅不盈―以前に戸をなしていながら田宅がなかったり、基準に足りていなければ―」として、戸を為し、受田の資格を持ちながら、まったく田宅を支給されていない場合もあり得たことを認めている。さらに未受田者への支給方法を定めた規定もある。

未受田宅者、郷部以其爲戸先後次次編之、久爲右。久等、以爵先後。有籍縣官田宅、上其廷、令輒以次行之。（二年律令318）

まだ田宅を受けていない場合は、郷部は戸を形成した順番で整理し、古い者から上位に置く。古さが同じであれば、爵位によって順序づける。官に登録される田宅があれば、廷に報告する。そのたびごとに順序どおりに田宅を給付させる。

ここでは爵の高下よりも、戸を為した時期の前後がむしろ優先されている。

田宅の支給に「支給し得る田宅があれば」という前提がつくなら、杓子定規に爵の高下に対応した田宅占有を想定することはできまい。また支給される田宅の他に、売買により獲得された田宅も存在した。郷里社会における爵の重み、例えばそれが郷里秩序に及ぼす影響を、受田額の差から説明するのは難しい(31)。

現実問題として、爵に附随したのはより多くの田宅を受給する資格であったという他ない。これに意味を認めず、爵形骸化の一側面をそこに見出すのはたやすいが、一方でこうした、爵が潜在的に具有する意義、機能も軽んずべきではあるまい。何らかの契機により広範な土地支給が行われれば、爵の高下が現実的な意味を持ったことも予想される。少なくとも「庶民に対する賜爵が同時に庶民に対する田宅支給をともなうものではない」［西嶋一九六一、三二七頁］と断定する従来の立場を、そのまま受け容れることはできまい。

右に挙げた西嶋の認識は、爵に伴う幾つかの利得を、いずれも爵が持つ本質的な特権ではないと切り捨てさせ、その第一義的機能は一定の地位を身分秩序の中に与えた点にある、という結論に向かわせた。ただしその身分秩序が実際に機能する場を持たねば、爵は単なる虚号に止まってしまうので、西嶋はその場を、賜爵に伴って各里で行われる飲酒礼の席次に求め、そこで顕示される爵制秩序が郷里社会の日常的な秩序でもあったと論じた。既述したとおりこの結論には批判もある［籾山一九八五、一九九二］が、爵の高下が視覚的に具現化される瞬間を求めたこと自体は、今なおその意味を失わない。

田宅が賜与される際、その額が爵位によって相違するなら、それを通じて爵制による身分秩序が明示されることになる。同様の機会は、広く賜物を贈与される際にも現れる。前節の⑧、つまり爵位に応じて賜物の額に差がつけられることは、二年律令にはっきりと規定されているからである。衣服や棺銭の賜与については、公乗以下（283簡）・五大夫以下（289簡）が一括されるが、酒食の賜与においては、無爵者／公士・上造／簪裹／不更…と細かく区分が設けられ、支給量に差があった（291～293簡、297簡）。

一般人を対象とした広範な賜与が、常にこの原則に従ったわけではない。史書に見える例では、戸ごとに一定額を賜与した例も多い。だが単に、例えば「令天下酺五日」とのみ述べるものもある。一例を挙げる。

四年春正月丁亥、帝加元服、見于高廟。賜諸侯王・丞相・大將軍・列侯・宗室下至吏民金帛牛酒各有差。賜中二千石以下及天下民爵。毋收四年・五年口賦。三年以前逋更賦未入者、皆勿收。令天下酺五日。（『漢書』昭帝紀　元鳳四年）

四年春正月丁亥、帝元服を加え、高廟に見ゆ。諸侯王・相・大将軍・列侯・宗室　下は吏民に至るまでに金帛牛酒を賜うこと各おの差有り。中二千石以下及び天下の民に爵を賜う。四年・五年の口賦を収むるなかれ。三年以前の更賦を逋れて未だ入れざる者は、皆な収むるなかれ。天下をして酺せしむること五日。

賜与額が「各おの差有り」とされた場合、額の違いが何によって設けられたのかは推測する他ないものの、一つの基準となったのは爵位の高下であろう。『九章算術』衰分に見える次の算題は、この推測を傍証する。

今有稟粟、大夫、不更、簪裹、上造、公士、凡五人、一十五斗。今有大夫一人後來、亦當稟五斗。倉無粟、欲以衰出之、問各幾何。荅曰、大夫出一斗、四分斗之一。不更出一斗。簪裹出四分斗之三。上造出四分斗之二。公士出四分斗之一。

今粟を稟する有り、大夫・不更・簪裹・上造・公士、凡そ五人、一十五斗。今 大夫一人後れて来たる有り、亦た当に五斗を稟すべし。倉に粟なく、以てこれを衰出せんと欲す。問う、各おの幾何なるか。答に曰く、大夫は一斗四分斗之一を出だし、不更は一斗を出だし、簪裹は四分斗之三を出だし、上造は四分斗之二を出だし、公士は四分斗之一を出だす。

穀物の支給を受ける際、大夫五斗・不更四斗・簪裹三斗・上造二斗・公士一斗の割合ですでに受け取ったが、大夫がもう一人遅れて現れた。すでに穀倉は空で、支給済みの十五斗を六人で、五：四：三：二：一の割合で改めて分かち合うなら、それぞれの受給量をいくら減額すればよいか、算出したものである。

右の算題の「稟粟」が如何なる契機による支給なのかは定かでない。西嶋が指摘するとおり、辺境出土簡に見える戍卒やその家族に対する稟給には、爵の高下による差違などは設けられていない。だが『説文解字』五篇下に「稟、賜穀也」とあるとおり、「稟」が皇帝の恩徳としての穀物賜与を意味する例は多い(32)。爵は、それ自体が賜与物であると同時に、他の賜与物の多寡を定める目安でもあったと見るべきであろう。

八、民爵の継承

第六節においてすでに、議論は二年律令の時代を離れ、漢一代を通じて爵が具有した意義に移った。論じたとおり、爵位の継承がそれに伴う特権を対象にして発生し、かつやがて広範に民爵が賜与されるようになっても、いくつかの特権、あるいは資格がそれに伴ったのであれば、爵位の継承自体も行われ続けたのだろうか。従来、多くの漢代爵制研究において、民爵の世襲は疑問視され、あるいははっきりと否定されてきた。[33] 西嶋も次のように述べて、民爵の世襲を否定する［西嶋一九六一、二八四～五頁］。

これまでもふれたごとく、その（民爵の—筆者注）世襲は認められていなかった。その事例としては『漢書』巻一六高恵高后孝文功臣表中の平陽侯曹参の条に

七世　元康四年、参玄孫之孫杜陵公乗喜詔復家。

九世　元寿二年五月甲子、侯本始以参玄孫之玄孫杜陵公士紹封千戸。元始元年益満二千戸。

とあるごとく祖父が公乗であったのに孫は公士であったことを示せば足りるであろう。

だがこの事例は、二年律令より知られたごとく、父の爵位より数等低いものが後継に与えられたのだとすれば、爵の継承を前提にして説明し得る。また曹喜からその孫に至るまでに何らかの理由—犯罪その他—によって、本来ならば継承されるべき曹家の爵が失われた可能性もある。民爵の継承を否定できる程の確証は、実際には存在していなかった。

先行研究の中には、すべての秦爵が基本的に世襲であったとしたものもあった［古賀一九八〇、クロール一九九〇］。その論拠となったのが次の睡虎地秦簡である。

擅殺、刑、髡其後子、讞之。●可（何）謂後子。●官其男爲爵後、及臣邦君長所置爲後大（太）子、皆爲後子。（法律答問72　前掲）

ここに見える爵位の継承は、特別な高爵に限定されず、あくまで一般規定のように読める。この史料によりすべての秦爵が世襲であったという主張が生まれたのも当然であろう。

二年律令の発見により、漢初においても民爵が子孫に継承されたことが知られた。ただし漢一代を通じて、とりわけ民爵賜与が頻繁化して以降も同様であったか否かは確言できない。継承を否定する確証も存在しないが、積極的に肯定し得る論拠もない。その中にあって、居延漢簡に年少の高爵者が見えることは、継承の可能性を間接的に示唆していよう。(34) また爵位が免老となる年齢を幾分早め、かつ田宅や賜物の量を左右し続けたとすれば、その廃止は一般庶民にとって無視できない打撃となる。逆に王権の側からしても、爵位に伴う特権が本章で検討した範囲にとどまるのであれば、継承を認めることが一定額の田宅や金銭の準備を直ちに迫ることにはならない。「爵なる者は、上の擅にする所にして、口より出でて窮まりなし」（『漢書』食貨志上）という傾向は、二年律令に見える制度自体の中にすでに胚胎していたといえる。敢えて民爵の継承を廃止せねばならない理由はいずれにも認められない。

軍功褒賞として設けられた二十等爵は、本来的には継承されるものではなかったのかもしれない。継承のされ方や継承有資格者が場合によって相違するのは、爵の継承が後起のものであることを推測させる。だが睡虎地秦律の時点ですでに爵は継承の対象となっており、その後も廃止された形跡はなく、敢えて廃止される必然性も見あたらない。爵をめぐる制度史的な研究、あるいはその郷里社会への影響を考究する場合にも、爵が世代をこえて継承されたことを前提に議論が進められねばなるまい。

おわりに

本章は二年律令にみえる爵位継承規定の分析に主眼を置き、それを典籍史料と併せ読み、漢代の爵、とりわけ民爵が如何なる機能を果たしていたのか、一定の視座を得ることを目指した。その結果、爵位は軍功褒賞としての性格を漢初にも具有しており、有爵者には傅籍を経た成年男子が想定されていたこと、爵位の世襲・継承が漢一代を通じて行われた可能性が高いこと、を指摘することができた。こうした結論の先に、爵制論めぐる如何なる課題が現れてくるのか、若干の私見を述べてこの附論を締めくくりたい。

二年律令は漢初の法文であるから、そこに反映されているのもその時代までの政策方針に限定される。本章では、典籍史料に手がかりのないかぎり、むやみに制度の改定を想定するのは避け、いわゆる爵の「軽濫化」についても、二年律令の規定の中にすでにその芽があることを探ろうと心がけた。土地支給制度への理解はその立場から成る。だが民爵賜与が頻繁化した景帝以後、史料には残らないものの実際には改制―例えば田宅支給規定の廃止―が行われ、それにより爵をめぐる諸制度や爵の持つ意味合いが変化し、軽濫化に拍車がかかった可能性もある。

そこで時間軸を二年律令の時代に限って議論するなら、爵が賜与物たり得たのは、まず何よりもそれに伴う特権に因るところが大きい。爵が渇望される理由は、第一にその点に認めねばなるまい。爵に伴う利得を、爵の本質的な機能ではないとする西嶋説は、この点において再考の余地がある。また爵が世代をこえて継承される以上、飲酒儀礼における年歯の秩序と爵制的秩序とが一致することはない。従って両者の一致を想定し、爵制的秩序が受容され、機能した関鍵をそこに見出した点においても、西嶋説を支持することはできない。

これに対し、籾山は爵を、酒食や粟帛と同列の、一個の賜物と見なし、そこから議論を始めようとする［籾山一九九一］。そのうえで籾山は、爵制的秩序とは郷里の秩序形成を目指したものではなく、あくまで皇帝と民との間に成立するもので、「王権との距離の表現」であると結論した［同三七三頁］。こうした理解に立つなら、確かに民爵が郷里社会の秩序に与えた影響は皆無であったと言わざるを得ない。

だが「皇帝からの距離」が公衆の面前に顕示される契機が存在した。特権が行使されるとき、とりわけ帝賜がその機会となり得たであろう。多くの一般庶人にとって、皇帝の恩徳と自らとの繋がりを実感する瞬間は、様々な機会に、広範に、あるいは個別に行われる皇帝からの贈与をおいて他にない。こうした賜与は、時として対象者を一同に集めて行われた。

皇帝使謁者賜縣三老・孝者帛、人五匹。鄉三老・弟者・力田帛、人三匹。年九十以上及鰥寡孤獨帛、人二匹、絮三斤。八十以上米、人三石。有冤失職、使者以聞。縣鄉即賜、毋贅聚。（『漢書』武帝紀）

皇帝謁者をして県三老・孝なる者に帛を賜らしむること、人ごとに五匹。郷三老・弟なる者・力田には帛、人ごとに三匹。年九十以上及び鰥寡孤独には帛、人ごとに二匹、絮三斤。八十以上には米、人ごとに三石。冤有りて職を失うは、使者以聞せよ。県郷は即賜し、贅聚するなかれ。

元狩元年（前一二二）、赦令とともに孝弟力田等への広範な賜与が行われた際、その対象者・支給量が指示されると同時に、賜与に当たっては「即賜」、すなわち県郷の官吏が個々の対象者を訪ねて賜物を手渡すべきであって、彼らをむやみに呼び集めてはならないとされている。これにより、通常であれば帝賜の対象者は一同に集められ、その前で賜与が行われたことが知られる。その際に、爵に応じて贈与に多寡が設けられていたとすれば、参加者各自と皇帝との間に横たわる距離にそれぞれ違いがあるという事実が、彼らの眼前に示されることになる。こうした契機が存在する以上、爵により付与された地位自体が、結果として成員相互の関係に影響を与えた可能性も、一概には否定できない。

二年律令も、「下爵」が「上爵」を殴打した際の科罰をより重く設定しており（27～28簡）、爵による秩序を日常生活の場でも貫徹させようとしていたことが知られる。また時代が下って居延・敦煌漢簡からは、「取庸代戍」、すなわち戍役に代理を立てる際には本人と爵位を同じくする者が必ず選ばれたことが知られる(35)。その意味するところは慎重に検討せねばならないが、爵位が王権への奉仕者を組織する際の基準であった、少なくともその観念が前漢後期にもなお存在していたといえよう。この現象は、王権との関わりにおいては爵が機能したことを示すとともに、臣民同士の関係においても、爵がまったく意味を持たなかったわけではないことを示唆している。

なぜ爵が賜与物たり得たのか、なぜそれが「人の甚だ欲する所」（食貨志上）であったのか、という問いは多くの論者により発せられてきた。本章で取りあげた、爵に伴う特権はその一解答であり、かつ賜爵を望ませる最も大きな理由であったろう。だが同時に、その他の、規定には現れようのない、有爵者が郷里社会で享受していた有形無形の利得も同時に勘案せねばなるまい。これまで、爵が「名誉号」と呼ばれる場合、そこには常に爵の持つ意義への否定的な意味合いが込められてきたが、名誉から得られるものは、単なる自己満足に止まるまい。

ただし、爵位の高下が顕示される契機であるところの、特権を行使する瞬間は、さほど頻繁には訪れない。それは十分な官有の田宅があって、規定どおりにそれが支給された場合、特別な贈与が皇帝からなされる場合、そして傅籍・免老という契機に限られる。そして同時に本論で指摘したとおり、爵に伴う特権は減少していっており、爵の高下により贈与額が決められている例も、二年律令がそれをはっきり述べるにも拘わらず、典籍史料には殆ど見出すことができない。こうした爵制の変容が漢初以降に確かに生じたのだとすれば、それは爵制による身分秩序の存在基盤を根本から揺るがすことになる。爵が日常生活の場で果たし得た機能も、それにより変動したであろう。二年律令の時代と、「民は爵なる者の何たるかを知らず」（王粲『爵論』前掲）と化した後漢の最末期との間には、爵が帯びる意義において明らかに懸隔がある。その間に生じた変化は制度上のそれにとどまらず、王権と臣民と郷里秩序との関係においても、変質が生じたことを推測させる。手がかりは依然として多くないが、西嶋爵制論から離れ、爵が軽濫化した背景とその意味を、改めて追究することが今後の課題となる。

注

（1）今有大夫・不更・簪裹・上造・公士、凡五人、共猟得五鹿。欲以爵次分之、問各得幾何。荅曰、大夫得一鹿、三分鹿之二。不更得一鹿、三分鹿之一。簪裹得一鹿。上造得三分鹿之二。公士得三分鹿之一。（『九章算術』衰分）

（2）籾山一九八五は注11において「広範な民爵賜与が行われた漢代において、果たして爵が無条件に刑を減免したか否かは、あらためて検討するべき問題である」とした上で、軍功に因らずして得られた爵での免罪には、厳しい条件が存在したであろうことを想定している。

（3）陶安あんどは冨谷の史料解釈を批判し、爵は常に髠鉗を完に減ずる効果を持ち、また一時期までは有爵者は城旦舂ではなく鬼薪白粲に当てられていた可能性を指摘している［陶安二〇〇九、第五章第三項］。だが冨谷も指摘するとおり［冨谷一九九八、三〇〇〜三〇一頁］、後漢末期の事例ながら相応の高官が髠鉗五歳刑とされることもあり、また高官が鬼薪とされている例も、爵減に因るものか定かでなく、いくつか問題は残る。いずれにせよ肉刑の回避と比べるなら、爵のもたらす利得が大幅に減少したこと自体は確かであろう。

（4）筆者はかつて、肉刑、城旦舂及び隷臣妾とされた者は、その地位が隷属身分に転落すると考え、刑罰適用において爵が発揮する機能を「身分転落の防止」と定義したことがある［宮宅二〇〇〇］。その後、鬼薪白粲を非隷属身分とする論拠が薄弱であり、肉刑が併加されないことを除けば、城旦舂と鬼薪白粲の処遇の間に大きな違いが認められないことから、この自説は撤回した［宮宅二〇〇六］。未だそれに代わる説明を示す準備はないものの、爵が刑罰全般を軽減するのではなく、とりわけ肉刑、およびそれと併加される労役刑を回避する方向で機能することには、十分注意が払われねばなるまい。

（5）爵制研究としては、李均明二〇〇二a、高敏二〇〇二、朱紹侯二〇〇二a・b、二〇〇三a・bがある。日文での先行研究には石岡二〇〇三や椎名二〇〇六がある。石岡は大夫爵以上と不更爵以下との間に存在する格差について、焦点を絞って議論している。

（6）相続制度の研究としては、徐世虹二〇〇二、李均明二〇〇二b、尹在碩二〇〇三、臧知非二〇〇三などがある。

（7）睡虎地秦簡にみえる魏戸律（為吏之道16—5〜21—5）に拠ると、「贅婿後父」には戸を為して田宅支給を受けることが認められていなかった。爵位に応じた田宅支給が一方に規定されていることは、彼らには受爵の資格もなかったことを推測させる。一方、奴婢に爵が与えられないことは西嶋一九六一が主張する。ただしこれをはっきりと論証する史料は今のところ現れていない。これに加え、犯罪者を捕らえ、爵を受ける資格を手にした者が、女性である場合も想定される。後述するとおり、女性には帯爵が認められていないので、その場合は女性も「不当拝爵者」に含まれたと考えられる。

なおここでは耐以上の犯罪者を「不当拝爵者」に含めたが、392簡では拝爵前に耐罪を犯した者には賞賜がまったく行われておらず、「不当拝爵者」にすら含まれなかった可能性も残る。

（8）李均明は「公卒」を『商君書』境内篇にみえる「小夫」の類、すなわち第一級爵の下に置かれたいくつかの地位の一つとする［李均明二〇〇二a］。『商君書』の原文を挙げておく。

軍爵、自一級已下至小夫、命曰校徒操出。

（9）『張家山訳注』では、この箇所は「…いずれも年長者を優先する。もしも父の所に付き従って、それゆえまだ名籍に登録していなければ、…」と訳されている。だが「若」字を「もし」と読むのは二年律令においては異例であり、試みに本文のように訳した。

（10）『二年律令』はこの欠落部分に「以孺子子、良人子」と書かれていたものと推測する（二三五頁）。

(11) 諸王公侯伯子男若無嫡子及罪疾、立嫡孫。無嫡孫、以次立嫡子同母弟。無母弟、立庶子。無庶子、立嫡孫同母弟。無母弟、立庶孫。曾、玄已以下亦同此。（『唐六典』尚書吏部司封郎中）

(12) この点を先行研究において明言するのは徐世虹二〇〇二のみである。

(13) 期思康侯賁赫…十二月癸卯封、二十九年、孝文十四年薨、亡後。…元康四年、赫玄孫壽春大夫充詔復家。（『漢書』高恵高后文功臣表）

(14) 魯。以舎人従起沛、至咸陽爲郎中、入漢、以將軍従定諸侯、侯、四千八百戸、功比舞陽侯。死事、母代侯。（『史記』高祖功臣侯者年表）

魯侯奚涓　以舎人従起沛、至咸陽爲郎、入漢、以將軍定諸侯、四千八百戸、功比舞陽侯、死軍事。六年、侯涓亡子、封母底爲侯、十九年薨。（『漢書』高恵高后文功臣表）

(15) 恩寵により子男以外の継承を認めた特例もあろうから、実際には様々な事例がみられるが、少なくとも「死事」であるにも拘わらず「後なし」で片づけられている例はない。

(16) 十二年、共侯它嗣、一年薨、亡後。／孝文二年、文侯遺以它遺腹子嗣、十四年薨。（『漢書』高恵高后文功臣表　閼氏節侯馮解散条）

(17) 酇文終侯蕭何…孝恵三年、哀侯祿嗣、六年薨、亡後。高后二年、封何夫人祿母同爲侯、孝文元年罷。（『漢書』高恵高后文功臣表）

『史記』高祖功臣侯者年表は同を祿の弟とするが、これを誤とする『史記会注考証』に従い、採らなかった。

(18) 女性への封侯としては、呂后四年（前一八四）に臨光侯に封ぜられた呂嬃の例が挙げられる。

(19) 従って、厳密に言えば爵の後継と戸の後継が別の人物になる可能性も、規定の上ではあり得た。ただし現実には遺言（「先令」）を残すこと（334～336簡）や田宅を互いに分割すること（337簡）によって、爵位の継承者と田宅の継承者が相違することは避けられたのであろう。

(20) 田宅を相続した当初に限り、戸をなさずして田宅を有することができた（335簡）が、通常は禁じられた（323～324簡）。また戸ごとに「戸賦」「戸芻」なる負担も課せられた。なお先行研究の中には、戸後を先祖祭祀の継承者としても捉えるものがあるが（例えば尹在碩二〇〇三）、二年律令中の「戸」はあくまで国家が措定するものであり、先祖祭祀を共にする単位ではない。

(21) 賈誼は文帝への上奏文の中で、秦以来の「出分」「出贅」の風がなおも残ることに言及している（『漢書』賈誼伝）。

(22) 傅、著也。言著名籍、給公家徭役也。（『漢書』高帝紀上注）

(23) 前注に引いた高帝紀注にも、如淳による「律、年二十三傅士、一歳爲材官之、疇官各從其父疇學之、高不滿六尺二寸以下爲罷癃」という引用があり、傅籍とともに「疇官」が世業を学び始めることが記されている。

(24) 「傅」をめぐっては、①戸籍につけることなのか、それとも税役徴収のための簿籍に登録することなのか②隷臣妾と一般民とでは傅せられ方に違いがあったのか③女子は、「男子二十而得傅」（『史記』孝景本紀）とされる景帝二年以前において、如何に扱われたのか、といった点で議論がなされてきた［山田一九九三］。これら論点について、主に二年律令に依拠して私見を述べるなら、まず①傅とは単に戸籍につけることを言うのではなかろう。子供が生まれると、八月の戸口調査のときにその旨がすでに申告されており（326簡）、成年に達するまでまったく戸籍に登録されなかったわけではない。②隷臣妾は、睡虎地秦簡においては明らかに傅の対象となっており（秦律十八種53）、そこに「隷妾」も含まれるからには、秦代には女子も傅されたかのごとくである。だが本論で述べたとおり、傅の対象は男子に限られる。何よりも刑徒労働を管理するための処置を女性一般にも敷衍するのはためらわれる。よしんば女子が傅されたとしても、彼女らが兵役に服することは、二年律令の段階においてすでになかった。戍卒となるべき者が逃亡した場合の処罰規定（398簡）には、処罰として「隷臣」「完城旦」しか挙がっていない。『商君書』や『墨子』の記事を挙げ、遡って戦国時代には女子も兵役に就いたとする所論もあるが、守城戦において女性が武器を取ることと、課役としての兵役とは区別されねばなるまい［張栄強二〇〇五］。女子の徭役義務については、それを積極的に肯定する立場［山田一九九三］と疑問視する立場［重近一九九九、楠山一九九六］とがあるが、二年律令411～415簡は、女性が男性と同様に服役したわけではないことを示唆している［張栄強二〇〇五］。

(25) 『張家山訳注』二六一～二六五頁。高爵者の徭役が免じられた可能性自体は否定しないものの、それを二年律令からははっきりと読み取ることはできない。

(26) 爵と共に購賞が与えられたり、爵を拝す資格がない者、それを欲さない者に銭が与えられたりするのは、いずれも犯罪者を捕斬した際の賜爵に限られる。唯一393簡は

諸當賜受爵、而不當𢪀（拜）爵者、級予萬錢。

と、如何なる契機による賜爵なのか特定しない。だが「不当拝爵者」はそもそも民爵賜与の対象にならないであろうから、何らかの功績に対する賜爵であることは間違いない。

(27) ▨□令不更以下更宿門。(二年律令309)
…不更以下に、交代で門に宿直警護させる。

(28) 問題の箇所は、武英殿聚珍板に拠る紀昀の輯本では「免老」につくるものの、孫星衍の輯本では「老」字を「者」に改めている。「年五十六免」と対になること、および「有罪」云々が続くことから「免罪」について述べた文章であると判断した結果であろう。だが五十六歳で「老」とされることは左の如き史料、
又(『漢儀注』)曰く、年五十六にして衰老なれば、乃ち免ぜられて庶民と為り、田里に就く。今老弱の未だ嘗て傅せられざる者も皆これを発す。未だ二十三ならざるを弱と為し、五十六を過ぐを老と為す。(『史記』項羽本紀集解如淳注)
にも見え、かつこれは、徭・兵役の義務から外れることが「免」一字で表現されたことをも示している。二年律令の規定もふまえるなら、「免老」につくるべきであろう。

(29) 楊振紅二〇〇三、于振波二〇〇四など。

(30) 以前山沢に隠れていた者に元の県に戻るよう呼びかけ、その場合は「故の爵・田宅」を復すことが唱われているが、これはあくまで旧占有地の回復を約束したもので、爵に応じた土地支給の実例とはいえまい。

(31) 前漢初期には「人少地多」であったゆえ[朱紹侯二〇〇二b]、あるいは田宅の回収も一方では行われたゆえ[楊振紅二〇〇三]、二年律令の時点では現実に支給されていたとの主張もあるが、高祖五年詔が示す現実は、こうした推測を支持しない。また論者によっては、二年律令の授田額を、むしろ田地占有の上限額を示したものと捉え、規定が存在する「意義」をその点に求めようとする[于振波二〇〇四]が、条文はあくまで授田の額を規定したもので、支給される田地の他に、私有地の存在を想定しうるなら、こうした議論は意味をなさない。二年律令において田地の売買自体は認められており、他人名義での田宅名有は禁じられたものの、名有の上限を規定した条文はない。二年律令の出現により、土地制度の研究に新たな手がかりが加わったのは確かだが、その詳細を知り得るには至っていない。ましてやその実施状況については、均田制研究におけける戸籍や給田文書のごとき史料を欠く以上、具体的に論じうる次元にない。

(32) 『漢書』文帝紀「…有司請令縣道、年八十已上、賜米人月一石、肉二十斤、酒五斗。其九十已上、又賜帛人二疋、絮三斤。

賜物及當稟鬻米者、長吏閲視、丞若尉致。…」

（33）鎌田一九三八は、漢旧儀の「年五十六免」を、五十六歳が爵保有の年限であったことを示す記事とし、関内侯より下級の爵は世襲ではなかったとする。この解釈を批判する守屋一九五七も「爵が本来軍功を立てたその本人への賞として与えられるものであった以上、その子孫への世襲を認めることは不自然であり」（五五～五六頁）とし、世襲は否定する。

（34）☐公乘孫輔年十八長七尺一寸黒色　（334・41（Ａ32））

葆鸞鳥息衆里上造顧收年十二長六尺黒色――皆六月丁巳出　不　（15・5（Ａ32））

葆　鸞鳥大昌里不更李惲年十六　（51・5（Ａ32））

右に挙げた居延漢簡では、もはや若年者の爵位に「小」字が冠せられていない。有爵者は成年男子たるべし、との認識が、時代が降るにつれ稀薄化したものと思われる。

（35）張掖居延庫卒弘農郡陸渾河陽里大夫成更年廿四　庸同縣陽里大夫趙勳年廿九價二萬九千　（170・2）

戍卒河東郡北屈務里公乘郭賞年廿六　庸同縣横原里公乘間彭祖年卌五　（EPT51：86）

☐南陽郡杜衍安里公乘張齎年廿六　庸同縣安居里公乘張勝年廿八　（EPT52：240）

戍卒上黨郡屯留暘石里公乘趙柱年廿四　庸同縣閏里公乘路通年卅三　有劾　（D2077）

結　語

睡虎地秦簡や張家山漢簡に見える刑罰制度は非常に複雑な姿をしており、それらすべてを合理的に説明するのは容易なことではない。本書における理解もあくまで一個の仮説であって、史料の増加に伴い改訂されるべき内容を多く含んでいよう。しかし一つだけ確信を持って言えるのは、この複雑さは当時の刑罰体系そのものが依然として形成過程にあり、現在の史料状況ではその過程を通時的に追うのが困難であることにより生じている、という点である。こうした認識を持ち、いくつかの手がかりから制度変遷の方向性を想定しつつ考証を進めなければ、この迷宮から抜け出すことは難しい。

個々の制裁行為は独自の来源と長い歴史とを持つ。だがそれらの制裁は個別の事例ごとに、多分に恣意を交えながら選択されたため、合理的な体系を持たず、また成文法の完備していない段階では合理性を備えること自体がさほど求められなかった。確かに同じ制裁慣習を恒常的に共有する階層ないし集団内では、非難すべき行為と諸々の制裁との間に均衡を保つことが意識されたであろうが、かかる集団の規模はより限定的なものに止まっていたであろう。前六世紀中葉になって生じた成文法の形成、およびそれを国法として充実させようとする試みは、従来の制裁慣習を取り込みつつ進められ、その中で初めて、各制裁を刑罰として体系的に整序する必要性が生じたに違いない。

その具体的な形成過程は定かでないが、刑罰体系とそれを前提にした刑法典は一朝一夕に出来上がったものではなく、漸次補訂を加えつつ構築されていったものと思われる。「奏讞書」が示すとおり、秦代にはすでに、現行法では判断のつかない事案を上級の司法官に委ねる制度が行われており、かくて蓄積された判例から新しい条文が生まれ、刑罰に新たな位置づけが与えられることにもなったのであろう。第二章で取り上げた腐刑と戍辺刑とは、こうした歩みを知らしめる好例といえる。

各種の労役刑もまた、それぞれ独自の来源を持ったに違いない。第四章で扱った、労役刑徒が免ぜられてもすぐには一般民とされない現象は、「二年律令」に見える、奴婢を免ずる際の手続きと類似し、刑徒の地位が上古の隷属身分に起源することを思わせる。それらの地位が次第に刑罰として整序されていったのであろうが、「城旦舂」「司寇」「候」の如く、特定の労役との起源的な結びつきを推測させる呼称の中に、「隷臣妾」という、命名の原理をまったく異にする称謂が紛れ込むという構成は、その形成史の複雑さを示している。やがて秦簡の時代までに、これらの刑罰は労役内容や就労の頻度に加えて、肉刑の附加や居住制限の有無、妻子への処遇の違いによって数段階に整序され、鬼薪白粲を例外として、ほぼ直線的な体系を備えるに至った。

労役刑体系の中で進行しつつあったもう一つの変化は、肉刑と結びつく刑罰の減少である。かつては存在したのであろう「刑隷臣妾」は、睡虎地秦簡の時代には既に注釈が必要な刑罰と化し、かつ城旦舂刑の中にも、肉刑を加えない完城旦舂刑が生まれていた。より古い歴史を持つのであろう肉刑は、もはや特殊な制裁となりつつあり、むしろ労役を与えることが刑罰の主眼となっていた。文帝十三年の刑制改革が労役刑から労役以外の要素を完全に払拭することであったとすれば、その素地はすでに秦代に整いつつあったと言える。

一方で、刑徒の労働力があくまで徭役労働の一部として管理されていたことが示すとおり、労役刑制度と徭役制度とは深く結びついていた。従って刑制改革、特にあらゆる労役刑の有期化は、徭役制度の大きな改変でもあった。文帝期には新たな辺防制度が模索され、徴発した兵を一定期間配置する制度を止め、辺境に屯兵を常駐させることが試みられている。その一方で官奴婢の削減に象徴されるとおり、過剰な官有労働力の存在が問題となっていた。この時期には、軍事編成をはじめとした労働力配置の見直しが進められていたと推測される。こうした文脈の中に刑制改革を位置づけると、肉刑廃止と労役刑の有期化は、官有労働力削減の一端でもあったことが浮き彫りになってくる。

文帝期の兵制改革がどれほど実行されたのかは定かでない。居延・敦煌漢簡が物語るとおり、前漢後半期から後漢にかけても、依然として辺境防備の主要な担い手は、内郡で徴発され一定期間任務に就く戍卒であった。とはいえ戦力の中心はすでに騎馬兵に移っており、特別な技量を持たない戍卒は、辺境の防衛線を越えて侵入してくる敵を察知し、通報する存在に過ぎなかった。また後漢になると内郡の郡兵は罷められ、兵役は次第に特殊化する傾向にあった。当初は軍功と強く結びついていた爵位が、前漢になるとしばしば無条件に賜与されるようになり、次第に軽濫化するのも、兵制と表裏の関係にあった身分秩序の形骸化、すなわち兵役の特殊化という視角から捉えることができよう。刑徒労働の管理が徭役労働一般から切り離され、その一方で彼らがより重点的に戍役に動員されていったとおぼしいことも、こうした変化と無縁ではあるまい。

最後に、本書で展開した如上の議論が、これまでの刑制研究、とりわけ刑罰の起源をめぐる研究史の中で如何なる意味を持つのか、述べておこう。

中国における刑罰の起源を論じた滋賀秀三は、死刑も肉刑も追放刑も、いずれも社会から悪人を排除する行為として、一元的に捉えるべきことを主張した［滋賀二〇〇三、第一一章］。『春秋左氏伝』（以下『左伝』）には某人を国外に追放する際、衆人が誓ってこれと絶縁したという記事が見える。その一方で、追放の場合と同じく、衆人一致して絶交的詛盟の辞を唱え、特定人物と絶縁した上でその者を殺戮することが、軍陣では行われた。いわば死刑も追放の一形態であって、軍陣にあっては追放というおだやかな方法ではなく、直ちに殺戮することで排除の意志が実現されたのであり、こうした処刑が死刑の最も原初的な姿であった。

死刑とともに所謂「五刑」を構成する肉刑も、その刑を受けた者（以下「被刑者」）が社会的に廃人化されたが故に、追放刑としての性格を基本的に帯びていた。肉刑の主目的はこの点に、すなわち犯罪者を社会から排除することにあった。一方で、被刑者に役務が科せられたのは、実は刑罰の主眼ではなく、当初は余生を遂げさせるための恩恵的便法であったに過ぎない。だが時代が降るにつれ、刑罰が国策遂行の強制手段として機能し始めると、その日常化に対応できる刑罰として、肉刑の致命性を和らげた上で役務に服さしめる刑罰、すなわち課役を主目的とした労役刑が出現した――以上が滋賀説の概略である。

一方で籾山明にも、刑罰の形成過程を別の角度から分析した論考［籾山一九八〇］がある。

まず籾山は『左伝』に見える春秋時代の制裁行為が、特定の規範を遵守させるための強制手段ではなく、力に訴えた実力制裁、もしくは報復行為であることを指摘する。社会秩序を維持するための、慣習的・伝統的な規範も確かに存在していたものの、それは平等性に欠け、公開されないために場当たり的な適用も多く、かつあくまで支配者層のみを対象としたものであった。だが軍事行動中には例外が認められる。全軍に公布された規範を前提に、特定の執行者が、すべての者を対象にして平等に執行する制裁措置が、そこには存在した。軍中で交わされた取り決めが平時に持ち越されることもあり、とりわけ前六世紀中葉以降に庶人の戦闘参加が進んだ結果、「刑鼎」をはじめとした規範の公開が行われ、民をも適用対象とした規範を前提に、刑罰は厳密に執行されるようになってゆく。

右に挙げた籾山の主張は、場当たり的な制裁行為ではなく、真に刑罰と呼び得る制裁が軍陣において生まれ、やがて平時に持ち込まれたとする点において、滋賀説と重なり合う。軍事行動中にのみ行われていた厳格かつ厳密な制裁の決定・執行が、軍事体制の普遍化に伴って適用時期や範囲を拡大させ、支配の手段としての法と刑が体系的に整備されていったとの見方は、大枠として首肯されよう。本書第二章での議論も、こうした理解に立脚して、刑罰が整序される中での調整過程を追ったものであった。

だが肉刑を社会からの追放として一括して定義できるのか、その当否については疑問が残る。肉刑の主目的が社会的廃人化による追放という点にあるのなら、一種類の肉刑があれば事足りよう。だが秦律の中には四種類もの肉刑が認められ、その中には反映刑的色彩を色濃く帯びた腐刑も含まれる。肉刑が被刑者に回復できない刻印を与え、結果的に社会からの排除をもたらした(1)ことは確かだが、それら肉刑のいずれもが、排除を唯一つの目的として生まれ、制裁習慣の中に根づいていたわけではあるまい。第二章での結論、すなわち多様な起源を持って存在していた複数の肉刑が、成文法の形成過程において罪の軽重や犯罪者の境遇（身分、あるいは既に肉刑を受けているか否か）に応じて使い分けられた結果、次第に序列化されていったという見方に従うなら、肉刑の起源はより多元的に模索されねばなるまい。

また肉刑を「社会からの排除」と捉える議論の中では、そこでいう「社会」が如何なる人間から構成され、奈辺に存在したのか、いわば春秋戦国期の社会構造を如何に認識すべきなのかという問題が、置き去りにされていたところがある。社会構造自体が大きく変容した時代に、肉刑による排除が具体的には如何なるかたちで実現されたのか、議論を重ねる必要があろう。

一方で滋賀は、労役刑も戦国期の専制国家形成への胎動の中で生まれたとし、その起源は被刑者に恩恵的に与えられた役務に在ると考えている［滋賀二〇〇三、五四二頁］。籾山もまた「身体毀損と労役との関係を解く鍵の一つは、障害者をめぐる保護と従属との中に求められるのではあるまいか」と述べ［籾山二〇〇六、二七一頁、注一六］、被刑者が服した労役が、もともとは制裁として課せられたものではなかったことを推測している。この点、『礼記』王制にも示唆的な記事が見える。

瘖・聾・跛躃・斷者・侏儒・百工、各以其器食之。（斷、謂支節絶也。侏儒、短人也。器、能也。）

瘖・聾・跛躃・断者・侏儒・百工は、各おの其の器を以てこれに食ましむ。（注、断とは、支節の絶たるるを謂うなり。侏儒とは、短人なり。器とは、能なり。）

この一節は、言語や聴覚に障害がある者らに役務を与え、その能力に応じて食糧を支給する制度について述べたものである。正義が「疾民を矜恤せし事を論ず」と言うとおり、この支給は弱者保護のためになされるものと観念されていた。その支給を受くべき者たちの中に「断者」が現れる。もちろん事故や戦傷により肢体を絶たれた者が念頭に置かれているとも考えられるが、何らかの制裁により「断者」とされた者をそこから除外しようとする用意が、少なくともこの記述には認められない。理由が何であるかを問わず、肢体を切断された者には働きに応じて生活の糧が与えられたというのであれば、それはより従属的な境遇の下で君主の役務に就くことが、異形の姿を持つ者たちの一つの受け皿であったことを示唆していよう。被刑者が官の役務に就くのは制裁の一部ではなく、あくまで肉刑の結果として必然的に与えられるものであり、「保護」という性格を元来は帯びていたことを、この一文も傍証している。

滋賀説に従うなら、官の役務に服す被刑者のかかる地位が、後代に形成された労役刑の来源、少なくともその一部をなしたことになる。だが実際のところ、その具体的な形成過程は殆ど解明されていないといってよい。とりわけそうした被刑者の地位から、如何なる過程を経て五種類もの秦の労役刑徒が生まれ、それらの軽重が整序されたのか、説明が加えられることはなかった。

むしろ秦の労役刑については、前代との連続性よりも、その後発性や人為的性格を強調する論者が少なくない。例えば冨谷至は秦の労役刑名がそれ以前の典籍史料に見えないことから、これらは秦律とともに出現した刑罰名称であり、専制国家を支えるために必要な労役を確保すべく、新たに造られたものであるとしている［冨谷一九九八、二三八頁］。また籾山明は特に隷臣妾を取り上げ、その後発性を説く［籾山一九八二］。籾山はまず、春秋期に「臣妾」とされた者たちには犯罪や階級没落の要素が認められず、その点で秦簡の「臣妾」とは異なるとする。秦簡の臣妾は戦国期の階層分化を背景に生じてきた新しい身分であって、隷臣妾はそれを国家的身分として位置づけることにより、商鞅変法以降のある時期に生まれたもの、すなわち「戦国秦にして初めて生まれ得た法的身分」であるという。こうした労役刑体系の後発的な側面をさらに強く主張するのが陶安あんどである［陶安二〇〇九］。

陶安はまず、秦律において刑罰の軽重を決める基準は死・刑（肉刑）・耐の三段階であるとし、そのうえで肉刑には城旦舂が、耐刑には司寇が付随するのが基本であったとする。耐には隷臣妾が付随することもあるが、これは刑徒が再び罪を犯した場合、科罰を重くするために用いられていたのが、やがて罪の軽重に応じても使い分けられるようになったものである。これら城旦舂等の地位には、諸権利の制限など「労役刑」としては説明しにくい特徴があり、刑や耐に附随して用いられるという意味で、むしろ附随刑とでも呼ぶべきものであった。同時にこれらは法に規定された一個の身分、いわば上から強制的に押し付けられた、新たな社会的地位制度の一部であり、多分に人為的性格をおびていた。この秦の身分制度は、労働力を効率的に活用すべく設計されたものであって、そこに犯罪者を「社会から排除する」という発想は認められない。

耐刑が耐司寇と耐隷臣妾に分化したのに加え、やがて肉刑を加えることなく城旦舂とする刑罰（完城旦舂）も現れ、秦の刑罰体系は次第に細分化し、かつ労役が刑罰の主眼となってゆく傾向にあった。その後この体系を支えていた身分制度が崩壊したことにより、すでになし崩し的に一定の刑期を持つようになっていた城旦舂等の刑罰は、純然たる労役刑として再編されるに到った——以上が秦から漢に到る時期の、労役刑体系の変遷に対する陶安の理解である。

筆者はいくつかの点においてこの所説とは違った意見を持つ。すでに本論で言及した点の他、秦の刑罰体系が次第に細分化してゆくという方向性についても、見方をまったく異にする。(2) だが城旦舂等の地位が「労役刑」としては説明しきれない特徴を帯び、むしろこれを官が設定した法的地位と捉えるべきこと、またそれ故にこれらは新しい身分制度の一部であるとの指摘は、本書で論じた内容からも首肯される。各労役刑、とりわけ隷臣妾と司寇との間には子男への地位継承の有無や田宅の支給量によって差異が設けられており、こうした制度の細部が秦における戸籍制度の導入（献公一〇年〈前三七五〉）や土地支給制度の開始以後に完成したものであることは言を俟たない。

これら論者が指摘する通り、秦の労役刑体系は人為的に構築されたものであり、戦国期に生じた諸変化を体現しているのは確かである。ただし、なおも検討の余地があるのは、こうして形成された制度がまったく新しいものであったのか、それとも滋賀が主張するように、何らかの点において春秋期の刑罰制度や身分制度の系譜を引くものなのか、という問題である。とりわけ、これまで多くの論考が著されてきた隷臣妾の地位について言えば、それが春秋期以前からの臣妾の流れを汲み、「官有奴隷」たる臣妾の地位が捕虜や犯罪者に与えられていたのが、次第に労役刑の一区分に転化したと見なすのが、むしろ一般であった〔李力二〇〇七〕。秦制の原基となった制度が春秋期にも存在したとすれば、それは実際のところ如何なる姿をしていたのか。

春秋期の身分秩序を表現したものとしてしばしば引かれる『左伝』昭公七年の、

天有十日、人有十等。…故王臣公、公臣大夫、大夫臣士、士臣皁、皁臣輿、輿臣隷、隷臣僚、僚臣僕。僕臣臺。馬有圉、牛有牧。以待百事。

天に十日あり、人に十等あり。…故に王の臣は公、公の臣は大夫、大夫の臣は士、士の臣は皁、皁の臣は輿、輿の臣は隷、隷の臣は僚、僚の臣は僕。僕の臣は臺。馬に圉あり、牛に牧あり。以て百事を待つ。

という一文は、そこに「庶人」が現れない点において、身分秩序をめぐる『左伝』中の他の言説と相違する。[3] それ故にこの記事は官府における上下関係を示すものと解釈されている〔堀一九八七、九三頁、籾山一九八二、一一頁〕が、より正確には王権に直接奉仕する義務を負った者たちの階層構造と言うべきであろう。

この階層は「士」以上と「皁」以下とに大きく二分される。前者が自らの邑田を持ち、軍事的直接奉仕者として支配層を構成するのに対し、後者は「皁隷は職を食む」[4]（『国語』晋語四）と言われるとおり、主として職役によって奉仕する者たちであった。それらが単なる職役名ではなく、一種の身分呼称であることは、吉本道雅によって論証されている。[5] 「皁」以下の身分は、庶人に比して王権のより強い影響下にあり、相対的に重い役務を課されていた者、見方を換えれば、より王権に依存して生計を立てていた者と考えられ、その意味でこれらを「隷属者」と総称できよう。

隷属者が「皁」以下の六種に分けられるのは、無論「十」に合わせるための便法に過ぎない。だがそこに数種類の区分がすでに存在していたことは想定してよかろう。籾山明は西周春秋期の隷属者に分析を加え、それらが「僕」や「圉」など、一定の職役を前提にする従属者と、それを前提としない人身的隷属者「臣妾」の二系統に分かれ、前者が「家」を単位に把握されるのに対し、後者は「人」で数えられるなど、その管理・掌握の方法が異なったことを指摘している［籾山一九八二］。役務の内容や従属性の濃淡に加えて、こうした処遇の違いもまた、区分の一基準であったに違いない。

さて、先に引用した『礼記』王制では、障害者や「断者」と共に「器を以てこれに食ましむ」者として「百工」が挙げられていた。甲骨・金文にも見える「百工」を隷属的な手工業者集団と捉えるべきか否かをめぐっては、論者の間でも意見が異なる[6]。前引の『国語』晋語四では「工商は官に食む」とされ、皁隷の列には加えられていないが、一方で士・庶人からも明確に区別されている。手工業者が一般民と区別されていたことは確かであり、そのうち君主に従属し、その技能によって生活の糧を得ていた者たちは、より強い支配の下にあったという意味で、隷属者の一つに数えられよう。王制は百工やその他の「技術者」たちの地位を次のようにも描写する。

凡執技以事上者、祝・史・射・御・醫・卜、及百工（言技謂此七者）。凡執技以事上者、不貳事、不移官（欲專其事、亦爲不德）、出郷不與士齒（賤也。於其郷中則齒。親親也）、仕於家者、出郷不與士齒（亦賤）。
（『礼記』王制）

凡そ技を執り以て上に事うる者は、祝・史・射・御・医・卜、及び百工（技と言うは此の七者を謂う）。凡そ技を執り以て上に事うる者は、事を貳せず、官を移らず（其の事を専らにするを欲し、亦た不徳と為せばなり）、郷に出でて士と歯せず（賤なればなり。其の郷中に於いては則ち歯す。親を親とするなり）。家に仕うる者も、郷に出でて士と歯せず（亦た賤なればなり）。

この記事はまず、これら技術者たちが「士と歯せず」という地位にあったとことを述べる。ただし「賤なればなり」という鄭玄の解説は、庶人に非ざれば奴婢という先入観に影響を受けている虞もあり、春秋期における「隷属者」の拡がりを見誤らせかねない。百工と並置される、「史」を始めとした者たちは、むしろ下層の官吏と呼ぶべき存在である。(7) やがて『孟子』においては「下士」と禄を同じくする者として「庶人在官者」（万章下）の語が現れ、士・庶人・「在官者」の区分は次第に稀薄となるが、元来下級の「在官者」は「技」によって君主に仕えるという点で士と、従属の度合において庶人と区別され、むしろ百工や皁隷と同じ範疇に収められていた。これら隷属者の集団は庶人の下に「賤」として置かれたのではなく、君主権のより強い影響力の下、庶人とは別に独自の階層構造を持って存在していたと言った方がよかろう。

また右の記事からは、史や百工などの技術者が「家」にも居たこと、いわば有力者たちに分有される状況にあったことが知られる。『左伝』昭公七年の記事は理念的に王を頂点とする階層構造を描くが、実際には国君や卿大夫の下にも、これと類似した技術者や隷属者たちが存在していた。

最初に引用した王制に立ち戻り、「断者」もまた百工と並置され、働きに応じて食を得ていたことを思い起こすなら、被刑者が送り込まれたのはこうした隷属者の世界であり、与えられた役務も隷属者としてのそれであったに違いない。障害者と共に異端視された被刑者には、官による保護が与えられ、その代償としてより従属的な立場で役務に就くことが求められた。

ただし注意せねばならないのは、「器を以てこれに食ましむ」とされる以上、こうした保護はあくまで服役を前提としていたという点である。官の役務に服して生活の糧を与えられることは、確かに恩恵的な側面を持つ。

だがそれは裏を返せば、役務に服し得ない者は保護の対象から外されたことを意味する。障害者の処遇をめぐって、『国語』晋語四には次のやりとりが見える。

公曰「奈夫八疾何」。対曰「官師之所材也、戚施直鎛、蘧蒢蒙璆、侏儒扶盧、矇瞍修聲、聾聵司火。童昏・嚚瘖・僬僥、官師之所不材也、以實裔土。

公曰く「夫れ八疾を奈何せん」。対えて曰く「官師の材とする所や、戚施は鎛に直り、蘧蒢は璆を蒙き、侏儒は盧に扶り、矇瞍は声を修め、聾聵は火を司る。童昏・嚚瘖・僬僥、官師の材とせざる所や、以て裔土に実たす。

障害者たちは、利用価値があるならば然るべき役務に就けられ、それに応じて支給を受けた。だがそうでない者たちは官に養われることなく、放逐の憂き目に会う。役務への動員は一面では弱者保護であったが、一方ですぐれて功利的、かつ強権的な性格を帯びていた。

先述したとおり、籾山は春秋期において犯罪者が臣妾とされた可能性を否定している。だが『詩経』小雅・正月には、

憂心惸惸、念我無祿。民之無辜、幷其臣僕。

憂心惸惸たり、我が禄なきを念う。民の辜なきも、幷せて其れ臣僕とす。

という一句が見えており、隷属者の中には、罪によってその地位に就けられた者が含まれた。制裁手段の一つとしてこうした地位に就けることも、すでに春秋期以前から行われていたと考えるべきであろう。

以上に述べてきたとおり、春秋期には君主からより強い支配を受ける人間集団―下層の官吏もその中に含まれる―が庶人と明らかに区分されて、被刑者や障害者など、異端視された者たちもその下層に巻き込みつつ存在し、

時としてその地位に就けられることが制裁の一つとして利用されていたとすれば、さらにそれら隷属者が職役の中身や処遇によって数種類に分化していたとすれば、そこに秦代労役刑制度の原基がすでに認められるといってよい。戦国期に生じたのは、既存の隷属者身分のいくつかを法によって明確に規定し、各身分の上下関係を客観的基準により整序した上で、犯罪行為の軽重に応じてそれらを使い分けることであった。この変化を、成文法が公開され、あらゆる者がその対象となったのに伴って、君主の下にあった隷属者の構造が、一国の刑罰制度の一部として整えられていった過程と見なすこともできよう。

本書の第五章では、漢代に刑徒を管掌する機関であった司空が、元来はその属僚や隷属者を主として管轄するものであったことを論じた。このことは、君主に直接隷属する者たちの階層構造が秦代労役刑の雛形であったという推論を傍証する。また第四章の、無期労役刑徒は赦令を経ても直ちにその身分を回復せず、その点において私人の奴婢と共通するという指摘も、労役刑徒の原型が君主に直属する隷属身分であったとの推測に符合しよう。

こうした理解に立つなら、春秋期以前の隷属者に「家」で把握される者と「人」で数えられる者とが並存することは、家族が解体されるか否かという、城旦舂と隷臣妾を分かつ重要な基準から遡って考察される必要がある。また隷臣妾と下級官吏の就労形態が一致すること（第三章第二節）、あるいは場合によっては司寇が官吏に叙任されかねない[8]という、後世の感覚からすれば不可思議な現象も、隷属者と下層官吏との連続性に鑑みて、また別の角度から理解する道が開けてこよう。古代の身分制とその変遷に刑制史の知見から切り込んでゆくことを、今後の課題としたい。

注

（1）籾山二〇〇六、二六八頁。陶安二〇〇九は、隠官に財産権や婚姻権が認められたことから、秦代において肉刑は決定的な排除の要因にはならなかったと説く［八三頁］が、隠官という地位が存在すること自体、さらには奇形や刃物による傷痍を持つ者が「罷𤸇」として一般人と区別され（二年律令363、408〜409）、異なる役務に就けられたことは、被刑者への忌避感が根強く存在したことを示していよう。

（2）陶安が細分化の一例として挙げるのは耐隷臣妾刑である。確かに二年律令は、法文にただ「耐之」とある場合、庶人以上には耐司寇、司寇刑徒には耐隷臣妾を適用すると述べており（二年律令90）、一般人に耐隷臣妾が適用されるのは例外措置が拡大し、常態化したもの、従ってあくまで後発的なものであるとの見方は、一応の説得力を持つ。だが隷臣妾は、窃盗罪を犯した者への科罰を贓額ごとに定めた規定（二年律令55〜56）にも現れる。窃盗罪、あるいは贓罪一般の基本規定ともいえる条文に、司寇ではなく隷臣妾が現れることは、隷臣妾の一般人への適用を後発的なものと断ずるのを躊躇わせる。

第三章で論じたとおり、秦律の中で「耐」がその原義を反映するかたちで単独で用いられることはなく、いずれも刑罰の一範疇として、あるいはそれに属す労役刑に冠せられて現れる。これら、耐を加えたうえで与えられていた数種類の地位が当初より存在し、それらが罪の軽重により、あるいは犯罪者の地位により使い分けられ、いわば序列化されていくなかで、やがて耐司寇を基本とする総則が生まれ、科罰を単に「耐之」と表現する条文も出現した、と二年律令90簡の規定を説明することもできよう（個々の条文中から帰納的に導き出された原則が追認されるかたちで総則的規定が定められた、いわば総則が比較的後起のものであった可能性は、宮宅二〇〇八でも論じた）。耐隷臣妾の後発性を裏づける、理論的、実証的論拠は現今のところ存在しない。

従って、完城旦舂はより遅れて現れた刑罰と考えられるものの、秦から漢初の刑罰が総体として細分化に向かっていたとはいえまい。むしろ漢初に到るまでの耐候刑の消滅、死刑の刑種の減少などは、場当たり的に行われていた数々の制裁行為が次第に淘汰されてゆく傾向にあったことを感じさせる。

（3）左伝襄公九年、十四年、哀公二年。

（4）公食貢、大夫食邑、士食田、庶人食力、工商食官、皁隷食職、官宰食加。

（5）「皁」以下の地位のうち、「輿」すなわち「輿人」は、農業に従事しつつも、必要な場合は農繁期であるか否かを問わず力役に駆り出された者であり、庶人よりも強い支配を受け、かつたとえ農耕に従っていても「輿人」の名で呼ばれた点において、身分的な隷属者と見なし得る［吉本二〇〇五、二二一～二二二頁］。

（6）陳建敏一九八四は百工を基本的に「工奴」と見なしつつも、その地位の時代による変化を想定する。伊藤一九八七は当時の手工業者を一概に隷属民とすることに警鐘を鳴らし、「里君」などと並称される百工は自営的な者ではなかったかとする［伊藤一九八七、二一九～二二〇頁、及び二三〇頁注六六］。

（7）経書に見える「百工」は時に「百官」の意とされ、後代には「百官」と書き改められることがある（例えば『書』堯典「允釐百工」→『漢書』律暦志「允釐百官」）。こうした解釈を支える論拠として『左伝』昭公二二年の「王子朝因旧官・百工之喪職秩者與霊・景之族以作乱」を挙げ、工匠に「職秩」はなかったはずだとの指摘がなされることもある。だがむしろ、王室の下属の末端には隷属的な技術者が連なっていたと考えるべきであろう。

（8）侯（候）・司寇及羣下吏毋敢爲官府佐・史及禁苑憲盜。内史雜（秦律十八種193）

【引用文献一覧】

（和文　五十音順）

網野善彦　一九九六『増補　無縁・公界・楽　日本中世の自由と平和』（平凡社）
池田夏樹　二〇〇三「戦国秦漢期における贖刑制度」『中央大学大学院研究年報』第三二号（文学研究科篇）
池田夏樹　二〇〇五「戦国秦漢期における徒隷」『帝京史学』第二〇号
池田夏樹　二〇〇六「秦漢律における「老小廃疾婦人」と刑事責任」『日本秦漢史学会会報』第七号
石岡　浩　一九九九「秦時代の刑罰減免をめぐって―秦簡に見える「居官府」から―」『史滴』第二〇号
石岡　浩　二〇〇〇ａ「漢代有期労役刑制度における復作と弛刑」『法制史研究』五〇
石岡　浩　二〇〇〇ｂ「漢代刑罰制度における赦の効用―弛刑による刑罰の緩和―」『史観』一四三冊
石岡　浩　二〇〇二「両晋・南朝の劫罪にみる肉刑と冶士」池田温編『日中律令制の諸相』（東方書店）
石岡　浩　二〇〇三「張家山漢簡二年律令にみる二十等爵制度―五級大夫を中心に―」『中国史研究』（韓国）第二六冊
石岡　浩　二〇〇五ａ「張家山漢簡「二年律令」盗律にみる磔刑の役割―諸侯王国を視野におく厳罰の適用―」『史学雑誌』第一一四編第一一号
石岡　浩　二〇〇五ｂ「収制度の廃止にみる前漢文帝刑法改革の発端―爵制の混乱から刑罰の破綻へ―」『歴史学研究』第八〇五号
石岡　浩　二〇〇五ｃ「睡虎地秦簡「秦律十八種」司空律訳注（上）―司空の管轄する物品類―」『早稲田大学

本庄高等学院研究紀要』二三
石岡　浩　二〇〇六「睡虎地秦簡「秦律十八種」司空律訳注（下）―居貲贖債と城旦舂労働―」『早稲田大学本庄高等学院研究紀要』二四
伊藤道治　一九八七『中国古代国家の支配構造―西周封建制度と金文』（中央公論社）
内田智雄　一九六四『訳注中国歴代刑法志』（創文社）
宇都木章　一九七九「輿人考」『三上次男博士頌寿記念　東洋史・考古学論集』（朋友書店）
大櫛敦弘　二〇〇三「歩行と乗車―戦国秦漢期における車の社会史的考察―」『高知大学人文学部人間文化学科・人文科学研究』第一〇号
大庭　脩　一九八二『秦漢法制史の研究』（創文社）
大庭　脩　一九九二『漢簡研究』（同朋舎出版）
片倉　穰　一九六六「漢代の士伍」『東方学』第三六輯
金谷　治　一九八七『管子の研究』（岩波書店）
鎌田重雄　一九三八「西漢爵制」『史潮』第八年第一号、後『漢代史研究』（川田書房）所収
楠山修作　一九九六「漢代女性力役不課論」『東洋文化学科年報』一一、のち同『中国史論集』（朋友書店）所収
古賀　登　一九八〇『漢長安城と阡陌・県郷亭里制度』（雄山閣）
小南一郎　一九八五「大地の神話―鯀・禹伝説原始―」『古史春秋』二
佐藤達郎　二〇〇〇「前漢の文帝―その虚像と実像―」『古代文化』第五二巻第八号
佐原康夫　一九九七「居延漢簡に見える官吏の処罰」『東洋史研究』第五六巻第三号

佐原康夫　二〇〇二　『漢代都市機構の研究』（汲古書院）

三国時代出土文字資料の研究班　二〇〇四　「江陵張家山漢墓出土「二年律令」訳注稿　その（一）」『東方学報』京都第七六冊

椎名一雄　二〇〇六　「張家山漢簡二年律令にみえる爵制――「庶人」への理解を中心として――」『鴨台史学』第六号

滋賀秀三　二〇〇三　『中国法制史論集　法典と刑罰』（創文社）

重近啓樹　一九九九　『秦漢税役体系の研究』（汲古書院）

下倉　渉　二〇〇五　「秦漢姦淫罪雑考」『東北学院大学論集』歴史学・地理学　第三九号

白川　静　一九六六　『金文通釈』一三（白鶴美術館）、後『白川静著作集』別巻「金文通釈」1［下］（平凡社、二〇〇四年）所収

白川　静　一九九四　『字統』普及版（平凡社）

陶安あんど二〇〇〇　「法典編纂史再考――漢篇：再び文献史料を中心に据えて」『東京大学東洋文化研究所紀要』一四〇

陶安あんど二〇〇九　『秦漢刑罰体系の研究』（東京外国語大学アジア・アフリカ言語文化研究所）

角谷常子　一九九三　「漢代居延における軍政系統と県との関わりについて」『史林』第七六巻第一号

角谷常子　一九九六　「秦漢時代の贖刑」梅原郁編『前近代中国の刑罰』（京都大学人文科学研究所）

角谷常子　二〇〇六　「秦漢時代における家族の連坐について」冨谷至編『江陵張家山二四七号漢墓出土漢律令の研究』論考編（朋友書店）

瀬川敬也　一九九八　「秦代刑罰の再検討――いわゆる「労役刑」を中心に――」『鷹陵史学』第二四号

鷹取祐司　一九九六　「居延漢簡劾状関係冊書の復原」『史林』七九巻五号
鷹取祐司　一九九七　「漢代戍卒の徴発と就役地への移動」『古代文化』第四九巻第一〇号
鷹取祐司　二〇〇三　「漢代の裁判手続き「劾」について―居延漢簡「劾状」の分析から―」『中国出土資料研究』第七号
鷹取祐司　二〇〇六　「二年律令九三簡「診報辟故弗窮審」条についての一考察」冨谷至編『江陵張家山二四七号漢墓出土漢律令の研究』論考篇（朋友書店）
高村武幸　二〇〇八　『漢代の地方官吏と地域社会』（汲古書院）
張家山漢簡『算数書』研究会　二〇〇六　『漢簡『算数書』―中国最古の数学書―』（朋友書店）
冨田健之　一九八三　「前漢における『詔獄』の展開」『古代文化』第三五巻第九号
冨谷　至　一九八三　「秦漢における庶人と士伍・覚書」谷川道雄編『中国士大夫階級と地域社会との関係についての総合的研究』（科学研究費補助金研究成果報告書）
冨谷　至　一九九五　『中国古代の刑罰―髑髏が語るもの―』（中央公論社）
冨谷　至　一九九八　『秦漢刑罰制度の研究』（同朋舎）
冨谷　至　二〇〇〇　「晋泰始令への道―第一部　秦漢の律と令」『東方学報』京都第七二冊
冨谷　至　二〇〇五　「江陵張家山二四七号墓出土竹簡―とくに「二年律令」に関して―」『木簡研究』第二七号
仁井田陞　一九六二　『中国法制史研究』奴隷奴婢法・家族村落法（東京大学出版会）
西嶋定生　一九六一　『中国古代帝国の形成と構造　二十等爵制の研究』（東京大学出版会）
西田太一郎一九七四　『中国刑法志研究』（岩波書店）
濱口重國　一九三六ａ　「漢代の将作大匠と其の役徒」『史学雑誌』第四七編第一二号、のち同『秦漢隋唐史の研

究』（東京大学出版会、一九六六）所収
濱口重國　一九三六b「漢代における強制労働刑その他」『東洋学報』第二三巻第二号、のち同『秦漢隋唐史の研究』（東京大学出版会、一九六六）所収
濱口重國　一九六六『秦漢隋唐史の研究』（東京大學出版會）
藤井律之　二〇〇六「罪の「加減」と性差」冨谷至編『江陵張家山二四七号漢墓出土漢律令の研究』論考篇（朋友書店）
堀　敏一　一九八七『中国古代の身分制―良と賤―』（汲古書院）
牧野　巽　一九四二「漢代の家族形態」『東亜学』第四、五輯、のち同『牧野巽著作集　第一巻　中国家族研究（上）』（お茶の水書房、一九七九）所収
増淵龍夫　一九六二「所謂東洋的専制主義と共同体」『一橋論叢』第四七巻第三号、後『中国古代の社会と国家』（弘文堂）所収
松井嘉徳　二〇〇二『周代国制の研究』（汲古書院）
マリノウスキー　一九九九『新版　未開人の性生活』（新泉社）
（泉靖一・蒲生正男・島澄訳）
ミッタイス・リーベリッヒ　一九七一『ドイツ法制史概説（改訂版）』（創文社）
（世良晃志郎訳）
水間大輔　二〇〇七a「秦律・漢律における女子の犯罪に対する処罰」『福井重雅先生古稀・退職記念論集　古代東アジアの社会と文化』（汲古書院）
水間大輔　二〇〇七b『秦漢刑法研究』（知泉書館）

水間大輔　二〇〇八　「書評　有期労役刑体系の形成―「二年律令」に見える漢初の労役刑を手がかりにして―」『法制史研究』五七
宮宅　潔　一九九五　「漢令の起源とその編纂」『中国史学』第五巻
宮宅　潔　一九九六　「漢代請讞考―理念・制度・現実―」『東洋史研究』第五五巻第一号
宮宅　潔　一九九八　「秦漢時代の裁判制度―張家山漢簡《奏讞書》より見た―」『史林』第八一巻第二号
宮宅　潔　二〇〇一　「「劾」小考―中国古代裁判制度の展開―」『神女大史学』第一八号
宮宅　潔　二〇〇六　「有期労役刑体系の形成―「二年律令」に見える漢初の労役刑を手がかりにして―」『東方学報』京都　第七八冊
宮宅　潔　二〇〇八　「書評　水間大輔著『秦漢刑法研究』」『日本秦漢史学会会報』第九号
籾山　明　一九八〇　「法家以前―春秋期における刑と秩序―」『東洋史研究』第三九巻第四号
籾山　明　一九八二　「秦の隷属身分とその起源―隷臣妾問題に寄せて―」『史林』第六五巻第六号
籾山　明　一九八五　「爵制論の再検討」『新しい歴史学のために』一八七号
籾山　明　一九八七　「春秋訴訟論」『法制史研究』三七
籾山　明　一九九一　「皇帝支配の原像―民爵賜与を手がかりに」松原正毅編『王権の位相』（弘文堂）
籾山　明　一九九五　「秦漢刑罰史研究の現状」『中国史学』第五巻
籾山　明　二〇〇六　『中国古代訴訟制度の研究』（京都大学学術出版会）
森谷一樹　二〇〇四　「張家山漢簡・秩律初探」『洛北史学』第六号
守屋美都雄一九五七　「漢代爵制の源流として見たる商鞅爵制の研究」『東方学報』京都二七冊、のち同『中国古代の家族と国家』（東洋史研究会）所収

守屋美都雄 一九六八『中国古代の家族と国家』（東洋史研究会）

山田勝芳 一九七七「後漢の大司農と少府」『史流』第一八号

山田勝芳 一九九三『秦漢財政収入の研究』（汲古書院）

山田勝芳 二〇〇二「張家山第二四七号漢墓竹簡「二年律令」と秦漢史研究」『日本秦漢史学会会報』第三号

吉村昌之 一九九三「漢代辺郡における田官組織―簡牘にみえる「間田」という語を手掛かりとして―」大庭脩編『漢簡研究の現状と展望』（関西大学出版部）

吉本道雅 一九九七「孟子小考―戦国中期の国家と社会―」『立命館文学』五五一

吉本道雅 二〇〇三「墨子兵技巧諸篇小考」『東洋史研究』第六二巻第二号

吉本道雅 二〇〇四「周礼小考」『中国古代史論叢』（立命館東洋史学会）

吉本道雅 二〇〇五『中国先秦史の研究』（京都大学学術出版会）

李　学勤 一九九三「江陵張家山二四七号漢律竹簡について」大庭脩編『漢簡研究の現状と展望』（関西大学出版部）

里耶秦簡講読会 二〇〇四「里耶秦簡訳注」『中国出土資料研究』第八号

若江賢三 一九九六「秦律中の隷臣妾」『愛媛大学人文学会創立二十周年記念論集』（愛媛大学人文学会）

鷲尾祐子 二〇〇六「漢初の戸について―《二年律令》を主な史料として―」冨谷至編『江陵張家山二四七号漢墓出土漢律令の研究』論考篇（朋友書店）

早稲田大学簡帛研究会 二〇〇二「張家山第二四七号漢墓竹簡訳注（一）―二年律令賊律訳注（一）」『長江流域文化研究所年報』創刊号

渡邊信一郎 二〇〇一「漢代国家の社会的労働編成」『殷周秦漢時代史の基本問題』（汲古書院）

（中文　ピンイン順）
曹　旅寧　二〇〇二　『秦律新探』（中国社会科学出版社）
曹　旅寧　二〇〇七　「秦漢法律簡牘中的〝庶人〟身份及法律地位問題」『咸陽師範学院学報』二〇〇七年第三期
陳　建敏　一九八四　「甲骨文金文所見商周工官工奴考」『学術月刊』一九八四年第二期
陳　玲　二〇〇一　「試論漢代辺塞刑徒的輸送及管理」『簡帛研究二〇〇一』（広西師範大学出版社）
陳　蘇鎮　二〇〇四　「漢初王国制度考述」『中国史研究』二〇〇四年第三期
陳　偉　一九九四　「包山楚司法簡一三一〜一三九号考析」『江漢考古』一九九四年第四期
陳　偉　一九九六　『包山楚簡初探』（武漢大学出版社）
陳　暁楓　一九八九　「両漢劾制辨正」『法学評論』一九八九年第三期
陳耀鈞・閻頻　一九八五　「江陵張家山漢墓的年代及相関問題」『考古』一九八五年第一二期
陳　直　一九八〇　『両漢経済史料論叢』（陝西人民出版社）
傅　栄珂　一九九二　『睡虎地秦簡刑律研究』（商鼎文化出版社）
甘粛文物考古研究所　二〇〇〇　「甘粛敦煌漢代懸泉置遺址発掘簡報」『文物』二〇〇〇年第五期
高　敏　二〇〇二　「従《二年律令》看西漢前期的賜爵制度」『文物』二〇〇二年第九期
葛　剣雄　一九八六　『西漢人口地理』（人民出版社）
韓　若春　一九九三　「西漢霍去病墓側新発現両塊〝左司空〟題記石」『考古与文物』一九九三年第一期
韓　樹峰　二〇〇三　「秦漢律令中的完刑」『中国史研究』二〇〇三年第四期
韓　樹峰　二〇〇五　「秦漢徒刑散論」『歴史研究』二〇〇五年第三期

湖南省文物考古研究所・湘西土家苗族自治州文物処　二〇〇三「湘西里耶秦代簡牘選釈」『中国歴史文物』二〇〇三年第一期

黄　盛璋　一九八六「掲開告地策諸謎―従雲夢龍崗秦墓、邗江胡場漢墓木牘説起」『故宮文物月刊』第一四巻第八期

荊州地区博物館　一九八五「江陵張家山三座漢墓出土大批竹簡」『文物』一九八五年第一期

荊州地区博物館　一九九二「江陵張家山両座漢墓出土大批竹簡」『文物』一九九二年第九期

孔　林山　一九八六「〝幽閉〟考辨」『政法論壇』一九八六年第六期

李　均明　二〇〇二a「張家山漢簡所反映的二十等爵制」『中国史研究』二〇〇二年第二期

李　均明　二〇〇二b「張家山漢簡所見規範継承関係的法律」『中国歴史文物』二〇〇二年第二期

李　均明　二〇〇二c「張家山漢簡〈収律〉与家族連坐」『文物』二〇〇二年第九期

李　均明　二〇〇三「張家山漢簡所見刑罰等序及相関問題」『華学』第六輯

李　力　二〇〇六「関於《二年律令》題名之再研究」『簡帛研究二〇〇四』（広西師範大学出版社）

李　力　二〇〇七『〝隷臣妾〟身份再研究』（中国法制出版社）

李　学勤　一九九四『簡帛佚籍与学術史』（時報文化）

李　学勤　一九九五「《奏讞書》解説（下）」『文物』一九九五年第三期

李　学勤　二〇〇三「初読里耶秦簡」『文物』二〇〇三年第一期

李　振宏　二〇〇三『居延漢簡与漢代社会』（中華書局）

李　振宏　二〇〇五「蕭何〝作律九章〟説質疑」『歴史研究』二〇〇五年第三期

林　炳徳　二〇〇八「秦漢的官奴婢和漢文帝刑制改革」『簡帛研究二〇〇六』（広西師範大学出版社）

劉　海年　一九八一「秦律刑罰考析」中華書局編輯部編『雲夢秦簡研究』（中華書局）
劉　海年　二〇〇六『戦国秦代法制管窺』（法律出版社）
劉　敏　二〇〇四「張家山漢簡〝小爵〟臆釈」『中国史研究』二〇〇四年第三期
劉　洋　二〇〇八「漢代〝復作〟徒考辨」『南都学壇（人文社会科学学報）』二〇〇八年第四期
彭　浩　一九九五「談《奏讞書》中秦代和東周時期的案例」『文物』一九九五年第三期
彭　浩　二〇〇一『張家山漢簡《算数書》注釈』（科学出版社）
彭　浩　二〇〇四「談《二年律令》中幾種律的分類与編連」『出土文献研究』第六輯
饒宗頤・李均明　一九九五『新莽簡輯證』（新文豊）
沈　長雲　一九八三「談古官司空之職—兼説《考工記》的内容及作成時代」『中華文史論叢』一九八三年第三期
宋　杰　二〇〇七ａ「漢代後宮的監獄」『歴史研究』二〇〇七年第二期
宋　杰　二〇〇七ｂ「東漢的洛陽獄」『歴史研究』二〇〇七年第六期
宋艶萍・邢学敏　二〇〇六「里耶秦簡〝陽陵卒〟簡蠡測」『簡帛研究二〇〇四』（広西師範大学出版社）
唐　蘭　一九七六「陝西省岐山県董家村新出西周重要銅器銘辞的釈文和注釈」『文物』一九七六年第五期
王　愛清　二〇〇七「〝私属〟新探」『史学月刊』二〇〇七年第二期
王　人聰　一九九〇「新莽官印匯考」『秦漢魏晉南北朝官印研究』（香港中文大学出版社）
王　偉　二〇〇六「張家山漢簡《二年律令》編聯初探」『簡帛』第一輯
王　偉　二〇〇七「論漢律」『歴史研究』二〇〇七年第三期
汪　中文　一九九三『両周官制論稿』（復文図書出版社）
呉　栄曾　一九九五『先秦両漢史研究』（中華書局）

呉　小平　二〇〇五　『漢代青銅容器的考古学研究』（岳麓書社）

邢　義田　二〇〇三ａ　「張家山漢簡《二年律令》読記」『燕京学報』新一五期

邢　義田　二〇〇三ｂ　「従張家山漢簡〈二年律令〉論秦漢的刑期問題」『台大歴史学報』第三一期

邢　義田　二〇〇五　「従張家山漢簡〈二年律令〉重論秦漢的刑期問題」『台大歴史学報』第三六期

徐　鴻修　一九八四　「従古代罪人収奴刑的変遷看〝隷臣妾〟〝城旦舂〟的身分」『文史哲』一九八四年第五期

徐　世虹　一九九六　「漢劾制管窺」中国社会科学院簡帛研究中心編『簡帛研究』第二輯（法律出版社）

徐　世虹　一九九九　『中国法制通史　第二巻　戦国秦漢』（法律出版社）

徐　世虹　二〇〇二　「張家山二年律令簡所見漢代的継承法」『政法論壇』（中国政法大学学報）二〇〇二年第五期

徐　世虹　二〇〇四　「〝三環之〟〝刑復城旦舂〟〝繋城旦舂某歳〟解」『出土文献研究』第六輯

厳　耕望　一九九〇　『中国地方行政制度史　甲部　秦漢地方行政制度』（中央研究院歴史語言研究所）

楊　頡慧　二〇〇四　「張家山漢簡中〝隷臣妾〟身份探討」『中原文物』二〇〇四年第一期

楊　　寛　一九八二　「戦国秦漢的監察和視察地方制度」『社会科学戦線』一九八二年第二期

楊　振紅　二〇〇三　「秦漢〝名田宅制〟説—従張家山漢簡看戦国秦漢的土地制度」『中国史研究』二〇〇三年第三期

楊　振紅　二〇〇五　「従《二年律令》的性質看漢代法典的編纂修訂与律令関係」『歴史研究』二〇〇五年第四期

揚州博物館・邗江県図書館　一九八一　「江蘇邗江胡場五号漢墓」『文物』一九八一年第一一期

尹　在碩　二〇〇三　「睡虎地秦簡和張家山漢簡反映的秦漢時期後子制和家系継承」『中国歴史文物』二〇〇三年第一期

于　豪亮　一九八〇「雲夢秦簡所見職官述略」『文史』第八輯
于　振波　二〇〇四「張家山漢簡中的名田制及其在漢代的実施情況」『中国史研究』二〇〇四年第一期
袁　仲一　一九八七『秦代陶文』（三秦出版社）
臧　知非　二〇〇三「張家山漢簡所見西漢継承制度初論」『文史哲』二〇〇三年第六号
翟麦玲・張栄芳　二〇〇五「論秦漢法律的性別特徴」『秦文化研究』一二
張　伝璽　一九八一「釈〝郵亭駅置徒司空、褒中県官寺〟」『考古与文物』一九八一年第四期、のち同『秦漢問題研究』（北京大学出版社、一九九五）所収
張家山漢墓竹簡整理小組　一九八五「江陵張家山漢簡概述」『文物』一九八五年第一期
張　建国　一九九六「試析漢初〝約法三章〟的法律効力―兼談〝二年律令〟与蕭何的関係」『法学研究』一九九六年第一期、のち同『帝制時代的中国法』（法律出版社、一九九九）所収
張　建国　一九九九『帝制時代的中国法』（法律出版社）
張　建国　二〇〇四「張家山漢簡《具律》121簡排序辨正」『法学研究』二〇〇四年第六期
張　建国　二〇〇六「漢代的罰作・復作与弛刑」『中外法学』二〇〇六年第五期
張　栄強　二〇〇五「《二年律令》与漢代課役身分」『中国史研究』二〇〇五年第二期
張　政烺　一九五八「秦漢刑徒的考古資料」『北京大学学報』一九五八年第三期、のち同『張政烺文史論集』（中華書局、二〇〇四）所収
張　政烺　一九八〇「秦律〝葆子〟釈義」『文史』第九輯、のち同『張政烺文史論集』（中華書局、二〇〇四）所収
趙　佩馨　一九六一「甲骨文中所見的商代五刑―并釈刓、刴二字―」『考古』一九六一年第二期

支　強　二〇〇四「張家山漢簡法律文書研討綜述　10.《二年律令・具律》中所見〝刑尽〟試解」『出土文献研究』第六輯

中国社会科学院考古研究所　一九九六『漢長安城未央宮　一九八〇〜一九八九年考古発掘報告』（中国大百科全書出版社）

中国社会科学院考古研究所洛陽工作隊　一九七二「東漢洛陽城南郊的刑徒墓地」『考古』一九七二年第四期、のち中国社会科学院考古研究所『漢魏洛陽故城南郊東漢刑徒墓地』（文物出版社、二〇〇七）所収

周暁陸・路東之　二〇〇〇『秦封泥集』（三秦出版社）

朱　紹侯　二〇〇二ａ「西漢初年軍功爵制的等級劃分──《二年律令》与軍功爵制研究之一」『河南大学学報（社会科学版）』二〇〇二年第五期

朱　紹侯　二〇〇二ｂ「呂后二年賜田宅制度試探──《二年律令》与軍功爵制研究之二」『史学月刊』二〇〇二年第二期

朱　紹侯　二〇〇三ａ「従《二年律令》看与軍功爵制有関的三個問題──《二年律令》与軍功爵制研究之三」『河南大学学報（社会科学版）』二〇〇三年第一期

朱　紹侯　二〇〇三ｂ「従《二年律令》看漢初二十級軍功爵的価値──《二年律令》与軍功爵制研究之四」『河南大学学報（社会科学版）』二〇〇三年第二期

（欧文　アルファベット順）

Emmerich, Reinhard　二〇〇六　“Präliminarien zu Jia Shan und dessen Werk”, Raimund Th. Kolb, Martina

Siebert (ed.), *Über Himmel und Erde: Festschrift für Erling von Mende*, (Wiesbaden: Harrassowitz Verlag).

Hulsewé, A.F.P. 一九九五 *Remnants of Han Law*, Vol. I, (Leiden: E.J.Brill).

Kroll, J.L. 一九九〇 "Notes on Ch'in and Han Law", *Thought and Law in Qin and Han China*, (Leiden: E.J. Brill).

Lewis, Mark Edward 二〇〇〇 "The Han Abolition of Universal Military Service", Hans Van De Ven (ed.), *Warfare in Chinese History*, (Leiden; Boston; Köln: E.J.Brill).

Liu Yongping 一九九八 *Origins of Chinese Law: Penal and Administrative Law in its Early Development*, (Hong Kong: Oxford University Press).

McKnight, Brian E · 一九八一 *The Quality of Mercy: Amnesties and Traditional Chinese Justice*, (Honolulu: The University Press of Hawaii).

Sanft, Charles 二〇〇五 "Six of One, Two Dozen of the Other: The Abatemant of Mutilating Punishments under Han Emperor Wen", *Asian Major* 18-1.

あとがき

本書に収められた各論考の初出は以下のとおり。

第一章　張家山漢簡「二年律令」解題
「張家山漢簡《二年律令》解題」（『東方学報』京都第七六冊、二〇〇四年）
第二章　秦漢刑罰体系形成史試論―腐刑と戍辺刑―
「「二年律令」研究の射程―新出法制史料と前漢文帝期研究の現状―」（『史林』第八九巻第一号、二〇〇六年）
「秦漢刑罰体系形成史への一試論―腐刑と戍辺刑―」（『東洋史研究』第六六巻第三号、二〇〇七年）
第三章　労役刑体系の構造と変遷
「秦漢時代の爵と刑罰」（『東洋史研究』第五八巻第四号、二〇〇〇年）
「有期労役刑体系の形成―「二年律令」に見える漢初の労役刑を手がかりにして―」（『東方学報』京都第七八冊、二〇〇六年）
第四章　恩赦と労役刑―特に「復作」について―
「秦漢時代の恩赦と労役刑―特に「復作」について―」（『東方学報』京都第八五冊、二〇一〇年）
第五章　「司空」小考―秦漢時代における刑徒管理の一斑―
「「司空」小考―秦漢時代における刑徒管理の一斑―」（『張家山漢簡による中国漢代制度史の再検討』（平成16～19年度科学研究費補助金（基盤C）研究成果報告書、二〇〇八年））

第六章　「劾」をめぐって―中国古代訴訟制度の展開―

「「劾」小考―中国古代訴訟制度の展開―」（『神女大史学』第一八号、二〇〇一年）

附　論　漢初の二十等爵制―制度史的考証―

「漢初の二十等爵制―民爵に附帯する特権とその継承―」（冨谷至編『江陵張家山二四七号墓出土漢律令の研究』論考篇、朋友書店、二〇〇六年）

ごく最近出版された第四章を除き、それ以外の各章には必要な改訂を加えた。特に本書の柱となる第三章には、幾つかの重要な論点に関して旧稿から考えを改めたところがある。本書の出版により、旧稿はその役割を終えたこととしたい。

右に挙げた論文のうち、最も早く出たのは「秦漢時代の爵と刑罰」で、これは一九九八年秋に日本秦漢史学会大会で行った口頭発表を下敷きにしている。この発表に向けて、高位者が持つ法制上の特権について整理していた時、鬼薪白粲刑に当てられたのが特権者のみであることに気がついた。従来、鬼薪白粲は城旦舂より「一等軽い」刑罰であり、それ故に高位者にはそれが適用されるものと考えられてきたが、実のところ、鬼薪白粲が城旦舂より「一等軽い」ことを証明する史料はどこにも存在しない。むしろ鬼薪白粲は、高位者のために特別に設けられた刑罰であると考えるべきなのではないか、秦代の各労役刑は万人を対象にして、直線的に整序されてはおらず、むしろ多元的であり、その背後に各刑罰の来歴やそれぞれがたどってきた歴史が潜んでいるのではないか――。この着想を得て以降、仕事の軸足を刑罰研究に移し、自分なりに模索を続けてきた。足取りは遅々として進まなかったが、やがて二章・三章の原型となった論文を書き上げ、派生する問題についても論考を発表していった。

幸いここに、それらを一書にまとめる機会を得たが、出来上がった本書が秦漢刑罰制度の全体像を描き出せているものか、甚だ心許ない。ただ、自らの怠惰と構想力の欠如を棚に上げて言えば、それは現今の史料状況に因るものでもある。

新出の簡牘史料が中国古代史研究に多大な恩恵を与えていることは疑いなく、簡牘研究は古代史を知るうえで欠くことの出来ない一分野となった。だがその分量は未だ十分でなく、また法制史料についていえば、その作成年代は紀元前三世紀から紀元前二世紀前半に偏っている。我々の目の前にある出土法制史料は、ある時期の古代社会の、設計図の切れ端に過ぎず、それにより社会像の断片をある程度まで詳細に復元できたとしても、そこから立体的な全体像を同じ精度で組み上げ、それに時間軸も加えて四次元的に再構成してゆこうとするなら、その道のりはなおも遠く、むしろ性急に結論を出すことは慎まれるべきだろう。幸い新史料の発見が相次いでおり、時代的な偏りはやがては解消されよう。その中から、ささやかではあっても、確かな手応えのある断片を地道に拾い集めてゆく他ない。

とはいえ、断片をつなぎ合わせただけの歪な復元案の中にも、制度変遷の方向性はいくらか見て取れる。時代的に秦代から前漢初期に限定され、今のところは誠に狭苦しい足場であるにせよ、その前後に如何なる眺望が広がっているのかは、常に意識されねばなるまい。本書の書名に「刑制史」という耳慣れない言葉を使い、「史」字に拘った所以である。

これまで、曲がりなりにも研究を続けてくるなかで、多くの先生方から学恩を頂戴してきた。中国古代史、とりわけ簡牘学を勉強してゆこうと決意したのは、私の学部進学と同時に着任された永田英正先生に、居延漢簡読解の手ほどきをうけたことに因る。そして簡牘を利用した法制史研究の分野では、冨谷至・籾山明の両先生がいた。私のこれまでの歩みは、ただお二人の背中を追ってきたものといってよい。その他にも、学恩を賜った方々は数知れず、一々お名前は挙げないが、ここに諸先生方への心からの感謝と変わらぬ敬意を記しておきたい。

なお、旧稿を改訂し本書を執筆してゆく作業は、二〇〇八年十月より一年間、フンボルト財団の奨学研究員としてドイツ・ミュンスター大学に滞在した際に行った。財団に、そして素晴らしい研究環境を与えて下さったラインハルト・エンメリッヒ教授に、末筆ながら深く感謝申し上げる。

二〇一〇年八月

宮宅　潔

A History of the Penal System in Early China

MIYAKE Kiyoshi

Chap. 1. *Ernian Lüling* 二年律令 (*Statutes and Ordinances of the Second Year*) and Its Background

Tomb No. 247 at *Zhangjiashan* 張家山 was excavated from 1983 to 1984, and over 1,200 bamboo writing strips were unearthed from it. Though the name and status of the deceased is unknown, he was apparently an official, as a calendar found in the same tomb says that he retired due to illness in the first year of Emperor *Hui* (194 BCE). In addition, he probably died at an old age because a "bird-topped staff," which was bestowed on Han subjects at age 70, was also discovered with him.

Two official texts, *Ernian lüling* and *Zouyanshu* 奏讞書, were discovered in the tomb. The strips containing these texts were originally connected with cords to form a rolled scroll. But over time the cords had become decayed and broken, with the result that the strips were disordered when found. Researchers put them into a sequence according to the content of each strip, as well as the place of each in the original find. It is, however, doubtful that all strips were restored to their original positions. For example, a series of ordinances called *Jinguanling* 津關令 (Ordinances on ferries and checkpoints) was placed after the statutes to form the the final section of *Ernian lüling*, but the location of

these strips in the original find clearly shows that these ordinances were located in the middle section of the set. It follows that the ordinances were originally inserted into the series of statutes. This incongruous order is not proper for a well-organized legal code, and suggests the possibility that the recovered version is not an exact duplicate of the systematically compiled code. Several serious errors in writing strengthen this conclusion. Although the credibility of the individual regulations in *Ernian lüling* is not questioned, we cannot infer the style of ancient Chinese codes from this material.

'The second year' of the title is generally believed to refer to the second year of the reign of Empress *Lü* (186 BCE). *Ernian Lüling* contains some articles which were valid only during her reign, and the calendar ends in the second year of the Emperor *Hui* (193BCE). It is, therefore, reasonable to conclude that this text or the original it was copied from was written during the reign of Empress *Lü*. But it does not mean that *Ernian Lüling* was compiled in that year and distributed to the bureaucrats of the *Han* Empire. The fact that no legal code in *Han* was named after the year of its compilation makes us hesitate to assert that '*Ernian Lüling*' was the formal title of the code.

Moreover, we should question whether the legal code was periodically updated and distributed across the empire during the *Han*. The taboo character of Emperor *Gao*, namely, '*bang* 邦', is avoided in *Ernian Lüling*, indicating that the *Han* legal code was systematically reassembled after the foundation of the dynasty. But on the other hand, the taboo character of Emperor *Hui*, '*ying* 盈', appears in this text, though it includes several regulations which were enacted during his reign. That means this compilation of the regulations was not a legal

code assembled and distributed by central government. In the *Shuihudi* 睡虎地 *Qin* bamboo strips and other transmitted texts, there are some indications that regulations were updated annually in each regional office by adding new regulations to the former code. Regional governments carried out these annual updates individually, and in this case 'second year' just shows when the most recent articles had been appended.

It is very likely that in the process of updating, existing regulations were not modified or eliminated, as shown by the fact that some articles do not avoid Emperor *Hui*'s taboo character. Given that the *Han* legal code was updated in this way, there is a possibility that it included regulations that were no longer enforced. In utilizing *Ernian Lüling* as a historical source, we should consider its layered structure. I consider a controversial point concerning the system of *shuxing* 贖刑 (redemption of punishment) as an example.

In its original meaning, *shuxing* denoted the payment of a monetary penalty by an offender in place of another punishment. It was allowed only under certain conditions, and the amount of the payment was prescribed corresponding to the punishment to which the criminal had been sentenced. Fines also existed as an independent type of legal punishment. In the manuscripts, the former is expressed as "*shu* 贖 X punishment", and the latter as "*fajin* 罰金 X ounce(s)". However, over time *shuxing* came to constitute a type of pecuniary punishment, which was unrelated to other specific punishments. And while the amount paid as *fajin* was typically small, the term *shuxing* appears to have been borrowed to denote a huge punitive payment, although a penalty which obliged offenders to pay one catty (*jin* 斤, i.e. 16 ounces) could be expressed in two different ways (*fajin yi jin* 罰金一斤 or *shu qing* 贖黥)

in *Ernian Lüling*. But closely examining each regulation, we find that the section in which *fajin yi jin* appears contains relatively new regulations. "*Shu* X punishment" appears to have been given up as a term to express a huge fine, and was replaced by "*fajin* X ounces" around the era of *Ernian Lüling*. This matter also shows the layered structure of this legal text.

Chap. 2. A Hypothesis Concerning the History of the Development of the Penal System

Castration has long been considered a penalty imposed for sexual crimes. Moreover, since it could only be imposed on men, classical commentaries explained that women who committed the same sorts of crimes were punished by confinement. However, study of legal materials from *Qin* through early *Han* times that have been unearthed in recent years has made it clear that castration was only applicable for the crime of rape, and was not imposed for other sexual offences. Castration should be thought of as having been originally a punishment for rape, which could only be committed by men. However, there was one other instance in which the punishment of castration was imposed. That was in the case of repeated conviction for crimes that merited tattooing for the first offense, the cutting off the nose for a second, and severing a foot for each of the third and fourth offenses. Castration was imposed for the fifth offense. In these cases, women were also subject to such punishment. However, there was a discrepancy among the criminal statutes regarding the position of castration relative to other mutiliating

punishments, as castration was not universally treated as the most severe. The discrepancy involving the position of castration as a penalty seems to indicate that the regulation stipulating castration as punishment for repeat offenses was a relatively new one. With the organization of written law codes, there was also an ordering of each type of penalty, and castration, which had been firmly linked to a specific type of crime, came to be used as one form of mutilating punishment for repeat offenders. The use of castration was abolished during the rule of Emperor *Wen*, but it was later revived as the most severe form of mutilating punishment and a replacement for capital punishment, and its use expanded during the Latter *Han* dynasty. It was at that time when a punishment for women that was the equivalent of castration was finally recorded.

Women were not mobilized for defense of the borders, and punitive military service on the frontier was limited to men. Thus this penalty, like castration, was not imposed on women. In extant statutes, punitive military service on the frontier was chiefly imposed on those who disobeyed military regulations, under circumstances that naturally limited its application to men. However, *Ernian Lüling* shows that punitive military service on the frontier was in fact applied for crimes that could have been committed by women. This is another case in which we can hypothesize that over time a punishment which in the past had been applied for one specific crime came to be treated as another form of labor punishment and used to punish various crimes.

With this history of the development of the penal system in mind, one should consider the possibility that women were spared some penalties not out of leniency, but rather because these punishments were

originally used in circumstances that applied only for men. The interpretation of the line 婦人無刑 in the *Chunqiu Zuo shi zhuan* 春秋左氏傳 from the 19th year of Lord *Xiang* (554 BCE), which has been rendered as "punishments for women were not established", must be reexamined.

Chap. 3. Formation of the compulsory labor punishment with definite terms

The *Shuihudi* bamboo documents have provided us with a new insight about compulsory labor punishments, which were ranked into several grades, but did not have set sentences during the *Qin* dynasty. While there were previously different views on this question, this assertion is now generally accepted. Viewed in this light, *Ha*n Emperor *Wen*'s edict commanding reform of the penal system, which included the phrase, "Having completed their term of years, criminals should be released from their status," should be regarded as commanding the establishment of fixed terms of compulsory labor for the first time in Chinese history.

After the publication of *Ernian Lüling* at the end of 2001, some scholars pointed to the possibility that some or all types of labor punishment had definite terms even before Emperor *Wen*. The author has examined the bases of this new assertion and reached the conclusion that the main parts of labor punishment had no fixed sentences, although a few types of labor punishment with set terms existed. These were considerably different from the primary labor punishments, because they

were imposed on persons of particular status, such as those who were already convicts, or in some cases with other special circumstances.

Labor punishment had been classified according to standards other than duration prior to Emperor *Wen*'s reforms. Although the difficulty of the labor had been considered to be the main standard of gradation, *Ernian Lüling* tells us there were various factors that determined the differences between each form of labor punishment. For example, if a man was sentenced to serve as a *chengdanchong* 城旦舂, which was the heaviest labor punishment, his wife, young children were arrested and his property was confiscated, and sometimes all of these were sold by the empire. This made *chengdanchong* the heaviest of all forms of labor punishment. Mutilation was also a characteristic of *chengdanchong*, because mutilated criminals were always set to work as *chengdanchong* around the era of *Ernian Lüling*. On the other hand, the relatives of *lichenqie*隷臣妾, the second heaviest labor punishment, were not arrested; however, *lichenqie* status was inherited, so their children were unable to escape from hard labor. Children of *sikou*司寇 convicts were registered as common citizens, and relatives of fixed-term labor convicts were probably treated in the same way as those of *sikou*.

Compared with other types of labor punishment, *guixinbaican* 鬼薪白粲 occupied a unique position. It was given only to aristocratic rank holders and other privileged persons who committed crimes corresponding to *chengdanchong*. *Guixinbaican* could thus be defined as a life-long labor punishment for the privileged, not simply as a penalty one grade lighter than *chengdanchong*. It was in fact *lichenqie* which was used for the less serious crimes which did not deserve *chengdanchong*. The four types of labour punishment were not classified linearly and vertically

according to the difficulty of the labor; instead *guixinbaican*, the labor punishment for the privileged upon whom *chengdanchong* would otherwise have been imposed, was positioned beside *chengdanchong* horizontally.

Heavy←——————————————————————————→ light
chengdanchong (for the commonalty)   *lichenqie*   *sikou*
guixinbaican (for the privileged)

In the first year of Emperor *Wen*'s reign (179 BCE), the regulations concerning arrest and confiscation were abolished, removing an important factor that had divided *chengdanchong* from *lichenqie*. Moreover, mutilating punishment was also abolished in the 13th year of Emperor *Wen*'s reign (167 BCE). Although there were still other standards for classification, it became almost impossible to rank each labor punishment according to them alone. The fact that definite terms were introduced into the hard labor system along with the abolition of mutilating punishment tells us that the labor punishment system was no longer sustainable without specified sentences to serve as a standard in this stage. Hence a labor punishment system structured linearly and according to a single standard came into existence through the above process.

From a different point of view, we should not overlook that the abolition of mutilating punishment and the introduction of definite terms for labor punishment achieved one practical effect: cost reduction. Both changes must have reduced the number of convicts, and so cut the expenditures required to sustain them. When state slaves were liberated

during the reign of Emperor *Wen*, this policy also had the same goal. Facing attack from the *Xiongnu*匈奴 and threat from local lords, reorganizing and rationalizing the hard labor system, including the military, was no doubt an important political issue. We must view Emperor *Wen*'s reform of the penal system as a policy serving to rationalize and to economize.

Chap. 4. Amnesty and Punitive Labor in the *Qin-Han* Period: A Study of *Fuzuo* 復作

Although the first amnesty for criminals within *Qin* territory was proclaimed in 250 BCE, it did not become a custom to regularly grant amnesties. *Shiji* 史記 records only three general amnesties during the history of the *Qin* state and subsequent dynasty. After the founding of the *Han* dynasty, amnesties came to be granted more frequently. So it would seem to follow that all convicts working at punitive labor were periodically freed from this status. However, that did not mean a reduction in the number of state laborers in the strict sense, because convicts did not become commoners even after amnesty. Rather, I argue that they were given *fuzuo* status and still had to render service, as before

There is disagreement among scholars about the meaning of *fuzuo*. Although a commentator *Li Qi* 李奇 and the commentary *Hanjiuyi* 漢舊儀 regarded it as a short-term labor punishment, *Meng Kang* 孟康 interpreted *fuzuo* as referring to former labor convicts who had received an amnesty and yet still served as a sort of state laborers for the rest of

their term. Analysis of the phrases in which *fuzuo* appears shows that it was linked with amnesty in many cases. In *Shiji* particularly there is the phrase; "*she tianxia, wu fuzuo* 赦天下，毋復作". It is difficult to interpret this phrase if we regard *fuzuo* as a type of short-term punitive labor, because then we cannot explain why this amnesty refers to it but not other, heavier punishments. This phrase in fact means not to make labor convicts into *fuzuo*, a different sort of state laborer, after the declaration of the amnesty.

Meng Kang argued that *fuzuo* was the same as *chixing* 弛刑, namely, convicts whose iron collar or shackles had been removed. In contrast to this, modern scholar *Zhang Jianguo* 張建國 has pointed to the differences between *fuzuo* and *chixing*, suggesting that while someone with *fuzuo* status was no longer a convict, those with *chixing* status were still convicts. But *chixing* status was sometimes distinguished from that of a convict, and *fuzuo* was not exactly the same as commoner status. I believe *fuzuo* constituted an intermediate status between convicts and commoners. A statute in *Ernian Lüling* tells us that liberated private slaves were given new status, called *sishu* 私屬, and they had to serve their master until the master's death. This regulation suggests the context in which *fuzuo*, an intermediate status like *sishu*, was produced, and implies that labor convicts were, at least originally, identified with imperial slaves.

Fuzuo existed even before Emperor *Wen*'s reform of the penal system, which set specific sentences for the various types of labor punishment. It follows that some hard labor convicts had to render endless service as *fuzuo* even after amnesty, though general amnesties were rare in the *Qin* period. This reflects that the penal labor system

developed out of state slavery, and convicts without specific sentences were not differentiated from slaves.

The *fuzuo* system may seem irrational because it made amnesties meaningless to labor convicts. But on the other hand, amnesties would have caused serious problems to state manufacture if all convicts had been released and allowed to return home immediately. The amnesty system was used not only as a symbolic grace of emperor but also in a quite practical way: it meant that labor convicts were redeployed as state laborers following a new order, which the amnesty was supposed to create.

In the punitive labor system before Emperor *Wen*'s reform, it was difficult to completely release labor convicts. Mutilated labor convicts were forced to continue in a particular status, *yinguan* 隱官, because of the permanent change to their appearance. Labor convicts were also sometimes sold, and it would have been impossible to redeem all of them and return them home. We should interpret Emperor *Wen*'s reform as an effort at completely freeing convicts performing penal labor after serving a sentence of definite duration, periodically adjusting the number of state laborers.

Chap. 5. On *Sikong* 司空: the management of punitive hard labor in the *Qin-Han* period

Although several studies have been made on the management of punitive labor in early China, little is known about the framework for the allocation and maintenance of labor convicts, i.e., the system for deploying and utilizing that labor force effectively. In this chapter, the

author focuses attention on the *sikong*, considered as one of the departments for using punitive hard labor, illuminates its role in the system of punitive labor management, addresses the feature of this system and its development.

The title *sikong* appears in bronze inscriptions as the official in charge of constructing roads, walls, canals, and so on. A person with this title sometimes features as a commander, his task on the battle field being almost the same as in peacetime. It is true that the *sikong* organized peasants as a labor force, but there existed also the notion that the annual cycle of the *sikong*'s routine began from the end of spring, that is, in farming season, suggesting that much part of its labor force was composed of official slaves. Therefore, it has been believed the *sikong* had to maintain the staff and facilities for housing and supervising slaves on a constant basis. That is supposed to be a reason *sikong* also carried out judicial procedures, such as restraining offenders against military discipline. It is worthwhile to consider *Shiga Shūzō*'s 滋賀秀三 discussion, in which he asserts punitive hard labor was managed under the system for organizing all state labor during the *Qin-Han* period.

According to the *Shuihudi* and *Zhanjiashan* strips, *sikong* departments were set up in various administrative units, including counties, and were in charge of building work, cargo shipments, etc. In order to carry out these tasks, each *sikong* maintained a certain labor force, a good part of which is believed to have been convicts serving punitive labor sentences. Moreover, it was the *sikong* that managed the documents concerning convicts, the conditions of their service, the remaining duration of their sentences, and so forth. In this way, *sikong* played a role similar to that of an office in the registered domicile of each

convict. That is why *sikong* was, among others that employed convicts, considered a main department in charge of punitive hard labor by *Hanshu* 漢書 commentators.

On the other hand, we find the term *yu* 獄 referring to an office for dealing with documents of labor convicts, as well as prisoners being held for trial, in historical sources after the second half of the Former Han period. Basically, a *yu* was not a place for imprisoning convicts, but for the interrogation of suspects. In addition to the *yu* in each county, it is known that 26 *yu* were set up among departments in *Chang'an* 長安. Some scholars interpret this high number of *yu* in the capital as grounds to assert the disintegration of judicial powers under the *Han* bureaucracy. But a closer examination shows that some of the metropolitan *yu* were not exclusively facilities used to retain those accused of crimes. Many of them were set up in departments under s*haofu* 少府 (minister of resources), which was in charge of manufacture. It is reasonable to suppose that the staff and facilities required to maintain the workforce in the *shaofu* were also utilized to retain suspects. In other words, some *yu* were attached to offices of manufacture, which managed various aspects of the state labor force. Institutions dedicated exclusively to housing and supervising criminals, whether after conviction or before, were not yet established, and convicts were employed according to the system for organizing all state labor, including that of the commoners.

Yu were attached to *sikong* offices, too. As mentioned above, the *sikong* had long dealt with state labor forces, and did so still in the second half of the Former Han. Thus, *sikong* were also supposed to have retained suspects in adjunct facilities as part of their tasks. However, the role of the *sikong* and its importance probably changed before the

end of 1st century BCE. According to *Hanguanyi* 漢官儀, a proposal was made to change the title of *yushidaihu* 御史大夫 (chief prosecutor) to *sikong* in 8 BCE. This proposal was modified after the objection that there existed *yusikong* 獄司空 in local offices, and *dasikong* 大司空 was adopted as the new title. This anecdote suggests that the *sikong* gradually decreased its presence, and its tasks were diminished or limited to those concerning restraint of suspects, in other words, the function of *yu*. The appearance of the *yu* as an office for managing records concerning punitive labor convicts corresponded to the change of *sikong* from an important department for maintenance of the state labor force into a section attached to *yu*.

In the Latter *Han*, *yu* became independent from offices of manufacture, and suspects were restrained and interrogated in facilities set up for that purpose specifically. The principles of convict control transformed in this period, so that, for example, hard labor convicts were employed as soldiers. This institutional change influenced the system of *yu*.

Chap. 6. A Study on '*he* 劾': The Development of the Judicial System in Ancient China

Although it is difficult to describe how court proceedings began in ancient China, trial records preserved in the *Zouyanshu*, unearthed from a *Han* tomb at *Zhangjiashan* in *Hubei*, show the process began with a *gao*告 or a *he* 劾. A *gao* appears to have been the formal criminal accusation made by commoners or a township guardian. The *he* was a similar judicial procedure, but opinions vary as to its exact definition.

The purpose of this chatper is to define the *he* and, taking into account when this term appeared, consider the development of the judicial system in ancient China.

Some scholars insist that *he* served to accuse officials of misdeeds, but there are examples which contradict this. The *he* was a procedure performed by officials; commoners were not allowed to do it. Since it was done by officials, suspects were sometimes investigated and questioned before the procedure. The *he* could be carried out by any official who noticed the possibility of a crime; therefore prefatory examinations of evidence and witnesses were made by various officials at various places. Once the *he* was complete, suspects would be conducted to qualified departments for the full judicial procedure. In the documents from *he* processes unearthed in the *Juyan* 居延 region, it appears that suspects were brought to the prefectural *yu*, where suspects were kept. When high officials or members of the imperial family were accused, they were taken into custody by the minister of trials (*tingwei* 廷尉). We can define the *he* as an official declaration that an act punishable by law had been committed, and a declaration to commence the court proceedings in a proper place, by a proper official.

In the materials available at present, it appears the word *he* made its first appearance as a judicial term in the bamboo manuscripts of the *Qin* dynasty. Some scholars believe that we can find this word with a similar meaning among the bronze inscriptions of the Western *Zhou* period, but there is little evidence supporting this view. It seems reasonable to suppose that *he* appeared around the end of the Warring States period. Before that, trial cases, like those recorded in Western *Zhou* bronze inscriptions, always began with an accusation by a person

directly concerned with the case. Accusers belonged to the aristocratic class, the members of which formed independent kinship groups. Possessing their own arms and strength, these groups did not hesitate to resort to violent feuds in order to resolve matters. Under conditions like this, it is no surprise that lodging a formal accusation with a higher authority was optional. As a result, all records of trial cases in the Western *Zhou* and Spring and Autumn periods begins with an accusation made by persons concerned, and the authorities, who were state lords in many cases, remain passive.

During the Warring States period, legal statutes and the bureaucratic system appeared with the formation of ruler-centered despotism in each state. That gave rise to judicial systems, which were operated by officials as a way to control every subject. *He* can be interpreted as the active state intervention into the troubles of individuals. We can thus see that appearance of *he* reflects the comprehensive historical changes of this period.

Appendix 1. The System of Social Ranks in the Early Han Dynasty

In this additional chapter, the author analyzes the Han system of social ranks (*jue* 爵), utilizing *Ernian Lüling*. This analysis will establish a basis for discussion of the relationship between punishments and social ranks which served to counteract it.

When a person with rank died, his heir received a rank depending on that of the decedent. The heir to a rank was called *juehou* 爵後. Children other than the heir could also receive ranks, if their father held

a rank above a certain level, although theirs would be lower than the father's.

The conditions of inheritance and the rank given to the heir varied according to the cause of the death of the person with rank. If he was killed in the line of duty, the same rank was bestowed on his heir. If the dead had no son, his daughter, parent, brother or wife was allowed to receive it. On the other hand, if he died from disease, the rank given to his heir was lower than the original, and only the decedent's son was entitled to receive it.

Women could receive rank if their father or husband was killed in the line of duty and no eligible male successor existed. But female successors were limited to women without spouses, i.e., unmarried daughters and widows. Moreover, we can find example cases of women who held rank only during the beginning of Former *Han* period, so there is a possibility that the regulations which allowed the women to inherit rank were abolished after this.

The heir to householder status was called the *huhou* 戸後, and he received any land that held buildings along with farmland that had been distributed to the decedent. There was a difference between the order of succession for rank and for householder status:

Rank

1. son, 2. daughter, 3. father, 4. mother, 5. brother, 6. sister, 7. wife, 8. grandfather, 9. grandmother

Householder status

1. son, 2. father, 3. mother, 4. wife, 5. daughter, 6. grandson, 7. great-grandson, 8. grandfather, 9. grandmother, 10. son of brother

Comparing these two, we notice several characteristics of the order

of succession to the position of householder: 1) The wife was placed higher in the succession line; 2) brothers and sisters were excluded; 3) succession by small children was allowed. Even unrelated persons could succeed to householder status if there was no eligible person. In contrast, the heir to social rank had to be chosen from among the adult blood relatives of the dead person.

Even though it was possible for minors to have a rank if their fathers died early in life, their ranks were called *xiaojue* (小爵, small ranks), and distinguished from ordinary ones. In the *Qin-Han* period, there was a procedure to register male subjects as adults, and each first owed a corvee labor obligation after this registration. Social rank can be said to have been the title given to those who owed service to the imperial state.

Privileges were accorded according to rank. The privileges accorded to persons with lower rank were as follows:

- Distribution of land
- Food bestowals on special occasions
- Deferment of registration as an adult
- Exemption from mutilating punishment and *chengdanchong* 城旦舂 penal labor

However, the forth privilege became invalid after Emperor *Wen* reformed the penal system. And the first privilege, which appears to have been the most important, existed only in name. Persons with rank did not necessarily receive a certain amount of land as stipulated in the regulation, and could expect to receive it only if there were sufficient state lands to distribute. The privileges associated with rank were limited in number, and persons with rank had no obvious benefits.

Nevertheless, we cannot underestimate the importance of the fact that the amount of imperial gifts varied depending on social rank. Gifts from the emperor were usually granted in public. It follows that the status of each person was visually recognized by members of the basic community at the ceremony of bestowal, and the recognition could influence on social hierarchy in daily life.

Privileges accorded to social rank were gradually reduced, and chances to receive imperial gift were few. The changes to privileges surely had much effect on the role of social rank in the local community. The history of the rank system before the late Latter *Han*, when ranks came to be almost meaningless, should be traced beyond this analysis.

索　引

事項索引……………………391
研究者名索引…………387
引用簡牘史料索引……384

事項索引

本文・注に見える語彙・事項名のうち主要なものを五十音順に配列し，
その語に解説・検討が加えられている箇所の頁数を挙げた。

あ　行

案……………………288
夷三族刑……………………143,148
遺腹……………………320
隠官……………………214
掖庭獄……………………257
掾（録）……………………307
王杖……………………12,33,328

か　行

家室……………………178
家父長権……………………70
完……………………176
完城旦舂……………………117～119
官奴婢……………………221
官奴婢の解放……………………153
間田……………………278
外徭……………………56,73
劾……………………295
劾状……………………290
貲……………………298,299
鬼薪白粲……………………77,79,97～102,106
棄市……………………40
騎馬兵……………………349
宮……………………43～45,51
宮司空……………………43,232,263,267
宮隷臣……………………44,170
居貲贖債……………………91,163
挾書律……………………27
劓刑……………………46
具五刑……………………143
軍司空……………………234
郡司空……………………232
郡邸獄……………………254,259
刑……………………89
刑尽……………………82,88～90
刑鼎……………………351
刑徒の出売……………………159
刑は大夫に上らず……………………312
刑隷臣……………………113
計所官……………………240,243～245,250
繫城旦舂……………………50,83,90
繫治……………………293
県司空……………………232
黥刑……………………40
戸後……………………322
雇山……………………66
錮……………………140
公士の増加……………………119

公卒……342
更……123
拘櫝標杕……110
候……77,272
高祖二年説……21
黄門北寺……269
告……285
国司空……227,228,234
髡鉗城旦舂……50
五曹尚書……25,35
劫人……141
獄計……247
獄司空……263,264,267,268
獄史……253
獄事……246
獄丞……253

さ　行

左司空……263,273
左右司空……224,263
三族刑……28
参食……274
斬右趾……47
斬左趾……47
斬趾刑……40
士伍……220
四食……274
司空律……236
司工……226
司寇……77,79,107,108
司隷校尉……224
史隷……107
死事……318
弛刑……200～204,207,208,219
私属……205,206,220
師旂鼎……298
賜餔……310
七稯……174
赦令……217
赭衣……175
爵後……315
守署……166
守贓……130,180
守法守令十三篇……61
取庸代戍……340
讎……24,27
収……135,179
収人……127,139,214
収律相坐法……145
庶人……206,220
庶人在官者……357
署君子……236,273
小爵……324
小城旦……179
小隷臣……179
将作大匠……224
詔獄……258,259
贖宮……69
贖刑とその金額……29
臣妾……23
ジッペ……300
次司空……227,230,231
若盧……250,269
戍卒令……156
戍辺刑……40,55,58～64
呪術力……302
女子の徭役義務……344
上林獄……269
冗……124,179
乗車……33
城旦司寇……167～169
城旦舂……77,79,104～106
城旦舂之司寇……174
正刑としての財産刑……30
生埋……73
絶交的詛盟……350
総冗……178
即賜……339

た　行

多工……226
耐……114〜116
断者……352
笞刑の軽減……50
中司空……232
疇官……324
偞匜……297
廷尉獄……257
定殺……73
徒……103,235
徒加……195
徒司空……267
徒丞……224,271,282
徒食……59
徒長……265,280
徒養……167
徒隷……110,173,280
徒隷簿……120
都官……35
都司空……224,227,229,263
屯長……56
同居……185
同産……28
同車食……59
導官……259

な　行

内官……44
肉刑復活……50
任……201
任徒……121,173
奴婢……23,35
納粟授爵……155

は　行

秘獄……257
罷卒……156
罷癃……206,360
百工……356,361
不定期刑……164
不当拝爵者……315,345
婦人無刑……67,68
婦人無爵……67,68,321
傅籍……129,324
腐刑……40〜55,69
腐刑の廃止……48
復作……64,190,193〜200,202〜213,
215〜217,219
復城旦舂……81,90
毋官獄徴事……246
兵役の特殊化……349
保……201
葆子……92,98,163
邦……56
邦司空……233,234
邦中の傜……56
鳳凰山10号墓……12
北軍……254
暴室獄……254,257,260
卜隷……107
僕・養……106
没収制度……126

ま　行

民里……122
名……116,275
名田制……331
免徒復作……186
免老……329

や　行

幽閉……45
輿司空……227,230
輿人……231,361
傜……273
鋈足……164

ら　行

洛陽獄……………………………………… 270
里典…………………………………………36
戮……………………………………………73
呂后二年説…………………………………20
稟………………………………………… 335
隷臣妾………………………………77,106,107
隷臣田者………………………………… 171
牢………………………………………… 170
牢監……………………………………… 277
牢正………………………………… 265,277
牢隷臣……………………… 43,70,107,170

研究者名索引

研究者名を五十音順に配列した。
外国人研究者名も，その日本語での読みに従って
まとめて配列した。

あ 行

網野善彦……262
池田夏樹……65,88
石岡　浩……67,80,114,138,142,152,183,196,217,219,273,326,342
伊藤道治……297,299,361
尹　在碩……342,343
于　豪亮……234
于　省吾……272,298
于　振波……184,345
内田智雄……35
宇都木章……231
袁　仲一……43,172,273
閻　頻……20
エンメリッヒ（Emmerich, Reinhard）187
王　愛清……220
王　偉……34
王　人聰……271,281
汪　中文……226
大櫛敦弘……33
大庭　脩……225,271

か 行

片倉　穣……220
葛　剣雄……187
金谷　治……296
鎌田　重雄……346
韓　若春……263
韓　樹峰……100,102,114,115,160,165
楠山　修作……344
クロール（Kroll, J.L.）……337
邢　学敏……224,275
邢　義田……18,19,28,78,81,82,84,86,88,116
厳　耕望……280
古賀　登……337
孔　林山……72
高　敏……326,342
黄　盛璋……276
小南一郎……227
呉　栄曽……196
呉　小平……270

さ 行

佐藤達郎……187
佐原康夫……268,290,292,303
サンフト（Sanft, Charles）……161,222
支　強……88
椎名一雄……206,342
滋賀秀三……27,34,44,70,186,231,251,350,352
重近啓樹……57,73,344
下倉　渉……43,70,72
朱　紹侯……326,332,342,345
周　暁陸……273
白川　静……42,70,295,299
沈　長雲……226
徐　鴻修……186
徐　世虹……90～92,100,252～254,257,276,287,288,342,343
饒　宗頤……278
陶安あんど……34,72,80,114,125,152,160,161,165,168,175,176,178,181,183,184,187,341,353,354
角谷常子……36,127,132,133,182,292

瀬川敬也……………………79,110,162,165
宋　艶萍……………………………224,275
宋　　杰…………………………253,270,279
曹　旅寧……………………………151,206
臧　知非……………………………………342

た　行

鷹取祐司……………164,186,287,290,304
高村武幸………………………………………35
張　栄強…………………………………344
張　栄芳………………………………………65
張　建国…………34,74,85,160,163,200,
　202～204,221
張　政烺…………………104,106,163,273
張　伝璽……………………………………281
趙　佩馨………………………………………41
陳　　偉……………………………………307
陳　暁楓…………………………288,292,303
陳　建敏……………………………………361
陳　蘇鎮………………………………………34
陳　　直…………………………102,223,280
陳　耀鈞………………………………………20
陳　　玲……………………………248,276
翟　麦玲………………………………………65
唐　　蘭……………………………………298
冨田健之……………………………………259
冨谷　至……19,22,23,34,36,37,70～72,
　115,144,148,164,173,176,185,208,
　211,220,251,276,312,341,353

な　行

仁井田陞………………………………………70
西嶋定生………6,119,211,304,309～314,
　333～336,338,339,342
西田太一郎……………………………………72

は　行

濱口重國……………102,114,165,224,271
傅　栄珂……………………………………103
藤井律之………………………………………40
フルスウェ（Hulsewé, A.F.P.）
　……24,35,123,164,166,174,180,220
彭　　浩…………………………34,163,177
堀　敏一…………………………35,187,355

ま　行

牧野　巽………………………144,147,148
増淵龍夫……………………………………310
松井嘉徳……………………………………226
マックナイト（McKnight, Brian E.）
　……………………………………212,221
マリノウスキー（Malinowski, Bronislaw）
　………………………………………………70
ミッタイス（Mitteis, Heinrich）…………307
水間大輔……………37,66,74,176,181,185
籾山　明………6,69,78,91,123,151,161,
　162,186,252,273,274,278,284,285,
　300,304,310,311,334,339,341,350,
　351,353,355,356,358,360
守屋美都雄……………………272,325,346
森谷一樹……………………………………17,36

や　行

山田勝芳……………………36,73,282,344
楊　　寛………………………………………35
楊　頡慧……………………………84,86,87
楊　振紅………………………………22,345
吉村昌之……………………………………278
吉本道雅………………74,177,272,355,361

ら　行

李　学勤………………33,74,177,275,276
李　均明……80,127,163,179,278,326,342
李　振宏………………………………35,304
李　　力………………22,34,104,106,355
リーベリッヒ（Lieberich, Heinz）………307
劉　海年…………………………176,254,276
劉　　敏……………………………………324

劉　洋……………………………………196
リュウ（Liu Yongping）…………………70
林　炳徳……………………………………159
ルイス（Lewis, Mark Edward）………271
路　東之……………………………………273

わ　行

若江賢三……………………………………103
鷲尾祐子……………………………………185
渡邊信一郎………73, 120, 153, 260, 270, 277

引用簡牘史料索引

本文・注で引用し，日本語訳をつけたものを中心に一覧表とした。
それぞれの史料の，依拠したテキストについては序言を参照のこと。

睡虎地秦簡

語書7～8　296
秦律十八種8～9　26
秦律十八種48　187
秦律十八種49　123
秦律十八種49～52　171,181
秦律十八種54　124
秦律十八種55　165
秦律十八種56　165,168
秦律十八種57　166
秦律十八種59　169
秦律十八種61～62　177
秦律十八種66　32
秦律十八種94～96　180
秦律十八種101　55
秦律十八種109　123
秦律十八種113　169
秦律十八種116～117　235
秦律十八種121～122　26
秦律十八種122　165
秦律十八種122～124　120,236
秦律十八種133　163,174
秦律十八種133～140　239
秦律十八種134　163
秦律十八種134～135　173
秦律十八種141　111,168
秦律十八種141～142　181
秦律十八種144　122
秦律十八種145～146　167,238
秦律十八種147　110
秦律十八種150　109
秦律十八種155～156　218
秦律十八種156　222
秦律十八種161　273
秦律十八種184～185　171
秦律十八種186　24
秦律十八種193　361
秦律十八種199　24
秦律十八種201　131
効律54　295
効律55　295
効律58～60　73
秦律雑抄3～4　57
秦律雑抄5　97,177
秦律雑抄11～15　58
秦律雑抄12～14　233
秦律雑抄19　166
秦律雑抄32～33　37
秦律雑抄35　58
秦律雑抄39　56
秦律雑抄40～42　235
法律答問1～2　73
法律答問15～16　130
法律答問20～21　139
法律答問48　73
法律答問50　165
法律答問72　315,337
法律答問83　115
法律答問108～109　113
法律答問109　163
法律答問109～110　98
法律答問111～112　98,113
法律答問113～114　69,97
法律答問116　128,170
法律答問117　86
法律答問118　82,87
法律答問124　100
法律答問125～126　210
法律答問132　82
法律答問133　220
法律答問171　133
法律答問174　175
法律答問188　170
法律答問194　172
封診式8～12　184
封診式50～51　170
封診式55～56　171
封診式84～86　171

龍崗秦簡

18　169
45　296

里耶秦簡

J1⑧133　275
J1⑧134A　273
J1⑧154A　159
J1⑧157A　173
J1⑧157B　171
J1⑨1A　243
J1⑭300＋764　183
J1⑭641　183
J1⑯5AB　104,171,241

張家山漢簡

二年律令1～2　28,141
二年律令6～8　172
二年律令9　185
二年律令29　164

二年律令36～37　53
二年律令38　15,140
二年律令41　29
二年律令46　115
二年律令55　100
二年律令55～56　180
二年律令61　185
二年律令68～69　141
二年律令72～73　185
二年律令76　60
二年律令82　97
二年律令83　89,117
二年律令85　20
二年律令88　46
二年律令88～89　40,176
二年律令90～92　81,85,87,88,116
二年律令93～98　83,92
二年律令101　277
二年律令113　305
二年律令119　44
二年律令120　164
二年律令122　90
二年律令122～124　164
二年律令127　53
二年律令127～129　100
二年律令128　47
二年律令133　184
二年律令140～143　59
二年律令144　60
二年律令157　91
二年律令158　177
二年律令162～163　205
二年律令164　81,90
二年律令165　84
二年律令174　47,165
二年律令174～175　126
二年律令176　132
二年律令176～177　134
二年律令179　184
二年律令186　62
二年律令193　42,170
二年律令201　142
二年律令204～205　218
二年律令210　62
二年律令237　33
二年律令240　26
二年律令253～254　167
二年律令258～259　32
二年律令261～262　30
二年律令282～283　175
二年律令307　121
二年律令309　345
二年律令310～313　330
二年律令318　333
二年律令323　62
二年律令345　182
二年律令355　33
二年律令359～360　316
二年律令361～362　316,325
二年律令364～365　129,324
二年律令367～368　317
二年律令369～371　319
二年律令372　321
二年律令376　320
二年律令379～380　182
二年律令384　179
二年律令386　182,321
二年律令390　315
二年律令393　344
二年律令398　74
二年律令410　26
二年律令414　220
二年律令418～420　174
二年律令429～430　18
二年律令435　127
二年律令450　233
二年律令464　233
二年律令470　33
二年律令474　179
二年律令479　124
二年律令518　173
奏讞書56～57　166
奏讞書121～123　128
奏讞書158　97
奏讞書181～182　52
奏讞書182　117
奏讞書205～207　169
奏讞書207～208　172
算数書61　37

銀雀山漢簡

200～202, 207,208　230
941～942　162
978～981　62

尹湾漢簡

YM6D5A　278,293

居延漢簡

15・5　346
15・19　246
170・2　346
34・9+34・8A　277
37・33　195
51・5　346
60・2　195
227・8　201,277
268・3　204
271・22　294
293・7　247
334・41　346
EPT5:105　220
EPT51:86　346
EPT52:240　346
EPT53:46　186
EPT53:63　186,265

EPT68:54,55,59～64　288
EPT68:56～58　291
EPT68:81～82　291

敦煌漢簡

D2077　346

懸泉置漢簡

Ⅰ0112③:77(粋213)　222
Ⅱ0111④:3(粋18)　278
Ⅱ0112①B:54(粋7注3)　49
Ⅱ0114②:56(粋16)　250
Ⅱ0114③:54(粋8)　64
Ⅱ0115③:421(粋6)　30
Ⅱ0115③:90(粋10注2)　198
Ⅱ0215②:1(粋125)　250
Ⅱ0216②:437AB(粋10)　198
Ⅱ0216②:615(粋10注1)　199
Ⅱ0315②:36A(粋39)　265
T0209③:56,57　276
T0309③:276　248
T0309③:9　249

その他

邗江胡場五号漢墓出土簡
71,245

著者略歴

宮宅　潔（みやけ　きよし）
京都大学人文科学研究所准教授
一九六九年　岡山県生まれ。
一九九七年　京都大学大学院文学研究科博士後期課程研究指導認定退学（東洋史学専攻）。
二〇〇〇年　神戸女子大学文学部専任講師。
二〇〇二年より現職。

東洋史研究叢刊之七十五（新装版　13）
中国《ちゅうごく》古代《こだい》刑制《けいせい》史《し》の研究《けんきゅう》
二〇一一年一月十五日　初版第一刷発行
著　者　宮《みや》宅《け》　潔《きよし》
発行者　檜　山　為　次　郎
発行所　京都大学学術出版会
〒606-8315 京都市左京区吉田近衛町六九番地京都大学吉田南構内
電話〇七五(七六一)六一八二　FAX〇七五(七六一)六一九〇
URL http://www.kyoto-up.or.jp
印刷所　亜細亜印刷　株式会社
©Kiyoshi MIYAKE 2011.
Printed in Japan
定価はカバーに表示してあります

ISBN978-4-87698-533-3 C3322

ORIENTAL RESEARCH SERIES No. 75

A History of the Penal System in Early China

by

MIYAKE Kiyoshi

Kyoto University Press

2010